《清史论丛》编委会
（以姓氏笔画为序）

王戎笙　杨　珍　杨海英　李世愉
李华川　吴伯娅　陈祖武　张捷夫
林存阳　高　翔　郭松义　赫治清

主　编　李世愉

副主编　李华川　杨海英

编辑部　王士皓　李　娜　李立民

清史论丛

中国社会科学院 历史研究所清史研究室 编

二〇一六年 第一辑

总第三十一辑

社会科学文献出版社
SOCIAL SCIENCES ACADEMIC PRESS (CHINA)

卷首语

《清史论丛》是由中国社会科学院历史研究所清史研究室主办的专业集刊，创刊于1979年，是国内清史学界历史最为悠久的学术刊物。在历任主编杨向奎、王戎笙、张捷夫等先生的主持下，我们走过了艰辛的历程，即使在学术著作出版困难的岁月里也从未放弃。其间，得到海内外学术界的支持和保护，得以基本保持每年出版一辑，主要探讨清代政治、经济、社会、文化、思想、学术、中外关系等问题，每辑篇幅约30万字，努力展示历代学人潜心治学的成果，因而在海内外清史学界具有良好影响，也为欧、美、日、韩及东南亚、港、台许多大学的图书馆和研究所收藏。不看作者出身，只重论文质量；同时注重培养青年人，一直是本刊坚守的两大原则。不少清史学者的代表作和成名作均在这里发表，他们用辛勤的汗水浇灌了这个园地。为了适应学术发展需要，本刊从2015年起改由社会科学文献出版社出版，一年两辑，面向海内外一切清史研究及爱好者，栏目有专题研究、学术争鸣、读史札记、书评综述等。文章千古事，得失寸心间。让我们一起走过岁月，沉潜沉醉，沙里拾金。

目录

本刊特稿

18世纪中国的反正统政治思潮 …………………………… 高　翔 / 3

孙奇逢研究

孙奇逢学术思想研究的几个问题 ………………………… 陈居渊 / 47
从《理学宗传》到《明儒学案》
　　——"以经学济理学之穷"视角下学案体史籍初论 …… 袁立泽 / 56
孙奇逢《理学宗传》的道统建构 ………………………… 孔定芳 / 69
走向"王道政治"与汉唐儒学：费密对孙奇逢"道统论"的
　展开与重构
　　——兼论清学形成的制度因素和思想基础 ……………… 王　坚 / 83
《夏峰歌》流传小考
　　——兼谈孙奇逢的立身为学旨趣 ………………………… 林存阳 / 100
北学重镇孙奇逢学术取向再审视 ………………………… 杨朝亮 / 120
《清儒学案·夏峰学案》纂修述略 ………………………… 朱曦林 / 132
百余年来孙奇逢及夏峰北学研究的回顾与前瞻 ………… 王记录 / 149

专题研究

清乾嘉时期四川地方行政职役考述
　　——以刑科题本、巴县档案为基本资料 ……………… 常建华 / 167
嘉庆朝整顿回疆秩序的努力及其结果 ……………………… 李　晶 / 214
惠栋与乾嘉史学 ……………………………………………… 李立民 / 234
王夫之"气质中之性"说 ……………………………………… 万宏强 / 249

文献研究

尼布楚条约相关文书探析
　　——以满文界碑文书为中心 …………………………… 承　志 / 265
《武备志》版本流传考 ………………………………………… 乔　娜 / 298

读史札记

《楚两生资料知见编》按语举隅 ……………………………… 何龄修 / 321
关于尹壮图籍贯与轶事的考察 ……………………… 王人骏　冯佐哲 / 341

CONTENTS

Feature Article

The trend of anti-orthodoxy thought in china
during the 18th century　　　　　　　　　*Gao Xiang* / 3

Research on Sun Qifeng

Several Problems in the Study of Sun Qifeng's
Academic Thought　　　　　　　　　*Chen Juyuan* / 47

From *Lixue Zongchuan to Mingru Xuean*
— A Review of Academic Recording History Books from the
Perspective of the Study of Confucian Classics as
A Remedy for Neo-Confucianism's Limitation　　　*Yuan Lize* / 56

The Confucian Orthodoxy Construction of Sun
Qifeng's *Neo-Confucianism Ancestor Biography*　　*Kong Dingfang* / 69

Kingly Governance and Classical Confucianism:
Fei Mi's Elaboration of Sun Qifeng's Theory of Dao Tong
—With a Discussion on Institutional Factors and Ideological
Basis Shaped the Development of Qing Dynasty Scholarship
　　　　　　　　　　　　　　　　　　Wang Jian / 83

A Review of the Circulation of the *Xiafeng Song*-with
Remarks on Sun Qifeng's Morality & Scholarship　*Lin Cunyang* / 100

Re-examination on Beixue Master Sun qifeng's
   Learning Orientation　　　　　　　*Yang Chaoliang* / 120

A Study on the Compilation of
   Xia Feng Xue An in *Qing Ru Xue An*　　　*Zhu Xilin* / 132

On the Retrospect and Prospect of the Study of
   Sun Qifeng and Xiafeng School for One
   Hundred Years　　　　　　　　　　*Wang Jilu* / 149

Research Articles

Study on the management of community
   granary-Focus on Qianlong Era　　　*Chang Jianhua* / 167

The efforts and results of the administration in
   Xinjiang during Jiaqing Era　　　　　*Li Xiao* / 214

Hui Dong and Qianjia history study　　　*Li Limin* / 234

Wang Fu-Zhi's theory about " Nature in the physics"
   　　　　　　　　　　　　　　　Wang Hongqiang / 249

Sources and Archives

Treaty of Nerchinsk in Manchu Archives: Analysis
   of the Manchu documents about the
   Boundary Stone　　　　　　　　　　*Cheng Zhi* / 265

A Review of the Editions and Circulation of *Wu Bei Zhi*　*Qiao Na* / 298

Research Notes

Interpretation on the notes of *Historical data collection*
   about liu Jingting and Su Kunsheng　　*He Lingxiu* / 321

A research on the native-place and
   anecdote of Yin Zhuangtu　　*Wang Renjun Feng Zuozhe* / 341

本刊特稿

18世纪中国的反正统政治思潮

高 翔

摘 要：18世纪的中国，伴随着盛世局面的全面形成，专制统治日趋强化。在专治阴霾笼罩下，仍有一批人不顾身家性命，挞伐黑暗，抨击专制，呼唤良知和正义，提出了一系列具有强烈批判色彩的政治主张和观念。本文称之为反正统政治思潮。主要表现在：陆生楠、谢济世的抗争，尹会一对政治问题的思考，大名崔氏兄弟对正统的批判，汪景祺、曹一士、袁枚、郑燮等士人的呼声，以及在太平盛世下的反清潜流。尽管这时期的反正统政治思潮显得单薄和贫乏，对未来政治体制缺乏具有想象力的规划，但应看到，这些看似琐碎、零星的政治新观点，在中国人的思想探索历程中，有其独特的价值。它充分证明，中国自晚明以来带有人文主义色彩的思想新传统中，其最具挑战的政治思想精华，在18世纪极端君主专制的高压下，仍未完全中断。而且，它为19世纪中后期中国政治思想的变革，准备了最原始的文化土壤。

关键词：18世纪　中国　反正统　政治思潮

清前期的政治体制是以专制皇权为核心的满汉官僚联合统治。降至18世纪，伴随着盛世局面的全面形成，专制统治日趋强化。在"乾纲独断，乃本朝家法"的喧嚣声中，皇权不断扩张，逐渐形成极端君主专制局面，"一切用人听言，大权从未旁假"[1]。思想控制大为加强，专制皇帝要求大小臣僚，"是是非非惟朕是从"，"以朕之所好者好之，所恶者恶之"[2]。就政治思想的探索而言，这是一个十分艰难的时代。

---

[1]《清高宗实录》卷323，乾隆十三年八月辛亥。
[2]《雍正朝起居注册》第1册，雍正二年五月二十日，中华书局，1993，第246页。

然而，这个时期的政治思想界并不像人们想象的那样沉寂。在专制阴霾笼罩四野，镇压铁蹄践踏八方的险恶环境中，仍有那么一批人，不顾身家性命，挞伐黑暗，抨击专制，呼唤良知与正义，提出了一系列具有强烈批判色彩的政治主张和观念，本文称之为反正统政治思潮。笼统而言，反正统政治思潮可以分为两大类。一类主要由带叛逆色彩的官僚士大夫阐扬，以质疑或否定君主专制，特别是雍乾以来的极端君主专制为特色；另一类主要以下层士人和民众为载体，传统的华夷之辨是其理论旗帜，注入反清意识的民间宗教是其宣传工具，推翻清朝统治是其政治目标。本文将对18世纪反正统政治思潮做粗略梳理。

一 "与天子争是非"：陆生楠、谢济世的抗争

毫无疑问，清盛世时期中国知识界面对的最大困惑与压力，就是皇权的恶性膨胀。

实事求是地说，清朝君主专制政体得以确立、巩固和强化，知识界特别是理学界是重要的推动者。清初熊赐履、魏象枢、李光地等著名理学家，都曾不遗余力地为君主专制提供理论支撑和智力支持，至若张伯行宣称"既以身许国，可生可死，惟君之命矣"①，即反映出理学家在推崇君权的同时，刻意贬抑臣僚独立人格和尊严的倾向。

降至18世纪，情况发生了变化。随着社会利益关系的多元化，士林道德风尚的改变，理学权威地位在知识界逐渐动摇，它所竭力宣传的纲常伦理、君臣等级，自然会遭到一部分士人的怀疑。而雍乾时期皇权的急剧扩张，臣僚尊严的被践踏，不能不引起一些善于独立思考者对现存政治合理性的怀疑，进而对君臣权力分配体制进行探索，主张采取措施限制君权。陆生楠就为此付出了生命的代价。

关于陆生楠，迄今为止还没有发现翔实的传记资料，只能从《雍正朝起居注册》以及时人有关著述中，略知其一二生平事迹。陆生楠系广西灌阳县举人，部选江南吴县知县。在其履历奏折中，陆生楠对清廷用人行政颇多微词，雍正帝看后，很不满意，责其"倨傲诞妄之气，溢于言词"②，

---

① 张伯行：《续近思录》卷7，上海古籍出版社，1994，第226页。
② 蒋良骐：《东华录》卷30，雍正七年六月乙未，中华书局，1980，第498页。

断定"其人必非醇谨"①。及引见时,陆生楠"举动乖张",雍正帝当面"将折内之语诘问之",陆生楠"默然不能对","闻朕教训之下,转有愤懑之色"②。雍正帝对其为人更为不满,不许其赴任吴县,而以主事试用,"盖以其人或小有才,令其在京办事学习,以冀悛改也"③。此后,陆生楠改任工部主事,又被引见,"不惟毫无敬畏,且傲慢不恭,显然抗逆,形于词色",雍正帝勃然大怒,进而怀疑他与曾任广西巡抚的李绂、御史谢济世结为党援,将其革职,发往阿尔泰军前,"与谢济世一同效力"④。

在军前,陆生楠以医术"寄食于营中"⑤,并撰写《通鉴论》十七篇。陆生楠自知所作难为时容,故十分小心,"其论皆小纸寸幅,蝇头细字,踪迹诡秘"⑥,但仍为清廷发现。雍正七年(1729)六月,顺承郡王锡保参劾陆生楠,称《读通鉴论》"抗愤不平之语甚多,其论封建之利,言辞更属狂悖,显系诽谤时政"⑦。雍正帝则指责陆生楠"借托古人之事机,诬引古人之言论,以泄一己不平之怨怒,肆无忌惮,议论横生"⑧。面对清廷的刑讯,陆生楠宣称"未曾相与一人,并无党羽之人,不敢妄扳再诳君上",但承认自己"益积愤怨之心,因借论《通鉴》,遂妄为狂说"⑨。是年十二月,雍正帝下令将陆生楠于军前"即行正法"⑩。值得一提的是,面对死亡,陆生楠没有牵连别人,没有屈膝求饶,保持了自己的尊严。但他的死,给清代官僚士大夫中善于独立思考者敲响了警钟。道光时官至总督的赵慎畛,在所著《榆巢杂识》中,专门提及此事,说:"陆生楠由举人改补主事,因引见时傲慢不恭,辞色露抗逆之状,革职,发军前效力。著《通鉴论》十七篇,抗愤不平之语居多,亦经顺承郡王上闻,命在军前正法。借托古人之事,冀以泄一己之怨望,肆无忌惮,罪由自取。笔之以为

---

① 《雍正朝起居注册》第4册,雍正七年六月二十六日,第2907页。
② 《雍正朝起居注册》第4册,雍正七年六月二十六日,第2908~1909页。
③ 《雍正朝起居注册》第4册,雍正七年六月二十六日,第2909页。
④ 《雍正朝起居注册》第4册,雍正七年六月二十六日,第2909页。
⑤ 谢济世:《谢梅庄先生遗集》卷3,《陆水部出塞记》,清光绪三十四年全州赵炳麟刻本。
⑥ 《雍正朝起居注册》第4册,雍正七年六月二十六日,第2919页。
⑦ 《雍正朝起居注册》第4册,雍正七年六月二十六日,第2919页。
⑧ 《雍正朝起居注册》第4册,雍正七年六月二十六日,第2909页。
⑨ 《多罗顺承郡王锡保奏报陆生楠口供折》,《雍正朝满文朱批奏折全译》下册,黄山书社,1998,第1836页。
⑩ 蒋良骐:《东华录》卷30,雍正七年十二月,第506页。

小有才者戒"①。

观陆生楠之政治主张，主要有两个方面的内容。

一是对雍正帝的统治政策不满。如陆生楠称："有德者必有言，有言者不必有德；仁者必有勇，勇者不必有仁"等语，暗讽雍正帝用人重才不重德；奏称"五经四书中，如惠迪吉、从逆凶，何以异于佛老"，则有暗斥雍正帝崇奉佛、老之嫌，故雍正帝质问："朕自即位以来，并未尝崇奉佛老，试问黄冠缁衣之徒，何人为朕所听信、优待乎？"②至若在其奏折中，请雍正帝"亲亲"③，反对其虐待、凌逼兄弟、宗室政策，更触犯时忌，将自己处于十分危险的境地。

二是对君主专制体制，提出尖锐批评，这是其政治思想中最重要的部分。陆生楠在《通鉴论》中，结合清朝政治实际，对秦汉以来作为君主专制重要政治基础的郡县制进行全面抨击，主张恢复封建制。他说："封建之制，古圣人无弊之良规，废之为害，不循其制亦为害，至于今，害深祸烈，不可胜言，皆郡县之故。"面对君主独裁、滥施淫威的现实，陆生楠愤恨不已，感叹说："岂今之人，固有异于前人耶？后人之心固有异于前人之心耶？人犹是，心亦犹是，而日下竟如是！"④

陆生楠指出：郡县制既然缺乏合理性，建立在它基础之上的以专制皇权为核心的传统政治体制就不能不存在严重弊端，称："圣人之世，以同寅协恭为治。孔子称郑之命亦是此意。后世天下至大，事繁人多，奸邪不能尽涤，诈伪不能尽烛。大抵封建废而天下统于一，相既劳而不能深谋，君亦烦而不能无缺失，始皇一片私心流毒万世"⑤。有鉴清朝皇帝一味追求权力的集中，臣僚地位急剧下降，陆生楠指出其危险性，他说："后之君臣，倘非天幸，其不为隋之君臣者几希！"又说："人愈尊，权愈重，则身愈危，祸愈烈。盖可以生人、杀人、赏人、罚人，则我志必疏，而人之畏之者必愈甚。人虽怒之而不敢泄，欲报之而不敢轻，故其畜必深，其发

---

① 赵慎畛：《榆巢杂识》上卷，《谢济世、陆生楠被参》，中华书局，2001，第16页。
② 《雍正朝起居注册》第4册，雍正七年六月二十六日，第2907页。
③ 谢济世：《谢梅庄先生遗集》卷3《陆水部出塞记》。
④ 《雍正朝起居注册》第4册，雍正七年六月二十六日，第2909页。
⑤ 《雍正朝起居注册》第4册，雍正七年六月二十六日，第2911页。

必毒"①。

陆生楠主张在君臣间进行合理的权力分配，人君应将管理国家的权力下放给臣下，其具体办法是任用首相，然首相的权力也不是绝对的，他必须受到人君和臣民的严格监督。陆生楠说："当用首相一人。首相奸谄误国，许凡欲效忠者，皆得密奏。即或不当，亦不得使相臣知之。"② 任用首相后，国家庶政即由首相处理，人君的主要职责是行政监督，"（人君）虽有忧勤，不离身心；虽有国事，亦第存乎纲领；不人人而察，但察铨选之任意；不事事而理，只理付托之非人。察言动，谨幾微，防谗间，虑疏虞，忧盛危明，防微杜渐而已。至若笾豆之事，则有司存"③。又主张广开言路，慎择群言，"因言固可知人，轻听亦有失人。听言不厌其广，广则庶几无壅；择言不厌其审，审则庶几无误"④。

与陆生楠一道发往军前的谢济世，也对极端君主专制持强烈的批判态度。

谢济世，生于康熙二十七年十二月（1689）⑤，卒于乾隆二十年（1755）四月⑥，字石霖，号梅庄，广西全州人。康熙五十一年中进士，选庶吉士，散馆授检讨。雍正四年，转御史，旋因参劾雍正帝宠臣田文镜"贪赃坏法"，被革职发往阿尔泰军前效力赎罪。高宗即位后，谢济世被召还，复授御史之职。然因奏疏多有指斥时弊之言，颇触时忌。乾隆三年二月，谢济世以继母年高，上疏乞补外吏，乾隆帝授其湖南督粮道。八年，改为湖南盐驿道。九年乾隆帝勒令谢济世休致回籍，从而结束了他30余年

---

① 《雍正朝起居注册》第4册，雍正七年六月二十六日，第2913～2914页。
② 《雍正朝起居注册》第4册，雍正七年六月二十六日，第2915页。
③ 《雍正朝起居注册》第4册，雍正七年六月二十六日，第2915页。
④ 《雍正朝起居注册》第4册，雍正七年六月二十六日，第2916～2918页。
⑤ 关于谢济世生年，史籍多语焉不详，然谢济世《梅庄记》有比较清楚的记载："戊辰（康熙二十七年）春三月，梅梢复见重台花一朵，家中以为叔父捷南宫之兆也。已而，叔父下第归。及腊月廿六日，余小子适生。先祖在永康州学正任，闻之，喜曰：梅之瑞，其在此子乎？名余曰瑞梅。"（《谢梅庄先生遗集》卷3《梅庄记》）据此，谢济世生于康熙二十七年十二月二十六日，当为定论。
⑥ 关于谢济世卒年，乾隆三十三年广西巡抚宋邦绥在《谢济世著有〈梅庄杂著〉折》中称："乾隆二十年二月，经前抚臣卫哲治以伊纵子指宫撞骗题参审，嗣因谢济世即于是年四月内患病身故，奏结在案。"参见《清代三朝史案》中册，《齐召南跋齐周华天台山游记案·宋邦绥奏谢济世著有〈梅庄杂著折〉》，江苏广陵古籍刻印社，1993。

的仕宦生涯。①"家居十有二年，卒年六十八"②。

在清代学术界中，谢济世以"不遵程朱，乃并斥陆王"③、倡导异端理学著称。而在官场，则以直言敢谏名震一时。其政治思想，大体形成于雍正四年被发配阿尔泰以后，以下三点为其主要内容。

第一，反对奏折制度。奏折是清帝控制臣僚最重要的工具之一，它改变了过去皇帝仅靠少数官僚和机构获取政治情报的传统，将大小臣僚变成了皇帝的特务。清前期，大凡反对君主独裁之官僚，无不对奏折制度提出异议。雍正十三年十月，时登极不久的乾隆帝下诏求言，谢济世即替参赞大臣钦拜起草了一道著名的奏疏，这就是《论开言路疏》。在该疏中，谢济世对雍正帝大力推行的奏折制度提出尖锐批评。他说：

> 欲收开言路之利，且先除开言路之弊。夫开言路何弊之有？告密是也。古之帝王，冕旒蔽目，黈纩塞耳，恶至察也。语云："水至清则无鱼，人至察则无徒。"自后世有密奏之例，小人多以此谗害君子，首告者不知主名，被告者无由申诉，上下相忌，君臣相疑。无论捉影捕风，将无作有，就令情真事实，而臣子阴私小过，亦非君父之所乐闻。恐虞舜好问好察，非此之谓也。④

从这一立场出发，谢济世提出了实行政治改革的两点建议：

一是废除密奏制度。"请自今除军机外，皆用露章，不许密奏。即或论列宫壸，指斥乘舆，如唐魏徵之于太宗，后人美魏徵之能谏，未尝不美太宗之能容。君子之过也，如日月之食，过也，人皆见之；更也，人皆仰之，安用密为哉？"⑤

二是与废除密奏制度相适应，恢复科道监察、进言权威，"言路当仍责成于科道"。雍正帝以密奏广耳目，对专司言路的科道不但不重视，甚

---

① 《清高宗实录》卷219，乾隆九年六月辛未。
② 谢庭瑜：《谢梅庄先生小传并轶事》，载《谢梅庄先生遗集》卷前。
③ 徐世昌：《清儒学案小传》卷6，《谢先生济世》，见周骏富《清代传记丛刊》第5册，第848页。
④ 谢济世：《谢梅庄先生遗集》卷1，《论开言路疏》。
⑤ 谢济世：《谢梅庄先生遗集》卷1，《论开言路疏》。

至"将（科道）密折停止，仍令尔等露章明言"，并对科道官员说："朕励精图治，用心天下政治，耳目甚广，虽不恃尔等，但尔等身居言路，自当各顾体面，尽其职守。"① 谢济世看法与此相反，他认为，科道官于"天下之事，皆得条陈；天下之官，皆得举劾"。开言路，首先要发挥科道的作用。其具体办法是：严不言之罚，"将不言者放归田里，或改授闲曹，则人知所惩创"；恕妄言之罪，"言而当，褒美之，言而不当，亦优容之。虽其中有结党挟仇形迹，可疑者亦宜给之冠带，不宜加以僇辱"；除文字忌讳。谢济世认为始于明朝的文字忌讳非但无益，而且使言路闭塞，"谀妄成风"。"请自今表奏及乡会试出题，皆不拘忌讳，行见嘉言罔伏，且使天下后世谓我乾隆为宽大之朝，岂不盛哉"②？

谢济世针对雍正帝的独裁统治，告诫年轻的乾隆帝，人主"以博览广听为求言，以察言观色为知人，以亲庶官、理庶务、折庶狱为勤政，臣恐其为汉唐杂霸之治，而非二帝三王之治也"③。暴露出明显的推崇开明君主制的政治倾向。

乾隆二年，谢济世上《遵旨陈言疏》，对乾隆初政多有质疑，宣称："此半年以来，非无可言之事，而无进言之人。皇上见无进言之人，安知不信以为无可言之事？此臣终不能已于言也。今所言者有二：一曰去邪勿疑，一曰出令毋贰。"④ 这一奏疏让乾隆皇帝十分恼怒，责其"显怀观望之私，且多诡谲之意，前后语言诞妄支离"，"昏愚无知"，交部"严行申饬"⑤。

第二，推崇诤臣。谢济世有一个基本思想，那就是"自古圣帝名王，必有诤臣"⑥。除了应该充分发挥言官的作用外，谢济世还主张普通臣僚也应对朝廷大政方针提出自己的见解。谢济世曾做了一篇文章，名曰《戆子记》，对忠贞不贰、敢于仗义执言的"戆子"，大加推崇。应该说，在雍乾之际，谢济世是朝中最著名的"戆子"，他曾一次次不顾时忌，上疏批评

---

① 《雍正朝起居注册》第4册，雍正七年二月初一日，第2571~2572页。
② 谢济世：《谢梅庄先生遗集》卷1，《论开言路疏》。
③ 谢济世：《谢梅庄先生遗集》卷1，《论开言路疏》。
④ 谢济世：《谢梅庄先生遗集》卷1，《遵旨陈言疏》。
⑤ 《清高宗实录》卷39，乾隆二年三月壬子。
⑥ 谢济世：《谢梅庄先生遗集》卷5，《史评·宋太祖》。

时政,他一直期盼着朝廷出现能"与天子争是非","与大臣争献替"的诤臣,期盼着清帝能像自己信任戆子那样信任直言敢谏的忠臣。但事实上,谢济世带有浓郁理想主义的政治期望,在君主专制极端强化的政治环境下,注定无法实现。

第三,加强相权。谢济世认为,要克服极端君主专制的弊端,最重要的办法就是通过加强宰相的权力,以相权制约君权。他主张宰相拥有充分的权力,特别是应享有关键性的用人之权。他提出"人主之职在命相"①,而"宰相之有权也,所以进贤退不肖也"。谢济世指出,相权"不可擅,亦不可无","擅则虽功亦罪","无则虽贤无功"。两者相较,谢济世强调要保留相权,而不是像雍正帝那样凡事均由人君一人独断,所谓"愿相公无权,不如愿相公无私也"②。需要说明的是,将用人之权交与臣下,是专制皇帝最为忌讳的。雍正帝尝斥责分权于丞相主张说:"从来论君道治天下,莫大于用人、理财二端。理财一事,自应付之臣下。至用人之权,不可旁落。今试以铨选之权付之大臣,大臣敢膺此任乎?"③可见,谢济世的主张始终与君主独裁相对立。

谢济世关于君主专制的种种见解,虽然在雍乾之际的官僚士大夫中并不孤立,但敢于用奏疏的方式,将自己的观点直达御前,则远非一般官僚所能,这是谢济世愚戆之处,也决定了他坎坷的政治命运。对此,谢济世并不讳言,说:"吾以狂愚,动辄得祸。"④

事实上,专制政体容不下谢济世这样的骨鲠之人。谢济世生前备受摧残,死后仍难逃责罚。乾隆三十二年,时距谢济世去世已经12年,清廷发现谢济世生前所赠齐周华《添髯记叙》内有"悖逆"语句,于是派人到谢济世家中查办,严讯其子嗣,结果发现《梅庄杂著》一本,"议论乖谬,语多怨怅"⑤。三十三年二月,乾隆帝以谢济世"性情乖戾",所作书词颇多"谬妄",正式下令将其"已刷之书及原刊刻板尽行查出销毁,毋使稍

---

① 谢济世:《谢梅庄先生遗集》卷5,《宋理宗》。
② 谢济世:《谢梅庄先生遗集》卷5,《愿相公无权》。
③ 《雍正朝起居注册》第4册,雍正七年六月二十六日,第2907页。
④ 谢济世:《谢梅庄先生遗集》卷7,《纂言外篇》。
⑤ 《齐召南跋齐周华天台山游记案·宋邦绥奏谢济世著有〈梅庄杂著〉折》,《清代三朝史案》中册,江苏广陵古籍刻印社,1993。

有疏漏"①。

二 "善为国者，不欺其民；善为家者，不欺其亲"：尹会一的思考

谢济世、陆生楠等人限制君权的主张，尖锐而不深刻，大胆而不系统。原因很简单，严酷的专制统治环境，不允许人们对政治问题进行独立的深入思考。而雍乾之际以理学著称的尹会一，则是一个例外。

尹会一，生于康熙三十年，卒于乾隆十三年，字元孚，号健余，直隶保定府博野县人。雍正二年进士。三年，授考工司主事，五年授湖广襄阳府知府，九年调江南扬州府，十一年迁两淮盐运使。乾隆元年任两淮盐政，二年授河南巡抚，五年任左副都御使，旋以其母年过七十，疏请终养。十一年任工部侍郎，不久，提督江苏学政。十三年转吏部侍郎，仍留学政任，七月，卒。所著有《健余先生文集》《四鉴录》等。

乾隆时期，尹会一以理学著称，以清廉闻名，不过，也是一个颇受争议的人物。他的一些政治、学术举动，在时人看来，未免有沽名钓誉之嫌。乾隆十二年八月，时任江苏学政的尹会一，竟然带着儿子尹嘉铨一同受业于方苞之门，颇遭时人诟病。乾隆帝对其为人不以为然，曾斥其"实少干济才能，不胜巡抚之任"②。又斥其子尹嘉铨"未改沽名家习"③。这里的"家习"，显然要上溯到尹会一。

在清代历史上，尹会一最引人注目的地方，不是因其理学方面贡献有多么突出，而是其独到的政治见解。尹会一之政治观点，往往针对雍、乾时期极端君主专制的实际，不少内容带有反对君主独裁的色彩，其主张大胆直率，为人侧目。时人顾栋高谓其"恳恳款款，言人之所不敢言。即上所施行者，亦驳正"④。晚清徐世昌说："会一笃信程朱，谓治法不本于三代，皆苟道也。"⑤

---

① 《清高宗实录》卷805，乾隆三十三年二月戊寅。
② 《清史列传》卷18，《尹会一》。
③ 《乾隆三十三年十二月二十一日山东布政使尹嘉铨奏》，《宫中档乾隆朝奏折》第三十三辑，台北"故宫博物院"，1988，第67~68页。
④ 顾栋高：《道南祠传》，载《尹健余先生年谱》卷前。
⑤ 徐世昌：《大清畿辅先哲传》卷4，《尹会一》，北京古籍出版社，1993，第137页。

尹会一在政治思想方面的代表作是《四鉴录》（亦称《纲目四鉴录》）。该书成于乾隆十一年夏天，乾隆十三年六月刻印①，这时距尹会一去世仅有一月。十三年六月，尹会一为此书作序，称自己编著该书的目的是"所以资治也"。"爰录四编，用备观省。正朝廷以正百官，而化行俗美，士敦志行，女厉安贞，岂待求诸远哉？"②可见，他对自己晚年完成的这部著作，充满信心，评价甚高。而《四鉴录》确实也比较系统地反映了尹会一的政治理想和追求。

《四鉴录》包括《君鉴录》《臣鉴录》《士鉴录》《女鉴录》四部分。其中前三部分集中反映了尹会一的政治理念，表现出鲜明的反对极端君主专制的思想倾向。结合尹会一其他相关论述，可以看出其基本政治主张。

第一，反对尊君抑臣、损下益上。尹会一对君臣关系十分重视，这显然是基于雍、乾时期的政治现实有感而发。他认为，人君应该以礼待臣，"君之使臣，进退以礼，谁忍不竭忠效用？若委曲防护，疑贰劳神，则离心离德。风自上矣，其何以济"③？在尹会一看来，抑臣尊君、损下益上之国不可长久。他批评汉高祖说："汉高帝马上得天下，以功狗功人目功臣，不复知天禄与共之义矣。"④又批评说："夫（汉）高祖除秦苛法而兴，即位之后，命萧何次律令，苛法尤存，盖用刀笔吏，所袭多亡秦故事。欲抑臣而尊君，损下而益上耳。文帝与民休息，而力除之，汉京之所以久安长治也。守文之君可以为则。"⑤

雍乾二帝均好以术驭下。雍正帝尝向其亲信鄂尔泰传授经验说："总莫令人看透末后一着，则皆为己用而不令人愚矣。然有意防范更下乘也，总在无声无息处着脚，则从何处窥探吾之底里乎？"⑥又教导广西巡抚傅泰说："用人且莫生疑，如有人欺我，听其欺之，无有不败露者。败露时不

---

① 吕炽：《尹健余先生年谱》卷下，乾隆十三年六月条："书（指《纲目四鉴录》）成于丙寅之夏，至是序而梓之"。丙寅年，即乾隆十一年。
② 尹会一：《四鉴录序》，中华书局，1985。
③ 尹会一：《君鉴录》卷4，《儆戒》，《四鉴录》本。
④ 尹会一：《士鉴录》卷2，《俊杰》。
⑤ 尹会一：《君鉴录》卷1，《立政》。
⑥ 《雍正朝汉文朱批奏折汇编》第15册，江苏古籍出版社，1989～1990，第339页。

得轻易放过，如此人人畏服矣。"① 身为高官的尹会一对此不可能一无所知，然而，他对这种做法极为反感。他说："三代而下，反道任术，多藉口于权智之说，以致丧乱频仍，不可救药。"②《君鉴录》中，专门有"戒好权术"一节，强调人君"反复疑贰，自致颠危"。针对雍正帝对大臣、宗室的严酷统治，他别有意味地说："信者，人君之大宝也。国保于民，民保于信。故古之王者不欺四海，霸者不欺四邻。善为国者，不欺其民；善为家者，不欺其亲。不善者反之，是以上下离心，以至于败。所利不能药其所伤，所获不能补其所亡，岂不哀哉！"③

善则归君，过则归臣，恩从上出，在雍乾时期普遍存在，几乎成为专制政治之惯例。尹会一对此不以为然，他说："有善归主，有恶自与，小人每以此术蛊惑君心，遂至恶积而不可掩……明良之世，幸勿疑臣自媚于民。"④ 和谢济世一样，尹会一也反对密奏，认为"人君好密奏而后谗谄得行乎其间，若使绳愆纠谬之言一无所忌，岂不光明俊伟，尤足以招谠论而绝天下之疑哉"⑤？这一观点可以说反映了雍乾之际大多数臣僚的心声。

第二，主张调整君臣权力分配体制，重视臣僚的意见和权力。尹会一说："为政莫优于好善，不祥莫大于蔽贤。世儒宜无不知而未能自克，则蔽于自用耳。"⑥ 他认为，人君尽管对用人行政有最终裁决权，但不可"任一人之喜好"，置臣民之公议于不顾。甚至任用功臣，尹会一也主张经过廷推，再予独断。他说："功臣非无可用之人，但必先之以廷推，而后加之以独断，庶不失唐、虞、三代与众共之之遗意，而人位罔谬。否则，任一人之喜好，违舆情而弗顾，是视知人为无难，而混懋赏懋官于无别也，高明之主尤当鉴之。"⑦ 尹会一主张鼓励臣僚公开参与人才选拔、荐举，不可因宣扬专制君主之"皇恩"而对此秘而不宣，故他对所谓密荐不以为

---

① 《雍正朝汉文朱批奏折汇编》第17册，第51~57页。
② 尹会一：《君鉴录》卷4，《儆戒》。
③ 尹会一：《君鉴录》卷4，《儆戒》。
④ 尹会一：《君鉴录》卷3，《纳谏》。
⑤ 尹会一：《君鉴录》卷3，《纳谏》。
⑥ 尹会一：《健余先生文集》卷1，《通蔽》，《续修四库全书》本。
⑦ 尹会一：《君鉴录》卷2，《用人》。

然，他指出："后世有滥举之罚，而无荐贤之赏，且以为恩出于上而故密之。是蔽贤反可以苟容，而密荐适所以委咎也。"①

尹会一针对雍、乾时期皇权急剧扩张，皇帝对政治的干预面越来越广的现实，明确反对人君事必躬亲，他指出人君"知大体则四方为纲，亲小劳则庶事丛脞"②，主张加强宰相的权力，不赞成将宰相变成普通的行政工具。他说："后世宰相，动以恩威出于主上，不得操权为辞。不知人君一得一失，宰相皆与共之。"他感叹说："夫器以有容而大，识以远虑而明。相自有体，后世以宰辅而办庶僚之事，君为之乎？或者其臣实甚，观往行而稽前言，可以深长思矣。"③

在朝廷大政方针的制定上，尹会一认为君臣之间应有一定的协商余地。他认为臣僚对朝廷决策应有一定的发言权，而不能一味以君主的是非为是非，主张为臣者要"刚健笃实，直内方外"④。而要做到这一点，必须满足两个条件。

一是臣僚要敢于发言，敢于抗旨。尹会一认为，臣僚不是君主的简单附庸，不能对君主"依违迁就"，当皇帝的应声虫。为臣者应当明白，"人主用法，每以喜怒为重轻，苟为臣者顺旨曲从，则是彰君之不信，而无以昭大法于天下也。能批逆鳞如狄梁公，庶不怵于威怒，而陷君于不道乎"？⑤尹会一指出："公卿会议，事关机务，当直陈所见，若心知不可而顺旨雷同，所谓上下相蒙，难与共理矣。"⑥在尹会一看来，要把国家治理好，臣僚必须要有担当意识，必须要担负起自己的责任，"人苟能自树立，以身负天下之安危，虽不公卿，亦谓安社稷之大臣。公卿而或依违奉令，无所谓深识大力，只为具臣。……虽位极人臣，不过患失之鄙夫而已"⑦。尹会一大声疾呼臣僚要敢讲真话，要有所作为。他感叹说：

---

① 尹会一：《君鉴录》卷2，《用人》。
② 尹会一：《君鉴录》卷1，《立政》。
③ 尹会一：《臣鉴录》卷1，《器识》。
④ 尹会一：《健余先生文集》卷5，《答陈密山书》。
⑤ 尹会一：《臣鉴录》卷2，《谏诤》。
⑥ 尹会一：《君鉴录》卷2，《用人》。
⑦ 尹会一：《健余先生文集》卷5，《上朱高安先生书》。

历观前代辅臣，往往以一言一动、一举一错，违治体而失人心。非其初念即甘蹈于伴食，摸棱大率。得君之时，密迹左右，每借从容风议、默化潜移之说，渐流于依违迁就而不觉。荐贤为大，则谓天下无人；纳诲为忠，则谓言感已浅。皦皦者与容容同归，此大业之所以不著，而史册之所以无光也。大儒作相之规模，必有光明俊伟可法可传于不朽者。①

二是人君要乐于纳谏，为人君者要做到"受谏之道，不厌狂直，并不辨矫诬，而谏臣乃无所忌"②。尹会一特别强调说："人君之于谏臣，绳之以法则引身，胜之以言则结舌。言既屈矣，而心犹以为非，独不畏腹诽之诛乎？"③ 在尹会一看来，人君要养成纳谏的品德，其前提是和臣下建立信任关系，即"人主欲闻直言，断自无疑始"④。又说："君有从谏之名，臣有直谏之名，两美相合，史册有光。故圣人弗咈，贤者勉焉，皆足以征有道之象。惟谏而不听，然后名归臣下耳。顾佞人从风而靡，智士见机而作，即求徇名者，亦何可多得哉？"⑤尹会一强调，对臣下之诤言，人君要"虚以受之，和以招之，赏以劝之，诚以结之，然后能通上下之情，而谏者日至"。警告说，纳谏与否，关系国家安危，"因拒谏而召乱，可胜道哉"⑥！

第三，推崇君德，与民同好恶。在君主专制政体下，人君品行、道德的好坏，直接关系到国家的兴衰，因此，"正君心"具有十分重要的意义，也是实现开明君主制的基本前提。尹会一认为："人君之学，贵得要领。志存经略，则博览书史，皆足以益神智。若止寻章摘句，则非徒无益而又害之。"⑦他针对雍乾二帝好名、好利之习气，特别指出："盖不能寡欲以正其心，则英主之蔽，有时更甚于庸君。"⑧ 尹会一进一步指出："人主每

---

① 尹会一：《健余先生文集》卷5，《复高东轩先生书》。
② 尹会一：《君鉴录》卷3，《纳谏》。
③ 尹会一：《臣鉴录》卷2，《谏诤》。
④ 尹会一：《君鉴录》卷3，《纳谏》。
⑤ 尹会一：《君鉴录》卷4，《儆戒》。
⑥ 尹会一：《君鉴录》卷3，《纳谏》。
⑦ 尹会一：《君鉴录》卷4，《儆戒》。
⑧ 尹会一：《君鉴录》卷4，《儆戒》。

好为欲盖弥彰之举,以启面从之端,人臣阿谀承顺,遂成其过。"① 并感叹道:"诏书下而阿意顺旨,公卿以为得计,古今之积习也。"② 乾隆帝颇以诗文自负,好与文士争名。尹会一引唐太宗的话说:"人主患无德政,文章何为",强调道:"唐太宗之言,致为明切,人君鉴此,则知无益之文,非不朽之业,自不甘于溺词章,而玩物丧志矣"③。尹会一认为,君德最重要的就是与民同好恶,为政不拂人情,"即承平无事之时,亦必常思得众之由,而不敢少拂其性,则苞桑之固系于人心,而无意外之虞矣。"④ 尹会一告诫人君:"秦隋之世,日增苛法以殴民,亦独何欤?故欲密禁网以防民,而视具文为不可除者,非愚则妄。"⑤ "民之所好好之,民之所恶恶之,然后可以作元后而为民父母,此起化之本原也。后世狃于沽名钓誉之说,而以同然之好恶,几欲与人心相反,虽有奇功,必无后效,职此故耳。" 并一针见血地指出:"平天下之要在散财而得人。"⑥ 尹会一总结说,"立政之规,仁厚为本,礼义为先,正大为体,明决为用"。"尤以持盈保泰为兢兢,乃能守成于勿替。不则生于其心,害于其政,不可不防其端矣。"⑦

  总的说来,尹会一不反对君权,也无意改变君主专制的政治体制。但他主张适当提高臣僚的政治地位,主张臣僚的人格应该受到尊重,臣僚对关系国计民生的大政方针,应该具有一定的发言权,而不是成为服务君主个人意志的工具。将他的这些政治主张,置于雍、乾时期极端君主专制恶性发展的特殊历史条件下,即可看出其现实批判的重要指向和历史价值。更令人震撼的是,尹会一将这些主张明明白白地写在纸上,在当时的高官显宦中,可谓独一无二。

  需要提及的是,尹会一之子尹嘉铨,曾官至大理寺卿,大概因"原本庭训"的关系⑧,也具有强烈的反现实倾向,讨论问题,言辞激烈。如称"后世孝友,多不见用于世,而立身之大端又难言之"。"今群臣非八人之

---

① 尹会一:《臣鉴录》卷2,《谏诤》。
② 尹会一:《臣鉴录》卷4,《立身》。
③ 尹会一:《君鉴录》卷4,《儆戒》。
④ 尹会一:《君鉴录》卷1,《立政》。
⑤ 尹会一:《君鉴录》卷1,《立政》。
⑥ 尹会一:《君鉴录》卷2,《用人》。
⑦ 尹会一:《君鉴录》卷1,《立政》。
⑧ 鲍皋:《偶然吟序》,载尹嘉铨《偶然吟》卷首,《四库禁毁书丛刊》本。

比，乃使之遍居八人之官，而望功业之成不可得也"，宣称自己"固不务讲学之名以贾祸，亦不避讲学之名以免祸"①。尹嘉铨说："天下大虑，惟下情不通为可虑"②，表示"不愿作台谏官"，"不言不能自甘，多言又恐不测"③。并公然宣称"朋党之说起而父师之教衰，君亦安能独尊于上哉"④！在批判专制现实上，虽不如其父深刻、系统，但一些言辞较其父更加尖锐。

尹会一的《四鉴录》，在其生前是否为乾隆帝所见，现已无从查核稽考。但有一点是可以肯定的，乾隆四十六年，当尹嘉铨为其父请谥，并请将尹会一和汤斌等人一同从祀孔庙时，乾隆帝对尹会一的不满就公开发泄出来，认为尹会一"尚不能如汤斌诸人"，并指责尹嘉铨为父请祀、请从祀孔庙，"肆无忌惮，罪无可逭"，终将尹嘉铨处绞⑤。当时，直隶总督袁守侗奏折中有"尹嘉铨父子平日自负读书，原不无好名妄作"之语，辞及尹会一，即系迎合乾隆帝之语。⑥ 至于乾隆帝斥责尹嘉铨"欲于国家全盛之时，逞其私臆，妄生议论，变乱是非，实为莠言乱政"⑦，可以说反映了他对尹氏父子的真实看法。无论是从思想渊源上，还是从尹氏一家和清廷关系上，都可以断定，尹会一生前所为，为其子尹嘉铨之祸埋下了伏笔。

三 "天下者，天之天下也，非一姓之天下也"：大名崔氏兄弟的批判

18世纪中国反正统政治思想中，最深刻、最具革命性的内容，是由大名崔述、崔迈兄弟提出的。

在乾嘉之际的中国学术界，很少有人像大名崔氏兄弟那样，以质疑甚

---

① 《尹嘉铨为父请谥并从祀文庙案·袁守侗奏查过尹嘉铨收藏书籍及刻版解京折》，《清代三朝史案》下册。
② 《尹嘉铨为父请谥并从祀文庙案·供五》，《清代三朝史案》下册。
③ 《尹嘉铨为父请谥并从祀文庙案·供八》，《清代三朝史案》下册。
④ 《清史列传》卷18，《尹会一子嘉铨》。
⑤ 《清史列传》卷18，《尹会一子嘉铨》。
⑥ 《尹嘉铨为父请谥并从祀文庙案·袁守侗奏查过尹嘉铨收藏书籍及刻版解京折》，《清代三朝史案》下册。
⑦ 《清史列传》卷18，《尹会一子嘉铨》。

至批判的态度，深入思考中国传统政治问题。他们兄弟二人执著地回望过去，力图将笼罩着人们记忆中的虚伪与浮华去除，还一个值得信任的历史真实，即所谓"考信"。然而，一旦将在很大程度上奠定秦汉以降两千年君主专制理论基础的"伪经"成分去掉，那么，君主专制的合法性何在？传统政治的理论资源又当从何处寻找？

崔述，生于乾隆五年，卒于嘉庆二十一年（1816），字武承，号东壁，直隶大名府人。乾隆二十七年中举人，嘉庆元年任福建罗源县知县，后一度署上杭知县，嘉庆六年，捐主事离任，嘉庆二十一年二月初六去世。崔述著述甚丰，自称："吾生平著书三十四种，八十八卷"①。代表作主要有《考信录》《古文尚书辨伪》《无闻集》《知非集》等。顾颉刚曾搜集、整理崔述之著述，并汇集相关资料，编订成《崔东壁遗书》，这是目前研究崔述生平事迹及学术思想最重要的资料汇编。

崔迈，生于乾隆八年，卒于乾隆四十六年，字德皋。崔迈早慧，十岁能文。年十二，与其兄崔述同补诸生。乾隆二十七年，复同举于乡，名噪一时。崔迈性喜博览，敏于记忆，其著述作为附编收录在《崔东壁遗书》中。崔迈的学术显然受到其兄崔述的影响，但他的一些思想、研究心得，也被吸收到崔述的著述之中。崔氏兄弟二人均为清代思想演变中，不可多得的俊杰之士。

正统问题，即如何认识历史上中央王朝一脉相传之统绪，既是一个重大理论问题，也是一个至关重要的政治实践问题。具体到以满洲贵族为主导的清朝政权来说，正统问题尤为敏感，直接关系到清朝统治的合法性。正因为如此，康熙时候，以熊赐履为代表的理学官僚一直鼓吹皇帝要信奉儒学，通过承续儒家之"道统"，从根本上获得清朝统治之"正统"地位。乾隆皇帝虽然不像其祖那样狂热地崇拜理学，但对正统问题不敢丝毫忽视。四十六年十月，特降谕旨，对中国历史上统序之争做出裁定，在朱熹的基础上，建构起了一套由理学正统观支配的历史体系，这套体系将清朝政权置于历史发展的最顶端，具有最合法的历史地位。称："春秋大一统之义，尊王黜霸，所以立万世之纲常，使名正言顺，出于天命人心之正。……

---

① 《崔东壁集》第一册卷首，陈履和序，上海群学社，民国十七年。

我朝为明复仇讨贼,定鼎中原,合一海宇,为自古得天下最正。"① 这一主张对于清朝主流意识形态而言,无疑具有神圣不可侵犯的权威性。

然而,这个时期一些善于独立思考的士人,对正统问题却有自己的看法。崔迈就作《正统论》上下篇,以及《正统辨》一篇,系统阐发了自己的观点,与清廷观点可谓针锋相对。

崔迈在《正统论》中,首先提出,正统论本身是一个伪概念,统有分合而无正伪,正与不正,与统无关。德皋指出:正统并非古圣人之发明,"其说起于后世之学士大夫。彼见历代之事势各殊也,于是正统之名兴焉。有正统而后有'偏统',由是而又有'僭统''窃统',此皆强立名字,以古人就己之私说,皆予之所不取"②。

崔迈指出:"彼所谓统者何谓耶?谓合于一者为统乎?则凡合于一者皆是,而不合者皆非也,一言而决矣。谓历代相传之绪为统乎?则合古今皆不离乎统,何得有正偏僭窃之名!"③

在此基础上,崔迈将正与统分之为二,猛烈抨击主流正统观。辞云:

> 盖天下有势有义。正者义也,统者势也。言正不可言统,言统不可言正,然后其理明而其说定。试言统之说。统之为言,犹曰有天下云尔。天下,公器也,非一人一姓之所得私。当其时归于一,则统有专属;及其分也,则统亦随而分矣。今夫一物而数十百人分之,虽出于劫夺焉,不可谓非共此物也,统之说何以异是!自古以来,虽世变纷然,而统无一日之绝也,不过时有分合而已。盖自唐、虞、夏、商、周皆合也,至战国始分;至秦汉而又合,三国又分;晋又合,又分于东晋;历南北朝而后合于隋唐,而又分于五代;至宋又合,而又分于南宋;然后合于元,以迄于今。四千余年以来,忽分忽合,譬如一缕之丝,寸寸而分合之,其绪固相属也。然则历代虽多,安见其统为正、为偏、为僭窃也哉!④

---

① 《清高宗实录》卷1142,乾隆四十六年十月甲申。
② 崔迈:《尚友堂文集》卷上,《正统论》上,《崔东壁遗书》本。
③ 崔迈:《尚友堂文集》卷上,《正统论》上。
④ 崔迈:《尚友堂文集》卷上,《正统论》上。

崔迈将正与统相区别，主要目的是要阐发自己的政治见解。崔氏兄弟有一个基本认识，即"天下，公器也，非一人一姓之所得私"。既然政权不当属于一人一姓，当然就不能像理学家那样，从维护纲常伦理的角度去看待历史，看待王朝更迭，评说其是非得失。基于这一政治认识，传统的正统观自然缺乏存在的合理性。

在考察正与统的关系时，崔迈特别指出：儒家竭力宣扬的汤武仁君，实则以臣弑君，并非如一般人所说不存在"利天下之心"，认为"考其得天下之迹，而律以后世之名，则终不免于篡"①。他说："世之论汤武者，不过曰心非利天下也，应天顺人，伐暴救民而已。夫心藏于深微不测之地，其亦至难知矣。即心果无他，而终不可以掩其迹。心非篡则当恕其心，迹实篡则当严其迹。然《诗》曰：'至于大王，实始翦商。'《书》曰：'惟九年，大统未集，予小子其承厥志'，亦安见其无利天下之心也哉？"崔迈正确地指出：汤武之事，能行于三代，而不能行于以后者，关键在于三代时期的君臣关系和后世不同。"古者人情质朴，其君臣之义非如后世之明也。当其时各自为国，势不能相属也。有有功德与力者，则天下群起而奉之，非必制其予夺之权而设为贵贱之等也，不过势之所归而已，其人死而子孙犹足以系天下之心者，则天下亦不别求君也。不幸而恣为暴虐，则必又有有功德与力者而攻之灭之。所奉之国既灭，则天下又以昔者之奉奉其灭所奉者。盖其君臣之势既无大异，而服事之文又必简且易也。"正因为如此，汤武弑君，在三代是正常的，"所以不见黜于正者此也"。三代以后，"古今时异势殊，后之君臣非若古之君臣矣"，也就是说君臣之间，位势悬殊，汤武之事已不可行。② 从历史学的角度看，崔迈的解释，和正统理学家相比，显然更符合社会演变的实际。

封建制和郡县制是传统士大夫们经常谈论的政治话题。郡县制是秦汉以降君主专制政体的社会政治基础，清朝政府站在维护君主专制的立场，反复强调封建不可行。雍正帝说："秦始皇统合六国，制天下以郡县，岂其力量足以混一宇内哉？天时人事有不能不合为一者。自汉以来，遂为定制。盖三代以前，诸侯分有土地，天子不得而私，故以封建为公。秦汉之

---

① 崔迈：《尚友堂文集》卷上，《正统论》下。
② 崔迈：《尚友堂文集》卷上，《正统论》下。

后，土地属之天子，一封建便多私心，故以郡县为公。"①

崔迈针对清廷肯定郡县制、否定封建制的做法提出：封建与郡县无优劣。政治之得失好坏，治乱盛衰，关键在人，"得明主则治而延，得暴主则乱而促，其理同也"。"治乱在人事，不可尽诿之于法也。"② 与此同时，崔迈对延续两千年之久的郡县制之命运作了深刻分析，他敏锐地察觉到郡县制度已经在走向衰微，"前者不必有，而后起者无穷"的政治变革必将到来，并提出未来政治体制，有可能出于封建、郡县之外的卓越预言。他说：

> 然则郡县之制何以历唐、宋、元、明而不变？曰：封建之设，不知所起，其可考者自黄帝迄周二千四百余年而后废。始非不可废也，弊未极也。自秦以来二千年，郡县之法日弊矣，安知后世不复为封建也？然天下世变多端矣。封建，一变也；郡县，一变也；群雄割据，南北分治，藩镇拒命，皆变也。变故之来，前者不必有，而后起者无穷。封建之时，不知有郡县，后世或更有出于封建之外者，未可知也。吾又乌知郡县极弊之日，其势何所趋也？③

如何限制日益膨胀的君权？崔迈明确主张恢复宰相制。他认为明代宦官专政，实际上源于宰相制度之废除，指责明太祖"因噎废食，而不知流弊之一至于此"④。他主张加强宰相的权力，"宰相者，天子以下一人而已，其体尊，其权重，于事无所不统，而于人无所不当问，即内臣窃柄，其体统自如，犹可以势均力敌也。即不然，而忤之，不过逐使去。要结之，不过使为援而已"⑤。

如果说崔迈对君主专制的质疑与批判，主要集中在正统、封建等重大理论问题上，那么，其兄崔述则围绕"天下到底应该属于谁"这一最根本的政治原则问题，发出了振聋发聩的声音，而最高统治权力如何交接是他

---

① 《雍正朝起居注册》第4册，雍正七年六月二十六日，第2917。
② 崔迈：《尚友堂文集》卷上，《封建论》。
③ 崔迈：《尚友堂文集》卷上，《封建论》。
④ 崔迈：《尚友堂文集》卷上，《明论》。
⑤ 崔迈：《尚友堂文集》卷上，《明论》。

阐发自己政治观点的入手处。

中国古代最高统治权力的交接一般采用两种形式，即传贤（禅让）和传子。雍正以后实行的秘密建储制在某种程度上是对二者的折中，但传子是前提、是根本，也就是从皇帝诸子中，择贤而立。乾隆帝认为，传统的建储册立制度，"其流弊不可屈指数"。"立储一事，如井田、封建之必不可行，尚有过之"。一旦建储，"父子之间，必有为小人构成衅隙，复启事端"。① 乾隆帝坚持了由雍正帝创立的秘密建储制，并在理论上予以完善和发挥。时编《储贰金鉴》，引古证今，以图垂示久远。乾隆帝提出了秘密建储的两个基本原则：一是人君独断，不可商之臣下。针对唐太宗采纳长孙无忌建议，废太子为庶人，立晋王为太子一事，他评论说："此何事，而与其臣谋之！所谓一无足取。卒致高宗立而有武则天之祸，唐室几至于亡。"② 二是选贤而立，即"神器当择贤而畀"③。由雍正帝确立、乾隆帝完善的秘密建储制度，可以说将秦汉以来帝王"私天下"政治传统推到了极致，乾隆皇帝晚年传位嘉庆皇帝，更被视为熙朝一大盛事。

崔述的看法，和清朝政府完全对立。他鲜明地提出了两个重要观点。

第一，主张公天下，"天下者，天之天下也，非天子之所得而予夺之者也"④，反对一人一姓对国家权力的垄断。

第二，在国家最高统治权力的交接上，主张由百姓、诸侯择德而君。不但反对君权世袭，而且反对由君主将最高统治权力私相授受，"天子不能以天下传之一人也，不惟无传子者，亦并无传贤者"⑤。

站在"公天下"的立场，崔述认为朝廷无论传贤还是传子，都是帝王将天下作为自己私有财产的表现，是与公天下的理想相背离的，真正的理想社会绝不允许君主将天下作为个人财产私自移交，而应当由百姓、诸侯来决定。中国古代知识界具有托古言志之传统，通过对古代社会的理想化描述，表达自己真实的政治追求。崔述也是如此，他彻底否定了上古社会君位父子相传的说法。他说：

---

① 《清高宗实录》卷1220，乾隆四十九年十二月丁亥。
② 《御批历代通鉴辑览》卷51，乾隆帝御批。
③ 《御批历代通鉴辑览》卷101，乾隆帝御批。
④ 崔述：《唐虞考信录》卷4，《舜治定功成》，上海群学社，民国十七年。
⑤ 崔述：《夏考信录》卷2，《启》，《崔东壁遗书》本。

盖古之天下，原无父子相传之事，故孰为有德，则人皆归之。虽有一二败俗拒命之人，待兵刑而后具有服，要之上古人情淳厚，慕义向风者为多，故其得天下之次第，大概如此，不必尽藉于先业也。若尧不藉父兄之业，即不能有天下，则羲、农、黄帝又何所藉而能得天下也哉？且使尧之天下果传之于父兄，则尧当世守之。丹朱虽不肖，废而他立可也，舜虽大圣，相尧之子以治天下，如伊尹之于太甲可也。尧安得而授之舜，舜安得而受之于尧哉？①

崔述进一步指出：

不以天下与子，自古圣贤皆然，不独尧也。盖上古之时，诸侯各君其国，各子其民，有大德之圣人出焉，则相率而归之，圣人没则已耳。非若后世创业之主，以兵受命，征伐攻取，而后能得天下，而子孙世守其业者比也。是以上古有天下者，其前皆无所受，其后皆无所授。自羲、农、黄帝以降，皆若是而已矣。非尧以丹朱不肖故，独不传之子也。且尧亦未尝传天下于舜也，尧之初意，但欲让舜以天下耳。②

在崔述看来，上古时期，讲的是公天下，"唐虞之天下，非一姓之天下也"③。不但无传子者，亦无传贤者。"盖自唐虞以前，天下诸侯皆自择有德之人而归之，天子不能以天下传之一人也，不惟无传子者，亦并无传贤者……上古之天子，原无以天下传之人之事也。自羲、农、黄帝以来，皆若是而已矣。"④

开始于尧舜时期的禅让制，曾为知识界津津乐道，所谓"自秦汉以来，世之论者，皆谓尧以天下与舜，舜以天下与禹"⑤。崔述对一源远流长

---

① 崔述：《唐虞考信录》卷1，《尧建极》，《崔东壁遗书》本。
② 崔述：《唐虞考信录》卷2，《舜相尧》。
③ 崔述：《夏考信录》卷2，《启》，《崔东壁遗书》本。
④ 崔述：《夏考信录》卷2，《启》，《崔东壁遗书》本。
⑤ 崔述：《唐虞考信录》卷4，《舜治定功成》，上海群学社，民国十七年。

的说法予以否认，他对尧舜之间的政治关系，基于历史资料，按照自己的政治观，进行了重新建构。

崔述认为，尧舜之间不存在所谓尧传天下于舜的问题。"尧亦未尝传天下于舜"，"尧之初意，但欲让舜以天下耳"，"尧本期得舜之后，即以天子与之，但以舜不肯受，而让于德，弗嗣，不得已，乃使舜受终摄政。至尧崩，而后践位焉。初非虑身后之天下无所属，而始属之舜也"①。至于尧欲让位于舜，以及舜摄政于尧，"至尧崩，而天下诸侯卒共戴舜，以为天子"②，这一局面之出现，是因洪水未平而出现的历史偶然，后世绝不可引以为训，不可将它作为帝王可以私天下的理由。他说：

> 天下者，天之天下也，非天子之所得而予夺之者也。是以唐虞以前，天子未有以天下授人者，各自以其德服之而已，不强身后之天下使之从一人也。惟尧以洪水未平，生民未安，而礼乐亦未兴，己不能终其事，故举舜而授之，使代己治天下。若舜之世，则洪水固已平矣，生民固已安矣，礼乐固已兴矣，初无所待于人之终其事也，身没之后，听天下之自归于有德可也。舜不必挟天之天下，而自授之人，以示其恩也。盖尧之禅舜，乃创前古未有之奇，故二帝合为一书而统名曰"尧典"，明乎两帝之犹一代也，不可以此为例，而谓有一天子，必复传之一天子也。③

崔述说："后人但见商、周以来，天子世世相继，遂以之例虞夏，而以为天子之后，必当更以天下授之一人，不传于贤，则传于子。"④ 在崔述看来，这与三代事实严重不符。而将天下归于一人一姓，其结果必然是战争和动荡。崔述说：

> 天下者，天之天下也，非一姓之天下也。故舜继尧，禹继舜，人以为固然也。适会禹有贤子，间两世而又得少康、后杼之孙，天下附

---

① 崔述：《唐虞考信录》卷2，《舜相尧》，《崔东壁遗书》本。
② 崔述：《唐虞考信录》卷2，《舜相尧》，《崔东壁遗书》本。
③ 崔述：《唐虞考信录》卷4，《舜治定功成》，上海群学社，民国十七年。
④ 崔述：《夏考信录》卷2，《启》，上海群学社，民国十七年。

于夏者数世，由是遂以传子为常，犹齐之伯仅一世，而晋之伯遂至于数世也。然一姓之子孙，必不能历千百世而皆贤，不贤则民受其殃，必更归于有德而后民安。而既已传子，又必不能复传之贤，则其势必出于征诛而后可。①

在《宋宣公论》一文中，崔述以大胆直率的语言，对秦汉以来，帝王父子相传的悠久政治传统提出尖锐批判。他说：

吾尝观于三代以上之事，而知父子相继非一定之制也。一姓之相传始于禹，而禹孙仲康以弟继兄。商人兄终弟及，见于书者尤多。周孝、定、敬三王皆以别子嗣居天位。盖国家不幸而当其变，则社稷为重，宁割慈忍爱而立弟耳。

秦汉以来，人主各私其子，乃藉口于"君子大居正"之说，托神器于婴儿，付生灵于不肖，以至败国亡家，覆宗绝祀者盖不可数矣。其尤著者，晋武帝明知其子惠帝之昏愚，而其弟齐王攸之贤，乃溺于禽犊之爱，终不肯废子立弟，以致八王、刘、石之乱。周武帝明知其子天元之凶恶，而其弟齐公宪之贤，亦蹈晋武覆辙，使之扪痕恨晚，宪以冤死，周亦寻灭，岂不可痛也哉！此皆公羊氏所谓大居正之君子也。然而后世之儒不闻议二武之失，反斤斤求宣公之瑕以为传弟之戒。然则为人君者，必明知其子不克负荷而与之国，使之暴虐生民，踣其国，坠其宗，然后得免于后世之清议耶？②

应该说，崔述对秦汉以来君主专制的批判可谓尖锐和深刻。他提出"天下者，天之天下"，强调天下不得一人一姓而私，指出传子传贤均不足法，显示出极为敏锐的政治洞察力。令人感佩的是，乾隆时期，政治上高度独裁，文化专制主义甚嚣尘上，在这种险恶的政治环境中，崔述能以学术的方式，发出真挚而深刻的呐喊，需要的不但是比常人更多的见识，更主要的是过人的勇气。

---

① 崔述：《商考信录》卷1，《成汤上》。
② 崔述：《无闻集》卷2，《宋宣公论》，《崔东壁遗书》本。

四 "君诚有道，何至于弑"：士林的呼声

如果说陆生楠、谢济世、尹会一以及大名崔氏兄弟，从不同的侧面代表着18世纪时期知识阶层对秦汉以来中国政治体制，特别是清代极端君主专制的怀疑与批判精神，是那个时期中国政治文化新传统的表征，那么，其他一些官僚、学者的反正统政治观念，虽然是零星的，有的并不具有太多的理论价值，但也或多或少地反映出士林阶层中善于思考者的期盼与心声。

谈到清盛世时期官僚和士人对急剧强化的君主专制的看法，雍正年间汪景祺是需要提及的人物。

汪景祺，号星堂，浙江钱塘人。雍正二年，汪景祺游陕西，曾致书抚远大将军年羹尧，企图得到任用。汪景祺在清代政治史上被人关注，关键在他写过一篇引火烧身的文章，这就是《功臣不可为》，该文被收录在《读书堂西征随笔》一书中。在这篇文章中，汪景祺对人君和功臣之间微妙而复杂的关系作了形象而准确的分析。汪景祺认为功臣不得善终，在历史上具有普遍性，所谓"鸟尽弓藏，古今同慨"①。就其原因，主要在专制君主之猜忌。他分析道：

> 彼夫猜忌之主，其才本庸，而其意复怯。当贼寇昌炽时，望烽火则魂惊，见军书则股栗。忽有奇才异能之臣，起而戡定群凶，宁谧四海，捷书一奏，喜出非常。七宝庄严之，殊礼宠遇之。迟之既久，则转念曰："敌人如此其横肆，兵事如此其周章，而此臣竟剪灭之。万一晋阳之甲兴，谁复能捍御者？"于是而其疑心生焉矣。既而阅所上纪功册，某处斩首几十万，某处拓地几千里，某处招抚若干，某处虏获若干，心胆震惊，魂魄荡懾，于是而畏心生焉矣。既建奇功，复膺异数，位崇五等，礼绝百僚。内外臣工以其为朝廷所重也，无不敬而奉之，谄佞小人趋承恐后，长跪叩首，待之逾于常礼。而且题官则嫌其专擅，奏销则防其冒滥，叙功则憾其诈伪，卤获则谓其私藏，触处皆碍。争宠者又从而构之，于是而怒心生焉矣。彼自谓受恩既深，以

---

① 汪景祺：《读书堂西征随笔·功臣不可为》，《掌故丛编》本。

忠荩为报国。怀光欲去卢杞，李晟思慕魏徵。而爱昵不可遽除，忠言不能入耳，反恨其无礼于君，恃功骄横，于是而厌心生焉矣。疑也，畏也，怒也，厌也，以此四者待功臣，有不凶终而隙末者乎?①

汪景祺告诫说：人主残害功臣，看似得到苟安，但最终为自己的败亡埋下伏笔。"杀道济而长城坏，害萧懿而东昏亡。洪武戮开国诸臣如屠羊豕，靖难兵起而金川不守。可胜慨哉! 可胜慨哉!"②

汪景祺系年羹尧之追随者，此文作于雍正二年三月，其时年羹尧正春风得意，雍正帝称其"成全朕君父未了之事"，"皆朕之恩人也"③。汪景祺一方面认为年羹尧，"宸翰宠赍，天子倚阁下，等山岳之重也"④；另一方面预感到了年羹尧处境的危险性，于是作《功臣不可为》一文，借此提醒年羹尧注意自己的安危，同时，也发泄自己对雍正帝独裁专断的不满之情。雍正帝当时虽未看到汪景祺的文章，但在功臣不易保全这一点上，二人倒不谋而合。他尝对年羹尧说："凡人臣，图功易，成功难；成功易，守功难；守功易，终功难。为君者，施恩易，当恩难；当恩易，保恩难；保恩易，全恩难。若倚功造过，必致反目为仇，此从来人情常有者。"⑤ 雍正帝与汪景祺从不同的角度，揭示了一个相同的事实，那就是功臣不易善终，而造成这一悲剧的责任究竟应当由谁来承担？归根到底只能从专制政体中寻找原因。

还需指出的是，汪景祺对专制君主确实抱着一种不恭态度，如在其著述中，竟然称康熙帝"皇帝挥毫不值钱"⑥，其胆量不可谓小。在汪景祺作《功臣不可为》后一年，年羹尧即因遭忌落职，家产被抄没。雍正帝从其家产中发现《读书堂西征随笔》，大怒，指责汪景祺"悖缪狂乱至于此极!"将其处斩，妻子发往黑龙江为奴。⑦ "见浙人汪景祺《西征随笔》诗

---

① 汪景祺：《读书堂西征随笔·功臣不可为》，《掌故丛编》本。
② 汪景祺：《读书堂西征随笔·功臣不可为》，《掌故丛编》本。
③ 《雍正朝汉文朱批奏折汇编》第2册，江苏古籍出版社，1989～1990，第731页。
④ 汪景祺：《读书堂西征随笔·上抚远大将军太保一等公川陕总督年公书》，《掌故丛编》本。
⑤ 《雍正朝汉文朱批奏折汇编》第4册，第168～169页。
⑥ 汪景祺：《读书堂西征随笔·诙谐之语》，《掌故丛编》本。
⑦ 许宝蘅：《读书堂西征随笔·识》，《掌故丛编》本。

词讥讪,及作《功臣不可为论》,语多狂悖,不行劾奏",则成为年羹尧九十二款大罪之一①。年羹尧被赐自尽,"子年富立斩,余十五岁以上之子发极边充军"②。

在限制君主独裁权力方面,给事中曹一士是值得特别关注的人物。

曹一士,生于康熙十七年,卒于乾隆元年,字谔廷,别字济寰,江苏上海人。雍正七年进士,改庶吉士,散馆授编修。雍正十三年,充文颖馆纂修官,五月,改山东道监察御史,乾隆元年迁工科给事中,旋卒,所著有《四焉斋文集》。

雍乾之际,曹一士以"湛深经术"、直言敢谏享誉一时。他在清代历史上影响较大的是两道奏折:一是《请查宽比附妖言之狱,兼禁挟仇诬告诗文》;二是《请复六科旧制》。前者对雍正朝大兴文字狱的做法提出批评,指出:

> 比年以来,小人不识两朝所以诛殛大憝之故,往往挟睚眦之怨,借影响之词,攻讦诗书,指摘文字,有司见事风生,多方穷鞫,或致波累师生,株连亲故,破家亡命,甚可悯也。臣愚以井田封建,不过迂儒之常谈,不可以为生今反古;述怀咏史,不过词人之习态,不可以为援古刺今。即有序跋,偶遗纪年,不过草茅一时失检,非必果怀悖逆,敢于明布篇章。使以此类悉皆比附妖言,罪当不赦,将使天下告讦不休,士子以文为戒,殊非国家义以正法,仁以包蒙之意。③

曹一士建议清廷"敕下直省大吏,查从前有无此等狱案,现在不准援赦者,条例上请,以俟明旨钦定。嗣后凡有举首文字者,苟无的确踪迹,以所告本人之罪依律反坐,以为挟仇诬告者戒,庶文字之累可蠲,告讦之风可息矣"④。

---

① 《清史列传》卷13,《年羹尧》。
② 《清史列传》卷13,《年羹尧》。
③ 全祖望:《鲒埼亭集》卷25,《工科给事中前翰林院编修济寰曹公行状》,《全祖望集汇校集注》上册,上海古籍出版社,2000年,第462页。
④ 全祖望:《鲒埼亭集》卷25,《工科给事中前翰林院编修济寰曹公行状》,《全祖望集汇校集注》上册,第463页。

六科，在清初是一个享有对朝廷决策进行复核的特殊机构。在制度上，它通过自己独有的"封驳"权，对皇权和内阁权力能起到一定的制约作用，如"顺治初年定：凡部院督抚本章，已经奉旨，如确有未便施行之处，许该科封还执奏。如内阁票签批本错误，及部院督抚本内事理未协，并听驳正"①。然而，雍正初年，为了加强皇权，将六科划归都察院，实行"台省合一"，"六科各员奔走内外，朝夕不遑。或递相署理，至有本科只留一人者。本章到科，匆匆过目，即以付部，不及详细审读"，六科给事中从此和御史没有什么区别，其工作重点则从"封驳执奏"变成了稽查官僚，故时人有"轻重倒置"之讥。②及乾隆帝即位，曹一士提出恢复六科的独立地位。他说："臣请敕下在廷考正六科之制，一切悉还其旧。则台自为台，省自为省。给事中之名既正，而后专责以言，孰敢不职思其居，竭诚尽慎，以仰报国家者乎？"值得注意的是，曹一士提出，不但红本要经过六科，而且强调密本，也要经过六科审读。曹一士说："今臣到任以来，见所发各科本章，只有红本，而密本并未一见。至皇上谕旨，径由内阁发部者，臣等迟至浃旬，始得从邸抄一读。如此则虽欲有所论列，或已无及于事，似非设立科臣之初旨也。嗣后请听臣等派出本科笔贴式二员，每日轮班赴阁恭抄谕旨，并所发各臣条奏密本。既省挂号转发之烦，臣等亦可不待邸抄，即得预闻旨意，备见奏章，庶几随时论列，以仰赞高深之万一。"③然而，这一主张在当时不可能付诸实践，无论是皇帝还是内阁或部院，都不愿意在自己意志的推行过程中，多设一道关卡，曹一士恢复给事中的"封驳"之权，自然也就无从谈起。

清盛世时期官僚学者中，除了不少人将恢复宰相制度作为限制君权恶性膨胀的重要手段外，姚鼐还提出了一个颇有创意的设想，那就是不但御史要有谏诤之责，而且翰林也应有谏诤之权，从而加强臣僚对君主的监督，使人君之政治失误能够"闻诸左右而改之"。他特别强调：对翰林而言，尽文字之责，只是"技"的层面，监督君主，直言缺失，乃是真正尽职，即"极忠谏争，为道之大也"。其《翰林论》称翰林"为天子侍从之

---

① 光绪《钦定大清会典事例》卷1014，《都察院·六科》。
② 曹一士：《四焉斋文集》卷2，《请复六科旧制》，中央民族大学图书馆藏清乾隆刻本。此文亦收入《清经世文编》，见《清经世文编》卷14，《请复六科旧制疏》。
③ 曹一士：《四焉斋文集》卷2，《请复六科旧制》。

臣，拾遗补阙，其常任也。天子虽明圣，不谓无失；人臣虽非大贤，不谓当职。而不陈君之失，与其有失播诸天下而改之，不若传诸朝廷而改之之善也；传诸朝廷而改之，不若初见闻诸左右而改之之善也。翰林居天子左右，为近臣，则谏其失也，宜先于众人"①。

著名学者、诗人袁枚对极端专制也颇有微词。这主要体现在三个方面。

第一，反对传统的正统观。袁枚旗帜鲜明地反对清廷和理学界竭力鼓吹的正统观，他认为正统论开始于宋元时期，如欧阳修、杨铁厓（维桢）等人，"滥翻千言，互相争论"。"又有正无统、有统无正之说"，其实都系无根之谈，不知道"古帝王无正统之说"②。他不但在事实上不承认清朝为正统，即"以篡弑得国为不正，是开辟以来，惟唐、虞为正统，而其他皆非也。以诛无道者为正，则三代以下，又惟汉高为正统，而其他皆非也"，这就将清朝排除在正统之外了，而且公开否定正统说的合理性，提出"毋亦废正统之说而后作史之义明；废道统之说而后圣人之教大钦"的重要主张。③

第二，否定郡县制。面对清朝学术界对封建制和郡县制的争论，袁枚有自己的看法。袁枚认为柳宗元的《封建论》，"辨矣，惜其未知道也"。在袁枚看来，封建"道可行而势不可行"，"势，吾所无如何也"，"柳子不以为势无如何，而竟以为道不宜行，是父老尧、禹之说也"④。

袁枚认为封建制的废除，主要在于周朝政治失德，而非制度失当，即封建之衰，"是周之政失，而非制失明矣"。而郡县制的兴起，则是形势变化的结果，"使封建不废，则诸国有君，秦虽暴，不能毒流天下"。"惟其为郡县也，在始皇尊无二上，然后可以残民以逞。"⑤袁枚对封建制怀有某种依恋情绪，不是因其怀旧情结，而是源于他追求个性自由，反对专制政

---

① 姚鼐：《惜抱轩诗文集》文集卷1，《论·翰林论》，清嘉庆十二年刻本。
② 袁枚：《随园随笔》卷4，《古无正统之说》，《袁枚全集》第5册，江苏古籍出版社，1997，第53页。
③ 袁枚：《小仓山房文集》卷24，《策秀才文五道》，《袁枚全集》第2册，第415页。
④ 袁枚：《小仓山房文集》卷23，《书柳子〈封建论〉后》，《袁枚全集》第2册，第389~391页。
⑤ 袁枚：《小仓山房文集》卷23，《书柳子〈封建论〉后》，《袁枚全集》第2册，第389~391页。

治束缚的政治立场。但是，袁枚也意识到时代变了，封建已经不可行，而其关键原因就是后世君主有"私天下之心"，"其视百姓之休戚，如秦人视越人之肥瘠"。他说：

> 然则封建可行乎？曰：道可，势不可。今之阡陌尽矣，城郭改矣，税法变矣，其所封者非纨绔之子弟，即椎埋之武夫也。其能与三代比隆乎？且不特无其势，并无其道。汉兴，矫秦弊，大封诸侯王，天下乱。晋封八王，互相残杀，天下乱。明太祖大封诸子，天下又乱。是何故哉？先王有公天下之心，而封建，亲亲也，尊贤也，兴绝国也，举废祀也，欲百姓之各亲其亲，各子其子也，故封建行而天下治。后世有私天下之心，而封建，宠爱子也，牢笼功臣也，求防卫也，其视百姓之休戚，如秦人视越人之肥瘠也，故封建行而天下乱。无先王之心，行先王之法，是谓徒政。子之之让国，宋襄、徐偃之仁义，师丹、王莽之均田、限田，王安石之《周官》《周礼》，无所不败，盖不徒封建然也。因其败辙而訾其成规，奚可哉！①

袁枚这段话，可以说是对秦汉以后，君主专制政治的控诉。显然，他是站在"公天下"的立场，肯定封建制，批判郡县制的。但从根本上讲，他批判的不是郡县制本身，而是建筑在它基础之上的君主专制政体。事实上，研究者不能简单地将崔述、崔迈、袁枚等人对先王、三代制度的肯定，以及他们对秦汉以后政治制度的批判视为复古。事实上，在他们心中，三代之制，先王之制，不过是一种社会理想，一种理论抗争的旗帜而已。他们的批判，与其说是复古，毋宁说是非今，是对未来社会的期冀、追求与呼唤！

第三，推崇个性自由。作为一个带有浓厚浪漫主义色彩的诗人，袁枚对清朝限制个性自由的种种做法十分反感，针对清廷统一人心风俗政策说："物之不齐，物之情也，天亦不能做主，而况于人乎？"② 还说："人君

---

① 袁枚：《小仓山房文集》卷23《书柳子〈封建论〉后》，《袁枚全集》第2册，第389~391页。
② 袁枚：《牍外余言》卷1，第66条，《袁枚全集》第5册，第21页。

过严,则贤臣不见。犹之日太明则星月无光,天气冷则百花不能香也,虽耐冷如梅、如水仙、春兰,皆天暖才香。观汉武一朝,人物寥寥。"① 工部尚书卫哲治曾劝导袁枚,"俭以养廉",袁枚致信答复说:"人之好尚不能尽同。"并对卫哲治任广西巡抚时,参劾谢济世的做法予以痛斥,为谢济世抱不平。说:"公巡抚广西,劾谢济世子,并劾济世,枚以为过矣。"袁枚在信中称赞谢济世为"豪杰",指责说:"有人如此,不为之全其晚节为后世劝,而使衰年缧绁,填死牢户,天下之人,闻而悲之。以公所为,毋得奢于刑而俭于德乎?"②

在乾隆朝汉学名家中,钱大昕以博览群书著称,但他也是善于独立思考者。钱大昕对君臣关系有自己的理解。他认为人君被弑,皆由失德所至。"愚谓君诚有道,何至于弑?遇弑者,皆无道之君也。"又说:"圣人修《春秋》,述王道以戒后世,俾其君为有道之君,正心修身,齐家治国,各得其所,又何乱臣贼子之有?""秦汉以后,乱贼不绝于史,由上之人无以《春秋》之义见诸行事故尔,故惟孟子能知《春秋》。"③ 他说秦汉以后,乱贼不绝于史,《春秋》之义未见诸行事,无意中就否定了秦汉以来的君主专制统治,并暴露出自己批判现实的政治倾向。对君臣关系,钱大昕特别强调人臣要忠言直谏,不能成为君主的应声虫。他说:"人臣以责难于君为恭,陈善闭邪为敬。故汲黯之戆,胜于张汤之从臾;朱云之狂,贤于孔光之谨慎。"又说:"唐太宗可谓明主矣,而贾谊、魏徵上书多忧危之言,所以为良臣。"④

乾隆中期,文字狱盛行,挟嫌告讦愈演愈烈,中国知识分子陷入更加严酷的政治环境中。然而,仍有人大胆地对清朝文化专制主义提出质疑甚至批评。乾隆二十三年,御史汤先甲奏《刑法宜为变通》一折,提出"内外问刑衙门,遇有造作妖言,收藏野史之类,多丽逆案,宜坐以所犯罪名,不必视为大案,极意搜罗"。不过,他的主张遭到乾隆帝的严词批驳,乾隆帝责其"所言甚属迂谬",说:"收藏野史案内,法在必治者,如《东

---

① 袁枚:《牍外余言》卷1,第57条,《袁枚全集》第5册,第18页。
② 袁枚:《小仓山房文集》卷16《答卫大司空书》,《袁枚全集》第2册,第274页。
③ 钱大昕:《潜研堂文集》卷7《答问四》,《嘉定钱大昕全集》第9册,江苏古籍出版社,1997,第81~97页。
④ 钱大昕:《十驾斋养新录》卷18,《臣道》,《嘉定钱大昕全集》第7册,第495页。

明历》等书，不但邪言左道，煽惑愚民，且有肆行诋毁本朝之语。此而不谓之逆，则必如何而后谓之逆者？凡在食毛践土之人，自当见而发指，而犹存迁就宽贷之意，必其人非本朝之臣子而后可。"将汤先甲之奏折掷还。① 乾隆四十三年，"自幼穷苦攻书"，年已86岁的湖南安化县民刘翱，看到乾隆帝谕旨内有"凡有关违碍忌讳之书概令缴毁"之句，公开提出异议。他说："自古国运接续之际，妄生议论，何代蔑有？"并有"是非之心，人皆有之，不得已之鸣，不揣狂妄，愿发部律拟，重罪甘心"等语。时湖南巡抚建议将其处斩立决，乾隆帝批："三法司核拟速奏。"②

与批判极端君主专制同时存在的是一些士人对专制政体的失望，对清朝统治前途并不看好。郑板桥《瑞鹤仙·官宦家》和《瑞鹤仙·帝王家》两首词，即生动地反映了这种精神状态。在词中，郑板桥赞扬"废子传贤"为"妙理"，指责"禹汤无算计，把乾坤重担，儿孙挑起"，预感到专制政权"东扶西倒"，"任凭他，铁铸铜镌，终成画饼"的可悲结局。

《瑞鹤仙·官宦家》云：

笙歌云外迥，正烛烂星明，花深夜永。朝霞楼阁冷，尚牡丹贪睡，鹦歌未醒。戟枝槐影，立多少金龟玉笋。霎时间，雾散云销，门外雀罗张径。猛省，燕衔春去，雁带秋来，霜催雪紧。几家寒冻，又逼出，梅花信。羡天公，何限乘除消息，不是一家悭定。任凭他，铁铸铜镌，终成画饼。③

《瑞鹤仙·帝王家》云：

山河同敝屣，羡废子传贤，陶唐妙理。禹汤无算计，把乾坤重担，儿孙挑起。千祀万祀，淘多少英雄闲气。到如今，故纸纷纷，何限秦头汉尾。休倚，几家宦寺，几遍藩王，几回戚里。东扶西倒，偏重处，成乖戾。待他年，一片宫墙瓦砾，荷叶乱翻秋水。剩野人，破

---

① 《清高宗实录》卷576，乾隆二十三年十二月甲寅。
② 此案详情见《清代三朝史案》中册，《刘翱供状案》。
③ 郑板桥：《郑板桥全集·词钞》，《瑞鹤仙·官宦家》，中州古籍出版社，1992，影印本。

舫斜阳,闲收菽米。①

这两首词,悲凉苍劲,纵论古今,感慨世代盛衰,坚信没有万古不变的统治,江山社稷绝不可能被"一家悭定"。预言:"待他年,一片宫墙瓦砾,荷叶乱翻秋水。"如果将这两首词和《红楼梦》中"为官的,家业凋零;富贵的,金银散尽","好一似食尽鸟投林,落了片白茫茫大地真干净"②的预言结合起来考察,不难发现清盛世时期知识界对历史、对清朝统治的真实看法。

五 "人与夷狄无君臣之分":反清潜流

质疑、批判君主专制统治,不等于反对清朝政权。应该看到,整个18世纪,随着清朝统治的巩固,繁荣局面的出现,普通民众生活水平提高,民族矛盾缓和,社会安定,大多数民众对清朝政权是拥护的,所谓"我国家诞膺景命,仁育广轮,海岳清宁,久安耕凿"③。

然而,自从国家产生以后,没有哪一个时代不存在反对之声,不存在"叛逆"行为,莺歌燕舞般的太平盛世不等于波平如镜,更不意味着没有水下激流。我们看到,在阶级社会的环境里,在专制统治的阴霾下,无论"仁政"的旗帜打得多么光鲜,"爱民"的口号喊得多么响亮,剥削与压迫始终是无法根除的常态,不公平、不公正始终是亿万苍生必须面对的现实,而民众的质疑与反抗也就相伴而生,海晏河清不过是统治者一厢情愿的梦呓。

本文讨论的清朝,和明朝相比,在众多社会矛盾中,还多了一个不安定因素,这就是民族矛盾。有清一代,满汉民族之间的鸿沟高筑,畛域鲜明。对此,乾隆五十八年来华的英国使节团深有感触。使节团副使斯当东描述说:"在征服者和被征服者之间无法讲公道,这是很自然的。鞑靼人同汉人在一切纠纷中,前者总是处于有利的地位。这种现象在北方各省比

---

① 郑板桥:《郑板桥全集·词钞》,《瑞鹤仙·帝王家》。
② 曹雪芹、高鹗:《红楼梦》第五回,《游幻境指迷十二钗,饮仙醪曲演红楼梦》,人民文学出版社,1982,第69页。
③ 纪昀:《纪晓岚文集》卷10,《御制平定三省纪略恭跋》,河北教育出版社,1995,第244页。

使节团正在路过的南方省份尤为显著。"① 又说："满人和汉人同在皇帝一人的绝对统治之下，而满人却在一定程度上分享统治汉人的权力。汉人自觉低满人一等，而把自己职位上所被付与的一点权力聊以自慰。"② 对于汉族官僚士大夫来说，他们确实为清廷的文治武功而震撼，为太平盛世而欢欣，但内心深处的民族情结很难完全消除。毕竟，清廷首崇满洲的制度是明确的、清晰的，统治他们的皇帝和贵族属于另外一个拥有自己独特语言和风俗习惯的民族，而他们呢？和其祖先相比，衣冠、发饰均已改变。抚今追昔，能没有几丝困惑，几丝悲凉？

与此同时，朝廷对汉族文化的防范、对汉族民众的警惕，一刻也没有放松。乾隆帝明确强调："我后世子孙臣庶，咸知满洲旧制，敬谨遵循，学习骑射，娴熟国语，敦崇淳朴，屏去浮华，毋或稍有怠惰。"③

不难发现，清朝政治内部根源于清初以来的民族文化冲突，存在着一种复杂的紧张关系，这种紧张关系和社会矛盾交织一体，就使得反清思潮绵延不绝，一有机会，便显露出来，甚至引发轩然大波。

在清前期由士人策动的反清事件中，最著名的是曾静反清案。曾静，系湖南永兴人，生于康熙十八年，本系一介书生，因应试不第，受吕留良倡导的"华夷之分，大过于君臣之伦"的观点影响④，于雍正六年，遣徒张熙策动川陕总督岳锺琪反清。事发后，曾静被捕，经清廷威逼诱导，转变态度，受雍正帝之令，到处宣传皇帝之"圣德"，以及"本朝得统之正"。乾隆帝即位后，曾静及徒弟张熙被处死。

曾静的反清活动，没有太多的价值。但从其交代的材料，以及清廷的有关论述中，可以看出当时叛逆知识分子的反清思想倾向，主要为：

第一，宣传华夷之别，否定清朝政权合法性，认为清军入关，是夷狄"窃据神器"。曾静所著"逆书"，全盘否定清朝取代明朝的正当性。称明

---

① 〔英〕乔治·托马斯·斯当东：《英使谒见乾隆纪实》，商务印书馆，1963，第481页。
② 〔英〕乔治·托马斯·斯当东：《英使谒见乾隆纪实》，第490页。
③ 《钦定八旗通志》卷39，《兵制八》。
④ 曾静自称："当年中吕留良之毒深，所以不察其非，而狂悖发论至此。"参见《大义觉迷录》卷2《奉旨问曾静口供二十四条》，中国社会科学院历史研究所清史研究室编《清史资料》第4辑，中华书局，1983，第45页。

清鼎革，是"明君失德，中原陆沉。夷狄乘虚入我中国，窃据神器"①。曾静大肆鼓吹夷夏之别，不将夷狄视为人类。他说："中国人之诡谲反复，无耻无状者，其行习原类夷狄。只是恶亦是人之恶，天经地义究竟不致扫灭。若是夷狄，他就无许多顾虑了，不管父子之亲，君臣之义，夫妇之别，长幼之序，朋友之信。"②曾静宣称"人与夷狄无君臣之分"，甚至说："如何以人类中君臣之义，移向人与夷狄大分上用？管仲忘亲事仇，孔子何故恕之，而反许以仁？盖以华夷之分，大于君臣之伦。华之与夷，乃人与物之分界，为域中第一义，所以圣人许管仲之功。"③又说："夷狄盗窃天位，染污华夏，如强盗劫去家财，复将我主人赶出在外，占据我家。今家人在外者，探得消息，可以追逐得他"，号召人们起而反清④。曾静这些观点，实际上都不是他的原创，而是对清初以吕留良为代表的明遗民华夷观的继承和张扬，曾静称："直到中年，知得吕留良为文人所宗，而其议论，亦间有几处与本心相合者，遂不觉好之，妄引为修身之助。"⑤从中可以看出，华夷之辨在清代确实是反清势力动员民众的一面理论旗帜。

第二，全面否定清朝统治。曾静站在华夷之辨的立场，对清朝的统治竭尽攻击之能事。说："自崇祯甲申以至今日，与夫德祐以迄洪武中间，两截世界，百度荒塌，万物消藏。无当世事功足论，无当代人物堪述。"⑥又说：清朝统治"八十余年天运衰歇，天震地怒，鬼哭神号。"⑦对雍正帝个人，曾静更抛出了一系列材料，证明其帝位来自篡夺，并对其统治痛加诋斥，称"五六年内，寒暑易序，五谷少成，恒雨恒旸。荆、襄、岳、常等郡，连年洪水滔天。吴、楚、蜀、粤，旱涝时闻。山崩川竭，地暗天昏"⑧。

第三，站在独尊儒术的立场，提出政治诉求。曾静称："皇帝合该是

---

① 《大义觉迷录》卷1，《上谕》，《清史资料》第4辑，第20页。
② 《大义觉迷录》卷2，《奉旨问曾静口供二十四条》，《清史资料》第4辑，第64页。
③ 《大义觉迷录》卷2，《奉旨问曾静口供二十四条》，《清史资料》第4辑，第52页。
④ 《大义觉迷录》卷2，《奉旨问曾静口供二十四条》，《清史资料》第4辑，第53~54页。
⑤ 《大义觉迷录》卷3，《杭奕禄等恭捧岳锺琪奏折、谕旨数十件，发曾静、张熙看。曾静、张熙供词二件》，《清史资料》第4辑，第106页。
⑥ 《大义觉迷录》卷1，《上谕》，《清史资料》第4辑，第25页。
⑦ 《大义觉迷录》卷1，《奉旨问讯曾静口供十三条》，《清史资料》第4辑，第29页。
⑧ 《大义觉迷录》卷1，《上谕》，《清史资料》第4辑，第23页。

吾学中儒者做，不该把世路上英雄做。周末局变，在位多不知学，尽是世路中英雄，甚者老奸巨猾，即谚所谓光棍也。若论正位，春秋时皇帝该孔子做，战国时皇帝该孟子做，秦以后皇帝该程、朱做，明末皇帝该吕子做。今都被豪强占据去了。吾儒最会做皇帝。世路上英雄他哪晓得做甚皇帝！"①表示自己，"不怕利害辛苦，要从遍域中寻出个聪明睿智之人主来"②。值得注意的是，曾静将封建制视为防范"戎狄"的良法美意，提出"封建是圣人治天下之大道，亦即是御戎狄之大法"③。

　　曾静这些主张，除了"华夷之辨"外，基本上没有多少实际意义。他身处"盛世"，对清朝统治大加毁谤，不可能说服广大群众。至于他所披露的一系列关于雍正帝如何"篡位"的材料，大多似是而非，士人、百姓虽有兴趣，但多是将信将疑，不可能据此揭竿而起，发动大规模的反清事变。雍正帝在处理曾静案的时候，不但对自己的统治合法性进行了论证，而且对曾静、吕留良关于华夷之辨的思想进行严词批驳，强调"夷狄之名，本朝所不讳"④。"本朝之为满洲，犹中国之有籍贯。舜为东夷之人，文王为西夷之人，曾何损于圣德乎？"⑤然而，对广大汉族士人、民众而言，雍正帝这一说法也没有多少说服力。"满洲"和"中国"的区别，绝不仅仅是简单的籍贯问题，而是具有特定含义的民族概念和文化概念。在汉人眼里，世居关外的满洲入主中原，绝不是不同籍贯之人掌权用事，而是基于文化冲突基础之上的深重民族危机，即所谓"中原陆沉"。对这个问题，雍正帝用地域概念偷换民族概念，不能让人心服口服。

　　爆发于雍正八年的唐孙镐揭帖案，充分反映了普通士人对雍正帝处理吕留良、曾静的真实态度。唐孙镐系给事中唐继祖之幕宾，在清代士林阶层算不上重要人物。然而，当他看到雍正帝对吕留良的处罚后，书写揭帖，谴责雍正帝的暴虐统治，为吕留良辩护。唐孙镐指责雍正帝之治不如唐虞之治，提出"说者动以唐虞拟之，则失其实矣"，并称其关键原因在于雍正帝的独裁。他说："夫唐虞之世，上有尧舜为之君，复有舜、禹、

---

① 《大义觉迷录》卷2，《奉旨问曾静口供二十四条》，《清史资料》第4辑，第48页。
② 《大义觉迷录》卷2，《奉旨问曾静口供二十四条》，《清史资料》第4辑，第57页。
③ 《大义觉迷录》卷2，《奉旨问曾静口供二十四条》，《清史资料》第4辑，第61页。
④ 《大义觉迷录》卷1，《上谕》，《清史资料》第4辑，第22页。
⑤ 《大义觉迷录》卷1，《上谕》，《清史资料》第4辑，第4页。

皋、夔、稷、契为之臣，都俞吁咈，君臣交赞，故治化臻于极隆，为千古之所莫尚。今也不然，皇上曰可，臣亦曰可；皇上曰否，臣亦曰否。上有忧勤之圣，而下无翼赞之贤，此其所以逊于唐虞也。"唐孙镐指出，对吕留良应该进行公正评价，吕留良之学术贡献不可一笔抹杀，认为如果清廷像雍正帝下令的，将吕留良焚书戮尸，必将产生严重社会后果，"读书明理之士无不为之寒心，孔孟在天之灵亦应为之流涕"。唐孙镐知道"是檄也，感悟天心十之一，身罹法网者十之九"，但仍慷慨激昂地表示自己愿与"儒雅之吕氏父子同归阴府"。他激愤地说："朝廷已无诤臣，草野复生孽畜。后之修史者不讥笑我朝无人物乎？虽然，莫谓无人也，犹有不怕死之唐孙镐在！"①

乾隆三十一年的割辫案，与当时东南地区的反清潜流存在着因果关系。割辫案首发于江苏、浙江地区，很快蔓延到山东、直隶、湖北等地。乾隆帝称"此事蔓延山东、直隶各省，而江浙实为首先发觉之地"②。尽管各省所报规模很小，而且所言多系捕风捉影，清廷始终"未获一真实匪犯"③，但如果将此案完全说成是清廷无中生有，或说成是乾隆帝为了加强自己的统治，有意搞"政治运动"，恐怕也不符合当时的历史实际。作为汉文化中心的东南地区，民族意识历来十分强烈。清初，它是抵抗清军南下，反对薙发易服最重要的据点之一。有清一代，知识界对清朝统治心怀不满者，往往出现在东南地区。三十四年，乾隆帝令熊学鹏为浙江巡抚，付以密查割辫"匪徒"之任。面谕说："看来从前剪辫之人，不出江南、浙江两省。汝可留心细加查察。务要不动声色，毋致张皇，转生事端。"熊学鹏上任后，密奏自己将从六种人中"密踩踪迹，细加察访"。这六种人是：外来游方僧道；外来医卜星相游艺谋生者；海口往来可疑之人；外来游棍，外省发遣到浙军流人犯；缘事黜革家居中有自度不能复望上进，而遂不务正业者；士子内屡试不第，自负才高学广而不得志者。乾隆帝认为前几种人均不必介意。他对最后一种人疑虑甚多，批云："此条内或应留心，然亦不可张皇。"④足见他最不信任，防范最严的是东南士人，而这

---

① 《雍正朝汉文朱批奏折汇编》第17册，第925~931页。
② 《乾隆朝起居注册》乾隆三十三年九月二十四日。
③ 《清高宗实录》卷824，乾隆三十三年十二月己未。
④ 《乾隆朝宫中朱批奏折》乾隆三十四年，《内政·保警》卷3~7。

与东南地区长期潜在的反清思潮具有密不可分的关系。

事实上，乾隆皇帝的担心不是没有道理。清盛世时期汉族士民利用诗文等形式发泄自己对清朝统治不满，宣传反清思想者，并不乏其人。像乾隆二十一年，山东人刘德照制造"妖言"，所写"逆词"有"兴明兴汉"，"削发拧绳"等语①。爆发于乾隆三十二年的蔡显《闲渔闲闲录》案，也源于蔡显对清朝统治的不满而得罪。蔡显本系华亭县举人，然在所著《闲渔闲闲录》中，却隐约其辞，暗讽清朝统治。如谓"戴名世以《南山集》弃世"，"钱名世以年案得罪"，显然是指责清朝以文字罪人。又诗云"风雨从所好，南北杳难分"，《题友袈裟照》诗中有"莫教行化乌场国，风雨龙王怒欲嗔"，言语之间，"隐跃其词"，颇有怀念前朝意味。故乾隆帝责其"甘与恶逆之人为伍"，将其处斩②。爆发于乾隆四十三年的徐述夔《一柱楼诗》案，也反映了知识界少数人厌清怀明的情绪。徐述夔乃江苏泰州人，乾隆初年举人，但怀念明朝，其诗"明朝期振翮，一举去清都"，不用"到清都"，而用"去清都"，显然是借文字游戏表达自己恢复明朝的愿望，"其悖逆显而易见"③。其《岫亭草》内，有《记梦》一篇，中有"若姓氏，物之红色者是。夫色之红，非即姓之红，乃朱也"④。乾隆帝认为，"显系指称胜国之姓"，"系怀故国，其心实属叛逆，罪不容诛"⑤。将这一事实和徐述夔在小说《五色石》《八洞天》中，以"补天"自命，宣称"天道之阙，则深有待于补"⑥结合起来，其厌清怀明之心，可谓昭然若揭。在《五色石》序中，徐述夔以慷慨、激愤的语言，谴责历代专制统治，辞云：

客曰："天道之缺奈何？"予曰："天道非他，不离人事者近是。如为善未蒙福，为恶未蒙祸，禹、稷不必皆荣，羿、奡不必皆死，颜

---

① 《乾隆二十一年五月初一日河东河道总督白锺山奏》，《宫中档乾隆朝奏折》第14辑，台北"故宫博物院"，1986，第308页。
② 《蔡显〈闲渔闲闲录〉案·蔡显案各犯按律严治不得姑息谕》，《清代三朝史案》上册。
③ 《徐述夔诗案·陶易供词》，《掌故丛编》本。
④ 《徐述夔诗案·乾隆四十三年八月二十七日廷寄》，《掌故丛编》本。
⑤ 《徐述夔诗案·乾隆四十三年八月二十七日廷寄》，《掌故丛编》本。
⑥ 笔炼阁主人（徐述夔）：《五色石·序言》，江苏古籍出版社，1993。

回早夭，盗跖善终。更有孝而召尤，忠而被谤，德应有后而弗续箕裘，化足刑于而致乖琴瑟，永怀奉养而哀风树之莫宁，眷念在原而怅鹡鸰之终鲜；以至施恩而遭负心之友，善教而得不令之徒，婿背义翁，奴欺仁主。诸如此类，何可胜数！甚且颠倒黑白，淆乱是非，燕人之石则见珍，荆山之璞则受刖；良马不逢伯乐，真龙乃遇叶公；名才以痼疾沉埋，英俊以非辜废斥；送穷无计，乞巧徒劳；青毡既叹数奇，红颜又嗟命薄；或赤绳误牵，或蓝田虚种；或彩云易散，伤哉玉折兰摧；或好事难成，痛矣钗分镜破；或暌违异地，二美弗获相通；或咫尺各天，两贤反至相厄；倩盼之硕人是悼，婉娈之季女斯饥。兹皆吾与子批陈往牒，眪览古今，所欲搔首问天，唏嘘太息，而莫解其故也。岂非女娲以前之天其缺也不可知，而女娲以后之天之缺，真有屈指莫能弹，更仆莫能尽者哉！"①

现在看来，清廷指责徐述夔"意欲兴明朝而去我朝，其悖逆显而易见"②，并不冤枉。

乾隆四十八年爆发的乔廷英、李一诗句悖逆案，也反映出当时下层知识分子对清廷政治腐败的不满之情。河南登封县生员李一在所作《糊涂词》中，对社会现实予以抨击，指责说："天糊涂，地糊涂，帝王师相无非糊涂"。又对清廷"任官之刻剥其民，不许民之诘告其官"的不合理现实，提出尖锐批评，并警告说：这一状况长期延续，必将"人心大变"③。对社会现实的不满，极易引发一些士人的民族情绪。故与李一交往密切，诗文唱和的生员乔廷英，不但"明知李一词句悖逆，并不即时举首，乃转相赞美，抄存在家"，而且"自作逆词，隐怀胜国"。其诗稿有"千秋臣子心，一朝日月天"等怀念前明之语，并违禁收藏明人所著《雉园存稿》，该书"语多悖谬"，而乔廷英却"未凛遵功令缴出"④。

---

① 笔炼阁主人：《五色石·序言》。
② 《徐述夔诗案·陶易供词》，《掌故丛编》本。
③ 《乔廷英、李一互讦诗文悖逆及乔廷英家藏明傅梅〈雉园存稿〉案·河南巡抚李世杰折奏》，《清代三朝史案》下册。
④ 《乔廷英、李一互讦诗文悖逆及乔廷英家藏明傅梅〈雉园存稿〉案·河南巡抚李世杰折奏》，《清代三朝史案》下册。

清盛世时期，民间秘密社会的反清活动从未止息。清廷对反清活动的存在并不讳言，甚至向乾隆五十八年来华的英国使节团介绍了这方面的情况。斯当东记载说："中国官员们说，在中国有一秘密社团，它们主张反对帝制，蓄意推翻王朝。这个组织存在很久，活动非常秘密，无人知道它的底细。官方正在多方侦查破案。凡有这种嫌疑的分子就无法在社会上容身生存，情况有些类似罗马天主教国家对待犹太教义的人。"① 清前期各种反清活动虽然没有成功，但暴露出来的一些思想倾向，还是耐人寻味的。

爆发于乾隆十七年的马朝柱案是一起明确的反清案。其时直隶蕲州人马朝柱在罗田县，"借开山烧炭为由，立名天堂寨，聚众纠伙，谋为不法"②。马朝柱之党羽甚众，除了湖广、四川有党徒外，"余党散布江南桐城、太湖、亳州，河南汴梁等处"③。清廷感叹："马朝柱假捏神符，勾结匪党，散札招军，积粮制械，种种悖逆，罪不容诛，幸及早败露。"④ 然而，马朝柱案最引人注目的不是它的规模，而是它具有的三个特点。

第一，明确地打出复明的旗帜，诡称"西洋出有幼主，名朱洪锦，系明后裔。有大学士张锡玉。大将军吴乘云，系吴三桂子孙，李荣爵即李开化等，统兵三万七千为辅"⑤；

第二，改变发饰，"开店招人，以发辫外圈蓄发为记"⑥；

第三，将西洋牵扯进来，宣称"西洋不日起事，兴复明朝"⑦，吴乘云则为西洋大都督。又称"复有遮天伞、撑天伞，能行云雾中，三时可抵西洋"。"宣言西洋从云雾中，颁诏来楚。"⑧

马朝柱密谋反清中采取的宣传口号、组织形式，充分说明了清盛世时期政治斗争的复杂性。

需要研究者格外重视的是，乾隆中后期，一些本来教义中没有明确造反内容的民间秘密宗教，逐渐提出了颇带煽惑力的政治诉求。像与白莲教

---

① 〔英〕乔治·托马斯·斯当东：《英使谒见乾隆纪实》，第305页。
② 《清高宗实录》卷413，乾隆十七年四月己酉。
③ 《清高宗实录》卷413，乾隆十七年四月庚戌。
④ 《清高宗实录》卷413，乾隆十七年四月庚戌。
⑤ 《清高宗实录》卷416，乾隆十七年六月甲辰。
⑥ 《清高宗实录》卷416，乾隆十七年六月甲辰。
⑦ 《清高宗实录》卷416，乾隆十七年六月甲辰。
⑧ 《清高宗实录》卷416，乾隆十七年六月甲辰。

同宗的混元教，经卷内就出现了"换乾坤、换世界、反乱年、末结年等悖妄字样"，清廷感叹"与山东逆匪王伦等编造惑众之语大略相同，非寻常邪教经卷可比"①。而由白莲教演化而成的收元教，在乾隆时期也具有了明确的政治内容，宣传所谓"新天地新乾坤，新人新书新星辰，新人新像新时辰，新人新世新长人"，鼓吹"十门有道一口传，十八共事一子担；十口合同西江月，开弓射箭到长安"②。清廷认为"其歌词僻狂悖，实不止于邪教"③。乾隆四十二年爆发的河州王伏林图谋起事案，系圆顿教所为。王扶林"自称弥勒佛转世，聚集二千余人，拟攻河州"④。该教政治指向十分明确，其《十转经》上有"头一转，在河州开荒下种"。教里口号称："正月里，春花开，万寿宫里显道来"，企图"在河州会集，先取了河州的印信，就在兰州坐万寿宫。"⑤

清中期以后，存在于基层社会的数十种秘密宗教在一定程度上成为一批有政治抱负的反叛者，动员和组织民众反抗清朝统治的工具。爆发于嘉庆元年（1796）的川、陕、楚白莲教起义，"煽乱数省，黎民遭劫，惨不忍言。命将出师，八年始定"⑥，充分展示了秘密宗教的社会动员能力。但也要看到，清前期民间秘密结社，尤其是秘密宗教，虽然具有政治诉求，但并没有形成比较清晰、完整的政治纲领，也没有提出具有实质意义的政治口号，在清朝严密的控制和打压下，它的生存和发展空间并不大，很难有大的作为。

如果对清盛世时期中国社会形形色色的反正统政治观念作一个简要概括，可以得出以下几点印象。

一是这个时期大多数人是认同君主制度的，推崇的是开明君主制，但明确反对极端君主专制。学者中，像崔述那样公开主张"公天下"者是极少数，像陆生楠那样主张恢复封建制者，也是极少数。和清初理学界着力

---

① 《清高宗实录》卷980，乾隆四十年日月己丑。
② 乾隆二十二年十一月二十四日胡宝瑔奏《拿获已正法之张仁余党贾敏等审明情形》附一《胡二引进（即胡张氏）等人供词》，公安部一局编《清代邪教》上一册，第208页。
③ 乾隆二十二年十二月十七日胡宝瑔奏《续获赵子信并搜出图书合同等物》，《清代邪教》上二册，第232页。
④ 《清高宗实录》卷1045，乾隆四十二年十一月癸未。
⑤ 《乾隆朝上谕档》乾隆四十三年春季档上，杨伏龙供单，中国第一历史档案馆藏。
⑥ 《清仁宗实录》卷274，嘉庆十八年九月庚辰。

推动君主专制、主张强化君权相比,这个时期的知识界更多地强调要限制君主过分膨胀的权力。在他们看来,限制君权的途径主要有两个:设宰相以分君主之权;开言路以加强监督。与此同时,废除密奏制度,尊重臣僚独立人格的呼声,已然出现,而且趋于高涨。

二是对清朝大力推行的文化专制主义政策,不少人提出异议,这在一定程度上反映了当时知识界的普遍心声。

三是反清势力在思想和理论上都比较贫乏,提不出明确、系统的政治纲领,他们往往以华夷之辨为旗帜,或者以秘密宗教为工具,组织和动员群众。

应该说,和18世纪清代知识界多元、活跃的学术观念比起来,这个时期的反正统政治思潮显得单薄和贫乏,对未来政治体制缺乏具有想象力的规划,具有实质意义的创新和突破不多。这种状况直接源于清朝严酷的专制统治。因为政治问题和伦理、学术问题不一样,举手动足,稍有不慎,就有"大逆不道"之嫌,就面临着家破人亡的危险。事实上,能出现崔述、陆生楠、唐孙镐这样的英雄人物,已经是历史的奇迹了。但也要看到,这些看似琐碎、零星的政治新观点,在中国人的思想探索历程中,有其独特的价值。它充分证明中国自晚明以来带人文主义色彩的思想新传统中,其最具挑战成分的政治思想之精华,在18世纪极端君主专制的高压下,虽几希一线,但仍未完全中断。不但如此,它在事实上为19世纪中后期中国政治思想的变革,准备了最原始的文化土壤。从郑观应愤怒谴责宋儒之君臣观,质问"天之立君,专为鱼肉斯民,而天下兆民胥供一人之用,有是理乎?"[①] 到康有为上疏清帝,痛陈其"名虽尊矣,实则独立于上",鼓动其"独奋乾纲,勿摇于左右之言,勿惑于流俗之说,破除旧习,更新大政"中[②],我们能或多或少地感受到中国政治文化传统的承续与变革,其中既有时代进步的呐喊,也有历史回声的震荡。

(作者单位:中国社会科学院)

[①] 郑观应:《盛世危言·原君》,中州古籍出版社,1998,第107页。
[②] 《康有为奏议·上清帝第二书》,中国史学会主编《戊戌变法》第2册,上海人民出版社,1957,第131~165页。

孙奇逢研究

孙奇逢学术思想研究的几个问题

陈居渊

摘　要：在清代学术史上，清初学者孙奇逢具有六副不同的学术面孔，其学术思想不仅影响了清初学术的走向，而且也为后来的学者所汲取。对孙奇逢其人其学的深入研究，既是我们今天总结宋明理学的知识贡献与思想贡献的需要，也是重新审视清代思想史的应有之义。

关键词：清初　孙奇逢　学术思想

目前，学术界对孙奇逢学术思想的研究，虽然谈不上是清代学术研究的热点，但是也不能说十分的寂寞，近年来的博士学位论文、硕士学位论文就有多种，还不包括那些在学术刊物上陆续发表研究孙奇逢学术思想的单篇论文就是证明。这一方面说明对孙奇逢其人其学的研究仍在延续，另一方面也表明对孙奇逢学术思想的研究还可以继续深入。

不过，从现有研究的整体情况来看，对孙奇逢的研究仍然滞留在老一辈学者如杨向奎、李之鉴、陈祖武、张显清等先生研究成果的基础之上，或者还可以追溯到更早的梁启超、章太炎、钱穆等清学大师，所以尽管有很多的亮点，但是新意并不是很突出，全新的突破性成果也许正在酝酿之中。对此，我也非常期待。下面粗略地谈谈我个人的看法，敬请专家学者批评指正。

一　孙奇逢在清代学术史上的六副学术面孔

梁启超的《清代学术概论》和《中国近三百年学术史》在论及清初学术时，在不同的篇章中所提到孙奇逢学术的就达 11 次之多，远远超过他对清初其他一般学者的评说。其中除了梁启超本人表达了对孙奇逢的崇敬之意外，同时也给我们提供了孙奇逢在清代不同的六副学术面孔。

一、孙奇逢是坚守宋明理学，但未能发展宋明理学的纯儒。如他在《清代学术概论》中说："其犹为旧学（理学）坚守残垒、效死勿去者，则有孙奇逢、李中孚、陆世仪等，其学风已由明而渐返于宋。"① 类似的见解，梁启超在《清代学术概论》中多次提及。同时他还认为"清学既兴，治理学者渐不复能成军。其在启蒙期，犹为程、朱、陆、王守残垒者，有孙奇逢、李中孚……皆尚名节，厉实行，粹然纯儒，然皆硁硁自守，所学遂不克光大"②，这显然是说孙奇逢虽然是清初著名的理学家，但是他对理学的贡献也是有局限的。

二、孙奇逢是学崇王阳明"心学"的王学家。梁启超认为他是极结实的王学家，理由是因为孙奇逢自己曾经说过"某幼而读书，谨守程朱之训，然于陆王亦甚喜之"③。大部分研究孙奇逢学术思想的学者，都根据孙奇逢的这样一种自我表述，从而判断他具有"王学"的学术品格。

三、孙奇逢是修正王学的理学家。梁启超认为中州有孙夏峰、关中有李二曲、东南则黄梨洲。三人皆聚集生徒，开场讲道，其形式与中晚明者无别，所讲之学，大端皆宗阳明，而各有修正。因此，孙奇逢是一个虽然以王学为主体但是尚能修正"心学"缺失的理学家。

四、孙奇逢是调和朱、陆学术思想的理学家。梁启超说"争辩日烈，调停派当然发生。但调停派却非第三者，乃出于两派自身，一边是王派出身的孙夏峰，一边是朱派出身的陆桴亭，都是努力想把学派学说异中求同，省却无谓的门户口舌"，这是现在学者讨论孙奇逢学术思想比较集中的一个观点。章太炎在《诸子学略说》中提到："孙奇逢辈遂以调和朱、陆为能，此皆汗漫之失也。"④ 意思是说孙奇逢如何调停朱陆学术，表达的不够清晰，他的学术立场摇摆于朱陆之间。

五、孙奇逢是明清之际提倡实学的理学家。他在苏门山讲学，创办书院，设立学社，因人施教，注重实行，四方学子慕名前来求学者达数百人，北方的学者大部分是他的门生。他自己也说过"孔孟之学，以修齐平治为要"，所以学者在讨论清代实学思潮时，往往会提到他的相关提倡实

---

① 梁启超：《清代学术概论》，朱维铮校订，中华书局，2011，第6页。
② 梁启超：《清代学术概论》，朱维铮校订，第101～102页。
③ 孙奇逢：《夏峰先生集》卷2，《寄张蓬轩》，朱茂汉点校，中华书局，2012，第61页。
④ 章太炎：《诸子学略说》，广西师范大学出版社，2010，第1页。

学的理论。

六、孙奇逢是明清之际首开编写理学史的理学家。清初自孙奇逢编写了《理学宗传》后,他的及门弟子魏一鳌编写了《北学编》、汤斌编写了《洛学编》,到了黄宗羲编写《明儒学案》的出版,才完成了中国古代以学案体裁编写学术思想史的规模,编写理学史也成为当时理学家阐发自己学术理念的一种新的选择,孙奇逢无疑是先行者之一。

梁启超上述所描述孙奇逢的六副学术面孔,在我看来,其实也就是三副学术面孔,即纯粹的理学家(包括朱陆)、提倡实学的理学家和编写理学史的理学家。《清史稿·儒林传》将孙奇逢的学术思想概括为"原本象山、阳明,以慎独为宗,以体认天理为要,以日用伦常为实际"①,大致不错。然而他在界定朱陆两家"格物"上,依然坚持"灵知原在吾心"的王阳明"心学"的特征。也正因此,目前研究孙奇逢学术思想的论文,基本上是接着梁启超所描述的六副学术面孔而展开的。其实,根据孙奇逢在《四书近指》中说,他提倡的既不是强调心性化、抽象的理学,也不是我们今天所说的实学,而是由宋代之后儒学发展出来的"帝王之学"。如孙奇逢说:"凡拂于君者,多利于民;而不利于民者,多昵于君。此举措之所以难也。故欲服民心,先清枉直,从古帝王之学未有不知人而欲安民者。"② 可以说这是续梁启超所提供有关孙奇逢的六种学术面孔之后的又一副学术面孔的展现。

二 孙奇逢学术思想在清初的影响与延伸

首先,对上述梁启超所提供有关孙奇逢六副学术面孔的研究,学术界已有相当多的成果。然而对孙奇逢学术思想对清初以及后世的影响的研究,一般比较多的是集中在所谓的"朱陆异同"层面。钱穆在《中国近三百年学术史》上册列有"清初之朱陆异同论"一节,未见提到孙奇逢的相关论述,使人颇感意外。即使有所提及,也是局限于学术界少数几个人的论述。事实上,清初学界"朱陆异同"的辨析,其目的是为了进一步论证

---

① 《清史稿》卷480,《儒林一·孙奇逢》,中华书局,1998,第3356页。
② 孙奇逢:《四书近指》卷4,上海古籍出版社,1987,影印文渊阁《四库全书》本,经部,四书类,第208册,第680页。

"朱王异同"，这才是清初学术界真正的主潮。如孙奇逢、朱鹤龄、施闰章、毛先舒等通过"尊德性"与"道问学"的辨说，确认朱、王同为通向圣学的途径，从而来支持各自的理学立场。① 朱彝尊、王士禛、宋荦、毛先舒、张揆方、张大受等学者都从立德、立功、立言所谓的"三不朽"来肯定王阳明学说和事功具有典范意义②，这显然是接纳了孙奇逢以王学为正统理学的思想中发展出来。到了乾嘉时期，孙奇逢等人这种思想仍在持续发酵。如郑板桥、雷铉、秦瀛、吴定、戴震等认为尊德性与道问学有着

---

① 如孙奇逢就指出："尊德性、道问学，说虽不一，本是一事……紫阳格物，人谓属知；阳明格物，人谓属行。"（《夏峰先生集·语录》卷7，《答魏石生》，道光二十五年大梁书院刊本）"宁都三魏"之一的魏禧亦认为："阳明之学与考亭诚有异同，然原本于尊德性、道问学之旨。"（《愚庵小集》卷13，《书阳明先生〈传习录〉后》，上海古籍出版社，1979，木刻影印本）施闰章说："致良知语本孔孟，姚江从万死一生中体验得来。学者循声失实，空说本体，咎在不致其知，非良知之罪也。杨□□曰识得本体，不用功夫，语亦有病。姚江之说，曰所恶于上是良知，毋以施于下是致知，何等知行合一。但单提此说，便觉一切记诵学问可废，未免偏枯，此是朱陆之辨。其实，尊德性未有不道问学者。"（《学余堂文集》卷27，《复孙锺元书》，上海古籍出版社，1987，影印文渊阁《四库全书》本，集部，别集类，第1313册，第337页）文中的"杨□□"即指杨复，他曾说过"明德本体人人所同，无工夫所做，只要自识之"，施闰章批评王门后学虚言"良知"，轻视"学问"，既说明他不赞成空说本体，也不赞成一切记诵之学可废。施闰章既然把"尊德性"与"道问学"视为一个事物的因果关系，所以他又进一步强调"夫不尊德性，所学何事，不道问学，德性又安在"？把"道问学"视为"尊德性"的唯一一条途径未免太绝对化，但是较之朱、陆、王各执一端，显然又有其合理的一面。被誉为浙江"三毛"之一的毛先舒说："余谓尊德性而存心者，即去欲之属也；道问学而致知者，即穷理之属也。必先尊德性而后道问学，则去欲果当先也。此余自信说之，不背于《中庸》者也。后世文字越多，诵说越精，而人之漓性者越速。"（《巽书》卷8，《客难琐答》，清康熙五十二年刊本）

② 如王士禛说："王文成公为明第一流人物，立德、立功、立言皆踞绝顶。"（《池北偶谈》卷9，《王文成》，中华书局，1982，第201页）朱彝尊认为："文成王先生揭良知之学，投荒裔，御大敌，平大难，文章卓然成一家之言，传所称三不朽者，盖兼有之。世儒讲学，率寓之空言，先生则见诸行事者也。议者或肆诋諆，谓近于禅学，夫弃去人伦事物之常而谓之学者，禅也。使禅之学能发于事业，又何病乎禅也邪！"（《曝书亭集》卷36，《王文成公文抄序》，上海商务印书馆，1929，《四部丛刊初编》本）宋荦又说："伯安具文武才，人鲜能及，乃以讲学故，毁誉迭见于当时，是非几混于后世。"毛先舒也说："王守仁之功名学术皆卓荦光大，表表千古，而议者多贬之，谓其成功用诈。又诋其学术为异端，嗟乎，何其甚哉。"（《类辑姚江学脉附诸贤小传》附毛先舒《王新建伯功名学术两论》，文海出版社《清代稿本百种丛刊》本）张揆方声称："今日而论皇明儒统，以正学而兼功业文章者，必以阳明子为巨擘焉。"（《米堆文钞》卷6，《阳明非异学辩》，清乾隆间刊本）张大受干脆说："万里龙场路，斯文二百秋。良知从此辟，大业更谁侔。"（《匠门书屋文集》卷10，《阳明书院》，清雍正八年顾治禄刊本）

内在的联系，是判断千古圣学的同一标准，甚至认为当时的汉学就是王学的变种①，这显然是对王学一种新的认定。同时，与清初一样，乾嘉学者与那些从事于文学创作的学者也再次重新评估王阳明的"致良知"之说，并正面肯定其所具有的社会价值。由此，我们可以看到乾嘉时期对于王学的认识与清初孙奇逢等人的路径虽然不同，但是在"德性"与"问学"以及肯定其事功这二点上的相合，显然不是偶然的邂逅，事实上可视为清初孙奇逢理学思想在乾嘉时期的延伸。②

---

① 如扬州八怪之一的郑燮就曾经指出："朱子主道问学，何尝不洞达本原，陆子主尊德性，何尝不实征践履。盖学识之争辩，往往因毫厘之相差，酿成水火之不相容。足下来书，洋洋数千言，畅论黄南雷、孙苏门、顾亭林、李鳌屋诸先儒学术，语语入微，丝丝入扣，仆何人斯，敢萌希贤之想？所以与士林断断争辩者，只为一般推廓不开之秀才而发。若谓党同伐异，则吾岂敢！"（《复同年孙幼竹》，《板桥集外诗文·家书》，齐鲁书社，1985，第481页）雷铉说："尊德性、道问学为千古圣学之标准也。"（《经笥堂文抄》卷下，《知行存养论》，清嘉庆十六年刊本）吴定说："德性与问学合而道德盛，德性与问学分而道德衰。《中庸》之申释自明，诚也。曰尊德性而道问学，问学者思乎德性以徐入乎？诚也。后儒岐德性问学为二，矜尚德性者心驰空寂，高言问学者没溺于训诂词章，而《中庸》之旨失矣。"（《紫石泉山房文集》卷1，《尊德性道问学解》，清光绪十三年刊本）秦瀛说："尊德性、道问学二者不可偏废，或以象山为尊德性、朱子为道问学，说始元儒吴澄，前人已非之，而朱子尝自谓于道问学上做工夫居多，盖恐学者高谈性命涉于空虚，欲其由博而反诸约也……近世谈汉学者又指斥朱子《大学集注》虚灵不昧为禅学……昔之攻朱子者借陆学以攻朱子，今之攻朱子者又借汉学以攻朱子，要皆朱子所不与也。"（《小岘山人续文集》卷1，《尊德性道问学解》，清嘉庆间刊本）戴震说："前人之博闻强识，如郑渔仲、杨用修诸君子，著书满家，淹博有之，精审未也。有略是而谓大道可以径至者，如宋之陆、明之陈、王，废讲席讨论之学，假所谓尊德性以美其名，然舍夫道问学，则恶可命之尊德性乎？未得为中正可知。"（《戴震文集》卷9，《与是仲明论学书》，中华书局，1980，第141页）

② 如焦循在《良知论》一文中说："数百年来，人宗紫阳。自阳明表彰陆氏，而良知之学复与朱子相敌。迩年讲汉儒之学者，又以朱陆并斥而归诸于佛老。余谓：紫阳之学，所以教天下之君子；阳明之学，所以教天下之小人。紫阳之学，用之于泰宽平裕，足以为良相；阳明之学，用之于仓卒苟且，足以成大功，人心之分邪正矣……至若行其所当然，复穷其所以然，诵习经史之文，讲不熟乎性命之本，此唯一二读书之士能之，未可执颛愚顽梗者而强之也。良知者，良心之谓也。虽愚不肖不能读书之人，有以感发，无不动者……余读文成全集，至檄军头，谕顽民、札安宣慰及所以与属官谋告士卒者，无浮辞，无激言，真能以己之良心感动人之良心……当是时，从容坐论，告之以穷理尽性之学，语之以许郑训诂之旨，可乎！"（《雕菰集》卷8，《良知论》，清《文选楼丛书》本）法式善认为王阳明所说的"凡人言语正到快意时，便截然能忍得，意气正到发扬时，便翕然能收敛得，忿怒嗜欲正到腾沸时，便廓然能消化得。此非天下大勇者不能。"（《陶庐杂录》卷5，中华书局，1997，第147页）如王芑孙有《观石庵先生所藏阳明山人铜印作歌》诗云："心光万古一顷刻，良知寒暖验自躬。世人但识宋五子，拾宋糟粕（转下页注）

其次，与论证"朱王异同"一样，孙奇逢根据王阳明所建立的事功这一事实，即坚守王学为正宗理学，明确反对将王学视为禅学，并且做了较多的论证，引发了清初所谓的"心学"与"禅学"的争论不休。① 其实，这种争论不休是我们现在所做出的学术判断，而在清初对于如何认识"心学"与"禅学"，它的分界不是很明确的。如王士禛在《渔洋山人文略》中的《游华山记》一文中，说他逗留在寺庙中与见月和尚会面时的感受说："至是始相见山中。一灯夜尘，往复叩击，乃知浮屠之说，乃与吾儒道德仁义之旨，了然不殊。"黄宗羲在《恽仲升文集序》中也声称"子之学，非禅学也。此世之中而有吾两人相合，可无自伤其孤另矣"。恽仲升即恽日初，他曾经是刘宗周的弟子，后出家天台山，法号"明昙"，僧服讲学以终，"人皆目之禅学"。但是黄宗羲却认为他的学问不是禅学，而是实实在在的儒学，并引以为知己。黄宗羲当时以大儒的身份，而王士禛则以当时文坛领袖的身份，两者都确认儒释双方思想感情的完全一致，这就不难理解他们为什么认同王学了。到了乾嘉时期，阮元、凌廷堪、余廷灿、唐仲冕等汉宋学者对此又掀起波澜，甚至认为宋明的理学研究都为禅学所代替，即所谓"悠悠七百年，禅义为经义"。这显然也是孙奇逢理学

（接上页注②）讲异同。宋儒堂奥初未见，叩槃扪钥随群矇。祖祖圣伏儒者贱，宋五子恨无终穷。兼三不朽破空出，天遣与世为晨钟。阳明不出道坠地，坐令学究成冬烘。阳明既出道在世，如晓日挂槫桑东。"（《渊雅堂编年诗稿》卷1，清嘉庆九年刊本）舒位《阳明书院怀古》云："白简劲蚕室，青鞿谪龙场。遐陬鲜宦赫，以公为辉光。昔闻叱驭来，当道多犲狼。贤愚非一致，身世忽两忘。仙亦无有笈，佛亦无有航。粹然儒者言，知能皆天良。公本第一流，功名烂无伍。"（《瓶水斋诗集》卷6，清光绪十二年刊本）孙原湘在《题王文成公自书诗后》也云："文成擅异禀，早岁熟典谟。谪官居龙场，化俗导蛮区。陈编忽启悟，心学求虚无。遂开良知说，一空理障拘。为教立三字，如圣举一隅。天泉流水活，阳明春风俱。"（《天真阁集》卷7，清嘉庆五年刊本）《四库全书总目·〈王文成全书〉提要》谓"守仁勋业气节，卓然见诸施行，而为文博大昌达，诗亦秀逸有致，不独事功可称，其文章自足传世也"。

① 如王士禛说："阳明之是象山也，皆求之心而自得者也。既自得于心，而成其为阳明，以之事君取友，建立功业，卓然于天地，可传于后世，安在其异于孔孟而谓之为禅耶？"（《蚕尾续文》卷8，《范先生传》，《带经堂集》卷80，清康熙五十年程氏七略堂刊本）廖燕认为："若云先生之独致良知，遗却格物，未免流入于禅，则当如释氏之无为矣。何先生计擒宸濠时，算无遗策，功盖天下。自北宋以来，以道学而建莫大之功者，先生一人而已。"（《二十七松堂集》卷2，《致良知辨》，第一册，中研院中国文哲研究所珍本古籍丛刊本，1995，第84页）

有关"心学"与"禅学"的思想在乾嘉时期的延展与反弹。①

再次，在孙奇逢的理学思想中，还有一个引人注目的学术思想，那就是他提出了以"理"为"条理"，以"礼"字来诠释"理"，认为"天下归仁，乾坤浑是一个礼"而不是"理"的思想。杨向奎先生在《清儒学案新编》说孙奇逢是一位有作为的思想家，他欲合朱王于一堂，以礼代理，合顿渐为一，认为乾嘉时期戴震将理视为物的肌理、文理，表现为事物的条理，离开具体的事物无所谓理，都受到孙奇逢的影响。我在这里要补充的是，不仅仅是戴震，而且乾嘉汉学家几乎都持有这样一种观点。同时，凌廷堪、焦循、阮元都强调"礼学"取代"理学"的思想源头，似乎也可以追溯到孙奇逢这一以礼学诠释理学的思想。②

---

① 如阮元说："阳明谓学不资于外求，但当反观内省，圣人致知之功，至诚无息……学者试举以求之《孟子》七篇之中，有此境否……阳明直以为佛氏之言而不之讳……阳明宗旨，直是禅学，尚非释学也。"（《揅经室一集》卷9，《孟子论仁论》，上海古籍出版社，2006，第196页）凌廷堪说："后儒怖释氏之微妙，以为《六经》所未有，于是窃取其说，发挥一理以与之争胜，故无论本天本心，即事物，离事物，皆宗门之绪余也。然则洛、闽之后名为圣学，其实皆禅学也，何必金溪、余姚哉！"（《校礼堂文集》卷24，《复钱晓征先生书》，中华书局，1998，第221页）余廷灿说："自王氏倡为阳儒阴释之学，乃窜取孟子良知之名……然当王氏时，弟子遍天下，咸都高位、擅声势，颛颛焉尊奉其师，不啻大贤之复出于世，而王畿、王艮又尝挺身为其师传播绝学，所过招凝，因风纵火，乃闻其所传播者，率皆言禅机，绝无忌讳。"（《存吾文稿》卷2，《书王学质疑后》，清咸丰五年刊本）唐仲冕说："孟子道性善，故有良知良能之说。知爱知敬，良知也。爱亲敬长，良能也。张横渠多言良能，而王阳明专主良知。前明讲学以为妙悟。宗程朱者辨驳殊甚，其实，此端开于程朱之格致，传格自古无训，穷者强经就我，此致良知之说由起也。吾以为兼良能而言之则无弊矣。盖静坐默识一知百了，安得不谓之禅学？"（《陶山文录》卷3，《良知良能论》，清道光二年刊本）

② 如焦循说："后世不言礼而言理……唯先王恐刑罚之不中，务于罪辟之中求其轻重，析及毫芒，无有差谬，故谓之'理'。其官即谓之理官。而所以治天下则以礼，不以理也……礼论辞让，理辨是非。知有礼者，虽仇隙之地，不难于揖让处之。若曰，虽伸于理，不可屈于礼也。知有理者，虽父兄之前，不难以口舌争之。若曰，虽失于礼，而有以伸于理也。今之讼者，彼告之，此诉之，各持一理，哓哓不已。为之解者，若直论其是非，彼此必皆不服，说以名分，劝以逊顺，置酒相揖，往往和解。可见理足以启争，而礼足以止争也。"（《雕菰集》卷10，《理说》，清道光间《文选楼丛书》刊本）阮元说："朱子中年讲理，固已精实。晚年讲礼，尤觉繁难。诚有见乎理必出于礼也。古今所以治天下者，礼也。五伦皆礼，故宜忠宜孝，即理也。然三代文质损益甚多。且如殷尚白，周尚赤，礼也，使居周而有尚白，若以非礼析之，则人不能争；以非理析之，则不能无争矣。故理必附乎礼以行，空言理则可彼可此之邪说起矣。"（《揅经室续三集》卷3，《书东莞陈氏学蔀通辨后》，上海古籍出版社，2006，第1062页）凌廷堪说："圣人正人心修身，舍礼末由也。故舍礼而言道，则杳渺而不可凭；舍礼而言德，则虚悬而无所薄。民彝物则，非有礼以定其中，而但以心与理衡量之，则贤智或过乎中，愚不肖或不及乎中，而道终于不明不行矣。"（《校礼堂文集》卷24，《复钱晓征先生书》，中华书局，1998，第221页）

三 孙奇逢理学思想研究有待深化

第一，从上述可知，无论是清初学者或者是乾嘉学者，他们持续地讨论"德性"与"问学"的关系，其学术性质并不意味着回到宋明理学中去，其实质也未必就是我们现在经常所说的接着宋明理学讲，而是提出了如何看待理学的知识贡献与思想贡献的问题。换言之，他们讨论的学术主旨，从哲学上讲是关于形而上或形而下之间关系问题深度整合的对话，而这种对话的本身，自然也包含着形成新的话语，这在乾嘉之后学术明显趋于汉宋兼采就是证明①，这与孙奇逢的思想也具有一定的内在联系。如他编写的《理学宗传》，与其说是为阳明"心学"争正统，并且诱发了后来黄宗羲编写《明儒学案》，给人的形象是为宋明理学唱挽歌，还不如说他梳理了宋明理学的知识贡献与思想贡献，显示了清初理学价值观层面的身份认同焦虑与质疑。又如孙奇逢的《中州人物考》，乾嘉学者陈寿祺，仍在不断称引。道光间谢益认为此书可以不朽。如果结合清代学术发展的实际情况来看，如何总结宋明理学的知识贡献与思想贡献，不仅是研究清代学术思想的一个根本性问题，而且也是研究孙奇逢学术思想的题中应有之义。

第二，从中国古代哲学思想发展的一般过程来看，每次重大的转变，都与诠释《周易》有关，如汉代经学转向魏晋玄学，隋唐经学转向宋明理学，宋明理学转向清代汉学，无不始于对《周易》的重新理解与诠释，不仅转移了当时的学风，而且随之也形成了新的学术谱系。而孙奇逢本人也编写了《读易大旨》，虽然他的读《易》心得，未必是传统意义上的易学专著，但是他自己说该书是"大义发明义理，切近人事"，而他所编写的《四书近指》，《四库全书总目提要》称之谓"读其书者知反身以求实行实用"。可以说孙奇逢易学的"切近人事"思想与其"实行实用"的理学思想，是相辅相成、互相阐发的。因此，我以为要全面理解孙奇逢的学术思想，似乎也应对他的易学研究作一番深入研究，才更为完整。

---

① 郑珍说："尊德性而不道问学，此元明以来程朱末流高谈性理、坐入空疏之弊。明于形下之器而不明形上之道，此近世学者矜名考据，规规事物，陷溺滞重之弊，其失一也。程朱未始不精许郑之学，许郑亦未始不明程朱之理，奈何歧为殊途，偏执之害，后学所当深戒。"（郑知同：《敕授文林郎征君显考子尹府君行述》，《遵义郑征君遗著》附录，第9页）

第三，孙奇逢作为清初三大儒之一，在清代前中期不成问题，与李颙、黄宗羲一起被称为"凤凰景星"[①]。变化发生在晚清，那是由晚清重臣曾国藩极力推崇王夫之的著作，并在金陵大量刊印《船山遗书》之后，才使他的哲学思想得以广为流传，如近代湖湘文化的代表人物毛泽东、谭嗣同等都深受其哲学思想的熏陶，现在仍然是中国思想史与哲学研究史中的热点，从而被升格为清初三大儒之一，颠覆了原有三大儒的格局。这种变化，虽然我们可以理解为时代不同，学人的视角也不同，但不等于说是孙奇逢的学术思想因此就失去了研究的价值。恰恰相反，如将这种变化作为一种孙奇逢学术思想的历史过程研究，也许也是深化孙奇逢学术思想研究的一条值得尝试的途径与价值指归。

（作者单位：复旦大学哲学学院）

[①] 如张符骧《雪鸿先生传》称："如盩厔李颙、苏门孙奇逢、姚江黄宗羲，皆海内之所谓'凤凰景星'也。三子亦皆激昂自负，以讲学号召天下，而其言则已过矣。"（《依归草》卷1，焦循：《扬州足征录》卷6，《雕菰楼史学五种》，凤凰出版社，2014，第201页）

从《理学宗传》到《明儒学案》
——"以经学济理学之穷"视角下学案体史籍初论

袁立泽

摘 要：本文以《理学宗传》和《皇明道统录》的编纂特点为考察对象，通过分析《明儒学案》与两者构成的"后先相承"的影响关系，揭示其对两种影响的不同取径。并结合明清之际学术发展的历史特征，阐明学案体史籍之确立，既依托于明清鼎革、激剧动荡的社会背景，又以它自身的酝酿轨迹折射出清初学术"以经学济理学之穷"的发展路向。

关键词：理学宗传 明儒学案 皇明道统录 学案体 后先相承

"学案"是中国古代学术史上记述有关学术发展历程的一种编纂体裁形式。学界一般认为，学案体史籍肇始于南宋初叶朱熹的《伊洛渊源录》。明、清间周汝登、孙奇逢以《圣学宗传》《理学宗传》承先启后，至黄宗羲《明儒学案》始告开山。迨及《宋元学案》问世，臻于大备。

在学界，陈祖武先生对中国学案史的研究，关注甚早，创辟尤多。自1994年《中国学案史》出版，又经2008年修订版刊行，迄今20余载，学案史研究渐受重视。如其所言："从历史编纂学的角度，去说明产生《明儒学案》的具体学术依据，则是以往的研究者罕有涉足的一个重要课题。"①

《中国学案史》正是通过历史编纂学的系统梳理，从传统学术史的大背景出发，从中国历史编纂学的继承发展中，深入探讨学案体史籍的发生、发展诸问题，并且将这些史籍有机地联系起来，作为一个整体加以分析辨识，廓清了学案史形成的历史脉络，进而在学术史研究领域开出了一

---

① 陈祖武：《我与中国学案史》，《文史知识》1996年第5期，第5页。

片新天地。

探讨明清之际，"学案"这一特殊编纂形式的学术著述何以出现的问题，陈祖武先生《蕺山南学与夏峰北学》①一文，专辟"从《理学宗传》到《明儒学案》"一节，提出了这样一个论断，即"从《理学宗传》到《明儒学案》之间，存在一个后先相承的关系"。笔者受此启发，结合对明清之际特别是清代初期学术发展历史特征的认识，以为学案体史籍之确立，一方面依托于明清鼎革、激剧动荡的社会背景，反映出理学一步步走向崩解的时代趋势，另一方面则以其自身的发展轨迹折射出清初学术"以经学济理学之穷"的历史特征。

如果我们把《明儒学案》的问世作为学案体史籍确立的标志，并将这一编纂形式的成熟作为一个历史过程来看待的话，那么此前明季刘宗周所纂《皇明道统录》和清初孙奇逢所纂《理学宗传》，则是对《明儒学案》产生关键影响的两部著述。考察两者与《明儒学案》形成的内在联系，对于我们准确把握学案体史籍的学术特征，无疑具有典型意义。

一 从《诸儒宗旨》到《理学宗传》

《理学宗传》是明清之际大儒孙奇逢治学务"以圣人为归"，力倡推明道统而矢志编纂的一部重要史籍。孙奇逢，字启泰，号锺元，河北容城人，生于明万历十二年（1584），卒于清康熙十四年（1675），迭经明清两朝十余次征聘，坚辞不就，布衣终老，被赞为"孙征君"。学者因其晚年寄居河南辉县夏峰村，尊称"夏峰先生"。孙氏一生历经王朝鼎革的激剧动荡，"早年志存经世，中年奔走国事，晚年著述课徒，隐居不出，以其扫除门户、笃实躬行的学风，成为清初北学泰斗"②。

孙奇逢有感于晚明之世士林为学"腐而少达""伪而多惑"，以致"儒释未清，学术日晦"③，亟欲补救时弊，考辨正学，遂纂辑《理学宗传》。其门人汤斌《理学宗传序》称："其大意在明天人之归，严儒释之辨……八十年中躬行心得，悉见于此。"并推许说："盖五经四书之后，吾

---

① 陈祖武：《清儒学术拾零》，湖南人民出版社，1999，第1~16页。
② 陈祖武：《中国学案史》，台湾文津出版社，1994，第87页。
③ 孙奇逢：《理学宗传叙》，《理学宗传》卷首，清康熙刻本。

儒传心之要典也。"① 此书编纂前后历时30余载，其间数易其稿，在拟题、内容与结构上都发生过重大调整，始刊于康熙五年（1666）。

孙奇逢所撰《自叙》曰："此编已三易，坐卧其中，出入与偕者，逾三十年矣！少历经于贫贱，老困踬于流离。曩知饥之可以为食，寒之可以为衣，而今知跂之可以能履，眇之可以能视也。初订于渥城，自董江都而后五十余人，以世次为叙。后至苏门，益廿余人。后高子携之会稽，倪、余二君复增所未备者，今亦十五年矣！"②

《理学宗传》的编纂过程前后经历了若干阶段。大体来说，明崇祯初孙氏与友人鹿善继辑录诸儒论学语录，为其发愿结撰《理学宗传》之始。孙氏尝曰："余赋性庸拙，不能副天之所与我者。幼承良友鹿伯顺（鹿善继——引者注）提携，时证诸先正之语。"③ 清顺治初，孙氏寄居河北渥城，成初订稿，始有《诸儒宗旨》《诸儒语录》之拟题。顺治七年（1650），孙氏抵辉县苏门后，门人高镐将文稿携往会稽，得倪元瓒等人复增所未备。至顺治十二年（1655）春，高镐北归，取诸友订正之长，加以分合整理。迨及康熙四年（1665），全稿辑竣。

汤斌所编《清孙夏峰先生奇逢年谱》（以下简称《年谱》）于顺治四年（1647），记载有"纂辑《理学宗传》"事，注曰："先生旧与鹿先生搜录诸儒语录甚多，书帙浩繁，经兵火散佚不全，至是高镐、王之征、陈铉与先生季子博雅手为抄录，皆先生几经评阅。"④ 此《年谱》为孙氏生前手订，"纂辑《理学宗传》"之语，是以后来所成之书追叙成书之过程，故汤斌所作注文，将这一过程予以呈示。结合孙奇逢所存《日谱》诸记，或可推知，在顺治四年时，孙氏经手所纂辑者尚未确定《理学宗传》之拟题。

孙氏《日谱》顺治十二年六月二十三日载："予从来喜读儒书，因家贫，生长北方，不能多购诸家文集。积二十余年，始成一选，曰《诸儒宗

---

① 汤斌：《理学宗传序》，《理学宗传》卷首。
② 孙奇逢：《理学宗传叙》，《理学宗传》卷首。
③ 孙奇逢：《理学宗传叙》，《理学宗传》卷首。
④ 汤斌：《清孙夏峰先生奇逢年谱》卷上，《北京图书馆藏珍本年谱丛刊》，北京图书馆出版社，1999，第65册，第663页。

旨》,自董江都至鹿江村,计五十人。"①

又,顺治十二年七月十四日载:"某生长北方,见囿一隅。少而有志,老无所成。年来与二三同人,辑有《诸儒语录》一编。偶同人携之会稽,得献汝评定阐发,匡我不逮。"②

《日谱》记录的《诸儒宗旨》《诸儒语录》,大概就是孙氏较早设想打算编纂而付诸实践者,所选对象从汉儒董仲舒到明儒鹿善继,计达50人,内容则仅为"诸儒论学语录"。依据"语录""宗旨"的拟题判断,我们还看不出后来纂成的《理学宗传》所构建出的规整有序的"宗传"体系。

《年谱》称此际的孙奇逢以为:"诸儒学问皆有深造自得之处,故其生平各能了当的一件大事,虽其间同异纷纭,辨论未已,我辈只宜平心探讨,各取其长,不必代他人争是非、求胜负也。一有争是非、求胜负之心,却于前人不相干涉,便是己私,便属浮气,乌能近里着己,真切了当自己性命,此病关系殊不小。"③ 所谓"平心探讨,各取其长",就是要避免"争是非""求胜负"。从"各取所长",到一脉贯通,这种思路上的打开与内容上的增益,乃至"宗传"拟题的确立,当在顺治七年孙氏举族南徙,抵达辉县苏门之后。是时,其寄居夏峰,课徒授业,始着手"再理旧稿,略事增益,定名《理学宗传》"④。

那么,确立《理学宗传》的过程是如何完成的呢?依前所述,在纂成《诸儒宗旨》《诸儒语录》之后,孙氏对书稿并不觉得满意。如《日谱》顺治十二年六月二十三日续载:"继而病其太繁,于五十人中,自周濂溪至王阳明,得十一人,曰《理学宗传》。"⑤ 显然,《理学宗传》是在"病"此前所纂者"太繁",予以改进后的新稿。其"新",不仅表现在内容与结构上的调整,而且拟名变为《理学宗传》。孙氏在"病其太繁"之余,多

---

① 孙奇逢:《孙征君日谱录存》卷6,顺治十二年六月二十三日,《孙夏峰先生全集》,清光绪刻本。
② 孙奇逢:《孙征君日谱录存》卷7,顺治十二年七月十四日。
③ 汤斌:《清孙夏峰先生奇逢年谱》卷上,(顺治)四年丁亥六十四岁条,《北京图书馆藏珍本年谱丛刊》,第65册,第663~664页。
④ 陈祖武:《中国学案史》,第93页。
⑤ 孙奇逢:《孙征君日谱录存》卷6,顺治十二年六月二十三日。

方请益，质诸同道，尝命弟子高鐈携稿南下浙江绍兴，送请倪元瓉、余增远评笺。自己亦亲往东昌，向友人张凤翔（字蓬元）求教。

顺治十三年，他在《报蓬元先生》的信中说："某幼而读书，谨守程、朱之训，然于陆、王亦甚喜之。三十年来，辑有《宗传》一编，其人不下四五十。谓识大识小，莫不有孔子之道，小德之川流也。及谒先生，渥领指示，觉人繁派淆，殊非传宗之旨，故止存周、张、二程、朱、陆、王七子，标曰《传宗录》。然于旧所汇四五十人者，终不敢有散佚也……又念宋文宪、方正学根极理要，开我明道学之传，复汇数人为一编，内虽有学焉而未纯者，要皆各具一得，录以备考。此三种者，皆欲携以就正先生。"①

此信缘由是顺治十一年，孙奇逢曾拜访友人张凤翔。《年谱》顺治十一年载："先生至磁，因携《理学宗传》就正焉。"② 会面时，友人言之"人繁派淆，殊非传宗之旨"，孙氏深以为然。

所谓"病其太繁"主要有二端，一则"人繁"，二则"派淆"，于是乎旧稿被一分为三。《日谱》顺治十二年七月十四日续载："继而念'宗传'二字，宁严勿滥。颜渊死而孔子之道不传，曾子外余不得与。又于众多人中，标《七子》，另为一选。"③ 此处所言《七子》者，即写给张凤翔信中提到的《传宗录》。《传宗录》之外，又作《传宗考》。

《日谱》顺治十二年七月十九日述及《宗传录》与《宗传考》之区别，曰："初读儒书，凡于学问有涉者，统汇之为一编，曰《诸儒宗旨》。继思学有浅深，贤有大小，因为《理学宗传》一编，计四十余人。又思'宗传'非识透本源、学已到家者，未易承当也，故又有《宗传录》一编，止七子。然从前所汇诸人语言，见道者颇多，阅之既久，不敢遗忘，标曰《宗传考》。天之生才非易，即如《考》中人，亦岂可多得哉！"④

顺治十二年十一月，《宗传考》撰就，孙奇逢撰写序文，曰："予既辑《理学宗传》，所得人不下五十。继而虑其杂也，又为《宗传录》，止七子。

---

① 孙奇逢：《孙征君日谱录存》卷8，顺治十三年四月初四日。
② 汤斌：《清孙夏峰先生奇逢年谱》卷下，《北京图书馆藏珍本年谱丛刊》，第66册，第12页。
③ 孙奇逢：《孙征君日谱录存》卷7，顺治十二年七月十四日。
④ 孙奇逢：《孙征君日谱录存》卷7，顺治十二年七月十九日。

今又为《宗传考》一编。何也？盖衰年无事，日取儒书以消闲昼，偶当于心者，辄命孺子辈录之，渐成帙。然其言皆不谬于前选，故复为此编，以俟同志者取衷焉。"①

另外，《日谱》顺治十二年六月二十三日还记载说，孙氏将旧选语录所未收的方孝孺、黄道周，合高攀龙、刘宗周、鹿善继为一编，题名《五人传忠录》。

七月二十八日，在致友人书中，孙氏称："弟于理学诸公为三编，一编四十七子，博而收之，大观也；一编七子，约而取之，传宗也；一编五忠，见理学以纲常为重，不专在言语文字也。"②

康熙四年（1665），《理学宗传》最后定稿。九月，孙氏作《寄立儿家书》，云："自端午抵夏峰，四阅月，日夕与博雅料理《宗传》，目前始就。思录一清本，出入携带，此是老夫饥食渴饮第一快事也。"③

十月，他致信长子立雅，欣然曰："近年功课，料《理学宗传》一编，共得百四十余人，有主有辅，有内有外，人人有悦心自得之处。日夕玩味，觉无物可以胜此！思录一清册，明岁携之北去，与诸同人共探此中义趣。"④

定稿的《理学宗传》，拟题未再更易，但内容、结构上，又发生了大的变化。原先《宗传录》《宗传考》《传忠录》三个部分，分而复合，汇归为一。及其刊行，凡成二十六卷。前十一卷为宋明理学十一子，每子一卷，依次为周敦颐、程颢、程颐、张载、邵雍、朱熹、陆九渊、薛瑄、王守仁、罗洪先、顾宪成，附载张载弟戬、邵雍子伯温、陆九渊二兄九龄、九韶，共计15人。卷十二至二十五，分别为《汉儒考》《隋儒考》《唐儒考》《宋儒考》《元儒考》《明儒考》，分述自汉迄明诸儒，收录汉唐诸儒13人，宋儒54人，元儒18人，明儒64人。卷二十六为《补遗》，收录6人。

针对旧稿"人繁""派淆"的问题，定稿的处理焕然一新。首先在收录人数上，大大突破了原有规模，载录历代儒者170人，为旧稿所称"五

---

① 孙奇逢：《孙征君日谱录存》卷7，顺治十二年十一月十四日。
② 孙奇逢：《孙征君日谱录存》卷7，顺治十二年七月二十八日。
③ 孙奇逢：《孙征君日谱录存》卷24，康熙四年九月初八日。
④ 孙奇逢：《孙征君日谱录存》卷24，康熙四年十月二十五日。

十人"的三倍有余。其次,所选"宗传"诸子,由七子恢复至十一子,所选对象则由周敦颐至王守仁,易为由周敦颐至顾宪成,一子一卷,有条不紊。恰如孙氏在卷首《义例》中所解释说:"是编有主有辅,有内有外。十一子,其主也;儒之考,其辅也。十一子与诸子,其内也;补遗诸子,其外也。"① 通过主辅、内外原则上的区分界定,由未足大观的"诸儒论学语录",蔚然汇积成为贯通儒学道统传衍脉络的巨帙重编。在编纂特色上,陈祖武先生总结说:"《理学宗传》的学术倾向,既反映在全书的编排次第上,同时也集中表现于各卷著录学者生平学行的编纂体例之中……以由眉批、按语、总论合而为一的评笺,构成了传记、学术资料选编、评笺三位一体的编纂新格局。"②

二 从《皇明道统录》到《明儒学案》

论及学案体史籍《明儒学案》之问世,陈祖武先生在《清儒学术拾零》一书中,还撰有"《明儒学案》与《皇明道统录》"一节,指出:黄宗羲"编纂《明儒学案》,并非文思骤起,奇想突发。就历史编纂学的角度而言,《明儒学案》的出现,正是当时历史学自身的发展状况使然……《圣学宗传》《理学宗传》一类著述的接踵而出……给他发愿结撰《明儒学案》提供了有益的启示"。继而分析说:"刘宗周以'学案'(注:《论语学案》)题名著述,周汝登、孙奇逢二家两部《宗传》日趋明朗的三段式编纂结构,都成为黄宗羲《明儒学案》的先导。尤其应当特别说明者,作为《明儒学案》的取法对象……于黄宗羲影响最大的,恐怕应是其师刘宗周的《皇明道统录》。"③

刘宗周系明季江南卓然成家的大儒,有学者将他"看作是宋明时期最后一个理学家"④。作为黄宗羲最为推崇的老师,刘宗周以其开创的蕺山学派垂范当世。据陈祖武先生考证,由于《皇明道统录》在刘宗周生前未及刊行,后来亦未辑入《刘子全书》,具体内容已无从详考。所幸刘宗周高足董玚所辑《(蕺山)刘子年谱》中,有所叙述。

---

① 孙奇逢:《理学宗传·义例》,《理学宗传》卷首。
② 陈祖武:《中国学案史》,第101页。
③ 陈祖武:《清儒学术拾零》,第30页。
④ 杨国荣:《刘宗周思想的历史地位》,《中国哲学史》1996年第4期,第73页。

据云:"天启七年丁卯,先生五十岁。《皇明道统录》成。先生辑《道统录》七卷,仿朱子《名臣言行录》,首纪平生行履,次语录,末附断论。大儒特书,余各以类见。去取一准孔、孟,有假途异端以逞邪说,托宿乡原以取世资者,摈弗录。即所录者,褒贬俱出独见。如薛敬轩、陈白沙、罗整庵、王龙溪,世推为大儒,而先生皆有贬辞。方逊志以节义著,吴康斋人竞非毁之,而先生推许不置。通录中无间辞者,自逊志、康斋外,又有曹月川、胡敬斋、陈克庵、蔡虚斋、王阳明、吕泾野六先生。"①

缘此可知,《皇明道统录》完稿于明天启七年(1627),凡七卷,体例仿朱熹《名臣言行录》,作三段式结构,即第一段生平行履,第二段语录,第三段断论。录中所载一代儒学中人,凡大儒皆自成一家,其余诸儒则以类相从。编纂原则以孔孟学说为取舍标准。

陈先生提出:倘若取《明儒学案》与董玚所述之《皇明道统录》相比照,即可发现其间的若干重要相通之处。

首先,《道统录》的三段式编纂结构,亦为《明儒学案》所沿袭,无非将断论移置各案卷首,成为该案之总论。

其次,学有承传之诸大家,《明儒学案》亦独自成案,如崇仁、白沙、河东、三原、姚江、甘泉、蕺山等。而其他儒林中人,一如《道统录》之以类相从,编为《诸儒学案》《浙中王门》《江右王门》等。至于以倡"异端邪说"获咎的李贽,以及著《学蔀通辨》、诋王守仁《朱子晚年定论》为杜撰的陈建等人,《明儒学案》亦摈弃不录。

再次,《明儒学案》评一代儒林中人,多以其师刘宗周之说为据,各案皆然,不胜枚举。

凡此等等,无不透露出《明儒学案》承袭《皇明道统录》的重要消息。所以,倘若我们说《明儒学案》系脱胎于《皇明道统录》,进而加以充实、完善,恐怕不会是无稽之谈。②

《明儒学案》果系脱胎于《皇明道统录》,那么是否也就意味着,从《皇明道统录》到《明儒学案》,同样存在一个"后先相承"的关系呢?从黄氏的师承脉络上看,这层关系显然甚为清晰。

---

① 董玚:《(蕺山)刘子年谱》,《北京图书馆藏珍本年谱丛刊》,第57册,第648~649页。
② 以上参见陈祖武《清儒学术拾零》,第31~32页。

通观黄宗羲一生为学,身为一代大儒的刘宗周对其影响可谓至关重要。黄氏尝言:"羲幼遭家难,先师蕺山先生视羲如子,扶危定倾,日闻绪言。"① 他终身以传承先师之业为己任,曾论"有明学术,白沙开其端,至姚江而始大明……逮及先师蕺山,学术流弊,救正殆尽。向无姚江,则学脉中绝;向无蕺山,则流弊充塞。"② 因此黄宗羲不论讲学,抑或著述,无不带有显豁的"蕺山之学"的烙印,以致友人称道其乃"刘门之曾子"。黄宗羲编纂的《明儒学案》,可以视为其继承先师事业的力行之作。在《明儒学案序》中,黄氏称:"羲为《明儒学案》……间有发明,一本之先师,非敢有所增损其间。"③ 故将刘宗周的《师说》置诸卷首。在《明儒学案》编就之前,既纂成《蕺山学案》。《明儒学案》卷终则以《蕺山学案》殿后,案曰:"识者谓五星聚奎,濂、洛、关、闽出焉;五星聚室,阳明子之说昌;五星聚张,子刘子之道通。岂非天哉!岂非天哉!"④ 所以说,陈祖武先生所言"《明儒学案》系脱胎于《皇明道统录》"⑤,殆非虚语。

三 从《理学宗传》到《明儒学案》

承前所述,《理学宗传》和《皇明道统录》,两者与《明儒学案》都存在"后先相承"的影响关系。若从编纂学的角度检视这层关系,相对而言《皇明道统录》的"影响最大"。

从编纂时间上看,《皇明道统录》成书于明天启七年,《理学宗传》则酝酿于明崇祯初,汇为一编已在清康熙初。

从编纂体例上看,最明显的特征是"三段式结构"。《皇明道统录》的三段式结构系仿照宋儒朱熹的《名臣言行录》,即第一段生平行履,第二段语录,第三段断论。此为《明儒学案》所承袭,"无非将断论移置各案卷首"。《理学宗传》的情形相对复杂些。陈祖武先生《中国学案史》曾撰"从《圣学宗传》到《理学宗传》"一章,提出在编纂体例上,《理学

---

① 黄宗羲:《明儒学案自序》,《黄宗羲全集》,浙江古籍出版社,1985,第7册,第3页。
② 黄宗羲:《移史馆论不宜立理学传书》,《黄宗羲全集》,第10册,第213页。
③ 黄宗羲:《明儒学案自序》,《黄宗羲全集》,第7册,第4页。
④ 黄宗羲:《明儒学案》卷62,《黄宗羲全集》,第8册,第891页。
⑤ 陈祖武:《清儒学术拾零》,第32页。

宗传》对明儒周汝登的《圣学宗传》（成书于明万历三十三年，1605）有所发展，主要是取其"'蠡测'意而有眉批、总评"部分。至《理学宗传》成，将眉批、按语、总论合为评笺，构成了传记、学术资料选编、评笺于一体的三段式结构。可见"三段式结构"在《理学宗传》刊行前，已有分别纂成于明万历年间的《圣学宗传》和明天启年间的《皇明道统录》领风气之先了。

编纂时间和编纂体例无不表明，《皇明道统录》对后来黄宗羲编纂《明儒学案》所产生的作用，"影响最大"。既然如此，我们又该如何判断从《理学宗传》到《明儒学案》"后先相承"的影响关系呢？换言之，可否说从《理学宗传》到《明儒学案》，其"后先相承"的"关系"更主要的应该不再局限于编纂学意义上的"影响"，因为这样的"影响"已在《理学宗传》之前（指《皇明道统录》）实际地发生过了。因此，我们是否有可能超越编纂学意义上的"影响"，进而发现一层更为深入的、抑或取径不同的"影响"呢？

倘若我们结合清初学术发展的历史特征，将两者的编纂取向进行一番比较的话，便会发现还有一层隐含其中的"后先相承"的关系，有待我们做进一步的梳理。

历经明清鼎革、激剧的社会动荡之后，天崩地解的现实迫使人们冷静下来思考，对理学的反思极其自然地成为清初社会思潮的重要特征。"研究清初编修的学术史，首先必须对这一时期的社会思潮有一个基本的了解和把握。"[①] 明末以来，不论朱学阵营，还是王学一派传人中的有识之士，之所以走上批判、总结理学的道路，正是有鉴于理学内部日益凸显的思想危机，"他们试图通过对理学的批判和总结寻找出一条使理学摆脱困境的出路……清初对理学的反思就是在上述的历史文化背景下进行的"[②]。

然而，清初的理学界，"愈演愈烈的朱、王学术之争，成为这一时期理学界的突出特色。在清初历史的演进过程中，这种毫无意义的门户纷争，与理学的最终崩解相终始，而为汉学的崛起铺平了道路"[③]。难能可贵

---

① 卢钟锋：《论清初的社会思潮与学术史的编修》，《中国史研究》1994年第4期，第129页。
② 卢钟锋：《论清初的社会思潮与学术史的编修》，第130页。
③ 陈祖武：《清初学术思辨录》，中国社会科学出版社，1992，第306页。

的是，《理学宗传》和《明儒学案》，都自觉力戒这种"必欲出于一途"的学术时弊。

孙奇逢的《理学宗传》开宗明义，将程朱、陆王融合在一个完整的道统谱系中，谓"夫四海内外，千古上下，此心此理，原无不同，只稍有执著，便成歧路。朱陆、王朱，小有不同，正欲共偕大道。而拘曲之士，枝外生枝，遂成聚讼，此皆不明于学之咎也"①。同时，他将自汉以降诸儒，纳入道统传承的视野，不再拘囿于理学的既有格局，直溯汉儒，着眼构建了一个诸儒通贯的道统脉绪。这一点，我们可以从黄宗羲为《明儒学案》所撰《发凡》中，一窥端倪。

黄氏称："从来理学之书，前有周海门《圣学宗传》，近有孙锺元《理学宗传》，诸儒之说颇备……而海门主张禅学，扰金银铜铁为一器，是海门一人之宗旨，非各家之宗旨也。锺元杂收，不复甄别，其批注所及，未必得其要领……学者观羲是书，而后知两家之疏略。"②尽管黄宗羲对《理学宗传》的评价含有批评的一面，但对《圣学宗传》与《理学宗传》批评的着眼点是不一样的。前者之弊正在门户之见，后者之失则仅在"杂收"。所以《明儒学案》叙及孙奇逢，黄宗羲对孙氏的突破之举仍给予了积极的肯定，称特表十一子为宗，"以嗣孟子之后，诸儒别为考以次之，可谓别出手眼者矣"③。同时我们可以看到，黄宗羲之所以将《理学宗传》纳入视野，指出"疏略"所在，本身就说明它对《明儒学案》的编纂，构成了"后先相承"的影响关系。而这种影响关系恰恰又是《圣学宗传》与《皇明道统录》所不可能具备的。

如黄氏所言，"从来理学之书，前有周海门《圣学宗传》"。这个"前"字，颇值玩味。就"前"者而言，似亦可将《皇明道统录》包括在内。因为《圣学宗传》与《皇明道统录》，同《明儒学案》是站在不同的历史平台上。尽管它们同样面对着"理学内部日益凸显的思想危机"，但明清鼎革、王朝易代的社会背景，使他们所面对的社会现实发生了深刻剧变，由此而需要面对的思想挑战与需要作出的学术回应便截然不同起来。

---

① 孙奇逢：《孙征君日谱录存》卷30，康熙七年十一月二十七日。
② 黄宗羲：《明儒学案发凡》，《黄宗羲全集》，第7册，第5页。
③ 黄宗羲：《明儒学案》卷57，《黄宗羲全集》，第8册，第722页。

反观《理学宗传》与《明儒学案》，则在这一层面上顺理成章地形成了"共鸣"。

面对这样一种复杂的历史命题，黄宗羲坚持不懈以求宗旨开风气，以传道统为大任，倡言"大凡学有宗旨，是其人之得力处，亦是学者之入门处"。称"有明文章事功皆不及前代，独于理学，前代之所不及也"①。对于清廷纂修《明史》是否设立《理学传》的动议，黄宗羲明确表示反对，强调说："道学一门所当去也，一切总归儒林，则学术之异同皆可无论，以待后之学者择而取之。"②他特别推崇"一致百虑，殊途同归"的为学之道。诚如钱穆先生《中国近三百年学术史》所评，"梨洲论学，极重统整"，"梨洲平日讲学精神，早已创辟新局面，非复明人讲心性理气、讲诚意慎独之旧规。苟略其场面，求其底里，则梨洲固不失为新时代学风一先驱也"③。

表面来看，《明儒学案》是一部学术史，实质内涵则对"宗旨"意识给予了特殊关注。选择以史籍编纂的形式更为全面、系统地表达经世思想，根本上是想要对有明一代的政治、学术作出整理和总结。以故明政治为考察对象，将学术与政治作为一个整体通察综观，正是借助"学案"这一体裁的特殊性，使得这种学理意义上的"后先相承"关系，通过文本编纂的形式呈现出来。

因此，笔者以为，从《理学宗传》到《明儒学案》，或可理解为这样一个过程：打破既有的理学框架，而非盲从于表面上的由王返朱，亦非执著于在理学谱系中争立正统，而是尝试着将视野转到既有的理学格局之外，以道统传承为务求，不论是《理学宗传》所论之"理学"，还是《明儒学案》所涉之"儒学"，都已经摆脱了传统理学的束缚，从不同的路径取向，或将道统脉绪上溯至"汉儒"，或以最为切近当下的"明儒"作为独立的观察对象，突破传统理学设定的限制，会和朱陆乃至朱王之异，去异求同，从而对理学史从整体上予以"统整"观照。在这一点上，通观当时以整理总结理学为内容的诸多编纂之作，只有《理学宗传》和《明儒学

---

① 黄宗羲：《明儒学案发凡》，《黄宗羲全集》，第7册，第5页。
② 黄宗羲：《移史馆论不宜立理学传书》，《黄宗羲全集》，第10册，第215页。
③ 钱穆：《中国近三百年学术史》，商务印书馆，1997，第30~31页。

案》做到了。

进而言之，与理学瓦解过程相同步，思想界也逐渐酝酿起同传统的理学无论在内容上，还是在方法上都不尽一致的新思潮，即"承明人的经学倡导，知识界在摒弃'性与天道'的论究之后，不约而同地趋向于以经学取代理学的选择"①。换言之，清初学术发展的基本趋势，乃是"以经世思潮为主干，从对明亡的沉痛反思入手，在广阔的学术领域去虚就实，尔后又逐渐向以经学济理学之穷的方向过渡，最终走向经学的复兴和对传统学术的全面总结和整理"②。

总之，从《理学宗传》到《明儒学案》，经由文本的搜罗纂辑，务求打破理学内部门户纷争的弊端，努力尝试，大胆突破，从不同路向对传统理学进行别具体系的整理总结，学案体史籍的最终成型，既是这一尝试的可贵结果，也是这一"后先相承"影响过程的具体呈现。其"超然门户，寓意深远"的编纂意识与价值取向，与清初思想界"以经学济理学之穷"的新思潮不期然地达成了契合。

（作者单位：中国社会科学院历史研究所）

---

① 陈祖武：《清初学术思辨录》，第292页。
② 陈祖武：《清初学术思辨录》，第296页。

孙奇逢《理学宗传》的道统建构

孔定芳

摘　要：在明末清初的历史更迭时期，与社会动荡、朝代鼎革相谐而行的，是传统儒学的道统危机。面对这一危机，南北学人同声共气掀起一股"明道救世"的学术思潮。作为这一思潮的外在体现，以梳理学脉、传承道统为旨归的学术史著述相继涌现，遽成一道独特的学术盛景。在这一时代学术语境下，"北学重镇"孙奇逢的《理学宗传》应运而出。不同于一般宋明理学史著作，《理学宗传》以一种宏阔的学术视野和超越于门户之上的"大心胸"，对儒学道统进行了重构，在清初学界产生了深远而重要的影响。

关键词：孙奇逢　《理学宗传》　道统　建构

明末清初，中国历史进入一个纷繁而剧烈的更迭时期。社会动荡、朝代鼎革和儒学道统危机，这一切集中作用和反映于学术界的结果，不唯学术风气由玄虚而趋于健实，学术思潮亦发生鲜明转向。值此风云际会，南北学人同声共气，或倡导"由王返朱"，或务为经世致用，或张扬"通经学古"，要皆以"明道救世"为中心旨归。夏峰北学正是在此一背景下异军突起，与以黄宗羲为代表的浙东经史之学和李颙为宗主的关学鼎足而立，而为清初一方学术重镇。作为清初北学泰斗的孙奇逢，亲历明清易代，遭际坎坷而曲折，然其"始以豪杰，终以圣贤"[①]，以卓异的学术建树而彪炳史册。本文以孙奇逢代表作《理学宗传》为视点，探究其以"明

---

* 本文系国家社科基金项目"满汉文化整合与明代遗民的变迁研究"（12BZS035）阶段性成果。

① 申涵光：《聪山集》卷3，《征君孙锺元先生诔词》，中华书局，1985，第53页。

道"为究极的学术关怀所在，借以观察明清之际学术思想的一般发展趋势和时代特色。

一 《理学宗传》结撰的学术背景

孙奇逢发愿撰著《理学宗传》始于崇祯初年，至康熙六年（1667）刊刻蒇事，数易其稿，历时凡30载。① 此30年间，明廷国势日危、江河日下，终至"非我族类"的满洲入主，定鼎中原。明清易代的历史巨变，激起了身遭家国之痛的理学之士以"明学术，正人心"为焦点的学术省思。清初关学宗师李颙说："天下之大根本，人心而已矣；天下之大肯綮，提醒天下之人心而已矣。是故天下之治乱，由人心之邪正；人心之邪正，由学术之晦明。"② 孙奇逢也认为"世无治乱，总一学术"③，"学术之废兴，系世运之升降"④，因为"学术政事，原是一个道理。故云'是亦为政'。究其实时雍风动亦不过八人，亲其亲长其长，尧舜之道岂能加于孝弟外哉"⑤！基于这种认识，孙奇逢主张"所贵乎儒者，通万物为一体，便要以天下为己任"⑥。

但是，明末清初学术的实况却是"儒释未清，学术日晦"⑦。在《游谱》中，孙奇逢痛斥道：

> 圣学不明，曲士伪儒，窃禅之似，乱儒之真，后生小子未窥其本源，而但拾其余唾，遂俨然以学人自命，皆此辈有以启之也。⑧

明末清初以降的儒学之士，面临一个较之唐宋学人更为急迫的儒学纯

---

① 有关《理学宗传》的成书过程，可参阅陈祖武先生著《中国学案史》，东方出版中心，2008，第85~90页。
② 全祖望：《鲒埼亭集》卷12，《二曲先生窆石文》，姚江借树山房藏版，第9页。
③ 孙奇逢：《日谱》卷13，顺治十七年三月初七日。
④ 孙奇逢：《夏峰集》，商务印书馆，1939，第120页。
⑤ 孙奇逢：《四书近指》卷4，《为政第二》，张显清主编《孙奇逢集》上册，中州古籍出版社，2003，第404~405页。
⑥ 孙奇逢：《夏峰集》，第283页。
⑦ 孙奇逢：《理学宗传》卷首，《叙一》，《孙奇逢集》上册，第621页。
⑧ 孙奇逢：《游谱》，《孙奇逢集》下册，第1440页。

洁化的时代使命。一方面他们要接续自唐代韩愈以来的建构儒学道统以抗衡佛教"法统"的学术使命；另一方面他们更怀有一种因满洲文化的侵蚀而致儒家道统面临中断之虞的危机感。所以，清初汉族士人无论是身处江湖之远的遗民，还是高居庙堂之上的理学儒臣，虽其人生境遇有异、政治立场各别，却不约而同地发出了反思学术、弘传儒家道统的共同呼声。编撰学术史著作，以明学统、传道统遂蔚成风气。据不完全统计，顺、康年间朝野之士所编撰的学术史著作就多达25种①，而孙奇逢不唯以《理学宗传》的编撰而开清代学术史著作之先河，更嘱弟子魏一鳌、汤斌分撰《北学编》《洛学编》，分别条述河北、河南自汉以来儒学渊源传授。

清初的各类学术史著述尽管内容繁杂，观点纷呈，或尊程朱，或奉陆王，抑或在二者之间调和折中，但学术宗旨则百川归海、殊途同归，这就是借由辨章学术、考镜源流的工作，以厘清并传承儒家道统。以在野的遗民士人而言，黄宗羲以《明儒学案》和《宋元学案》而成一代学术史典范，他在为《明儒学案》所撰序言中有云：

> 今讲学而不修德，又何怪其举一而废百乎？时风愈下，兔园称儒，实老生之变相；坊人诡计，借名母以行书。谁立庙庭之中正？九品参差，大类释氏之源流；五宗水火，遂使杏坛块土为一哄之市，可哀也夫！②

可见梨洲撰著《明儒学案》的动机厥在厘正学脉，纯洁道统无疑。后来，梨洲弟子万斯同秉承师教而为《儒林宗派》，其书按语道："明以来，谈道统者扬己凌人，互相排轧，卒酿门户之祸，流毒无穷。斯同目击其弊，因著此书。"③可谓切中义谛。而在朝的理学儒臣，虽然在政治上采取了与满洲统治者合作的立场，但他们对学术文化的关怀，对道统传承的责任感却未始稍减。魏裔介撰有《圣学知统录》和《圣学知统翼录》各2卷，在前书的自序中，他说："自孟轲氏既殁，圣学晦蚀，火于秦，杂霸

---

① 参考史革新《清顺康间理学的流布及其发展趋势刍议》，《福建论坛》2004年第5期。
② 黄宗羲：《黄梨洲先生原序》，《明儒学案》上册，中华书局，1985，第9页。
③ 佚名：《儒林宗派按语》，清抄本，现藏国家图书馆。转引自史革新《略论清初的学术史编写》，《史学史研究》2003年第4期。

于汉，佛老于六朝，诗赋于唐，至宋乃有濂溪、程朱继起，伊洛渊源粲然可睹。其后，为虚无幻妄之说，家天竺而人柱下，知统遂不可问矣。"① 魏氏的著述动机亦不脱其时语境。也正是在这种学术背景下，孙奇逢先生倾其毕生心力于《理学宗传》的编撰。

二 《理学宗传》以"明道"为究极的学术旨趣

学术界一般视《理学宗传》为一部"以史昌学""为学作史"的理学史著作，自无疑义。然而孙奇逢最中心、最深切的学术关怀当不止于此。《理学宗传》为孙奇逢倾注毕生心血之作，前后历时凡30载，至成书的康熙五年（1666），已届83岁高龄。康熙四年（1665）六月初九，书成定稿，他喜不自禁，于当日写就《寄立儿家书》，其中有云："自端午抵夏峰，四阅月，日夕与博雅料理《宗传》，目前始就。思录一清本，出入携带，此是老夫饥食渴饮第一快事。"十月二十五日，他再度给长子立雅去函，又言："近年功课，料理《宗传》一编，共得百四十余人，有主有辅，有内有外，人人有悦心自得之处。日夕玩味，觉无物可以胜此。"② 孙奇逢一生著述繁富，而《理学宗传》亦非其临终绝笔之作，然其珍视之若此，暗示此书代表了其最后的学术关怀，此即他自己所谓："《理学宗传》叙列从古名儒修德讲学之事，明道统也。"③ 正是"明道统"这一庄严学术使命的完成，方使得孙奇逢以《理学宗传》的成书竣稿为"饥食渴饮第一快事"，"日夕玩味，觉无物可以胜此"！孙奇逢弟子汤斌在为《理学宗传》撰序时说："盖《五经》《四书》之后，吾儒传心之要典也。八十年中躬行心得，悉见于此。"④ 张沐之序也说："盖八十年中，下学上达，有不可以告诸人，人亦终不得而知者，悉著诸此。"⑤ 所谓"吾儒传心之要典"，所谓"八十年中躬行心得"，所谓"不可以告诸人、人亦终不得而知者"，不正是深隐于其书背后的儒学道统？

自朱熹撰《伊洛渊源录》以来，宋明时期的理学士人闻风而起，理学

---

① 魏裔介：《圣学知统录序》，《魏贞庵先生集》，清龙江书院刻本。
② 孙奇逢：《日谱》卷13，康熙四年九月初八日。
③ 孙奇逢：《日谱》卷12，顺治十六年十月二十二日。
④ 汤斌：《理学宗传序》，《孙奇逢集》中册，第1299页。
⑤ 张沐：《理学宗传叙》，《孙奇逢集》中册，第1295页。

史著作接踵而出，但大抵不脱朱子窠臼，多所门户宗派意识，终酿程朱、陆王正统之争。所以四库馆臣评曰：

> 盖宋人谈道学宗派，自此书始；而宋人分道学门户，亦自此书始。①

梁启超也说：

> 朱晦翁《伊洛渊源录》一类书……大率借以表扬自己一家之宗旨，乃以史昌学，非为学作史，明以前形势大略如此。②

有别于宋明时期一般的理学史著作，孙奇逢的《理学宗传》不以门户自限，而是以宏阔的学术视野审视自汉至明儒学的发展流衍，以正闰的评判标准甄别儒释之异，从而纯洁儒学道统，为儒家学脉的发展传衍扫除异端之障。他的这种学术关怀，在《理学宗传叙》中言之凿凿：

> 学之有宗，犹国之有统、家之有系也。系之宗有大有小，国之统有正有闰，而学之宗有天有心。今欲稽国之运数，当必分正统焉；溯家之本原，当先定大宗焉；论学之宗传，而不本诸天者，其非善学者也。③

孙奇逢力主"圣学本天"之说，而斥"本心"的佛教为异端邪说，所以他特意撰著《理学宗传》，以对"本天"的儒学与"本心"的佛教"严毫厘千里之辨"④。而他更认为此种辨析所系至巨，诚如其所言，论学之宗传犹溯家之本原、稽国之运数，非等闲之事。此一认识，与其有关学术价值的一贯认知相互内在呼应，他曾强调，异端之学"以学术杀天下后世，

---

① 《四库全书总目》卷57，中华书局影印本，1956，第519页。
② 梁启超：《中国近三百年学术史》，《饮冰室合集》，中华书局，1989，第296页。
③ 孙奇逢：《理学宗传》卷首，《叙一》，《孙奇逢集》上册，第620页。
④ 孙奇逢：《理学宗传》卷首，《叙一》，《孙奇逢集》上册，第621页。

此何可不慎"①！他的弟子汤斌为《理学宗传》撰序有云：

> 近世学者，或专记诵而遗德性，或重超悟而略躬行，又有为儒佛合一之说者，不知佛氏之言心言性，似与吾儒相近，而外人伦、遗事物，其心起于自私自利，而其道不可以治天下国家……容城孙先生集《理学宗传》一书……其大意在明天人之归，严儒释之辨。②

知师莫如弟，汤斌此言适中乃师深意，其"佛氏言心言性，似与吾儒相近……而其道不可以治天下国家"云云，与孙奇逢"毫厘千里"之谓何其合致！揭示出孙奇逢撰著《理学宗传》以严儒释之辨、纯洁圣道统绪的学术旨趣。不独汤斌，在孙奇逢弟子后学看来，孙奇逢先生实为"吾道正宗"③。或谓："读《理学宗传》诸书，愈知先生实能承宋、元、明诸儒，以上接尼山道统。"④ 或谓："际贞元绝续之时，明大道于方来，佐圣治于在下，有若天心启牖之一人，以维持一线之绪者。"⑤ 或谓："当明季世，身任道统，既辑《理学宗传》，以明道之会归，并成《中州人物考》，以见道之散殊。"⑥ 弟子后学的评骘或有溢美，然孙奇逢在"圣道日晦""真儒道丧"⑦ 之时的以身肩道，实感召和影响了一代学人，故亲炙其门的求道之士络绎于道，孙奇逢亦以"北学重镇"而享誉当世。

当然，《理学宗传》的撰述旨趣究竟还得从其书内在的义谛去读取。以"理学宗传"之命名来看，孙奇逢自撰书序中并未直接对书名加以解释，但在其所记《日谱》中则有云：

> 《易》以乾坤冠篇，《书》以尧舜冠篇，《诗》以周文冠篇，《春秋》以尊王于天冠篇。如一身之有冠冕，一家之有大宗。一切上衣下裳，皆

---

① 孙奇逢：《日谱》卷6，顺治十二年二月初九日。
② 汤斌：《理学宗传序》，《孙奇逢集》中册，第1299页。
③ 曾培祺：《补刊日谱序》，《孙奇逢集》中册，第1336页。
④ 戴襄清：《畿辅人物考序三》，《孙奇逢集》中册，第1303页。
⑤ 钱仪吉：《重刻夏峰先生集序》，《孙奇逢集》中册，第1321页。
⑥ 郑元善：《畿辅人物考序四》，《孙奇逢集》中册，第1305页。
⑦ 孙奇逢：《日谱》卷3，顺治七年十一月初七日。

不敢出冠冕之上。一切小宗、别宗，皆不敢出大宗之上……至如尧大圣人而道其心，汤之大圣人而礼其心，孔子大圣人而矩其心，是谓理学。释氏本心之学，不可谓之理学。曾以至善为宗，孟以性善为宗，周以纯粹至善为宗，是谓传宗。释氏无善之宗，不可谓之传宗。[①]

此段文字可发之蕴至少有如下三点：一则在孙奇逢看来，著述之名非可轻率为之，一如一身之有冠冕，一家之有大宗，必慎重其事。事实上，孙奇逢于其书之命名可谓斟酌再三，几经变更，郑重其事。崇祯初，他辑录诸儒论学语，是为发愿撰著《理学宗传》之始，然名其书曰《诸儒宗旨》。后或一度更名为《理学传心纂要》。[②] 顺治十二年（1655），取诸友订正之长，严格体例，最终定名为《理学宗传》。其定名之谨，正暗示出其书之义蕴或可从其定名读取。二则"理学"之名非专指宋明理学，而是整个儒学之通名。所以，不同于朱子之《伊洛渊源录》仅及于两宋时期二程道学的承传源流，而置汉唐诸儒于不顾，《理学宗传》在主要梳理宋明理学传授源流的同时，亦兼及汉唐"传经之儒"，以表彰其"存道"之功。这是孙奇逢视"理学"为儒学之通名观念的必然反映。以"理学"为儒学之通名而不以宋明理学为限，正表明其在主观上意欲为整个儒学厘清学脉，志在"明道"，而非特为王学争正统之微意深蕴隐然可见矣。三则"宗传"之义乃以曾、孟以来儒家性善论为旨归，意为有相同之核心宗旨而又一脉相承者，方为"宗"，而释氏"本心"且无善之宗，故不在"儒宗"之列。正如《理学宗传跋》所言："宗传云者，若大宗嫡派，脉脉相承，无以谱之则乱；若继火传薪，灯灯相照，无以续之则灭。"[③] 孙奇逢"严儒释之辨"以纯洁儒家道统的著述旨趣，于此已是不言自明。

以《理学宗传》的成书过程而言，是书编撰历时30载，凡三易其稿，其中最重要和最关键的变化，当为体例和结构。崇祯初年，孙奇逢与鹿善继辑录诸儒论学语而为《诸儒宗旨》，其书体例乃以年代为经编排而成的

[①] 孙奇逢：《日谱》卷9，顺治十三年六月十三日。
[②] 《四库全书总目》收录有孙奇逢《理学传心纂要》一书八卷，却未提及《理学宗传》，此书除卷帙及将周汝登置于"羽翼理学之派"而非作为"补遗"而列入"附录"外，其余均同，疑《理学传心纂要》即《理学宗传》定名前之书名。
[③] 张显清主编《孙奇逢集》上册，第1261页。

诸儒论学资料汇编,而并未有意去建构一个儒学的传道谱系,因而其书所涉儒者甚众,"书帙浩繁"①。顺治十二年六月二十三日,孙奇逢在《日谱》中追记曰:"予从来喜读儒书,因家贫,生长北方,不能多搆诸家文集,积二十余年始成一选,曰《诸儒宗旨》。自董江都至鹿江村,计五十人。"②但是,这种不分主辅的编排体例与结构,他始终不甚满意,特别是在将书稿质诸同道、多方请益之后,更觉其体例之不当。顺治十三年(1656),他曾致函张蓬元,其中有云:

>某幼而读书,谨守程朱之训,然于陆王亦甚喜之。三十年来,辑有《宗传》一编,其人不下四五十,谓识大识小,莫不有孔子之道,小德之川流也。及谒先生,渥领指示,觉人繁清殊,非传宗之旨。故止存周、张、二程、朱、陆、王七子,标曰《宗传录》。然于旧所汇四五十人者,终不敢有散佚也……此三种者,皆欲携以就正先生。③

据考,孙奇逢以《理学宗传》初稿当面请益张蓬元当在顺治十一年(1654)。《年谱》载,是年四月,他应张镜心之约,出游磁州,逗留一月余后,径往东昌访问张蓬元,故《年谱》曰:"先生至磁,因携《理学宗传》就正焉。"④当然,孙奇逢围绕《理学宗传》而与诸学友的问学论难,绝不仅止张蓬元一人,如顺治七年(1650),他尝命弟子高鐈携稿南下会稽,送请倪元瓒、余增远评笺;顺治十二年又将旧稿中辑出的《七子》目录和评语,呈送倪元瓒、姜希辙审正。从《理学宗传》的成书过程来看,南北学友的评笺、审正,为书稿体例的厘定、内容的简择提供了诸多有益的启示,而与张蓬元的晤面论学,孙奇逢所获尤多。东昌晤面张氏的翌年,他在《日谱》中记曰:"继而病其太繁,于五十人中自周濂溪至王阳明得十一人,曰《理学宗传》。"⑤可见孙奇逢晤张氏之后,对己之书初稿不仅有"病其太繁"之憾,而且更觉体例上的"人繁清殊"了。于是他再

---

① 汤斌:《清孙夏峰先生奇逢年谱》,台北商务印书馆,1981,第26页。
② 孙奇逢:《日谱》卷6,顺治十二年六月二十三日。
③ 孙奇逢:《日谱》卷8,顺治十三年四月初四日。
④ 汤斌:《清孙夏峰先生奇逢年谱》,第5页。
⑤ 孙奇逢:《日谱》卷6,顺治十二年六月二十三日。

理旧稿，斟酌去取，分别主次，最终建构出一个从周敦颐到王守仁的11人儒学道统传承谱系。尽管此后列入此道统谱系中的人物迭有更易，但"有主有辅，有内有外"① 的编撰体例则由此确定下来。

要之，从最初的辑录诸儒论学语而为一儒学史资料长编，到最后建构出一个一脉相承的儒学道统传承谱系，孙奇逢的学术关怀也实现了由"存道"至"明道"的跃迁。在"圣道日晦"的明清之际，"明道"正是以身担道的孙奇逢先生的终极关怀所系，所以他才视《理学宗传》之竣稿为"饥食渴饮第一快事"。

三 《理学宗传》建构的道统谱系

在以"明道"为最后旨归的学术关怀下，孙奇逢在《理学宗传》中建构了一个有别于一般宋明理学史的道统谱系。在《义例》里，他对《理学宗传》的编撰原则和体例做说明曰：

> 是编有主有辅，有内有外：十一子其主也，儒之考其辅也；十一子与诸子其内也，补遗诸子其外也。②

也就是说，凡著录儒林人物，以其在道统传承中的地位，分别主辅和内外而分类立传。

按照这一原则，在《理学宗传》二十六卷中，首先叙列的是称之为"主"的"十一子"。人各一卷，前十一卷依次为宋明理学程朱和陆王两派诸儒：周敦颐、程颢、程颐、张载、邵雍、朱熹、陆九渊、薛瑄、王守仁、罗洪先、顾宪成。在孙奇逢看来，此十一子因"直接道统之传"而得道统之正，乃理学之"大宗"，故称之为"主"。其次是作为"辅"的"儒之考"。自卷十二至二十五，分述自汉唐迄于明末的"传经之儒"或辅翼道统诸儒。如有"薪传之功"的汉儒董仲舒和郑玄、隋儒王通、唐儒韩愈等皆赫然在列。至于"十一子"之外的宋、元、明诸儒，作为理学传人，因其辅翼道统之功而亦多所载入。计《宋儒考》上起胡瑗、下迄金履

---

① 孙奇逢：《理学宗传》卷首，《义例》，《孙奇逢集》上册，第622页。
② 孙奇逢：《理学宗传》卷首，《孙奇逢集》上册，第622页。

祥凡54人,《元儒考》著录刘因、姚枢、许衡等18人,《明儒考》自曹端至刘宗周著录凡64人。最后是被视为"外"而被列入"补遗"的宋明诸儒。依次著录宋儒张九成、杨简,明儒王畿、罗汝芳（门人杨起元附）、周汝登凡6人。全书载录历代儒者计170人。显然,孙奇逢主观建构的这个道统谱系,迥异于程朱理学家所认定的一般道统谱系,而在儒学道统学说史上独树一帜。

首先,确立了陆王心学在儒家道统中的正统地位。在传统儒学史上,韩愈首倡"道统"说,并建构了一个儒学道统传承谱系：由尧、舜、禹而传之汤、文、武、周公,再传之孔、孟,此后道统中绝而不得其传。虽然韩愈隐然以道统传人自任,但在作为理学集大成者的朱熹看来,只有理学家承传的才是孟子以后久已失传的道统,而将包括韩愈在内的汉唐传经之儒排斥在道统谱系之外。随着《伊洛渊源录》的问世,后经元代《宋史》特设《道学传》,朱熹建构的道统传承谱系遂成一权威的道统言说模式。所以,明代以后,承朱子之余绪而为《伊洛渊源录》作续录者,代不乏人。如明代杨廉作《〈伊洛渊源录〉新增》、谢铎撰《〈伊洛渊源〉续录》,清代张伯行作《〈伊洛渊源〉续录》。而仿其体例,以"渊源录"为题者,亦所在多有。如明代宋端仪的《考亭渊源录》、清代黄嗣东的《道学渊源录》、王植的《道学渊源录》等,不一而足。在这一道统论述下,陆王心学被斥为近于"禅"的儒学异端,所以自南宋以来即酿程朱、陆王门户之争,两派互较短长,互争正统,势如水火。孙奇逢先生之学虽渊源于阳明心学,却不以门户自限,而是以宏阔的学术视野,以超越于门户之上的"大心胸",将陆九渊、王守仁等心学巨擘纳入道统谱系之中,从而为陆王心学争得正统地位。在《理学宗传》开篇卷首,孙奇逢即以《周易》关于万物演变的"元、亨、利、贞"说,来梳理儒学发展演变的历史,在分述了"上古""中古"的儒学演变史后,指出：

  近古之统,元其周子,亨其程张,利其朱子,孰为今日之贞乎……盖仲尼殁至是且二千年,由濂洛而来且五百有余岁矣,则姚江岂非紫阳之贞乎?①

---

① 孙奇逢:《理学宗传》卷首,《叙一》,《孙奇逢集》上册,第620页。

明确宣示阳明为直接朱子道统的儒学正宗。

孙奇逢的此一道统论述，所赖以立足的理论基础，是"圣学本天"说。在他看来，无论程朱还是陆王皆源于"本天"的孔孟圣学，"虽见有偏全，识有大小，莫不分圣人之一体焉"①，而"共偕大道"②。因为"儒者一人之见，安能尽圣人之大？圣人如天地四时，儒者各分春夏秋冬之一令，清任和皆圣，清任和皆偏，然偏至之品，各成足色"③。孙奇逢认为程朱和陆王各"见圣道之大"，虽"入门不同"，最终却殊途而同归：

> 道问学与尊德性，原是一桩事，正不妨并存。见圣道之大，各人入门不同。④

又说：

> 孔孟是大德之敦化，诸儒皆小德之川流。流者，流其所敦者也；敦者，敦其所流者也……周子主静，主此也；程子识仁，识此也；朱子穷理，穷此也；陆子先立，立此也；王子致知，致此也……所以云：殊途而同归。⑤

所以，他认为："文成之良知，紫阳之格物，原非有异。"⑥"陆、王乃紫阳之益友忠臣，有相成而无相悖"⑦，"两贤之大旨固未尝不合也"⑧。孙奇逢弟子赵御众说：

> 九师之学，以天为归，以孔为的，以至诚为全量，以慎独为工夫，以知明处当为力行之实地，其所以信独见而化异同者，总之以孔

---

① 孙奇逢：《理学宗传》卷首《叙一》，《孙奇逢集》上册，第620页。
② 孙奇逢：《理学宗传》卷首《义例》，《孙奇逢集》上册，第623页。
③ 孙奇逢：《日谱》卷6，顺治十二年六月初四日。
④ 孙奇逢：《日谱》卷6，顺治十二年六月十四日。
⑤ 孙奇逢：《日谱》卷6，顺治十二年六月十八日。
⑥ 孙奇逢：《四书近指》卷1，《大学之道章》，《孙奇逢集》上册，第278页。
⑦ 孙奇逢：《夏峰先生集》卷2，《与魏莲陆》，中华书局，2004，第69页。
⑧ 孙奇逢：《夏峰先生集》卷2，《复魏莲陆》，第70页。

子印诸儒也。当看其是不是，不当问谁朱谁王。①

正是通过这种"以孔孟之旨折衷诸儒之论"②的回归和重释元典的方式，陆王之学在道统中的正统地位才得以安顿，儒学道统谱系的重塑遂告完成。

其次，从儒学道统发展流变的历史实际出发，给予汉唐"传经之儒"以应有的历史地位。在以门户为标榜的程朱学派的道统论述中，不仅没有陆王心学的合法地位，而且汉唐诸儒的传经翼道之功也被全然抹杀。但是，在传统的道统叙事中，孔子以前道在圣王、孔子以后道在师儒洵为不争之事实，依此则汉唐诸儒理应以其传经之功而在道统传承谱系中占有一席之地。由此可见，程朱学派的道统言说不仅于理不通，且亦有违客观史实，所以如此之故端在门户观念。孙奇逢则从道统传承的立场，给汉唐诸儒在道统谱系中安置了一个合法的位置。他说：

> 尝思之，颜子死而圣学不传，孟氏殁而闻知有待。汉隋唐三子（即董仲舒、王通、韩愈——引者注）衍其端，濂洛关闽五子大其统。③

视汉唐诸儒与理学诸儒为一脉相承的关系，前者"衍其端"而后者"大其统"。具体而言，如论汉儒郑玄，孙奇逢以为"宋儒以训诂目之，未许其见道"有失公允，他说："著述之丰莫过康成，而以学未显著改祀于乡。盖因宋儒以训诂目之，未许见道，遂没其传经之功。夫不见道，而何以为懿行君子耶?"④如论隋儒王通，以王氏《中说》之抨击"长生神仙之道"为"足破千古之惑"⑤，认为王通"因隋无可行道之机，故隐居

---

① 赵御众：《夏峰集》旧序，见李敏修《中州艺文录校补》，河南人民出版社，1995，第748页。
② 孙奇逢：《日谱》卷15，顺治十八年二月初五日。
③ 孙奇逢：《理学宗传》卷首，《叙一》，《孙奇逢集》上册，第620页。
④ 孙奇逢：《理学宗传》卷12，《汉儒考·郑康成公》，《孙奇逢集》上册，第912页。
⑤ 孙奇逢：《理学宗传》卷13，《隋儒考·王文中子》，《孙奇逢集》上册，第918页。

教授，以洙泗之事为事"①。再如论唐儒韩愈说："学术关乎气运，益令人思韩子之功也。"② 凡此种种，皆为从儒学道统传承的视域肯定汉唐诸儒的"薪传之功"。

最后，"严儒释之辨"以维护儒学道统的纯洁性和正统性。《理学宗传》在梳理传承儒学道统的十一子和诸子的同时，还特立《附录》一卷，将"近于禅"的所谓"儒者"作为"补遗诸子"著录其中。于此，黄宗羲曾批评曰："锺元杂收，不复甄别。"③ 从著述体例的统一性而言，梨洲的批评或不无道理，然孙奇逢著述的初衷究竟在"严儒释之辨"，正是有感于明末清初"儒释未清，学术日晦，究不知何所底极"④ 的道统危机，他才特意结撰《理学宗传》，在体例上以"十一子与诸子，其内也"，而与"补遗诸子其外也"相区别。且在自序中开宗明义地强调："补遗云者，谓其超异与圣人端绪微有不同，不得不严毫厘千里之辨。"⑤ 立足于儒释之辨，孙奇逢对"补遗诸子""近禅"之所在一一予以辨析。如评张九成曰："人谓子韶为禅，为其拈觉字"，"其立论多凌遽棒喝语，人故以禅归之"⑥。评杨简曰："以不起意为宗，令人无所把捉。"⑦ 评王畿则认为其"独持四无之说"而致王学"流弊滋甚"⑧。这些"补遗诸子"或为程门弟子，或为陆王后学，"皆世所推为大儒"，然孙奇逢以其"学焉而未纯者"⑨，有悖师教，自应与其师有"毫厘千里之别"而不能与于程朱、陆王之门墙。为此，孙奇逢明其用意有云：

或问："补遗诸公，皆世所推为大儒者也，而谓其为近于禅。夫诸公居官立身，皆卓然自见。即议论有疑于禅者，亦借禅以为用。所谓不以世间法碍出世间法，不以出世间法让世间法。庸何伤？"曰：

---

① 孙奇逢：《理学宗传》卷13，《隋儒考·王文中子》，《孙奇逢集》上册，第922页。
② 孙奇逢：《理学宗传》卷14，《唐儒考·韩子》，《孙奇逢集》上册，第938页。
③ 黄宗羲：《明儒学案发凡》，《明儒学案》上册，第17页。
④ 孙奇逢：《理学宗传》卷首，《叙一》，《孙奇逢集》上册，第621页。
⑤ 孙奇逢：《理学宗传》卷首，《叙一》，《孙奇逢集》上册，第621页。
⑥ 孙奇逢：《理学宗传》卷26，《补遗·张文忠九成》，《孙奇逢集》上册，第1232页。
⑦ 孙奇逢：《理学宗传》卷17，《补遗·杨慈湖简》，《孙奇逢集》上册，第997页。
⑧ 孙奇逢：《理学宗传》卷26，《补遗·王龙溪畿》，《孙奇逢集》上册，第1245页。
⑨ 孙奇逢：《日谱》卷8，顺治十三年四月初四日。

"夫子恶乡愿之乱德,为其以假而乱真也。毫厘之差,千里之谬,其谁能辨之?"曰:"……儒释之界,其流虽远,其源却近……其流弊将至儒释同归,而不可解矣。吾辈不能辞以辟之,而以助其波,扬其焰,宁不得罪于圣人?"①

总之,《理学宗传》所体现出的为程朱、陆王平门户之争的学术工作,虽然在表现形式上不期然而与明末清初调和、折中程朱与陆王的学术思潮相合致,但孙奇逢先生的终极关怀非仅止于为阳明心学争正统,而是为整个儒学梳理学脉、建构道统传承谱系。所以其《理学宗传》虽以"理学"为名,却上溯汉唐传经之儒,也不以程朱理学为限,而将陆王心学纳入儒学道统的范畴。事实上,从整个儒学的发展流衍来观察,儒学的"圣圣相传"既有赖于汉唐诸儒的传经之功,亦因陆王之学的兴起而使儒学步入一个新的境界。至于王门后学之流于"狂禅",而"非名教之所能羁络"②,并最终导致理学的衰微,则诚如孙奇逢先生所见"杨慈湖以传象山失象山,王龙溪以传阳明失阳明"③,其责在传师者,而非师传者之过。显然,孙奇逢先生所建构的儒学道统谱系更符合儒学史的客观历史实际,因而也更具历史认识价值。

(作者单位:中南民族大学民族学与社会学学院)

---

① 孙奇逢:《理学宗传》卷26,《补遗·周海门汝登》,《孙奇逢集》上册,第1260页。
② 黄宗羲:《泰州学案一》,《明儒学案》卷32,第703页。
③ 孙奇逢:《日谱》卷15,顺治十八年二月初五日。

走向"王道政治"与汉唐儒学：费密对孙奇逢"道统论"的展开与重构

——兼论清学形成的制度因素和思想基础*

王 坚

摘 要：由于明代制度设计导致的理想与现实双重失意，根植于皇权社会儒学普范性共识，晚明儒生重构道统论，开始新一轮儒学革新浪潮，但也导致儒生集团分裂及与皇权关系更加紧张。清初孙奇逢率先通过重构道统论来重建儒学体系，费密则通过对孙奇逢道统的展开与重构，建构其"中实之道"，走向"王道政治"和汉唐儒学，体现了清初儒生建设新社会和重构儒学体系的一种蓝图。由于书生论政，外王方面，费密虽把道统论建构转化为"王道政治"构想，但除鼓励儒生更加积极、全面向专制权力靠拢外，了无新意，内圣方面，虽转化为对汉唐儒学的重视却又不从事具体考据学的开拓，所以隐而不彰。宏观来看，清学也正是在皇权社会儒学普范性共识基础上，在清朝不断汉化的制度设计中，通过各立道统的方式，各学派由此展开。

关键词：孙奇逢 费密 道统论 皇权社会 儒学普范性共识 制度设计

一 道统的重释与展开：明清之际皇权社会普范性共识及建构

从百家争鸣中一个有影响的学派到成为大一统中华帝国的意识形态，儒学在产生后的两千多年里走过了一条极不平凡的与权力互动之路。特别

---

* 本文系山东大学人文社科重大项目"中国古代史论研究"（项目号：12RWZD08）的阶段性成果。

是在皇权时代，在"天高皇帝近"与"诸子皆王官"的制度设计中，皇权圣化，儒学宗师孔子圣化①。在这种知识与权力的联姻中，内圣层面，儒学作为控制"一般思想"的思想体系迅速经学化，成为皇权社会的主导知识体系；外王层面，儒生集团迅速扩大，成为帝制时代中国知识人及帝国官僚的主体。在此情况下，一方面，作为社会的意识形态，经学不但面临着为专制皇权确立合理性，进而把这种合理性转化为帝国普范性共识，最终内化成人们生活的准则，以解决矛盾、动员民众和控制社会；另一方面，作为儒学实践主体的儒生们，也面临着成为帝国官僚主体，在技术层面具体管理整个帝国的问题。② 概言之，就是在"道术为天下裂"的环境中开出"道术为天子合"的局面，即宋儒张载所说的四句格言最后的落脚点——"为万世开太平"，这是皇权社会儒学的普范性共识。由此，经学在思想与技术层面成为专制王权起伏的晴雨表，任何外王的风吹草动必然引起内圣的经学阐释。

从两宋开始，在唐宋变革基础上，中国转向内在。儒学从训诂之学转向义理之学，从讲究"外王之学"转向"内圣之学"，从讲究儒学对社会的关注转向儒学基本价值系统自身的实践，其修身齐家治国平天下的豪情更多被限定在对心性的修治之上，并且产生了儒学新形态——理学。具体

---

① 圣化观念是古代中国的一个思想形式。根据研究，中国圣人分为两大系统：现圣政治系统（圣化君主）与教化思想系统（孔子圣化），圣化君主源头远远早于孔子圣化，孔子一生以尊周及先王事业为职责，也是"先王"圣化的结果。但我们现在看到的从伏羲开始的圣王道统则是在汉代确立的，与孔子圣化完成时代相似。在后世，圣化也在不断进行，就帝王圣化来说，"圣王观念的实质是通过把王权、认识、行为、道德和行为规则价值标准合二为一，使君主制度和君权绝对化"。其基本途径就是天人合一、天王合一（刘泽华：《天人合一与王权主义》，《天津社会科学》1996年第4期）。就孔子圣化，则是历代帝王对孔子的封爵与祭祀系统，关于孔子圣化，参见黄进兴《优入圣域：权力、信仰与正当性》，陕西师范大学出版社，1998。
② 儒生们从一般学者变为意识形态的论证者和帝国官僚的主体，这是总体方向，虽历代程度有所不同，但总的来说，官制改革越来越向有利于儒学的方向倾斜，直到两宋时代科举制完善。与之相应的，一方面，在两千多年的发展过程中，儒生共同体成为知识人主体，儒学迅速经学化而成为宰执其他思想的思想；另一方面，就是儒学本身越来越在体制内思考，越来越策略化、实学化，从儒家五经到董仲舒的《天人三策》，从《大学衍义》《大学衍义补》到明清《经世文编》系列，理论色彩越来越弱，技术性、策略性越来越实在。

走向"王道政治"与汉唐儒学：费密对孙奇逢"道统论"的展开与重构

来说，就是根植于皇权社会儒学普范性共识，把所有问题都首先以道统论的形式展开，并且很多时候根据道高于君观念及儒学自身发展逻辑，道统论往往将道统与君统相提并论，把君统归之于道统论一并论述。"儒家认为道统与君统的传承情况关系到圣与王、道与权、理与势的分合，又是政治盛衰、社会治乱、国家兴亡的根本原因。道统既是政治认同的标准，又是政治批判的依据。"①

道统，即"道"传承的统序；君统，又称治统，即最高权力传承的统序。本来，道统观念是儒家本有的一种观念。尧舜禹汤文武周公的谱系在《论语》中初步形成，经《礼记·中庸》，到《孟子》定性。后来儒家经典莫不如此。《汉书·艺文志》总结道："儒家者流……祖述尧舜，宪章文武，宗师仲尼，以重其言，于道最为高。"② 到两宋理学崛起后，分别出现了以朱熹为代表的理学派及以陆九渊为代表的心学派，两派都承认"理"的最高地位，但在实践中，理学派主张"即物穷理"，而心学派则强调"心即理"，超出社会伦理范围，以整个宇宙为思考背景，强调人心之空前扩张直至与天地为一体，"宇宙即是吾心，吾心即是宇宙"，在"心即理"合一的视野中，从一种内在于"理"的眼光或视野对"理"本身进行全方位、深层次、多层面的观察以求把握，最终，对"理"的认识就演变为对"心"的认知，即对内在于"理"的眼光或视野的选取。

明代是理学发展的一个重要阶段，当然也是儒家道统论急剧分化组合之时代。本来在元初许衡等一批儒生的努力下，理学北传且成为科举的主要内容，明代仍之，并且发展出八股文作为科举的标准格式，但即使如此，儒学与权力互动还是出现了不小问题。首先是在思想层面，明代建立伊始，明太祖重建皇权，在此过程中，展开对儒家思想的阉割，具体来说就是对儒家经典中重民思想、批判君主专制思想的清洗，典型表现就是孟子罢祀及《孟子节文》的编纂。到明成祖时代，这种阉割扩大到整个理学领域，导致明代虽然确立理学在国家教化中的主导地位，却只能以官方阉

---

① 张分田：《中国帝王观念——社会普遍意识中的"尊君—罪君"文化范式》，中国人民大学出版社，2004，第566~567页。
② 《汉书》卷30，《艺文志》，中华书局标点本，1962，第1728页。

割过的《五经大全》《四书大全》《性理大全》作为科举取士的标准。其次,在制度设计上,废除丞相,重用宦官,设立锦衣卫、东厂、西厂等宦官厂卫集团加强对官员的监控,出现了以王振、刘瑾、魏忠贤为代表的宦官专权局面,这不但对儒生们活动形成了莫大牵制,而且使他们"平天下"理想被现实冲击得荡然无存。再次,由于对科举制的改革过分强调格式化、工具化,以至"在八股下的科举中,儒家已完全演化为一种道具……随着思想的制度化和意识形态化,其内容日渐被固定为一些口号和语录,至于其真正的内容反而被掩蔽了,从而思想便失去了其内在的活力而走向僵化甚至僵死,儒学便由此转化为利禄之途"①。

正是明代制度设计导致的理想与现实双重失意,到明中叶,儒生们开始掀起新一轮的儒学革新浪潮。最终,以王阳明为宗师的阳明学派把儒学革新运动推向高潮。在王阳明领导的理学革新运动刺激下,各种各样由儒生们组织的团体也如雨后春笋般在全国迅速发展起来,复社、幾社、大江南北诸社、浙中诸社及闽中诸社、粤中诸社等。"所以结社这一件事,在明末已成风气,文有文社,诗有诗社,普遍了江、浙、福建、广东、江西、山东、河北各省,风行了百数十年,大江南北,结社的风气,犹如春潮怒上,应运勃兴。"②

理学革新运动与儒生们的结社互为表里,革新运动刺激了儒生结社热情,大量社团的出现反过来使革新运动更加彻底。但当这两种运动合二为一推向整个社会时,思想层面,儒生们各建道统,标新立异,主流思想在尊朱、尊王之间不知所措③;组织层面,则是日渐高涨的"党争",最终全面分裂。"在万历年间,东林和三党之争,他们所争的有宗旨,有目标。到了魏阉专权以后,他们好像闹家务,目标和宗旨都完全失去。"④

---

① 干春松:《制度化儒家及解体》,中国人民大学出版社,2003,第112页。
② 谢国桢:《明清之际党社运动考》,中华书局,1982,第8页。
③ 史载王阳明去世后,嘉靖朝以"守仁事不师古"及与程朱理学离异,指责阳明学为"邪说",停王阳明家族伯爵世袭等待遇,到万历十二年,明廷改口,认为"守仁言致知出《大学》,良知出《孟子》。陈献章主静,沿宋儒周敦颐、程颐",从祀孔庙。《明史》卷195《王守仁传》,中华书局标点本,1974,第5169页。
④ 谢国桢:《明清之际党社运动考》,第6页。

儒生们全面分裂不但没有改变他们与专制皇权的关系，以实现修齐治平的理想，反而使之雪上加霜。君臣关系不断恶化，以致严重失和，明武宗的荒诞乖张，嘉靖帝与群臣的大礼仪之争，万历帝与群臣不合近 30 年不早朝，崇祯帝在亡国之际指责诸大臣"朕非亡国之君，诸臣尽亡国之臣耳"①！甚至连李自成在《登极诏》中也说："君非甚黯，孤立而炀蔽恒多；臣尽行私，比党而公忠绝少。"② 正是在一片认同的迷失中，明朝在农民起义与清政权双重打击下，走向灭亡。

二 孙奇逢的道统论及费密的重构

在明清之际，道统、治统成为一个颇为流行的话题。吕坤说："天地间唯理与势最尊也，虽然，理之尊之又尊也""宁为道统家奴婢，不为旁流家宗子"。③ 王夫之也说："天下极重而不可窃者二：天子之位也，是为治统；圣人之教者，是为道统。"④ 这一方面表现出明清之际儒生们兴趣所在，另一方面也显示儒生们在现实中致力于治统与道统合一以挽救危局的意向。但总体上看，晚明儒生们基本上都是在"道统"或"治统"某一方面努力。真正把二者合而论之，则是从孙奇逢开始的，正是他率先跳出狭窄的理学视野而在整体儒学视野下重构道统体系。

关于孙奇逢道统论建构，孔定芳先生等已有详论。在此只强调几点：① 孙奇逢是清初率先在整个儒学视野而非狭窄的理学视野下重构道统。当理学发展到了明代，八股的惯性使程朱派把程朱的言论当成了实际最大权威，把程朱看作道统集大成者或终结者，而崛起的阳明学则把陆王言论当成最大实际权威，阳明后学宣称"良知之教，如日中天。昔人谓：'天不生仲尼，万古如长夜。'然使三千年而后，不复生先生，又谁于取日虞渊、洗光咸池乎"⑤？由此两派儒生攻击不已，而任何企图会通程朱陆王于一体者，要么是以程朱为准，要么是以陆王为准，不但没有调节两派之矛盾反

---

① 张岱：《石匮书后集》卷 1，清钞本，第 30 页。
② 计六奇：《明季北略》卷 23，《李自成伪檄》，清活字印本，第 357 页。
③ 吕坤：《呻吟语》卷 1，明万历二十一年刻本，第 21 页。
④ 王夫之：《读通鉴论》卷 13，清船山遗书本，第 221 页。
⑤ 刘宗周：《重刻阳明先生传习录序》，《王阳明全集》下，上海古籍出版社，2011，第 1788 页。

而火上浇油。但理学毕竟属于儒学，它是儒学一个阶段的发展形态，"儒之所至，孔丘也"（《韩非子·显学篇》）。到清初，孙奇逢率先走出狭窄的理学视野，在整个儒学视野下重构道统，就在于他拉出孔子这个大权威来会通程朱陆王："孔圣人万世之师，道之宗也。学者立必为圣人之志，只折衷于孔子是矣。"① ② 孙奇逢建构的道统是从上古伏羲一直到晚明顾宪成，细分上古之统、中古之统、近古之统，而非只有局限于理学的"近古之统"。"尧舜而上，乾之元也，尧舜而下，其亨也。洙泗邹鲁，其利也，濂洛关闽，其贞也。分而言之，上古则羲皇其元，尧舜其亨，禹汤其利，文武周公其贞乎？中古之统，元其仲尼，亨其颜曾，利其子思，贞其孟子乎？近古之统……"② ③ 在这些道统中，孙奇逢认为最关键的是孔子，他是"上古之统"之殿军、后代儒学渊源。"孔子之谓集大成，春秋以前之公案，惟孔子定之。"③ "窃尝思之，学以孔子为昆仑，颜、曾、思、孟则五岳四渎也，濂溪以周，伊、洛以程，横渠以张，紫阳以朱，象山以陆，皆能为其山川重，所谓小德川流，总之以海为归宿。"④ 除此之外，对于大大小小儒生，他们可能有各种问题，但孙奇逢还是认为"见不必相同，意不必相非"，承认他们"地各有其人，人各鸣其说，虽见有偏全，识有大小，莫不分圣人之一体焉"⑤，而列入儒门。

总之，新道统产生新视野，新视野导致对儒学的重新整理与审视。正是在新道统论基础上，孙奇逢在整个儒学视野下由肯定宋明儒生走向对汉唐儒生的肯定，因此，他不但对"四书"进行重新诠释，而且走向孔孟经典如《尚书》《易经》等。在《四书近指》《书经近指》《读易大旨》中，孙奇逢对儒家经典作出迥异于传统理学的阐释，同时他还在《理学宗传》中深入到董仲舒、王通、韩愈等汉唐诸儒。应该说，孙奇逢的这些努力，在费密思想中得以更加全面展开。

费密，字此度，号燕峰，四川新繁人。其父费经虞，治汉儒考据训诂之学，密承之，少年时正值明清鼎革，因此，他一度披甲上阵，后由于孙

---

① 孙奇逢：《孙征君日谱录存》卷7，清光绪十一年刻本，第140页。
② 孙奇逢：《夏峰先生集》，朱茂汉点校，中华书局，2004，第135～136页。
③ 孙奇逢：《孙征君日谱录存》卷35，第809页。
④ 孙奇逢：《夏峰先生集》，朱茂汉点校，第128页。
⑤ 孙奇逢：《夏峰先生集》，朱茂汉点校，第135页。

走向"王道政治"与汉唐儒学：费密对孙奇逢"道统论"的展开与重构

奇逢《岁寒集》流入四川，费经虞见之深受影响，于是费密在年近50时，从父遗命，不远万里，从四川到河南辉县拜孙奇逢为师，从学经年，师徒相欢。孙奇逢称之"汉儒知己"，临别，手书"吾道其南"相赠，并赋诗为之送行。① 费密别孙奇逢后，思想大变，"自拜征君后，归来又闭门""冥躬著述"。孙奇逢死后，"密哭于泰州，设主受吊，二十一日始焚主，然心丧未去怀也"②。费密之所以如此，关键在于孙奇逢对他的深刻影响，特别是在道统论方面。可以说，正是对孙奇逢新道统论的细化与重构，费密学术始全面展开。

费密对孙奇逢道统论的细化与重构，集中表现在《弘道书》中。具体言之：第一，费密全面接受孙奇逢以孔子为"上古之统"殿军、后代儒学渊源的看法。他说："圣人自孔子而止，道统亦自孔子而存，上承二帝三代之典谟，下开修齐治平之学脉。"③ 第二，在此基础上，费密提出了他的"中实之道"传承的两条途径：在帝王之间传承不息的称"道统"，在圣门师儒之间传授不断的称"道脉"。④ 道统是"中实之道"传承的主线，道脉是辅线。⑤ 第三，道统又可分为"君之道"和"臣之道"。具体来说就是：三代之时，政道合一，孔子以后，道统主体从宋明理学主张的周、程、张、朱等儒生变为历代帝王君臣，而在野的师儒们所传的只是道脉。⑥ 第四，就道统来说，费密认为二帝、三王之德行是儒道的本源。⑦ 同时，虽然道统只有在帝王身上获得合一，但在三代后的实际运作中，历代帝王表现得又不尽如人意，必须有公卿辅佐行道，师儒阐明使之不晦。因此形

---

① 费冕：《费燕峰先生年谱》，《北京图书馆馆藏珍本年谱丛刊》第76册，北京图书馆出版社，2001，第599、601页。
② 《清史列传》卷66，《儒林传上一·费密传》，中华书局标点本，1987，第5276~5277页。
③ 费密：《弘道书》卷中，《吾道述》，民国九年怡兰堂刻本，第53页。
④ "孔子欲先王之政教行之于万世而无铎也。乃以为六经传之，而绵绵永存为道脉矣。"费密：《弘道书》卷上，《原教》，第2页。
⑤ "帝王然后可言道统……帝王所以创基保土，非一人之得已也，皆有良臣为之股肱焉，心口焉，爪牙焉，乃能永定弘业，传世葆位。夫君犹五岳四渎名山大川也，佐辅之臣则山之巨木茂草，鸟兽所栖息，川之涛波紫洞鱼龙所鼓动也。"费密：《弘道书》卷上，《弼辅录论》，第5页。
⑥ 费密：《弘道书》卷上，《祖述宪章表》，第23页。
⑦ "古之二帝三王皆在位，伦无弗叙也，政无弗平也，方隅无弗安而教化无弗行也，其民淳质，以下从上无所异趋，君师本于一人，故为统。"费密：《弘道书》卷上，《统典论》，第4页。

成以帝王为道统、公卿师儒为道脉的"上下之道"。① 第五，就道脉的梳理来说，则是在上古"二帝三王"后，由以孔子为代表的"师儒"传授的蕴涵于六经的"孔子之道"②，而非宋明儒生所标榜的"宗旨"③。第六，与孙奇逢"下学而上达"而把道统落实于个人"践履"进而"理""礼"合一不同，费密特别注重道之载体——经书，在具体所指中，经书又损益为孔子七十二弟子之学术和汉唐儒学。④ 在此基础上，区别于宋明理学的道统谱系，费密建构出"上古先王→夏商周三代→秦→汉→后汉"的新道统谱系⑤和以"尊经"⑥ 为特色的"孔子→孔门弟子→汉唐儒学"道脉谱系⑦。第七，在新道统道脉谱系基础上，费密从内圣走向外王，从理论走向具体制度设计，概言之，就是王道政治。⑧ 他认为，王道政治的核心在"使群黎乐业、海宇无扰足矣"，其精髓应该更多蕴藏在"去古未远"的汉唐儒学，而非宋明理学中。

为实现王道政治，费密认为，在制度设计上，第一，就是要求天子统

---

① "故上之道在先王立典政以为治，其统则朝廷，历代帝王因之，公卿将相辅焉，下之道在圣门授受而为脉，其传则胶庠，后世师儒弟子守之，前言在行存焉，苟无帝王受天明命宰育万汇，有磨砺一世之大权，优善惩恶，公卿行之以动荡九服，取儒生空辞虚说，欲以行教化而淳风俗，必不能矣。王天下者之于道，本也。公卿行焉，师儒言焉，支也。"费密：《弘道书》卷上，《统典论》，第5页。
② "二帝三王前规盛制，先圣孔子撰录简策定之为经，所以宣演微献、翼赞崇化，传七十子。七十子又传之，如父于子、子于孙，使受学者谨守不敢乱紊。悠久至今，成为道脉。"费密：《弘道书》卷上，《道脉谱论》，第10页。
③ "帝王天命统道，为'首出庶物'之尊；公卿百僚，书师儒，讲道之人；生徒，守道之人；农工商贾给食成器，遵道之人；女妇织维酒浆，助道之人。朝廷，政所从出，立遣司公堂，行道之所；胶庠，言道之所；乡塾，学道之所；六经，载道之书；历代典章，续道之书；文章辞赋，彰道之书；尧吉凶仪物，安道之用；军务边防，五刑百度，济道之用。圣门所谓道也，非后儒'宗旨'之谓也。"费密：《弘道书》卷下，《统典论》，第70页。
④ "苟非七十子之与汉唐诸儒，遗经又绝，不传之学何自而得哉？"费密：《弘道书》卷上，《道脉谱论》，第12页。
⑤ 费密：《弘道书》卷上，《大统相继表》，第7页。
⑥ "圣人之道惟经存之，舍经而无所谓圣人之道，凿空支曼，儒无是也。"费密：《弘道书》卷上，《道脉谱论》，第14页。
⑦ "后世去圣人日远，欲闻圣人之道，必以经文为准。不合于经、虚僻哓哗，自鸣有得，其谁信之，经传则道传也。"费密：《弘道书》卷上，《道脉谱论》，第12页。
⑧ "吾先子尝训密以王道，曰：'夫子谓今用之吾从周，论政以身所当者为定，考古斟酌调剂之，仁义礼乐遵二帝三王为法，至于典制政刑，采之历代庶可施行。'"费密：《弘道书》卷中，《先王传道述》，第40页。

道、师儒讲传道脉、公卿辅行道统的政治模式。① 第二，用之于日用常行，费密要求对帝王、公卿（官僚）、师儒各就其位②，在大统传续中，君道与臣道相互配合。③ 分而言之，就帝王来说就是要励精图治而不能以欲望而行④，就官僚来说就是老成干练、经世致用，悉心辅佐⑤。针对这种制度设计，胡适说："这种道统论，认事业即是道德，政治史即是道统"，"他们把儒者看作一种'政治匠'，他的职业是治天下，和木工的治木制器一样""用帝王公卿治安天下的政治史作道统"⑥。

对于费密的新道统论，可以看出：第一，费密的这种认识虽然一方面来源于自身体验，来源于家学渊源与孙奇逢的影响，但费密思想的总体框架却是来源于孙奇逢的道统论。没有这种总体框架，费密思想就只能是一盘散沙，就不可能以新道统论统摄其他思想资源，在道统与道脉两个维度及君、臣、师儒三个方面展开，更不可能转向外王的具体制度设计。第二，正是在道统论方面，费密对孙奇逢有所转换，使得费密思想在得以展开的同时也有不小问题。首先，孙奇逢道统观中道统与政统是合流的，而费密把道统一分为二，实际是以治统包括道统，这与其强烈经世趋向有关，但其虽经世之心拳拳，却只是个在野书生，即"师儒"，对时局的认识及把握更多书生气。重实用而不清楚时局，在此点上，与孙奇逢的差距

---

① "帝王为道之本，行之以公卿，讲之以师儒。"费密：《弘道书》卷上，《天子统道表》，第7页。
② "非先王之远谟鸿烈则孔子无所述，非孔于之纂修删定则先王无所存。先王以君道振之于前，孔子以师道集之于后。"费密：《弘道书》卷上，《祖述宪章表》，第22页。
③ "天下之治，群黎乐业，万物遂其生，皆法制礼义所继，特君相之功也……此君之道也，非良臣弼辅不可，三公论道，六卿分职，百僚庶绩，郡邑循良，博士传经，记言记行，此文臣之道也；翊卫京师，镇驭边陲，修缮关堡，肃勒军伍，讨擒叛逆，襄助漕运，此武臣之道也。君统于上，文武臣僚奉令守职，自上古至今无有逾此而可致治者。"费密：《弘道书》卷上，《文武臣表》，第9页。
④ "后世圣人，如孔子不得在位，列国殊政多未合于道。各趋嗜好，习久相化而道亡。"费密：《弘道书》卷上，《统典论》，第5页。
⑤ "诚能用元先儒袁桷《国学旧议》令习实事，如礼、乐、兵、农、漕运、河工、盐法、茶马、刑算，一切国家要务，皆平日细心讲求，使胸有本末定见，异日得施于政，在学十年选而仕之，使自署其习云，能某事，得以课勤其实，悉考为伍贰，禄俸足以养廉，历练国事，能则迁升，不能罢去，则朝廷成就许多人才，而草野亦少饥寒之士矣。"费密：《弘道书》卷上，《原教》，第27页。
⑥ 胡适：《费经虞与费密：清学的两个先驱》，《胡适文集》第3册，北京大学出版社，1998，第55~56页。

不可以道里计。其次，正是这种书生本色，使得费密虽把新道统的建构推向对整个社会的制度性设计，体现了清初儒生建设新社会的一种蓝图，但除鼓励儒生更加积极、全面向专制权力靠拢外，了无新意。因此，有学者把费密新道统论概括为"王统论"，"'道'须由'王'者统之，而非师儒，道不在内圣，而在外王，内圣应涵摄在外王中，费密不但宗法先王，而且宗法廿一史本纪所系后王，形成了他'无王不成统'的王统论"①。第三，在费密新道统论中，把宋明与汉唐对立，推崇汉唐而贬抑宋明，但在实践上看不到二者同属于皇权社会的一致性，从而限制了其理论思考的深度，反映在实际议论中，比如清初流行的恢复分封、均田等议论，费密一反颜元对这些三代制度的迷信，认为无法实行于后世，其见识远远超于颜元②，但进入更深层次，费密也只能含糊其辞，"细考汉唐旧制，斟酌调剂可也"③。第四，正是上述几点，导致费密思想中呈现出巨大悖论：力主外王却满腔热情构建道统和诗文创作，着力新道统而没有演化为对儒学史的具体重构，推崇汉唐经学却没有把这种推崇与汉儒之考据方法相结合而开辟出具体的新天地。"费密实际上亦不过偏执一边，只站在外王的立场上批判另一边的宋明儒的内圣功夫而已。"④ 最终也只能局限于建构道统谱系层面，只不过费密的新道统转向推崇孔门弟子和汉唐儒学而贬低宋明理学而已。⑤

同时，由于都是对孙奇逢思想的继承，费密与颜元表现出很大相似性⑥。如上所论，由于孙奇逢之道统是融合性的，圣王与圣人传道之谱系

---

① 李纪祥：《明末清初儒学之发展》，文津出版社，1992，第 187～216 页。
② "倘欲行井田，天下必事狱讼，今之田地，子孙为业，入籍当差，里胥尚有飞洒、诡寄、影射、投献，无穷弊窦，况以田以公家之物乎？若复封建，则晋之十六国、唐后之十国，皆擅兵强攻，百姓肝脑涂地，妻子离散，死亡过半者百余年，可为前车。"费密：《弘道书》卷中，《先王传道述》，第 49 页。
③ 费密：《弘道书》卷中，《先王传道述》，第 49 页。
④ 刘智鹏：《费密与清代经典诠释的论争》，郑吉雄主编《东亚视域中的近世儒学文献与思想》，华东师范大学出版社，2008，第 16 页。
⑤ 可能在实际实践中，费密与孙奇逢一样，也从新道统走向重构儒学史，《清史列传》曾说："上稽古经正史，旁及群书，著《中传正纪》百二十卷，序儒者授受源流，为传八百余篇，儒林二千有奇，自子夏始。"（《清史列传》卷 66，《儒林传上一·费密传》，第 5227 页），但此书没有流传下来。本文在此是以具体存有史料立论。
⑥ 关于颜元对孙奇逢的继承与离异，参看王坚《离异与回归：论颜李学派与夏峰北学的分与合——以孙奇逢与颜元"圣人论"为中心》，香港浸会大学《人文中国学报》第 18 期，上海古籍出版社，2012，第 103～134 页，兹不赘述。

是重叠的,而颜元与费密都是在对孙奇逢道统论上截其一端。具体言之,颜元是在孙奇逢建构的道统内,否定孔子以后诸儒的传道地位而直寻儒学产生的源头,内圣于"周孔正道",外王于三府六事;费密则是把孙奇逢建构的新道统与家学渊源相杂糅,否定宋明诸儒的传道地位,内圣于汉唐儒学,外王于道统道脉,道治合一。但正是这样产生了两方面后果,一方面,就当时来看,费密与颜元都着力于对现实制度的宏大设计而缺乏技术支撑,只能做纸面上功夫,不免沦为体制外的边缘性思考;另一方面,就后世意义来看,在明清之际,颜元、费密、黄宗羲分别从各自趋向出发,提出了三套制度设计的具体方案:颜元是"三府六事",费密是王道政治,黄宗羲则是《明夷待访录》中的蓝图。三者都以儒家"三代理想"为鹄的,都走向对宋明理学的批评。但由于对现实认知的清醒程度不同呈现出不同命运:颜元的"三府六事"当时就引起毛奇龄、方苞等的批评而被弃之不用,黄宗羲《明夷待访录》虽然无用于当时,但在近代以来却熠熠生辉,而处在两者之间的费密的王道政治则是基本无人问津。世事难料!

三 皇权社会普范性政治共识、清朝入关后不断汉化制度设计与清学的展开

综合来看,晚明开始的儒学变革运动之所以到清初在皇权社会儒学普范性共识基础上获得重建,一方面在于明清之际儒生们自身的努力,另一方面则在于清朝入关后统治策略及汉化措施,也就是这种不断汉化中的制度设计,一定程度上在较快时间使得明清之际高位运行的民族矛盾逐步趋于缓解。像孙奇逢、费密等越来越多清初学人,逐渐能够漠视清朝入关后民族压迫的冲击,在默认清朝统治前提下,力图以重构道统论的形式,在晚明"道术为天子裂"的局面中,开出"道术为天子合"的局面。这些儒生的行为,并非全如章太炎激于夷夏之辨所谓的"媚清""厚颜""豢养忘旧惟所任使""以智谋绝中国""思不义以覆宗国"[①]。清朝这种不断汉化的制度设计对学术发展的作用,在与元朝对比中,显得更加清晰。

根据学者们研究,元朝与其他王朝在文化政策和君臣关系的设计上,

---

① 参看章太炎《许二魏汤李别录》,朱维铮点校《检论》,《章太炎全集》,上海人民出版社,2014,第470~475页。

儒士处于边缘倾向，而君臣关系则走向主奴化。① 正是这种设计，使得儒生虽在元初与蒙古统治集团合作，但最终与之分离。具体言之，在元初，由于蒙古统治者较早注意保护儒学，积极推进汉化，推动程朱理学上升为官学，与之相应，儒生们也是竭力回应。"随着契丹贵胄耶律楚材和方外道士邱处机率先摆脱华夷困惑与蒙古人合作，修端在金朝灭亡八个月后提出辽、金亦可为正统和尊蒙尊金的观点。郝经则与许衡一唱一和，从道统、君统等理论实践结合的层面推出'今日能用士，能行中国之道，则中国主也'的新认识，使这种华夷正统观念逐步演进升华，影响越来越大，它既敦促忽必烈为首的元朝统治者比较积极地吸收汉法，又鼓励广大汉族士大夫打消顾虑、勇敢地参与进入元朝各级政权，因而逐渐成为元王朝官方和士大夫都能接受的正统观念，无形之中成了忽必烈所建元王朝的政治文化纲领，并构建起了以蒙古贵族为核心、联合汉族士大夫的统治体制。"② 但不久因为李璮叛乱，蒙古统治集团汉化进程减速甚至出现逆转。至元六年（1269）二月，忽必烈委托帝师八思巴创制蒙古新字，颁行天下。同年七月，又下令立诸路蒙古字学，专门教授蒙古新字。③ 与此相伴，元朝汉化相关的一系列制度设计建立缓慢并且发挥不了多大作用。在此情况下，元代儒士处境低下就成为不争的事实，即使科举取士，但"儒士充任教官之际，多数属无资品的流外职，薪俸颇低，升迁极慢"④。终元一朝，儒生虽然"愿充胥吏，皆习蒙古书，南人率学其字"⑤，但地位却相当有限。比如元代大儒许衡的侄子许师义虽"涉猎书史，综核医卜"，却只能以擅长八思巴"国字"译说为晋身之阶，即使如此，最后也只是一名管理检查驿站凭券的下级蒙古职官"脱脱禾孙副使"。⑥ 所以，终元一代，与喇嘛教相比，儒学地位不高，与蒙古、色目人相比，汉人地位也不高，制度设计上汉人的参与更是有限，反映在学术上，元朝学术在中国学术史上

---

① 李治安：《两个南北朝与中古以来的历史发展线索》，《文史哲》2009 年第 6 期。
② 李治安：《元初华夷正统观念的演进与汉族文人仕蒙》，《学术月刊》2007 年第 4 期。
③ 《元史》卷 6，《世祖三》，中华书局标点本，1976，第 122 页。
④ 李治安：《两个南北朝与中古以来的历史发展线索》，《文史哲》2009 年第 6 期。
⑤ 郑思肖：《大义略叙·总后叙》，《郑思肖集》，陈福康校点，上海古籍出版社，1991，第 196 页。
⑥ 《大元承务郎新济州脱脱禾孙副使许公墓志铭》，转引索全星《许衍、许师义墓志跋》，《华夏考古》1995 年 4 期。

相当暗淡。

与元代相比，清朝因为有不断汉化的制度设计，因而不断笼络汉人，手段更加成熟且策略得当：入关伊始就以"复父君仇"相号召，把明朝文官武将的仇恨集中到农民起义军身上，其后，从吊民伐罪、为崇祯报仇，系统地平定政策出台，任命官员，举荐本地人士，维护地方治安的保甲制推行开垦荒地、招抚流亡，颁布赦免令、蠲免归降地区钱粮，通驿道、开科举、表忠节以励风化等一系列措施随之展开。更重要的在于在制度设计上对汉官的开放性上，更是胜元一筹，多尔衮入京之初就大张榜示，"与诸朝绅荡涤前秽"，"令在京内阁、六部、都察院等衙门官员，俱以原官同满官一体办事"，不久又进一步宣布"凡文武官员军民人等，不论原属流贼，或为流贼逼勒投降者，若能归服我朝，仍准录用"。① 这种汉化趋势就是在三藩之乱后，不但没有逆转，而且继续深化。应该说，入关后，清政府不断汉化的制度设计及相应的一系列策略，起到了相当作用。正是在这种情况下，汉官不但纷纷归降，而且又帮助清政府招降反叛势力等。一言以蔽之，正是这些制度设计和相当有效的措施，使得全国很多地区特别是北方各省迅速归附到清朝治下，有些省份甚至成为清军南下的根据地。②

人是社会关系的总和，而社会关系又是在制度设计中不断展开，就是在这种制度设计规划的实践中，人之历史产生，学术思想形成。作为少数民族建立的大一统帝国更是如此，因为长期以来的华夷之辨观念，再加上帝国建立伊始的血腥与屠杀，历史与现实的境遇使得民族矛盾就相当严重。因此，为了缓解矛盾维护统治，就需要合理的制度设计，而就皇权社会的实际来说，汉族作为主导性的民族，少数民族把自己固有制度推向整个帝国，在理论上是不可能的，在技术上更是行不通的，所以，在汉族制度与少数民族制度之间，虽然少数民族帝国统治集团可能保留着部分的民族习惯，但在逐渐的发展中，汉化程度越来越深，甚至最终导致本民族的整体汉化。反之，作为意识形态的儒学与权力就无法完全对接，专制皇权

---

① 王先谦：《东华录》顺治三，清光绪十年长沙王氏刻本，第294、314页。
② 关于对此的个案研究，参看张佐良《清初河南社会重建研究》，中国社会科学院研究生院博士学位论文，2009。

也就不可能获得稳固。在这方面，清朝远远胜于元朝。正是这种清朝不断汉化的制度设计，使得儒学与皇权之间的相互交换关系更加畅通、稳固。投桃报李，到康熙时代，随着清政府按照汉族制度确立皇太子制度、尊奉儒学达到顶峰之际，儒生们全力效劳，康熙帝被塑造为"千古一帝""圣祖仁皇帝"，"仁""圣"集于一身，成为功业超越三皇五帝、道德超乎孔孟程朱的最大思想权威，"治道合一"局面也就水到渠成。

长期以来，在清代学术产生及明清学术风气转换问题上，主要有以下观点[1]：章太炎的"反满说"强调文字狱的作用，梁启超、胡适倡导清代学术为宋明理学之全面反动，"而以'复古'为其职志也"[2]。在钱穆《中国近三百年学术史》中，并不否认清代道术有其创新的一面，但反对"全面反动"而强调宋明理学在清代仍有其生命力。冯友兰亦认为，"汉学家之义理之学、表面上虽为反道学，而实则系一部分道学之继续发展也"[3]。侯外庐的"早期启蒙说"，则认为是"早期启蒙思想"的不断发展。余英时认为是从"尊德行"到"道问学"的转向。在综合诸家的基础上，笔者认为如果抛弃诸如"汉学""宋学"此类模糊的话语后，可以更加看出清代学术各派之关系。难道清代学术主流只是考据学？难道清代理学就那么衰落以致不堪一击？如果那样，为什么直到在现代"国学派"的争论中，还能够看到汉宋之争的投影来？须知，说清代理学的衰落只是针对宋明时代的理学弥漫整个社会而言，实际上无论是在朝或是在野，理学在清代还是一直十分庞大的，否则，为什么直到咸丰、同治年间，理学还能掀起声势庞大的"复兴运动"？直到清朝灭亡，哪一刻统治思想不是理学？汉宋之争一直到现代，谁能够说明汉学就战胜了宋学？无疑，以往的解释模式存在问题。所以，笔者以为，在明清之际的学术转换及清代学术形成问题上，必须抛弃总体论观点，可以在兼顾各个学派的基础上分基础层次和技术层次两方面考量。

在清学发展中，一个突出特点就是各个学派不同发展分流。按地域分，有夏峰北学、二曲关学、颜李学派、蕺山南学；按政治权势划分，分

---

[1] 参看王坚《20世纪清学史研究范式之历史审查——兼论清学本质与新视野下清学史的书写问题》，《山东社会科学》2013年第7期。
[2] 梁启超：《清代学术概论》，上海古籍出版社，1998，第3页。
[3] 冯友兰：《中国哲学史》下册，中华书局，1947，第974~975页。

走向"王道政治"与汉唐儒学:费密对孙奇逢"道统论"的展开与重构

为在朝与在野;按学术形态划分,则可分为理学、考据学等。他们之间的分化组合,组成了清学发展的多元图景,但无疑都是在清朝不断汉化的制度设计中运行。正是这种不断汉化的制度设计及儒生们在此指导下的实践,一方面虽使得清代学术较之明代学术呈现出明显的差异,但另一方面,至少与元朝等其他少数民族建立的王朝相比,使得儒学和权力的联姻渠道更为通畅。因此,在民族矛盾逐渐弱化之后,越来越多的儒生逐渐淡化夷夏之辨,而更多致力于在皇权社会儒学普范性共识下,以建构新道统论的方式,思考怎样在"道术为天下裂"的困局中,开出"道术为天子合"的局面。

如果以此综观清学各派,就不难发现他们之间虽有具体治学方法上的差异,但无疑都是共享着皇权时代的普范性共识,如果扯开清朝意识形态调控和近代建构的清学史,清学将呈现出在共享普范性共识基础上各建道统而不断分化组合的影像。清学各派都是以这个普范性政治共识为根蒂,以各树道统的形式展开,而差异则是技术性的。即使考据学,也只不过是儒家经典加考据方法的综合汇集而已,因此,它也是在不断分化之中。"古无汉学之名,汉学之名始于近代。或以笃信好古,该汉学之范围。然治汉学者,未必尽用汉儒之说;即用汉儒之说,亦未必用以治汉儒所治之书。是则所谓汉学者,不过用汉儒之训故以说经,及用汉儒注书之条以治群书耳。故所学即以汉学标名。"① 从历史上看,考据方法和考据学源远流长,清代考据学从根本上说只是考据学在普范性共识基础上完善了作为技术层面的考据方法,而技术之所以较之于前代更加精密,其中一个关键性的因素,就在于在普范性共识基础上的深入。所以,即使如阎若璩这样的"技术派",虽然读书"每于无字句处精思独得,而辩才锋颖,证据出入无方,当之者辄失据"②,但关注的中心问题仍然是古文《尚书》之真伪,之所以如此,还不是在于古文《尚书》被认为蕴含着上古先王传授的"帝王之道"?

所以,清代考据学派之所以能够成为学派,除了考据学者相近的为学

---

① 刘师培:《近代汉学变迁论》,李妙根编《刘师培辛亥前文选》,中西书局,2012,第151页。

② 阎咏:《先府君行述》,转引张穆《阎潜丘先生年谱》,清道光二十七年寿阳祁氏刻本,第97页。

旨趣外，一个重要原因，就在于在皇权社会儒学普范性共识基础上，考据学派自身道统谱系的认同，正是这种认同进一步促进了在争论中学派的形成。实际上，也正是江藩《国朝汉学师承记》诱发汉宋之争，在这种争论中，考据学者的学派意识越来越浓烈。① 因而，有学者把清代学风归结为"经道合一"②"经典回归"③"早期启蒙"，其实这些只是清学行进的一个维度，只是表象而已。

清学在普范性共识基础上具有多重面相，之所以如此，就在于清学各派在共享普范性共识基础上各树道统，只是到近代建构的清学史中，清学史才呈现出一维性的印象。正是如此，一方面，清学各派在普范性共识基础上不断调和，比如在"朱陆异同"问题上，孙奇逢、黄宗羲都认可"二先生同植纲常，同扶名教，同宗孔孟。即使意见终于不合，亦不过仁者见仁，智者见智。所谓学焉而得其性之所近，原无有背于圣人。矧夫晚年又志同道合乎"④！而到晚清汉宋调和论者亦持此种口吻，在二者同属孔子之道、同样经世致用的调子上调和。"道咸以来，儒者多知义理、考据二者，不可偏废，于是兼综汉、宋学者，不乏其人。"⑤ 另一方面，不光清学各派之间，就是各派内部也在共享普范性共识前提下纷争不断。就夏峰北学来说，费密改造孙奇逢的道统论走向"王道政治"和肯定汉唐儒学，只是夏峰北学流向的一个路径。孙奇逢弟子后学大多以重建道统论的方式呈现多重流向，由此，夏峰北学内部既有走向王道政治和汉唐儒学的费密，也有走向西学成为"畴人之功首"的薛凤祚；既有成为"理学名臣"的汤斌、张伯行、倭仁、李棠阶，也有规模庞大且不名一文的下层儒生；既有崇尚心学的张沐、赵御众、马时芳，也有程朱派的耿介、窦克勤、冉觐祖、李来章、田兰芳；最终汇集成中州夏峰北学、河北夏峰北学及颜李学派。就

---

① 参看朱维铮《汉学与反汉学：江藩的〈汉学师承记〉、〈宋学渊源记〉和方东树的〈汉学商兑〉》，《中国经学史十讲》，复旦大学出版社，2002，第 125 ~ 162 页。
② 汪学群：《清初儒学经道合一论与学风演变》，《中国史研究》2002 年第 3 期。
③ 林庆彰：《明末清初经学研究的回归原典运动》，《孔子研究》1989 年第 2 期；《中国经学史上的回归原典运动》，《中国文化》2009 年第 2 期。
④ 黄宗羲、全祖望：《宋元学案》卷 58，《象山学案》，清道光刻本，第 1046 页。
⑤ 徐世昌等编纂《清儒学案》卷 180，《心巢学案》，陈祖武点校，河北人民出版社，2008，第 6295 页。

整个清代来说,"及计清代学术之变迁,则又学同旨异"①。"学同"就是拥有皇权社会儒学普范性共识,而"旨异"则是在共享共识基础上按照不同情势以不同方法展开。

(作者单位:河北师范大学历史文化学院)

---

① 刘师培:《清儒得失论》,李妙根编《刘师培辛亥前文选》,第140页。

《夏峰歌》流传小考
——兼谈孙奇逢的立身为学旨趣

林存阳

摘　要：明清更迭之际，整个社会皆面临着各种各样的严峻考验，尤其对学人来说，在立身、为学等方面做何取向，更是关系到思想、学术、文化走向的大问题。大儒孙奇逢之孜孜于学问的探寻、道统的赓续、文化命脉的传衍，从而谱写出很不平凡、"别有天"的人生篇章，无疑是学人众多取向中的一类典型代表。而从某种意义上来说，由杨天放作词、尹晔谱曲的《夏峰歌》，则对孙奇逢的这一立身、为学旨趣，做了既通俗易懂又简洁凝练的展现。因此，通过考察《夏峰歌》的创作、流传情况，以及由此观照孙奇逢的立身为学旨趣，或可对深入探析他的人生风范，观察明清之际的士林风气、学术走向等，提供一个研究的视角和维度。

关键词：孙奇逢　夏峰歌　杨天放　尹晔　兼山堂

明清更迭，是中国历史进程中又一次重大的转型期。当此之际，不唯政治层面最高统治权的转移给整个社会造成巨大震荡，而且思想、学术等层面亦经历着艰难的抉择痛苦。尤其对读书人来说，如何立身，如何治学，以及出处、治学的归宿究竟何在等，无不考验、煎熬着他们的身心。尽管"当世士大夫儒而归禅者十常四五"①的局面，显示出不少心系故国的读书人，迫于严酷的现实，而做出不与新政权合作的无奈或隐而待发的人生选择，但很多不畏威权、勇于担当的有志之士，仍毅然走上了以各种形式舒展怀抱的道路。其中大儒孙奇逢就是一位典型代表。

孙奇逢出生于明万历十二年十二月十四日（1585年1月14日），康熙

---

① 孙奇逢：《夏峰先生集》卷2，《答赵宽夫》，朱茂汉点校，中华书局，2012，第83页。

十四年四月二十一日（1675年5月15日）去世，享年92岁。其一生历经世变，迭遭流离，备偿艰辛，然从未放弃心中的理想，以淡泊名利、研学体道、造就人才、关注社会利弊而为学人所敬仰。正因孙奇逢秉持了躬行实践的立身旨趣、通达自得的为学精神、甘贫乐道的人生追求，所以，他不仅是明清之际"为后学辟一生面"的著名学者、思想家，而且也是一位立身垂范、讲求"读有字书，要识无字理"的道德实践家，更是一位传统优秀文化、中华文明谱系中，承继、弘扬道统和期于深造自得的重要担当者！《夏峰歌》就很好地体现了孙奇逢独特而高洁的人生选择和境界。

一 《夏峰歌》的撰作与谱曲

顺治六年（1649），对于66岁的孙奇逢来说，是非常关键的一年。是年，他鉴于田庐被圈占的生存困境，决定远离故土。十一月初十日告墓后，除留长子立雅守祠墓外，遂携家南徙。翌年四月，抵河南淇县，五月至苏门，七月移入共城，颜其室曰"留云舍"。顺治九年（1652），工部都水司卫河使马光裕（字玉笥，顺治七年任，后升吏部稽勋司员外郎）以夏峰田庐慷慨相赠，孙奇逢遂先令五子韵雅督治，而于十月移居夏峰。自此以至逝世，除于康熙三年（1664）三月底至四年（1665）春暮一度因事北上在老家河北容城短暂留住外，一直生活于夏峰村。20余年间，孙奇逢甘贫乐道，潜心治学，毅然以承继学统、赓续文化命脉为己任；诲导后学，风励子孙，孜孜于造就人才、弘扬节孝大义而不倦。一时间，远近学人，慕名前来者甚众，相与请益问难，无不德业共勉，甚得师友宾朋之乐。因此之故，学人们遂尊称孙奇逢为"夏峰先生"，而兼山堂乃成为众人的聚会之所。

据孙奇逢所作《日谱》载，顺治十三年（1656）九月重阳日，名所居夏峰堂曰"兼山"，并取陆九渊"内不见己，外不见人"八字作联。十五日，又自撰《兼山堂联》："未发以前气象安在；知止而后功力悠然。"[①]二十二日，在回答"卦之变也，乾可变而为坤，坤可变而为乾。六十四卦递相变，以至于无穷。其不变之义安在"之问中，孙奇逢更表明以"兼

---

① 孙奇逢：《日谱》卷9，顺治十三年、七十三岁，兼山堂藏板，清光绪十一年刻、二十年补刻本。

山"名堂的意涵曰:"有立于卦之先者,太极是也。二气五行相推相荡,天人理欲互消互长,而太极终古自如。善变者,阴变而为阳,化小人为君子;不善变者,阳变而为阴,化君子为小人。《艮》背无咎,《无妄》可贞,此《易》之所以教也。以'兼山'名吾堂,意正有取于斯。"① 也正是在这里,他完成了"叙列从古君臣开创、守成之事,明治统也"的《两大案录》、"叙列从古名儒修德讲学之事,明道统也"的《理学宗传》、"志不忘其乡之先哲"的《畿辅人物考》、"因寓于其地而思尚论其人焉"的《中州人物考》,以及《四书近指》《晚年批定四书近指》《书经近指》《读易大旨》等著作,既"借为诸子共学之助",更欲以彰"尚友古人之意"。② 而在所作《西轩榻铭》中,孙奇逢旷达、怡然自得的人生境界,愈发地个性显然。其言曰:"我有斗室,一榻廓然。袂连踵接,肩比衾联。朝餐粗粝,夕得安眠。一膜不隔,四海为缘。夜分款语,非元非禅。论心达旦,读书十年。榻愧南州,人则昔贤。我虽衰迟,实借周旋。榻兮榻兮,似别有天。鸡鸣夜气,庶几罔愆。"③

正是基于这样一种洒脱而志有所在的人生取向,所以在孙奇逢周围,凝聚了许多论学谈天的挚友、后学。其中杨天放就是一位同声相应同气相求者。那么,这位杨天放是何许人也,又与孙奇逢有着怎样的交往呢?

在《日谱》中,孙奇逢记载了一些有关杨天放的情况,以及两人交往的踪迹。据称,杨氏乃江陵人,本姓朱,名国沛,派出天潢,后易姓改名,寄迹于女婿卫河使李震生(字慎庵,顺治十四年任)④署中。两人初识于王紫绶(字金章,号蓼航,曾侨寓苏门山中,从孙奇逢先生讲学)家,一见倾心,孙奇逢认为杨氏乃"大雅君子",遂以诗论交。顺治十六年(1659)四月初十日,孙奇逢依杨氏韵赠其诗曰:"天涯混迹一闲身,

---

① 孙奇逢:《日谱》卷9,顺治十三年、七十三岁。
② 孙奇逢:《日谱》卷12,顺治十六年、七十六岁,十月二十二日《兼山堂四评序》。
③ 孙奇逢:《日谱》卷12,顺治十六年、七十六岁,十二月初三日。按:"非元非禅"之"元",乃为避清圣祖讳改。
④ 按:李震生与孙奇逢先生亦多有交往。孙先生于顺治十七年八月初二日所作《与李慎庵》曰:"先生督卫河三年,素与人交,不欲以貌合,故于野人有尘外之好。兹行矣,惠诗三章留别。仆平生不能以貌交天下士,临路暗然,各依韵答之,不足言诗,聊示步趋之意。"(孙奇逢:《日谱》卷14,顺治十七年、七十七岁)由此不难看出两人性情之相合。孙先生与杨天放成为挚友,当亦与此一层关系密切相关。

恰似当年避世人。君把钓竿予携斧，乾坤何地不生春。"① 又二十八日《酬杨天放》曰："岂是孤怀耽静寄，川原到处好停车。庆卿徒卫名因著，向子游山家已疏。旧国风涛迷野乘，荒天烟雨爱吾庐。夏峰古木多荆棘，蓬径频为羊仲锄。"② 此可见两人有感于世变势移之惺惺相惜之情。然而，时隔不到 10 个月，杨氏即因抑郁病而去世③。得知挚友去世噩耗，孙奇逢不顾大风呼啸，于顺治十七年（1660）二月十五日亲往吊唁，并于二十一日作《挽江陵杨天放三绝》以志悲痛。其一曰："十年漂泊一孤舟，楚水湘云未尽头。怪得姓名终欲遁，凄凉心事向谁筹？"其三曰："无家久已谢儿从，落叶先悲楚客踪。清梦纵归归未得，孤魂尝旁孝陵松君未病时，有《落叶诗》十二首。"④ 凄凉身世，客死异乡，孙奇逢虽在为知己恸，实亦为己之相似遭际叹。

尽管孙奇逢与杨天放相处时间并不算长，但相交之笃、相知之深，则可称莫逆矣。杨氏为孙奇逢所作《夏峰歌》，就是两人志趣相投、心心相印的体现。据孙奇逢《日谱》顺治十七年二月十五日载："贻予有《夏峰歌》，多知己之言。"⑤ 又二十一日《挽江陵杨天放三绝》诗中曰："闲来展读《夏峰歌》，读未终时泪已沱。高韵岂随流水去，尝疑颜色月明过。"⑥ 以《夏峰歌》为知己之言，且展读未终泪已纷落，可见该歌之于孙奇逢，具有不寻常的意义。

由于相关文献记载不详，《夏峰歌》作于何时，具体日期已不易考定。但从孙奇逢《日谱》的有关记载来看，大概成于顺治十六年四月至十七年二月间。因为《日谱》于顺治十六年四月初十日，首次提到杨天放，而杨氏于顺治十七年二月十五日就去世了。

杨天放所作《夏峰歌》，其原稿今已不可见，孙奇逢的著述中亦未见

---

① 孙奇逢：《日谱》卷 11，顺治十六年、七十六岁。又见《夏峰先生集》卷 12，但"携"字作"挈"，第 525 页。
② 孙奇逢：《日谱》卷 11，顺治十六年、七十六岁。
③ 据孙奇逢先生称，杨氏"常作落花诗，有悲愤不平之感……未几而病，病而死。医家曰：'此郁症也。'予固忆天放之必郁也，时有慰言，不能挽救"（孙奇逢：《日谱》卷 13，顺治十七年、七十七岁，二月十五日）。
④ 孙奇逢：《日谱》卷 13，顺治十七年、七十七岁。
⑤ 孙奇逢：《日谱》卷 13，顺治十七年、七十七岁。
⑥ 孙奇逢：《日谱》卷 13，顺治十七年、七十七岁。

载，但该歌通过一些琴谱、弟子等为孙先生所编集子以及孙氏后人口耳相传（详后），仍然保存、流传了下来。不过，由于各版本存在个别的差异，因此不免令人产生杨天放所作是否经过修订的疑问。而翻检孙奇逢的著作，其间一些文字与该歌亦有相似的表达。如《日谱》康熙十三年（1674）十二月十五日所载《戏题金衣公子》第一首，即与该歌的第五段前半，除个别字有差异外，基本相同。因此，在该歌的定稿过程中，孙奇逢与杨天放很有可能进行过商酌。

《夏峰歌》问世后，尹晔又曾为之作琴谱。按：尹氏字尔韬，一字紫芝，因善琴得明崇祯帝赏识，赐号芝仙，别号袖花老人，浙江山阴人，宋儒尹焞之后。[①]孙奇逢曾为其作传，其中曰："鼎革后，芝仙浮踪山岑水湄，无以为家。晚年爱苏门山水，遂卜居焉。间为诗歌以见志，刻有《徽言秘旨》若干卷行世。岁寒老人（孙奇逢之号——引者注）曰：芝仙盖今之逸客也，余子若孙尝从学琴。"[②]又《日谱》康熙十三年正月初二日载："邀尹芝仙、周春雨二公，以诗代柬……生平鲜嗜好，有友愿已毕。浮家山水间，所幸得二逸。尹君彦明裔，妙得琴中秘。仙乎复仙乎，春雨真堪述。周公邑侯父，道气凌崒嵂。披琴时一弹，走笔皆音律。星聚此山中，田家正酿秋。鹤背望联翩，愿期此人日。"[③]康熙十四年四月十八日孙奇逢病笃之际，尹氏前往探视，然孙奇逢正在睡觉，"及觉，侍侧者曰：'适尹芝仙乔梓来视疾，方出门矣。'先生曰：'我欲会你尹先生。'急遣使请回。曰：'再无相会之期矣，为我幸致周太公。'"[④]由此可见，孙奇逢与尹氏关系颇为密切，更因于琴道有同好，遂成至交。所以，尹氏为《夏峰歌》谱琴曲，也就是情理中事了。

那么，尹氏谱琴曲于何时呢？因文献记载不详，很难准确判断，然上下限大致可寻。按尹氏所辑琴谱《徽言秘旨》一书，《四库未收书辑刊》第4辑第28册所收，乃清顺治九年听月楼刻后印本，其中有康熙七年

---

① 关于尹尔韬的有关情况，可详参严晓星先生《七弦古意：古琴历史与文献丛考》之《尹尔韬史料稽考》，故宫出版社，2013，第65~94页。
② 孙奇逢：《夏峰先生集》卷15，《尹芝仙传》，第188页。
③ 孙奇逢：《日谱》卷35，康熙十三年、九十一岁。按：周春雨，名尚礼，辉县知县周辉（字四明，康熙五年至十五年任）之父。
④ 孙奇逢：《日谱》卷36，康熙十四年、九十二岁。

(1668)孙奇逢序。该书辑琴谱60曲,并无《夏峰歌》。而据孙奇逢之孙诠所撰《徽言秘旨订·跋》称:"诠八九岁时,侍祖父膝前,即请事于徽弦……岁甲辰(康熙三年——引者注),偶从友人案头得见芝仙先生《徽言秘旨》一书,披阅之下,心爽目豁,不啻述者之得指南、梦者之听晨钟也……戊申(康熙七年——引者注),始得晤先生于卫源,亟承殷勤指授。已而移家苏门,复得朝夕过从。十余年来,与先生多所商酌。后杨嵯使公(杨茂祖,字绳武——引者注)偕先生去武林,遂投老里门。"① 又该书卷首载《尹芝仙先生传略》称:"会遭国变,公栖遁山中。后侨寓淮上,转徙淄、青间。已闻苏门山水之胜,复徙家焉。因作《鲁风》《安乐窝歌》《苏门长啸》《夏峰歌》《归来曲》《归去来辞》等谱,与孙担峰(孙诠——引者注)诸人挥弦无虚日。客居三十余载,老而弥窭,欲还首丘,不能束装。会卫守杨绳武迁官两浙,约与偕行,乃得归越……其默识《崆峒引》五曲,及新制《夏峰歌》诸曲,杨绳武梓于卫源。"② 按杨绳武于康熙十五年(1676)任卫辉知府,二十一年(1682)升任两浙盐运使。由上来看,尹氏为《夏峰歌》谱琴曲,很有可能在康熙七年至十四年间,最迟不晚于二十一年。

二 《夏峰歌》的刊刻与流传

由杨天放作词、尹晔谱曲的《夏峰歌》,不仅记录下此二人与孙奇逢之间的深厚友谊,而且也成为中国古琴谱中的一首珠联璧合名作。正因如此,《夏峰歌》遂得以流传下来。

就《夏峰歌》的流存情况来看,主要有如下一些版本:

一、卫辉知府杨茂祖刻本,约刻于康熙十五年至二十一年间。但杨氏刻本目前未见,不知是否留存于世。

二、汪天荣辑《德音堂琴谱》版,载该谱卷6。《四库未收书辑刊》第4辑第28册,收有清康熙六十年有文堂新镌本;中国书店于2012年亦据是本以线装影印。据卷首汪氏《序》,末署"康熙岁次辛未荷月"。按:康熙辛未,即康熙三十年(1691);荷月,即六月。可知是谱初刻于康熙

---

① 尹晔辑,孙诠订《徽言秘旨订》卷首,中国书店影印本,2009,第1a~1b页。
② 尹晔辑,孙诠订《徽言秘旨订》卷首,第2a~2b页。

三十年。然可惜的是，汪氏并未说明所收尹芝仙作《夏峰歌》曲的来源。

三、孙淦重订《徽言秘旨订》版。是书为在尹晔原谱60曲的基础上，续入13曲（含《夏峰歌》），夏峰藏板。据卷首所载诸序跋，知刻于康熙三十一年（1692）。在是年三月所撰跋中，孙淦对与尹晔的关系及刻是书之缘由有明确交代。他说："淦八九岁时，侍祖父（指孙奇逢——引者注）膝前，即请事于徽弦。及弱冠，复从学马东航、刘公勇两先生，欣喜之极，至忘寝食。虽严寒酷暑，指裂汗滴，未尝稍辍。第爱马嗜瘸，仅成痼疾，终属心知其然，而口不能言其所以然。岁甲辰（康熙三年——引者注），偶从友人案头得见芝仙先生《徽言秘旨》一书，披阅之下，心爽目豁，不啻述者之得指南、梦者之听晨钟也。一切指法，皆凿然确有程式，举从来含糊、疑似之弊，扫荡殆尽……戊申（康熙七年——引者注），始得晤先生于卫源，亟承殷勤指授。已而移家苏门，复得朝夕过从。十余年来，与先生多所商酌。后杨蕹使公偕先生去武林，遂投老里门。病榻中犹披衣拜蕹使曰：'为我致担峰，老夫一生精力，尽在此书，较踌驳，补阙略，不能无厚期也。'嗟乎！先生以我为知己，其实不能知先生之万一。但既常亲聆东海之涛声，固不忍先生一生精力云散烟消，一旦成广陵散耳。薇署无事，细加较订，已刻未刻，共得七十三曲，同人醵金合梓，附以愚意数则。"① 又该书卷首所载《尹芝仙先生传略》称："校正旧谱百余曲，复加澄汰，仅存六十曲，名曰《徽言秘旨》，友人孙宗元梓于上党。其默识《峌峒引》五曲，及新制《夏峰歌》诸曲，杨绳武梓于卫源。其中尚多舛误，因年老不耐烦剧，较订之事，属之孙担峰。后同陈与可、张梦臣诸公，檄众醵金，合刻都门，以行世焉。"② 按：孙淦乃孙奇逢第三子望雅之长子，一直追随其祖奇逢先生左右。由此来看，孙淦不仅师事尹晔学琴，而且朝夕过从长达十余年，故深得尹氏赏识。因缘于此，尹氏遂于病中委托杨茂祖向孙淦致意，将自己萃一生精力所辑的《徽言秘旨》寄望于孙淦来重新整理、完善。孙淦感念师恩，因与同志合力精心校阅，并付梓人，而成《徽言秘旨订》，最终完成了恩师的心愿和嘱托。至于《夏峰歌》依据何本，孙淦虽未明言，但从《尹芝仙先生传略》提及杨茂祖曾刻于卫

---

① 尹晔辑，孙淦订《徽言秘旨订》卷首，第1a~2a页。
② 尹晔辑，孙淦订《徽言秘旨订》卷首，第2a~2b页。

源，以及作为孙奇逢的裔孙来看，他应该既看过杨天放手稿①，又见过杨茂祖刻本。

四、光绪二十四年（1898）重刊《三贤集》之《征君卷》中所载本，即《容城锺元孙先生文集》卷4所载者。按："三贤"指刘因、杨继盛、孙奇逢。刘、杨二人之集先已合刻，后经魏一鳌（孙奇逢弟子）倡议，得张斐然等人资助，遂于康熙十七年（1678）整理编辑孙奇逢先生诗文，与刘、杨二人之集合刻，是为《三贤集》康熙十八年（1679）刻本。此后，容城士绅鉴于版刻漫漶，又曾两度重刻，即道光十六年（1836）、光绪二十四年刻本。但值得注意的是，康熙十八年版、道光十六年重刻版皆未收《夏峰歌》。而光绪二十四年版所收《夏峰歌》，目录中未载，但正文中有；不过，按其所标页码，为"又四十四""又又四十四"，则显然为增加进去的。这就带来一个问题，即《夏峰歌》究竟是谁作的？据前面所考，孙奇逢已明确说《夏峰歌》乃友人杨天放所赠，而魏一鳌等编孙奇逢先生集子，亦未收该歌，且当时参与校阅者，有孙奇逢的四子博雅、孙子淦、弟子杜越等，他们对《夏峰歌》的情况是熟悉的，所以未将《夏峰歌》当作孙奇逢先生的作品。光绪间重刻孙奇逢先生集者，大概对《夏峰歌》的来龙去脉不甚了然，以至认为该歌是孙先生的作品，而增收了进去。其实，有这样的误会，也并非特例，如晚清的袁昶（1846～1900），亦曾在《园花》诗的注中称："琴家《夏峰歌》，旧题尹芝仙作，乃容城孙征君自寓也，盖空同诮十邹䜣之比。"② 但实际上与事实相去甚远。

五、孙氏家族口耳相传版本。《夏峰歌》之得以流传，孙奇逢先生的后人（容城、辉县）在其间发挥了重要作用。比如曾任长城矿山机械厂厂长的孙中全先生提供的《夏峰歌》，刊于《辉县文史资料》第3辑③；孙居容先生注解的《夏峰歌》，刊于《容城诗选》④；孙尚容提供、武培九书

---

① 按：孙淦生于明崇祯十三年（1640）二月，杨天放顺治十七年二月去世时，他已21岁。因此，对于杨氏所作《夏峰歌》，孙淦似当目睹过。
② 袁昶：《浙西村人初集》卷8，《园花》，《续修四库全书》（第1565册），上海古籍出版社，2002，第350页。
③ 《辉县文史资料》第3辑，辉县市实验印刷厂，1992，第286～289页。
④ 容城县政协文史资料委员会、容城县拒马诗社编《容城诗选》，改革出版社，1989，第47～52页。

的《夏峰歌》，刊于《辉县书法》①；北方出版社1999年出版的《容城县志》，也刊有《夏峰歌》② 等。凡此努力，皆为《夏峰歌》的流传，做出了不可忽视的贡献。而孙敬洲先生（兼山堂文物保护理事会会长）的夫人徐芳女士（兼山堂文物保护理事会秘书长），上传于其"'夏峰先生'搜狐博客"的《夏峰歌》，更对大家了解这首歌，提供了便利条件。据敬洲先生称，居住在东夏峰村的孙氏后人，新中国成立前人人会背《夏峰歌》，但目前会背者已不多了。但可喜的是，2015年9月18~21日举办纪念孙奇逢先生诞辰430周年的学术研讨会期间，敬洲先生采纳了笔者的建议，组织夏峰小学的20位同学，精心排练了一个节目，于专家考察孙奇逢先生故居时，在兼山堂前朗诵了《夏峰歌》，场面十分感人，给专家们留下了深刻而难忘的印象。这不仅体现了《夏峰歌》的魅力和生命力，而且也将成为广为学界、大众熟知的一个良好开端。

兹将目前所见到的《夏峰歌》的几种主要版本，表列如下：

《德音堂琴谱》③	《徽言秘旨订》④	《容城锺元孙先生文集》⑤	孙氏家族流传⑥
第一段	第一段		
垂老去乡关，	垂老去乡关，	垂老去乡关	垂老去乡关
听泉声，	听泉声三十年，	听泉声	听泉声三十年
三十年，	夏峰烟月浑无厌。	三十年	夏峰烟月浑无厌
夏峰烟月浑无厌。	茅屋数椽，	夏峰烟月浑无厌	茅屋数椽
茆屋数椽，	修竹几竿，	茆屋数椽	修竹几杆
修竹几竿，	这便是桃源鸡犬	修竹几竿	这便是桃园鸡犬
这便是桃源鸡犬，	又何须驾柴车东海与	这便是桃源鸡犬	又何须驾柴车东海与
又何须驾柴车，	西山。	又何须驾柴车	西山
东海与西山。		东海与西山	戴笠锄是门外硗田

---

① 张唐主编《辉县书法》，郑州斯麦隆文化传播有限公司，2005，第125~126页。
② 《容城县志》卷末《艺文选》三《孙奇逢作品选》，北方出版社，1999，第630页。
③ 汪天荣辑《德音堂琴谱》卷6《夏峰歌商音》，中国书店据康熙六十年新版影印本，2012，第二册，第1a~7b页。按：每段词与谱相间。
④ 尹晔撰辑，孙浚重订《徽言秘旨订·夏峰歌商音,凡七段》，第三册，第1a~4b页。按：每段先谱后词，最后有注曰："兼山，堂名。"
⑤ 魏一鳌等编《容城锺元孙先生文集》卷4，第又44~又44页，《三贤集》之《征君卷》，光绪二十四年重刻本。
⑥ 见"夏峰先生"搜狐博客。

《夏峰歌》流传小考

续表

《德音堂琴谱》	《徽言秘旨订》	《容城锺元孙先生文集》	孙氏家族流传
第二段 戴笠锄， 是门外垦田， 秋收约足克餐饭。 鸡豚窥竹栏， 蔬果缀山园， 瓮头酿秫， 客至刚刚淀。 数一遍汉唐宋元， 谈一会孝友节廉， 迟迟散， 前村不远， 归溪月正圆。	第二段 戴笠锄是门外垦田， 秋收约足充餐饭。 鸡豚窥竹栏， 蔬果缀山园， 瓮头酿秫， 客至刚刚淀。 数一遍汉唐宋元， 谈一会孝友节廉， 迟迟散， 前村不远， 归溪月正圆。	戴笠锄 是门外垦田 秋收约足充餐饭。 鸡豚窥竹栏 蔬果缀山园 瓮头酿秫 客至刚刚淀 数一遍汉唐宋元 谈一会孝友节廉 迟迟散 前村不远 归溪月正圆	秋收约足充餐饭 鸡豚窥竹栏 蔬果缀山园 瓮头酿秫客至刚刚淀 数一遍汉唐宋元 谈一会孝友节廉 迟迟散前村不远 归溪月正圆
第三段 年来食指添， 不记数孙子曾玄①， 名错唤， 袖来梨枣床头散。 几箇去原上执牛鞭， 几箇去窗下理芸编， 半耕半读相更换。 喜得是家无逆颜， 人人尽让无争辨， 张公百忍不听妇人言。	第三段 年来食指添， 不记数孙子曾元③， 名错唤， 袖来梨枣床头散。 几个去原上执牛鞭， 几个去窗下理芸编， 半耕半读相更换。 喜得是家无逆颜， 人人尽让无争辨， 张公百忍， 不听妇人言。	年来食指添 不记数孙子曾元④ 名错唤 袖来梨枣床头散 几箇去原上执牛鞭 几箇窗下理芸编 半耕半读相更换 喜得是家无逆颜 人人尽让无争辨 张公百忍不听妇人言	年来食指添不计数 孙子曾名错唤 袖来梨枣床头散 几个去原上执牛鞭 几个窗下理芸篇 半耕半读相更换 喜的是家无逆颜 人人尽让无争辩 张公百忍不听妇人言 门前履满敢云洙泗士三千 或负籍云水边 或结茅竹树间 尼山最乐朋来远 齐奋勉 道学种子今只一线 生平性僻师友倍多缘 莫谓我耄年 我胸中别有天 饥餐困睡随方便 亦不参禅 亦不谈元 一篇孔孟彻宵旦 说什么程朱王陆门户便 相悬 从陆征鞍 顺水扬帆 到头一样达畿甸 道同源 躬行实践 舌上莫空谈 萧然一榻卧西轩 众儿孙轮流做伴
第四段 门前履满， 敢云洙泗士三千？ 或负笈水云边， 或结茆竹树间， 尼山最乐朋来远， 齐奋勉， 道学种子， 今日只一线。 生平性癖， 师友倍多缘。	第四段 门前履满， 敢云洙泗士三千？ 或负笈水云边， 或结茅竹树间， 尼山最乐朋来远， 齐奋勉， 道学种子， 今日只一线。 生平性癖， 师友倍多缘。	门前履满 敢云洙泗士三千 或负笈水云边 或结茅竹树间 尼山最乐朋来远 齐奋勉 道学种子 今只一线 生平性癖 师友倍多缘	
第五段 莫谓我耄年， 我胸中别有天。	第五段 莫谓我耄年， 我胸中别有天。	莫谓我耄年 我胸中别有天 饥飡困睡随方便 也不参禅 也不谭圆 一编孔孟彻宵旦	

续表

《德音堂琴谱》	《徽言秘旨订》	《容城锺元孙先生文集》	孙氏家族流传
饥餐困睡随方便， 也不学禅， 也不谭玄②， 一编孔孟彻宵旦。 说甚么程朱王陆， 门户便相悬， 从陆征鞍， 顺水扬飓， 到头一样达畿甸。 道同源， 躬行实践， 舌上莫空谈。	饥餐困睡随方便， 也不学禅， 也不谭悬， 一编孔孟彻宵旦。 说甚么程朱王陆门户便相悬， 从陆征鞍， 顺水扬帆， 到头一样达畿甸。 道同源， 躬行实践， 舌上莫空谈。	说甚么程朱王陆 门户便相悬 从陆征鞍 顺水扬帆 到头一样达畿甸 道同源 躬行实践 舌上莫空谈 萧然一榻卧西轩 众儿孙轮流作伴 东窗旭满 南窗月转 朝昏枕上数双丸 耳聋免听俗人语 眼闇不观非圣言 闇中检点 策励无忽风烛年 回头看 容城千里隔云烟 百门况味 渐渐都经惯 不知理乱 我且横琴把卷 高卧兼山	东窗旭满 南窗月转 早昏枕上数双丸 耳聋免听俗人语 眼暗不观非圣言 暗中检点策励 无忽风烛年 回头望容城 千里隔云烟 百门况味渐渐都经惯 不知理乱 我且横琴把卷高卧兼山
第六段 萧然一榻卧西窗， 众儿孙轮流作伴。 东窗旭满， 南窗月转， 朝昏枕上弄双丸。 耳聋免听俗人语， 眼暗不观非圣言， 闇中检点， 策励无忽风烛年。	第六段 萧然一榻卧西轩， 众儿孙轮流作伴。 东窗旭满， 南窗月转， 朝昏枕上数双丸。 耳聋免听俗人语， 眼暗不观非圣言， 暗中检点， 策励无忽风烛年。		
第七段 回头望， 容城千里隔云烟。 百门况味， 渐渐都经惯， 不知理乱， 我且横琴把卷， 高卧兼山。	第七段 回头看， 容城千里隔云烟。 百门况味渐渐都经惯。 不知理乱， 我且横琴把卷高卧兼山。 尾入商泛		
尾声			

① 玄，避清圣祖讳，缺末笔。
② 同上。
③ 元，应为"玄"，避清圣祖讳改。
④ 同上。

由上表来看，这几种版本的内容基本上是相同的，其不同之处，主要有如下几点：一、《德音堂琴谱》《徽言秘旨订》《容城锺元孙先生文集》

版做了分段，而孙氏家族口耳相传版无分段；二、个别文字不一样；三、在处理避讳字时，如"玄"，有的采用缺末笔的方式，有的则采用改为"元"的方式；四、个别用字形异，如茆茅、箇個、颿帆、闇暗、垚硗等；五、《德音堂琴谱》《徽言秘旨订》版有句读，而《容城锺元孙先生文集》、孙氏家族口耳相传版则无；六、有的歌词句读略有不同。此外，《德音堂琴谱》《徽言秘旨订》版有词有谱，而《容城锺元孙先生文集》、孙氏家族口耳相传版则仅有词。尽管如此，若细加比对，再请懂琴律的专家帮着审定一下，还是可以整理出一个更为完善的版本的。

三　孙奇逢之立身为学旨趣

孙奇逢先生的一生，虽历经曲折坎坷、世态炎凉，然始终持身刚正，不为威势所屈；尽管生活艰辛，但一直甘贫乐道，不做俗人之营；而面对因世变所引发的思想、学术困境，则能沉潜省思、深造自得，于纷繁复杂中探得一条学术新路，从而为后学辟一生面。《夏峰歌》就是对他这一颇具个性人生取向的一种体现。

大体而言，《夏峰歌》主要彰显了孙奇逢以下一些生活状态：一、晚年客居夏峰20余年的岁月，虽然仅茅屋几间、薄田数亩，然鸡犬之声可闻、山园之色可赏，看着那袅袅的炊烟，望着那皎洁的明月，这对无富贵声势之求的孙奇逢先生来说，已是足以怡乐的"世外桃源"。二、此地无车马之喧，亦无市井之闹，高朋雅友时来相聚，粗茶淡饭甘之如饴，谈古论今，言孝励廉，友朋之益，乐莫大焉。三、尽管生活清贫，然有孙辈绕膝，尽享天伦之乐，孙奇逢先生甚感欣慰。而让他更感欣慰的是，几位儿子既耕且读，淡泊名利，知让互敬，一大家人相处得非常融洽。四、更有众多学子，或追随从学，或远来问业，或做数日之谈，或结庐长期相伴，言谈无俗语，致力道学传，师弟相勖勉，统绪共力肩。五、孙奇逢先生虽年届高寿，但对学问的执着和体悟，则愈老而弥笃、弥透，俗人之语不入于耳，非圣之言不入于目。他既无意于逃禅谈玄，也不拘滞于学术门户纠缠，而是以通达的识见，去探求学问的真谛，更倡导学贵躬行实践，莫做不切实际的口舌空谈。六、在历经了故园涂炭、遍尝了人生百味之后，孙奇逢先生的心地越来越豁然、恬淡，然对家乡容城的牵念、过往岁月的思味，却并未因星转斗移而稍减。时代、人事迭变换，容城、夏峰两相隔，此情此景，已非悲喜二字能况孙奇逢先生的心境了。因此，横一把琴，阅几卷书，为了人生的那件大事，孙奇逢先生亦可谓弹奏出一曲人生的天籁之音，谱写了为学术、为道统、为文化命脉更好衍绪的华丽篇章！

而在孙奇逢先生人生情态的诸多面向中，笃师友之义、学有宗尚而不拘门户之见，尤能体现其立身为学取向的精神。

《夏峰歌》中所言"生平性癖，师友倍多缘"，可谓很贴切地刻画出孙奇逢先生笃师友之义的嗜好。而在其相关言论中，于此更三致意焉。如《日谱》顺治八年（1651）三月十二日载："仆生平无它嗜好，五十年来以友朋为性命。"① 又康熙六年（1667）十二月初七日答汤斌问学书称："仆生平求友，老而转切。"② 又康熙十四年二月初一日答诸同人问"人生何事最乐"曰："逢良友最乐。"③ 孙先生之所以以友朋为性命、以得良友为最乐，是因为在他看来，"昔人谓友朋之益，如二炭相燃，其中焰生，盖物聚而气胜也。分而置之，不独无焰，且将不燃矣"④。尤其是若能"得同志人共读书，疑义相质，更可乐也"⑤。明乎此，我们也就不难理解他何以会发出"离友朋之乐，无乐也；有朋，则山可乐，水可乐，即无山水亦可乐"的感慨了。不过，孙先生所谓"朋"，是有特指的，即"能起予，匡之不逮"的"有识趣人"方可称之为"朋"。⑥ 与当时那些"权之所在，虽疏必重；势之所去，虽亲必轻。甚有肝胆与共，死生相期，而意忤言舛，凶终隙末"⑦ 的所谓"交"者迥异其趣，孙先生心目中论交友朋的标准，乃在于"道义"。他强调，无论生死、肝胆、声气、托寄、忘形、忘年之交，还是贫富、贵贱、饮食之交，"以道义出之，一一皆道义也；不以道义，纵许人以死，匹夫之轻生者耳。肝胆非真，声气皆假。托寄无关于名谊，山水无借于品题。忘形忘年，亲溺之私耳；富贵贫贱，诪渎莫甚。以文字相夸诩、酒食相征逐，皆其交之蠹也。损益相邻，受益难于受

---

① 孙奇逢：《日谱》卷4，顺治八年、六十八岁。
② 孙奇逢：《日谱》卷28，康熙六年、八十四岁。
③ 孙奇逢：《日谱》卷36，康熙十四年、九十二岁。
④ 孙奇逢：《日谱》卷31，康熙八年、八十六岁，二月初六日《复汤孔伯》。
⑤ 孙奇逢：《日谱》卷22，康熙三年、八十一岁，十一月初四日《题公杰卷四则》。
⑥ 孙奇逢：《日谱》卷16，顺治十八年、七十八岁，四月初四日《伯玉索手书》。
⑦ 孙奇逢：《夏峰先生集》卷3，《古人交序》，第105页。

损。故正人难亲,匪人易比"①。因此,交友是一件非常严肃、性命攸关的大事,不可不慎。正因如此,孙先生不唯自己一生很注重交友之道,而且在训励弟子、子孙时,也常常以"亲师取友"来严格要求他们。在《为苏门交友序》中,孙先生曰:"窃思凡过苏门者,非我所敬事之人,则其事我之人也。我所敬事,则我之师友也;事我,则我之子弟也。乐莫乐于良师友,乐莫乐于佳子弟。"② 由上不难看出,孙奇逢先生之所以独"癖"于师友,实乃蕴含着深远的意趣。

而作为明清更迭之际的一位以读书为至乐、力图挽救学风流弊的思想家、学问家,孙奇逢先生更是以笃实、深思的治学所得,阐释了学问的重要意义之所在。在致崔蔚林书中,孙先生曾强调:"学问一事,原为自家安身立命、入圣达天。所称天下第一等急务、第一等快乐者,无逾于斯!然非天下第一等人,自昧焉而不知求,惮焉而不敢任。何幸耄年而得不待教之豪杰,为之强辅,助我烛光,此岂偶然也哉?非求异,不苟同,便有深造自得之趣,此所以欲罢而不能也。格致、鬼神辩论,胸中了彻,笔无粘滞,可谓发姚江之蕴矣。正中自有感之意在。"③ 而为达此境界,"学人第一要有识见",若"识见不高,纵有小执持,亦不过规规自完,能干得甚事"?所以,在他看来,"古来能办大事之人,须开第一等眼界,认第一等题目。做第二等人,便是无识"。④ 此一开示,并非故作高深,实乃针对当时为学者存在的诸多弊病而发。比如,有的人"虽知学路,而恣情纵欲,不肯为",有的人"畏其事大且难,而不为",有的人"求而不得其路",有的人"未知路,而自谓能知"。孙先生认为,"不肯为与不为,其病柔而脆;未知路自谓能知,其病躁而伪;独求而不得其路者,最可悯恻",凡此皆因不得为学要领所致。⑤ 而针对一些学人"分内分外,分动分静,说有说无,劈成两下"等"支离"陋习⑥,孙先生更强调道:学问须

---

① 孙奇逢:《日谱》卷25,康熙五年、八十三岁,正月十八日。
② 孙奇逢:《日谱》卷35,康熙十三年、九十一岁,十二月二十八日。
③ 孙奇逢:《日谱》卷30,康熙七年、八十五岁,十二月初二日《答崔玉阶》。
④ 孙奇逢:《日谱》卷14,顺治十七年、七十七岁,八月十二日。
⑤ 孙奇逢:《日谱》卷14,顺治十七年、七十七岁,八月十三日。
⑥ 孙奇逢:《夏峰先生集》卷2,《答陈子石》,第78页。

从源头上彻悟，不可"逐事、逐句、逐人比拟较量，分门别户"。① 苟能明乎此，也就可得为学大体了。于此，孙先生在《题诠孙史约》中曾有详细揭示："凡经史载籍，总以明理。读书破万卷何为？然理须证之事而始明，盖天地间无离事之理，故穷经者必考史，庶不至有体而无用耳。真能领悟者，任举一事而理在，任举一史而经在。万殊原于一本，一本散为万殊，此物此志也。"②

更有进者，在孙奇逢先生看来，"学问在躬不在口，区区一得之见，只随时随处体认天理，此外更无他说。我辈试自认如何是天理？天理是如何体认？则一切可相忘于无言矣"③。也就是说，做学问不能仅止于舌上空谈，关键是要能躬行实践。在《复梁以道》中，孙先生论"躬行"的重要性曰："学问之事，患无下手处，故无得力处。知在'躬行'二字上着手，便一了百当矣。读古人书有一字不明，只于自己身上体贴，于古前言往行有一事不合，只于自身上体贴，则不明者无不明、不合者无不合。所谓《五经》《四书》皆我注脚，前言往行皆我尘迹，我一身足以上生千古，下生千古，直取之当下而足矣。"④ 那么，"躬行"又如何下手呢？孙先生指出，应"从人伦日用处下手"。这是因为，"圣人，人伦之至也。尽得一分人伦，便是一分学问，人伦无缺陷，学问始到家。孩提爱亲，稍长敬兄，是学问的本体。无为其所不为，无欲其所不欲，是学问的工夫。耽声色，殖货利，斧斤之伐，牛羊之牧，是戕贼学问的路数。吾党试于日用间嘿自体勘，爱敬之良到底汩没不得。为不为，欲不欲，初以不自主，渐至不自觉，遂成旦旦之伐。此语真堪痛苦！雨露之润，日夜之息，是学问胚胎处。大约不重名节、不修行谊之人，决不可以谈学问。"⑤ 基于此，他进而强调，学人若能于日用饮食、人伦处，加以"慎独"功夫，体认学问之道，也就可以"证圣"了。⑥

---

① 孙奇逢：《夏峰先生集》卷2，《复蒋虎臣》，第80页。
② 孙奇逢：《日谱》卷22，康熙三年、八十一岁，七月二十日。
③ 孙奇逢：《日谱》卷36，康熙十四年、九十二岁，四月初八日。
④ 孙奇逢：《夏峰先生集》卷2，《复梁以道》，第79页。
⑤ 孙奇逢：《日谱》卷20，康熙二年、八十岁，八月初一日。
⑥ 孙奇逢先生于康熙十二年七月初七日曾说："大哉，圣人之道！论本体，一性尽之矣，故《中庸》首揭天命之谓性。论功夫，而复性之道，一慎独尽之矣。能慎独，则中和，而天地位、万物育，道岂有余蕴哉？"（《日谱》卷33，康熙十二年、九十岁）

正因为孙奇逢先生对学问有如上通达的识见，所以他能超然于当时的程朱陆王门户之争。在他看来，学人们之所以纠缠于"朱、陆异同，聚讼数百年，至今犹纷纷也"，固然与此两贤"不识无字理，故多为字句所障"有关，但更为关键的，是学人们心存偏见和胜心，而"偏见与执守相近，然一偏则愈执而愈成拗矣；胜心与自任相近，然一胜则愈任而愈背矣"。① 在致张凤翔书中，他更表明自己对学术纷争的态度曰："某幼而读书，谨守程朱之训，然于陆王亦甚喜……迄于同志中得两人焉，一守建安，一守姚江。某尝举先生'建安没，而天下之实病不可不泄；姚江没，而天下之虚病不可不补'。守建安者谓建安何病，病在姚江之支离建安；守姚江者亦极言姚江无病，其守之专，而卫之严。两人者固各守师说，不至流为陈相，但未免虚益虚、实益实。倘于先生之言更有会焉，且于陈良有光矣。孔子教人之法，孟子教人之法，虽稍有异，朱则成其为朱，陆则成其为陆，圣贤豪杰，豪杰圣贤，即有不同，亦不失建安、姚江面目，又何病焉？某谓学人不宜有心立异，亦不必着意求同。先儒不同异，后儒何处着眼？"② 即此不难看出，孙先生为学尽管由程朱入手，后在友人鹿善继的启发下服膺于王阳明《传习录》之教，但并未像两家有的后学那样执守师说、为争正宗门户而冰炭不相容，而是致力于融通前人之学③，是其是，去其非。

当然，孙奇逢先生为学是有宗尚的。在答贺应旌书中，他强调："我辈今日遵紫阳，是欲从紫阳以见尼山；遵阳明，是欲从阳明以见尼山。盖紫阳、阳明各有得于尼山，犹颜、曾、由、赐诸贤，各有所得，各不相同。总之，要各成一个面目，正不必强而同之。"④ 又《麟书抄序》曰：

---

① 孙奇逢：《夏峰先生集》卷2，《寄崔玉阶》，第82页。
② 孙奇逢：《日谱》卷8，顺治十三年、七十三岁，四月初四日。又见《夏峰先生集》卷2，《寄张蓬轩》，第61~63页，文字略有差异。
③ 在致弟子魏一鳌书中，孙奇逢先生曾强调："仆患遵紫阳者不能尽紫阳，能尽紫阳，又复何憾？我辈今日持论，似乎遵王。王与朱不同，大段在格物。柏乡所汇格物册，仆阅之，为一说，两贤大旨，固未尝不合也。后之学者，乏融通之见，失原初之旨，支上生支，遂成歧路。若其当初八字注脚，真实理会做工夫，有何不同乎？我辈既有此志，先以虚心为主……今日试于异处而加体认之功，可以见吾心之所主矣。"（孙奇逢：《日谱》卷27，康熙六年、八十四岁，二月初四日《复魏莲陆书》）
④ 孙奇逢：《日谱》卷27，康熙六年、八十四岁，三月十七日。

"噫！理学而必无事功，必无节烈，则一乡党自好之士耳，奚孔孟之足云？窃思道统肇自伏羲，而尧、舜、禹、汤、文、武、周公以至孔子，自孔子而颜、曾、思、孟以至周、程、张、朱其人止矣。岂皋、夔、伊、傅不得进而与程、朱比隆耶？盖唐、虞之时，五臣皆圣，春秋之际，闵、冉皆贤，取其最者而已。孔子曰：'贤者识其大，不贤者识其小，莫不有文武之道焉。'孰谓周、程得与斯道之传，余皆为门外人哉？忠节亦学也，事功亦学也，文章亦学也，莫不有孔子之道焉。是岂可以执一论哉？"① 由此认识出发，他遂旗帜鲜明地表示："间尝思之，固不敢含糊一家之言，亦不敢调停两是之见。念不坠之绪，即剥丧蔑贞，必存乎其人……总之，学以尼山为宗"②；"孔圣人万世之师，道之宗也。学者立必为圣人之志，只折衷于孔子足矣。"③ 而以孔子为宗，亦正是对道统的承继和赓扬。④《夏峰歌》中所称"说甚么程朱王陆，门户便相悬，从陆征鞍，顺水扬帆，到头一样达畿甸"，就是孙奇逢先生此一为学取向、宗尚的揭示。由此以观《理学宗传》之纂辑，更可见孙奇逢先生的深层用意之所在了。

孙奇逢先生尽管为学以孔子为准衡、为宗尚，但他并未执滞于此，而是力求于学问之道能深造自得。在《日谱》中，他曾记载自己的为学体认曰："一场大事，真是奇怪，人却看得平常，漫不警省，无怪乎以因循而成暴弃也。偶拈此句，告我同人，幸于平常中看得奇怪，又于奇怪处看得平常，方可登圣人之堂、入圣人之室、为圣人之徒也。个个人心有仲尼，不求吾心之仲尼，而求仲尼于仲尼，愈求而愈远矣。"⑤ 又其告诫子孙曰："学问之事，人之所是者，勿便以为是，须实见得是；人之所非者，勿便以为非，须实见得非，乃为自得。迩来觉得方寸一点灵明，是我真实家当，尧、舜、禹、汤、文、武、周、孔，与我都不相干。"⑥ 总之，在他看

---

① 孙奇逢：《夏峰先生集》卷4，第121~122页。
② 孙奇逢：《日谱》卷8，顺治十三年、七十三岁，四月初四日《报蓬元先生》。
③ 孙奇逢：《日谱》卷7，顺治十二年、七十二岁，九月二十八日。
④ 孙奇逢先生于顺治十八年正月二十六日曾说："自孔子以后，道统在儒。虽曰弦诵诗书，似乏兼善，然素王当年与颜、曾、由、赐诸贤所讲求乎天德王道，功垂万世。人谓厄孔子于春秋之世，不知天不生仲尼，万古如长夜。则天之所以通孔子者，正别有在，故曰贤于尧舜。"（孙奇逢：《日谱》卷15，顺治十八年、七十八岁）
⑤ 孙奇逢：《日谱》卷30，康熙七年、八十五岁，十二月二十九日。
⑥ 孙奇逢：《日谱》卷30，康熙七年、八十五岁，十二月初五日《语诸子若孙》。

来,"学问之事,只是要求自得。自得,则居安资深,而左右逢源,才是集义;不能自得,纵无破绽,终是义袭……所谓本体皆顺,而功夫皆逆,学问全在逆上得力。"① 正是有了这样的为学心胸和境界,所以,在别人看来"莫不骇为神奇高远之事"的治统、道统,他则以为"总只在父慈子孝、兄友弟恭上",因为"天下最神远之事,正从最平易中做出。人人亲其亲、长其长,而天下平,此治统也。尧舜之道,孝悌而已矣,此道统也。故曰天德王道,一而已矣"。② 而对聚讼纷纭的尊德性、道问学之争辩,他则强调两者"说虽不一,本是一事",因为在他看来,"盖行足以兼知,未有能行而不知者;知不足以兼行,耻躬不逮,圣人固虑之矣"。③ 又如在对《易》的理解上,他并未像众多学人那样阐释得玄虚高渺,而是认为:"《易》为道学之源,不知《易》,则不知天地之消息,而我亦貌焉一物耳。盈天地之间,只是阴阳两端,□之其间,一消一息,有许多变化之理,而要归之近取诸身,故圣人一一以身印之。六十四卦之体具,则天地万物之理,总在一部《易》书中矣。"④ 基于此,他不认同如有的人所称的"《易》之精蕴,程朱说尽,后儒不必再言",因为果如此,"则乾坤之毁也久矣"。在他看来,"程朱言程朱之言,瞿塘言瞿塘之言,层层相生,各具一体,皆所称大《易》之功人也"。也就是说,《易》是一个开放的话题。那么,孙奇逢先生又是怎样体认的呢?在答汤斌之问时,他曾强调:"平常谓《易》是本书,不知《易》却是个人;谓《易》是羲、文、周、孔四大圣人,不知吾心中亦各具有一部《易》在。学《易》者不必向羲、文、周、孔问《易》,第问之自心而已。"⑤ 这话乍看上去不好理解,但若结合以下言论来看,就豁然了。在《兼山堂讲语》中,孙先生开示其弟子耿极曰:"吾尝读《易》,见乾坤六子是一大人家。乾坤是老夫妇,六子是小夫妇,父父子子,兄兄弟弟,夫夫妇妇,而家道正,正家而天下定矣。不独是说家人,一卦正是说乾坤六子。一部《易经》,皆乾坤六子之事也……孔子之门,便是乾坤六子之门;孔子之家,便是乾坤六子之家。学

---

① 孙奇逢:《夏峰先生集》卷2,《复赵宽夫》,第78~79页。
② 孙奇逢:《日谱》卷15,顺治十八年、七十八岁,三月十四日。
③ 孙奇逢:《夏峰先生集》卷2,《答魏石生》,第86~87页。
④ 孙奇逢:《日谱》卷31,康熙八年、八十六岁,二月初一日。
⑤ 孙奇逢:《日谱》卷31,康熙八年、八十六岁,三月初九日。

孔子在此，学《易》亦在此，此之谓实学。"① 又其致弟子赵御众书中曰："天地间只有这件事，无精粗、大小、内外之可言。会得此，无时无处非这件事。圣贤随人指点，总之是这件事。《五经》《四子》，任举一语，皆要归到原原本本处，《易》曰'一致'，子曰'一贯'。理也，中也，静也，无欲也，矩也，一而已矣。工夫更无两般，下手处便是究竟处，此言尽之矣……仆耄而病，所急望同人者，总之要在躬上取齐。"② 又其语弟子郭治化曰："学问之道，二帝三王、伊、周、孔、孟，以暨周、程诸儒，一言以蔽之曰：止至善而已。然善无声臭，止鲜持循，必修身有实功，斯至善有实际。盖至善犹的焉，而修身则张弓挟矢，以收命中之能者也。故一止善，而旁蹊曲径、权谋功利之说，无由入矣；一修身，而凌空驾虚、饰知惊愚之习，无容混矣。故自天子以至于庶人，一是皆以修身为本。刘念台曰：'三十年胡乱走，而今始知道不远人。'语修身也。此孔子之所以语曾子者。"③ 观此，孙奇逢先生所倡导的为学要能深造自得，确为其切实体悟。而他所强调的"为学有一大公案，非徒恃空谈也"④，亦明显是针对时人为学之弊而发的。故《夏峰歌》中所称"道同源，躬行实践，舌上莫空谈"，洵谓得孙奇逢先生为学之肯綮。

在《自赞》中，孙奇逢先生曾对自己有过这样的评价："垂髫有志，白首无闻。既虚可畏之时，思效补拙之勤。七十较六十而加愍，八十视七十而更殷。秉烛之光不熄，日月之明何分？但循卫武切磋之咏，可策太公敬胜之勋。引养引恬，野鹤孤云。不慕利禄，可谢元勋。聊以为后学析疑而辨惑，亦可为乡人排难而解纷。予盖窃有意焉，而力莫能与也，窃自信天终不欲丧斯文。"⑤ 又于去世那一年的正月初八日答弟子耿介书中曰："自念此身一日不填沟壑，尚期策灯烛之末光，得与良友遥相闻问，共证斯道，是亦极称穹苍之一端。"⑥ 由此不难看出，孙奇逢先生虽历经明清鼎革时代巨变、流离之苦，但并未因世变纷纭而放弃心中的执著和理想，而

---

① 孙奇逢：《日谱》卷19，康熙二年、八十岁，正月初四日。
② 孙奇逢：《日谱》卷31，康熙八年、八十六岁，六月初一日《答赵宽夫》。
③ 孙奇逢：《日谱》卷30，康熙七年、八十五岁，十二月十一日《语熙侯》。
④ 孙奇逢：《日谱》卷19，康熙二年、八十岁，正月初四日。
⑤ 孙奇逢：《日谱》卷20，康熙二年、八十岁，九月二十九日。
⑥ 孙奇逢：《日谱》卷36，康熙十四年、九十二岁。

是以艰苦卓绝的毅力、勇于担当的精神,孜孜于学问的探寻、道统的赓续、文化命脉的传衍,从而谱写了其很不平凡、"别有天"的人生篇章。而《夏峰歌》,从某种意义上来说,就是对孙奇逢先生很不平凡、"别有天"人生篇章的既通俗易懂又简洁凝练的一种体现。

(作者单位:中国社会科学院历史研究所)

北学重镇孙奇逢学术取向再审视*

杨朝亮

摘　要： 明末清初理学大家孙奇逢，晚年讲学于河南辉县夏峰村，于清初程朱理学和陆王心学两派持调和态度，努力熔诸儒学说于一炉，提出"以慎独为宗，体认天理为要，日用伦常为实际"的一整套学习内容和方法，而尤为注重践履，反对清谈。他一生培养了大批弟子，夏峰亦成为当时著名的学术胜地，被目为"北学重镇"。然而，学界关于孙奇逢的学术取向，见仁见智，迄无定论。本文分三个阶段，对孙奇逢学术取向的演进，做了进一步梳理。

关键词： 明末清初　孙奇逢　北学重镇　学术取向

学术界关于"北学重镇"孙奇逢的学术取向，迄今仍无定论，众说纷纭，争论颇多。基于各自不同的角度及认知，有学者认为孙奇逢之学初从程朱理学，而到了中年则转向陆王心学，至晚年则又吸收了刘宗周之学，"遂以修正王学，合朱、王于一堂为归宿"；有学者则把孙奇逢学术取向划分为两个大的阶段，即由崇尚程朱之学转向阳明心学，到了中年，直至晚年，则转向并致力于程朱理学的研究；有学者认为孙奇逢学术初以王守仁为宗，后来则转向和通朱熹；有学者认为孙奇逢自始至终恪守陆王心学路线而不贰。除上述几种观点外，还有其他的说法。① 真可谓仁者见仁，智者见智。本文拟在前贤认识的基础上，尝试做进一步的梳理和探讨，敬祈方家教正。

---

* 本文系国家社会科学基金项目"清代陆王心学发展史研究（批准号12BZS040）"的阶段性研究成果。

① 详参陈瑞波《孙奇逢理学思想研究》之《引论：从朱熹王阳明间挺立起来的孙夏峰》，山东大学博士学位论文，2012，第16页。

一 孙奇逢之生平学行

孙奇逢（1585～1675）字启泰，号锺元，晚号岁寒老人，河北保定容城人，享年92岁。又因其晚年徙居河南辉县夏峰村讲学授徒，学者习称夏峰先生。孙奇逢先生幼年时，家境比较贫困。其祖父曾举乡贡，官沭阳令，后至河东盐运司运判；父亲为诸生。所以，他还可以在父祖的教育下与兄弟们相互砥砺，一起读书学习。这种环境，也培养了他的坚强意志。他常说："饥饿穷愁困不倒，声色货利浸不倒，死生患难考不倒。"① 在他眼中，贫、病、忧愁等等是不可避免的，但读书人正好在这种苦难中磨练自己，锻炼自己的意志，所以说克服困难本身便是一门学问。他认为，君子是不会被困难吓倒的，应当能够忍辱负重，战胜一切，应该"能处人所不能处之事，能忍人所不能忍之辱，能堪人所不能堪之忧"②。实际上，孙奇逢先生正是这样的一位"君子"。

早在明朝末年，孙奇逢就已经以节侠而闻名。据说，14岁时，他曾拜一位名叫杨补庭的先生为师。当时，这位先生问他说：如果一个人被围困在城中，外无救援，内无粮草，应该如何做？孙奇逢毫不迟疑地回答道：效死勿去。因此，他赢得了杨先生的赏识和器重。而使孙奇逢受到当时士大夫特殊尊重的，还是他的不避危难，竭力营救东林党人左光斗、魏大中等人的动人义举。天启中，宦官魏忠贤把持朝政，荼毒正人，东林党人左光斗、魏大中于天启五年（1625）被逮捕，将至京师。在当时，魏氏阉党势力正"虐焰方张"，即使素有往来交好之人，也都是键户遁迹，无人敢过问此事。但孙奇逢却置身家性命于度外，与其友鹿善继等人倾身营救，义声动天下。

崇祯九年（1636），清兵入关大掠，畿辅一带的城镇俱被攻陷，逼近孙奇逢家乡容城。于是，孙奇逢与兄弟率领宗族乡党入城自卫。邻邑亲友奔集，依者数十百家。他又调解官绅，劝人捐输，同舟共济，以保身家。终于迫使清兵攻不下城池而离去，众人得以幸免于难。其后，天下多事，人无安枕，孙奇逢便率领子弟门人进入易州五公山避乱，由于其威望，远

---

① 孙奇逢著，朱茂汉点校《夏峰先生集》卷13，《语录》，中华书局，2004，第560页。
② 孙奇逢著，朱茂汉点校《夏峰先生集》卷13，《语录》，第539页。

近闻风来依者甚众,于是,他便立《山居约》以相规束。同时,他一方面率领大家整饬武备,为守御之策;另一方面又从容讲学,诵读诗书。清朝建立后,孙奇逢先生仍家居讲学。但后来清廷圈占畿辅各地,赏给旗员作为采地,孙奇逢先生家的田园庐墓也被占去,为了生活,不得不举家南下,在河南辉县的夏峰安顿下来。这里是北宋理学家邵雍曾经居住过的地方,工部都水司卫河使马光裕赠给孙奇逢先生田庐,他便在此躬耕终老一生。

由于孙奇逢的高操品行闻名遐迩,所以明、清两代有十数次受人荐举,并屡蒙诏书特征,而他却始终坚辞不就,一直从事讲学和著述,并写下了大量的著作。孙奇逢一生以理学家自处,在其讲学和著述中阐述自己的学说,表明自己的学术观点。他先后在京师讲学五六年;徙居河南辉县夏峰村后,辟"兼山堂",读《易》其中,并带领弟子们躬耕自给。四方来拜求学者,凡是愿意留下来的,皆分给一部分田地,让他们一边劳动一边学习,所以,夏峰村随着来投者的增多日见兴隆,成为当时的学术胜地,孙奇逢先生在这里讲学长达25年。可以说,孙奇逢先生在清初诸儒中是最受敬重的学者,而他"晚年加以学养,越发形成他的人格之尊严,所以感化力极大,屹然成为北学重镇"①。一时间,北方学者大都出于他的门下,而孙奇逢先生也成为一位很有影响的儒学宗师。

二 孙奇逢学术取向再审视

孙奇逢的确为明末清初著名学者、思想家和教育家,同当时的李颙、黄宗羲并称清初三大儒。相较而言,在清初诸儒中,为人所熟知者如黄宗羲、顾炎武和王夫之等人,而孙奇逢则相对逊色许多,其影响亦远不及他们。原因诚然是多方面的,而其中最为重要的原因,一则为其思想倾向,一则为当时社会现实所使然。

从学术趋向上来看,王守仁心学是孙奇逢的学术根本。孙奇逢的父亲曾经受学于王守仁弟子邹守益,父亲对儿子的影响是可想而知的。同时,他的好友鹿善继也服膺王守仁之学,所以,孙奇逢的学问当得力于王守仁

---

① 梁启超著,朱维铮校注《中国近三百年学术史》(五),《阳明学派及其修正》,《梁启超论清学二种》,复旦大学出版社,1985,第141页。

之学为最深。诚然，明王朝提倡程朱学说，孙奇逢最早也当接触到了程朱之学，但对王守仁心学也很有好感。他曾经这样讲道：

> 某幼而读书，谨守程、朱之训，然于陆、王亦甚喜之。①

可见，孙奇逢虽以王学为本，实又兼采了程朱之学。他曾对弟子崔蔚林说：

> 子既有嗜于阳明，要得阳明与程、朱相剂为用之意，而非有抵牾也，得其相剂之意，则《宗传》中诸儒无一而不供吾之用。五味调而成羹，八音谐而成乐，四时备而成岁。智廉勇艺，文之以礼乐，而始为成人。故川流敦化，识大识小，莫不有文武之道焉。②

他意识到学术不能只讲一家之言，即只讲陆王心学是不全面的，同时，还要吸收程朱之学之精华，使二者"相剂为用"，才能悟到圣道之精髓。由此不难看出，孙奇逢先生学术思想之倾向是调和程朱、陆王的。但是，我们不能忽视孙先生在青少年时期所受到的教育和其所接触到的思想，亦不应忽略其晚年时期思想上的变化。可以说，一个人，尤其是学问臻深之大家，对于问题的思考会更加深入、细致和全面，而体现出来的思想倾向则又不能不被人所重视。总之，一个人的思想倾向并不能用简单的几句话来加以归纳和下结论。

可是，到目前为止，对于孙奇逢先生思想倾向存有不同认识。前揭陈瑞波先生的博士学位论文，已对此做了较为详细的归纳。就其所归纳的情形来看，前辈时贤的观点存在不小的分歧，甚至观点相近者，也不无差异。然在笔者看来，享年92岁高寿的孙奇逢先生，经历了明朝的衰败和明清朝代的更替，不仅人生经历丰富，而且随着时代的变迁，其思想也在不断地变化和发展。大体而言，其一生学术取向，可以划分为三个大的

---

① 孙奇逢著，朱茂汉点校《夏峰先生集》卷2，《寄张蓬轩》，第61页。
② 汤斌：《清孙夏峰先生奇逢年谱》卷下，84岁条，台北商务印书馆股份有限公司，1982，第27b页。

阶段。

第一阶段，青少年时期的刻苦好学，接触更多的正统教育，其思想倾向于程朱理学。对于孙奇逢早期的经历，学术界并不存在争议，皆认可其是由朱子学起步的，但论述得并不详细。其实，仔细梳理孙奇逢的早期经历，更能清晰地了解其早期学术取向。

孙奇逢出生在一个耕读世家。据史料记载：

> 祖臣，嘉靖辛酉乡试，由沭阳令历官河东盐运司运判。居官以廉著乡里，有长者称。
>
> 父丕振，邑庠生，学使者以文行授儒官。公兄弟四人，兄奇儒、奇遇著名胶序，弟奇颜为武城宰。兄弟相师友，皆砥砺名行。①

其父丕振亦曾语：

> 家世容城之士族，仕官不显居家睦。书香一脉逾百年，生平良友西江鹿。②

也就是说，其家境尚算殷实，书香传家，从学为官，和睦相处，十分融洽，这一环境有利于造就人才。

当他7岁之时，开始接受启蒙教育。尽管在汤斌所著《清孙夏峰先生奇逢年谱》中并未详细介绍孙奇逢所读何书，但我们从明代教育状况可以了解一二。在当时，启蒙教育的内容主要是识字、写字、学六艺，《急就章》《千字文》都曾是课本。可以说，他初次接触到的是传统教育。11岁，跟随邑庠生开始学文。14岁入县学，跟随提学御史为周公孔教。自14岁之时，他所接受到的皆为传统儒家教育，即正统的程朱理学。其时，程朱理学是人们接受教育、将来步入仕途的必经之路，孙奇逢当然也不会例外。

孙奇逢在县学中刻苦学习，且成绩突出。他于17岁那年应顺天乡试中

---

① 孙奇逢著，朱茂汉点校《夏峰先生集》卷首，《夏峰先生本传》，第1页。
② 冯文达、郭齐勇主编《新编中国哲学史》（下），人民出版社，2004，第1268页。

举，当时，考官评其文章曰："疾徐丰约，一准程朱。"① 翌年春，举进士不第，但他益自奋勉。此后，再举进士亦未中。据《年谱》载，万历三十二年（1604），孙奇逢21岁，下第归来，"肯轩公谓先生曰：国朝重制科，不举南宫者，谓之半截功名，未免降志。后当路累荐举，先生每引此言，坚谢不出"②。孙奇逢自己亦曾说：

> 七岁入小学，十四游宫墙，十七举孝廉，二亲喜非常。"勉之以成立，勿以浅近尝，国家重制科，作官需贤良。"不谓连见背，形枯而神伤。③

从上述话语中，能够清楚地看到，经过多次的失败，使得他身心疲惫，心灰意懒，对科举考试不再感兴趣。

第二阶段，在孙奇逢丁父母忧之时，其思想发生了大的变化，开始着意于陆王心学，并成为阳明学的笃信者。张枫林先生在其硕士学位论文《孙奇逢〈理学宗传〉》中曾指出："22岁时，孙奇逢居父丧，25岁居母丧，前后守丧6年，这六年没有文字记载，一般研究者也没有很好地注意这六年。虽然在这六年中孙奇逢并没有拿出很重要的作品来，但是笔者却认为这六年正是对孙奇逢影响至大的六年，也可以说是其思想的一个转折。从他28岁开始后的学术活动可见，这六年是苦读的六年，是日益进取的六年。居孝期满，孙奇逢带着自己读书所得和疑问走向了游学之路。"④ 这一看法是对的。可以说，孙奇逢在居丧的6年间，其思想发生了较大的变化：一是连续6年的守墓，有更多的时间阅读大量典籍，与朋友进行切磋，使其学问大进；一是风餐露宿的艰苦生活，使其能够静下心来反思从前的人生经历，玉成了其坚定的意志。

自从双亲相继离世，使其"少年妄意功名"之念"顿灰"。在有意于场屋的前些年，皆以落第而告终，应当说孙奇逢对于科举考试已经渐渐失去信心。而在守丧期间发生的一件事，对孙先生来说更是雪上加霜，更加

---

① 汤斌：《清孙夏峰先生奇逢年谱》卷上，17岁条，第3a页。
② 汤斌：《清孙夏峰先生奇逢年谱》卷上，21岁条，第3b页。
③ 孙奇逢著，朱茂汉点校《夏峰先生集》卷11，《病起述往示诸儿暨孙曾》，第430页。
④ 张枫林：《孙奇逢〈理学宗传〉研究·绪论》，河南大学硕士学位论文，2007，第3页。

使其心灰意冷。万历三十五年（1607）九月，丁父忧服阕。冬，邑绅梁如星为宦寺所窘辱，在孙奇逢等人的陈请之下，才得以表白昭雪。其中曰："梁孝廉、薛茂才之事，天理王法真是大变。夫薛珰一小竖子耳，余皆小竖子之奴隶耳，遂敢鞭箠孝廉，幽囚士子，于奉诏入试之日，尚可谓有世道哉！阉人之炽恶，斯文之丧气也。明公风教攸握，值此非常异恶，察其主谋者何人，当恶者何人，严讯而置之法。"① 此事引起孙奇逢如此的愤慨，可以想见他此时的思想在发生大的变化。

《年谱》载汤斌按语曰：

> 先生志学，当自此始。忆友人问曰：先生自考志学以何时为可持循之日？先生云：少年妄意功名，自两亲见背，此念顿灰。与鹿伯顺为友，初以名节相砥砺，未免走入气质之偏处，暗然一念，自证生人面目，其实从哀恸穷苦中得来。②

据此，孙奇逢基本上明确告诉人们，他此时的思想已发生了大的变化，而这一变化是"从哀恸穷苦中得来"的。

当然，我们不能仅仅从这一件事来看，值得注意的是，孙奇逢先生思想上的大变化，是否与当时的社会现实有着密切的关联呢？总体而言，明神宗统治时期，其即位之初，国家局面还算可以，如其间尤其是在内阁首辅张居正主持政务之时，实行了一系列的改革措施，使社会经济有了很大的发展，老百姓生活也有所提高。亲政后，更是励精图治、生活节俭，有勤勉明君之风范，开创了"万历中兴"局面。但是，到了晚期，则出现了截然相反的状况，由于他酒色过度，身体极为虚弱，几乎很少上朝，一些政务主要通过谕旨的形式向下传达；再到后来，甚至连所上奏章也不再批复，直接"留中"不发。这一局面，不仅使得整个政府机构的运转不能正常进行，陷于停顿状态，而且使得百官党争于庭，官僚队伍中党派林立，门户之争日甚一日，互相倾轧。正如《明史》中所言："台省空虚，诸务

---

① 汤斌：《清孙夏峰先生奇逢年谱》卷上，24岁条，第4b页。
② 汤斌：《清孙夏峰先生奇逢年谱》卷上，28岁条，第6b页。

废堕，上深居二十余年，未尝一接见大臣，天下将有陆沉之忧。"① 国家如此局面，对于有理想有抱负的孙奇逢先生来说，一定会产生较大的影响。前揭梁孝廉、薛茂才事件已清楚地有所体现，而孙奇逢14岁时回答杨补庭先生所问时的"效死勿去"之语，亦早显露端倪。这一切，都表明自小立有大志的他，面对如此的社会现实，肯定忧心忡忡，不能不对其进行深刻的反思。

再者，对于孙奇逢学术思想的变化起重要作用的，还有鹿善继。鹿善继（1575～1636），字伯顺，号乾岳，直隶定兴（今属河北）人。万历四十一年（1613）进士，授户部山东司主事，后补河南，主管辽饷。由于上书朝廷以帑银补辽饷而降职、减俸，并外调他职，后归故里；光宗时复官，改任兵部职司主事，跟随孙承宗抗清；崇祯时擢太常少卿，管光禄寺丞事，后因病归家。崇祯九年（1636）七月，清兵围攻定兴，善继自动入城守卫，城陷而死。鹿氏家学宗主陆王，善继少不就塾师，以祖父为师，深受家学的熏炙。善继亦宗陆王，而于阳明学尤为心契，著有《四书说约》《认理提纲》《寻乐大旨》等书。

鹿善继与孙奇逢友善，交往甚密，且对孙奇逢影响较大。汤斌所著《清孙夏峰先生奇逢年谱》载：

> 念衰朽少承家学，自先祖沭阳公与阳明高第邹东廓之子讳美者同学京兆，得闻其家学。故平生口无伪言，身无妄动，以躬行教子若孙。老夫奉父命从季父成轩公学，此渊源之所自，而尤得良友鹿伯顺夹助之力居多，伯顺深得阳明之学者也。②

由此可以看出，孙奇逢不仅有着深厚的家学渊源，而且受到阳明学者邹东廓之子和鹿善继的影响，尤其受鹿善继影响较深。28岁那一年的正月，孙奇逢服阕，于秋天进京，隔年，即万历四十一年，仍下第，而其好友鹿伯顺则中进士。在京师，"同鹿伯顺读王文成《传习录》"。汤斌按语曰：

---

① 《明史》卷21，《本纪第二十一·神宗二》，上海古籍出版社、上海书店，1986，第41页。
② 汤斌：《清孙夏峰先生奇逢年谱》卷下，90岁条，第37b页。

"先生初守程朱甚笃，鹿先生讲次，每举姚江语先生，因读《传习录》知行合一，跃然有得，自是寝食其中焉。"① 由此可见，鹿善继对于孙奇逢由程朱理学向陆王心学的转变起到了催化剂作用。自此以后，孙奇逢的学术思想开始由程朱向陆王转变。

第三阶段，进入清朝之后，也正是孙奇逢耳顺之年，此时他较多地接触到刘宗周思想，其思想进入成熟期。刘宗周（1578~1645），字起东，号念台，浙江山阴（今绍兴）人。天启初年，为礼部主事，历右通政。因弹劾魏忠贤和客氏，被削籍归；到了崇祯初年，起顺天府尹，奏请不报，谢疾归。后再起授工部侍郎，累擢左都御史，则又以论救姜采、熊开元等，革职归；福王监国，起原官。他痛陈时政，并极力上书弹劾马士英等，后又复争阮大铖必不可用，皆不被采纳，遂乞骸骨请归；杭州失守，绝食23日卒；因讲学于山阴蕺山，学者称蕺山先生，被人们称之为明代最后一位儒学大师和宋明心学之殿军。其著作甚丰，弟子众多，开创了著名的蕺山学派，在中国思想史特别是儒学史上影响巨大。

刘宗周"早年不喜象山、阳明之学"②，认为陆、王心学"皆直信本心以证圣，不喜言克己功夫，则更不用学问思辨之事矣"③，容易导致禅学化。所以他曾说："王守仁之学，良知也，无善无恶，其弊也，必为佛老顽钝而无耻。"④ 但到了中年，他的学术主张发生了大的变化。万历四十年（1612）被解官后，他更是闭门读书，"悟天下无心外之理，无心外之学"⑤，转向了陆王心学，著《心论》一文，阐发了自己的心学观，认为"只此一心，散为万化，万化复归于一心"，"大哉，心乎！原始要终，是故知死生之说"⑥。教学之余暇，他又撰《论语学案》《曾子章句》两书。在《论语学案》中，他强调"学字是孔门第一义"，指示"君子学以慎独，直从声外立根基"，"视听言动一心也，这点心不存，则视听言动到处

---

① 汤斌：《清孙夏峰先生奇逢年谱》卷上，30岁条，第7a~7b页。
② 刘宗周著，吴光主编《刘宗周文集》第九册，《附录》上，《蕺山刘子年谱》，浙江古籍出版社，2012，第59页。
③ 刘宗周著，吴光主编《刘宗周文集》第九册，《附录》上，《蕺山刘子年谱》，第59页。
④ 刘宗周著，吴光主编《刘宗周文集》第四册，《文编》上，《修正学以淑人心以培国家元气疏》，第17~18页。
⑤ 刘宗周著，吴光主编《刘宗周文集》第九册，《附录》上，《蕺山刘子年谱》，第67页。
⑥ 刘宗周著，吴光主编《刘宗周文集》第九册，《附录》上，《蕺山刘子年谱》，第67页。

受病，皆妄矣。若言'视思明，听思聪，言思忠，动思敬'，犹近支离"。①这反映出其学术思想既由心学中脱胎，又希望矫正心学之失的特征。凡此皆表明刘宗周对阳明心学开始了由"中而信"到"终而辨难不遗余力"的转变。

据史料可知，孙奇逢与刘宗周可谓同辈人，年龄相近。只不过刘宗周于明亡后绝食而去，而孙奇逢则亦离乡背井，过着流浪的生活。对于去世的刘宗周，孙奇逢是"高山仰止，追随恐后"，这从其笔下即能窥见一斑。其一，对刘宗周之忧国忧民、志节耿然的态度和做法高度赞扬。如他在为纪念东宫讲官刘理顺和兵部主事金铉所撰《刘文烈遗集序》《金忠节公传》二文中，皆论及刘宗周。而为表彰刘宗周以身殉国，更是著有《五人传忠录》，其中曰："刘念台叙明理学，引方正学为首，非谓其为读书种子乎？"②给予高度评价，可见其钦佩之情。其二，对刘宗周之学问，亦钦佩之至。"在孙夏峰看来，刘蕺山不惟以忠烈名垂史册，而且也是卓然成家的理学大师。于是在孙夏峰历时30年而精心结撰的《理学宗传》中，刘蕺山便以'理学而以节死'的大家著录"③，是有其道理的。因而，业师陈祖武先生得出如下结论："由对刘蕺山志节的敬仰，引为同志，进而服膺其学说，以致潜移默化，不期而然，接受蕺山学术主张，走向合会朱王学术的道路。在孙夏峰的笔下，此一线索若隐若现，依稀可辨。"④

孙奇逢先生的大半生都是在明代度过的，他不仅同明末阉宦进行过生死斗争，而且组织义勇坚持抗击清兵。明朝灭亡后，被迫离开家乡，举家南迁至河南辉县苏门山，多次拒绝清廷的征召，在苏门山夏峰村课徒授业，致力于学术。

孙奇逢先生曾著《道一录》，"以证夫道之一"⑤。他认为："朱、王入门，原有不同，及其归也，总不外知之明、处之当而已。"⑥在他看来，

---

① 黄宗羲著，沈芝盈点校《明儒学案》卷62，《蕺山学案》，中华书局，1985，第1598页。
② 孙奇逢：《孙征君文稿三种》之二，《五忠录序》。转引自陈祖武先生《清儒学术拾零》一《蕺山南学与夏峰北学》，湖南人民出版社，1999，第2页。
③ 陈祖武：《清儒学术拾零》一，《蕺山南学与夏峰北学》，第3页。
④ 陈祖武：《清儒学术拾零》一，《蕺山南学与夏峰北学》，第3页。
⑤ 孙奇逢著，朱茂汉点校《夏峰先生集》卷4，《道一录序》，第137页。
⑥ 孙奇逢著，朱茂汉点校《夏峰先生集》卷2，《答常二河》，第71页。

"文成之良知，紫阳之格物，原非有异"①，"两贤之大旨固未尝不合也"②。进而强调："陆、王乃紫阳之益友忠臣，有相成而无相悖。"③ 也就是说，程朱、陆王之学，实际上是同源而异流，殊途而同归。因此，孙奇逢先生极力合朱、王于一堂。他曾大力倡言：

> 我辈今日要真实为紫阳，为阳明，非求之紫阳、阳明，各从自心自性上打起全副精神，随各人之时势身分，做得满足无遗憾，方无愧紫阳与阳明。④

孙奇逢先生历时 30 年，三易其稿，著成《理学宗传》一书，凡 26 卷。他在《自叙》中说：

> 此编已三易，坐卧其中，出入与偕者，逾三十年矣……初订于浬城，自董江都而后五十余人，以世次为叙。后至苏门，益二十余人。后高子（即高镐——引者注）携之会稽，倪（即倪元瓒——引者注）、余（即余增远——引者注）二君复增所未备者，今亦十五年矣。⑤

其门人汤斌也在此书《序》中称："八十年中躬行心得，悉见于此。"⑥ 张沐于《序》中也说："盖八十年中，下学上达，有不可以告诸人、人亦终不得而知者，悉著诸此。"⑦ 可见，孙奇逢先生于是书花费了大量的心血。

《理学宗传》一书以北宋五子（周敦颐、程颢、程颐、张载、邵雍），南宋的朱熹、陆九渊，明代薛瑄、王守仁、罗洪先、顾宪成等理学大师共

---

① 孙奇逢：《四书近指》卷1，《大学之道章》，转引自陈祖武先生《清儒学术拾零》一《蕺山南学与夏峰北学》，第5页。
② 孙奇逢著，朱茂汉点校《夏峰先生集》卷2，《复魏莲陆》，第70页。
③ 孙奇逢著，朱茂汉点校《夏峰先生集》卷2，《与魏莲陆》，第69页。
④ 孙奇逢著，朱茂汉点校《夏峰先生集》卷2，《与魏莲陆》，第69页。
⑤ 孙奇逢著，朱茂汉点校《夏峰先生集》卷4，《理学宗传序》，第136页。
⑥ 汤斌：《理学宗传序》，孙奇逢：《理学宗传》卷首，《续修四库全书》第514册，上海古籍出版社，2003，第199页。
⑦ 张沐：《理学宗传叙》，孙奇逢：《理学宗传》卷首，《续修四库全书》第514册，第202页。

11 人为宗主；辅以汉唐宋明诸儒考，共计 146 人。另外辟有"补遗"，共载宋明儒者 6 人。孙奇逢先生通过对宋明（其中也包括汉唐诸儒，但该书以宋明诸儒为主）理学史的梳理、归纳和总结，试图寻找出儒学发展的新途径。他利用《周易》"元、亨、利、贞"的循环轨迹，来归纳总结了数百年间的理学发展史。于卷首《自叙》中，他讲道：

> 近古之统，元其周子，亨其程、张，利其朱子，孰为今日之贞乎……盖仲尼殁，至是且二千年，由濂洛而来，且五百有余岁矣，则姚江岂非紫阳之贞乎……接周子之统者，非姚江其谁与归？①

可见，孙奇逢先生从儒学道统观出发，为王阳明学术争正统，肯定王阳明是继朱熹之后的道统传人。总之，明清更迭的沉重打击，使他深深地意识到这一切都是由于明末王学的空谈造成的，但是，历史的局限性又使他无法寻找到一种新的先进的思想依据，于是，他便沿着所服膺的东林学派"以朱补王"之旧辙，走向合会朱、王学术的道路。

综上所述，孙奇逢先生一生及其学术取向，大致可划分为三个阶段：青少年时期的刻苦学习和游学四方，此时锐意于科举，较多地涉猎官方学术即程朱理学。在其丁母忧之时，思想发生了较大的变化，开始着意于陆王心学，并有了明显的变化。到了清朝顺治之时，进入耳顺之年，其思想达到一个新的高度，也就是说，到了晚年，他尤其钦佩刘宗周学行，遂以修正王学，合朱、王学术于一堂为归宿。

（作者单位：聊城大学历史文化与旅游学院）

---

① 孙奇逢著，朱茂汉点校《夏峰先生集》卷 4，《理学宗传序》，第 136 页。

《清儒学案·夏峰学案》纂修述略

朱曦林

摘 要：孙奇逢是唯一收入《明儒学案》，复又收入《清儒学案》的明清之际学者，全祖望将之与黄宗羲、李颙并称"清初三大儒"。徐世昌编纂《清儒学案》，以《夏峰学案》为开卷首案，除遵循于《凡例》外，也是对孙奇逢学术的表彰和推崇。而就《夏峰学案》的纂修言之，其渊源则始于1914年徐世昌所倡修的《大清畿辅先哲传》及稍后的《大清畿辅书征》。同时，此二书的编纂也为《清儒学案》的纂修，特别是与畿辅人物相关的学案的纂修，提供了坚实的文献基础。因此，从《先哲传》《书征》，到《晚晴簃诗汇》，再到《清儒学案》，于徐世昌的清代学术著作编纂是一个循序渐进、相互关联、不可分割的整体。本文以《夏峰学案》的纂修为中心，借此探讨《清儒学案》各案纂修情形之一端。

关键词：孙奇逢　《大清畿辅先哲传》　《清儒学案》　徐世昌

明代中叶，阳明学兴起，至正德、嘉靖之时遂掩程、朱之学而上，成为学界的主流，"嘉、隆而后，笃信程、朱，不迁异说者，无复几人矣"①。迄于晚明，"谈良知者几且盈天下"②。然而，以王畿、王艮为代表的阳明后学"时时不满其师说"，遂"启瞿昙之秘而归之师"，以致"跻阳明而为禅"，使阳明之学"渐失其传"，末年更是"流弊滋甚"，已"非名教之所能羁络矣"。③ 鉴于阳明学之流弊，顾宪成、高攀龙起而倡导"由王返

---

① 张廷玉等：《明史》卷282，《儒林序》，中华书局，1974，第7222页。
② 顾宪成：《小心斋札记》卷2，《续修四库全书》子部第943册，上海古籍出版社，2002，第139页。
③ 黄宗羲：《明儒学案》（修订本）卷32，《泰州学派一》，沈芝盈点校，中华书局，2008，第703页。

朱",以救空谈之弊;刘宗周则倡"慎独",以救放纵之弊。① 入清以后,学界痛悼明亡,反思明学之弊,针对阳明后学"空谈误国""阳儒阴释"进行猛烈地批判。而明中叶以降,"通经学古"的经学倡导,同清初的批判理学思潮相融合,"以经学济理学之穷"的学术潮流遂滚滚而起。同时,面对自身学派的深刻危机,王学中人亦各自探寻修正之道。孙奇逢即以王学后劲挺身其间,提出根本孔子、会合朱陆的学术主张,倡导"躬行实践",设堂讲学,遂开北学之风气。因此,黄宗羲称"北方之学,大概出于其门"②。

孙奇逢是明清之际的学者中,唯一收入《明儒学案》,复又收入《清儒学案》者。陈祖武先生曾指出:"《明儒学案》自始至终,有一个首尾相连的宗旨贯穿其间,那就是恪守'成仁取义'古训,倡导将节义与理学合为一体。"因此,孙奇逢得以收入《明儒学案》,乃黄宗羲意在表彰其固守遗民矩矱,矢志不仕清廷,以为天地保存这样一份可以传之久远的元气之故。③ 而《清儒学案》中特以之冠诸卷首,《凡例》则释道:"是编以从祀两庑十一人居前,崇圣道也……夏峰已见《明儒学案》,而是编取以弁冕群伦。以苏门讲学,时入清初,谨取靖节晋、宋两传之例。"④ 并评价其学术地位道:"夏峰以豪杰之士,进希圣贤。讲学不分门户,有涵盖之量。与同时梨洲、二曲两派,同出阳明,气魄独大,北方学者奉为泰山北斗。"⑤ 由此,不难看出孙奇逢之于明清之际学术的重要地位。但揆诸前人研究,于《明儒学案》颇有论及,而于《清儒学案·夏峰学案》则论者寥寥。有鉴于此,本文尝试以《清儒学案》稿本及《清儒学案书札》为中心,结合《大清畿辅先哲传》(下称《先哲传》)、《大清畿辅书征》(下称《书征》)的编纂,梳理《夏峰学案》之编纂过程,以见《清儒学案》中各学案编纂情形之一端。

---

① 梁启超:《中国近三百年学术史》,朱维铮校注《梁启超论清学史二种》,复旦大学出版社,1985,第138页。
② 黄宗羲:《明儒学案》(修订本)卷57,《诸儒学案下五》,第1371页。
③ 陈祖武:《〈明儒学案〉发微》,《中国史研究》2009年第4期。
④ 徐世昌:《清儒学案》卷首,《凡例》,陈祖武点校,河北人民出版社,2008,第1页。
⑤ 徐世昌:《清儒学案》卷1,《夏峰学案》,第1页。

一　孙奇逢学行述略

孙奇逢，字启泰，号锺元，直隶容城人。17岁，举万历庚子（1600）科顺天乡试，后迭经会试，然迄于明亡未曾中式，故而曾自叹"年年下第，徒泣春风"。[①] 天启末年，魏忠贤乱政，杨涟、左光斗、魏大中等上疏弹劾，遂遭魏阉毒虐，并诬以纳贿之罪，矫旨将之逮下诏狱。[②] 左、魏与鹿善继友善，于奇逢亦有国士知，奇逢遂与鹿氏之父鹿正倡议醵金营救，并致书督师孙承宗，请其兵谏施救。事甫就，而左、魏已卒狱中，然其义举动天下，与鹿正、张果中并称"范阳三烈士"。[③] 崇祯年间，屡有荐其才者，而奇逢固辞不就，遂有"征君"之称。末年为避寇乱，携家入易州五公山，结茅双峰，门生亲故从者甚众。入清，固守志节，屡征皆以病固辞。晚年，因田园被圈入旗，被迫南徙辉县苏门山，适工部都水司卫河使马光裕以夏峰村田庐见赠，遂定居夏峰，辟"兼山堂"，讲学其中，学者称为"夏峰先生"。

夏峰之学，早年"谨守程、朱之训"[④]，中年受挚交鹿善继影响，因读《传习录》，于"知行合一"跃然有得，自是寝食其中，笃信阳明之学。[⑤] 晚而钦仰刘蕺山学行，遂以修正王学、合朱王于一堂为归宿。[⑥] 故而其学超然于门户，倡导会通朱陆，认为"文成之良知、紫阳之格物，原非有异"[⑦]，而其准的则在孔子，诚如其高足赵御众所论："其学以天为归，以孔为的。或有以为非考亭之学者，先生不辨也。盖自志学以来，无一日非穷理之学也。或有以为遵姚江之学者，先生不辨也。盖自与鹿忠节讲学以来，无一日非格致之学也。或又以为考亭、姚江调停两可之说者，先生亦不辨也。盖穷理为孔子之穷理，致知为孔子之致知也。苟不同脉，何以调停？若果异端，谁为两可？但当问其是孔非孔，不当问其谁朱谁王。则考

---

① 孙奇逢：《夏峰先生集》卷1，《复徐恒山》，朱茂汉点校，中华书局，2012，第12页。
② 张廷玉等：《明史》卷244，《杨涟、左光斗、魏大中传》，第6328、6332、6336页。
③ 钱仪吉：《碑传集》卷127，《孙征君先生奇逢传》，中华书局，1993，第3743页。
④ 孙奇逢：《夏峰先生集》卷2，《寄张蓬轩》，第61页。
⑤ 汤斌等编《孙夏峰先生年谱》卷上，万历四十一年癸丑，三十岁，畿辅丛书本。
⑥ 陈祖武：《清代学术源流》，北京师范大学出版社，2012，第29页。
⑦ 孙奇逢：《四书近指晚年批定》卷1，《大学之道章》，国家图书馆藏清光绪年间刻本。

亭、姚江之辨，后人正未易以左袒虚见争也。先生一生学问，总之以孔子印诸儒。考亭、姚江之说各有定论，其书具在，可考而知也。"① 奇逢认为阳明是近承朱熹，而远绍孔子："盖仲尼殁，至是且二千年，由濂、洛而来，且五百有余岁矣，则姚江岂非紫阳之贞乎？"② 因此，反复重申："陆、王乃紫阳之益友忠臣，有相成而无相悖。"③ 并认为朱、王之学最终归宿仍在于治道："穷理者圣学之首事，正物者圣学之结局……朱、王入门原有不同，及其归也，总不外知之明、处之当而已。至用功先后，虽有次序，其实合天下国家、身心意知以为物，不离平治、修齐、诚正以为格也。"④ 故而"学问之事，患无下手处，故无得力处。知在'躬行'二字上着手，便一了百当矣"⑤。由此倡导"躬行实践"之学。

奇逢讲学中州，"有问学者，随其高下浅深，必开以性之所近，使自力于庸行。上自公卿大夫，下及野人、牧竖、武夫、悍卒，一以诚意接之"，因而"名在天下而人无忌嫉"⑥。全祖望将之与黄宗羲、李颙并称"清初三大儒"⑦。《清儒学案》更称其"承明季讲学之后，气象规模最为广大。被其教者，出为名臣，处为醇儒，世以比唐初河汾之盛云。"⑧ 其毕生著作颇丰，计有《读易大旨》《书经近指》《四书近指》《理学宗传》《畿辅人物考》《中州人物考》等十数种。其中《理学宗传》一书所构建的以传记、学术资料选编、评笺三段式的编纂形式，则是新的学术史编纂体裁，即"学案体"学术史的雏形。此后，黄宗羲《明儒学案》的结撰，就编纂学渊源而言则导源于此⑨。而就编纂宗旨言之，是书首列周敦颐、二程、朱熹以迄王守仁等11人，认为"由濂、洛而来，且五百有余岁矣，则姚江岂非紫阳之贞乎……接周子之统者，非姚江其谁与归"⑩，勾勒出周

---

① 徐世昌：《大清畿辅先哲传》卷10，《孙奇逢传》，北京古籍出版社，1993，第334页。
② 孙奇逢：《理学宗传序》，《续修四库全书》史部第514册，第207页。
③ 孙奇逢：《夏峰先生集》卷2，《与魏莲陆》，第69页。
④ 孙奇逢：《夏峰先生集》卷2，《答常二河》，第71页。
⑤ 孙奇逢：《夏峰先生集》卷2，《复梁以道》，第79页。
⑥ 王锺翰点校《清史列传》卷66，《孙奇逢传》，中华书局，1987，第5240页。
⑦ 全祖望：《鲒埼亭集内编》卷12，《碑铭七》，《全祖望集汇校集注》，朱铸禹汇校集注，上海古籍出版社，2000，第237页。
⑧ 徐世昌：《清儒学案》卷1，《夏峰学案》，第2页。
⑨ 陈祖武：《中国学案史》，东方出版中心，2008，第93~94页。
⑩ 孙奇逢：《理学宗传序》，第207~208页。

敦颐、朱熹以迄王守仁的道统直传，则旨在为阳明学树正统，亦与黄氏《学案》出于同一宗旨。

二　从《大清畿辅先哲传》到《清儒学案》

作为"学案体"史籍的总结之作，《清儒学案》的编纂始于1928年，迄于1938年春蒇事，由徐世昌主持编纂，先后参与编纂者有夏孙桐、王式通、金兆蕃、郑沅、章华、闵尔昌、沈兆奎、朱彭寿等人。该书所涉门类涵盖有清一代之经学、理学、史学、诸子百家、天文历算、文字音韵、方舆地志、金石诗文等，收录人物上起明清之际的孙奇逢、黄宗羲、顾炎武，下至清末民初的宋书升、柯劭忞、王树枏诸人，共收录学者1169人，辑为208卷，宏富程度，堪称清代之学术通史。

《清儒学案》编纂之难，固因清代学术"脉络筋节难寻"，而"无统宗纲纪可标""无派别源流可指"①，学者之传志、著作搜罗非易亦是重要原因。曹秉章曾感慨立案之难："大凡作案，既要书，又须求其传、状、碑、志采辑作传，时代远者，固多散佚，而时代近者，又少流传。故每作一案，皆不能旦夕立成也。"② 因此，编纂如此浩繁的学术著作，并非易事。故而清中叶以降，以"国朝""皇朝""清儒""近儒"为名发愿纂著《清儒学案》者代有人出，但近今能看到完帙者，唯徐世昌的《清儒学案》而已。徐氏能纂成此书，除因其在晚清民国间显赫之地位外，十数年间纂修大型学术著作的经验及由此积累的文献基础亦不可忽略，从《清儒学案》上溯，《晚晴簃诗汇》《先哲传》《书征》皆为《学案》的修纂提供借鉴和文献基础。如在《先哲传》《书征》编纂之时，贺葆真就建议"编集《畿辅文征》《诗征》"③，徐世昌遂由此启发，提出选编有清一代之诗："日前谒相国，相国言子前所言选诗诸事，吾又欲大其规模，选清一代之诗，继《元诗选》《明诗综》之后。"④ 是为此后之《晚晴簃诗汇》。而此

---

① 钱穆：《清儒学案序目》，《中国学术思想史论丛》（八），九州出版社，2011，第548页。
② 曹秉章编辑，徐世昌批示《清儒学案书札》，俞冰主编《名人墨迹书札》第12册，线装书局，2007，第16页。
③ 贺葆真：《收愚斋日记》卷26，1915年5月2日，徐雁平整理，凤凰出版社，2014，第293页。
④ 贺葆真：《收愚斋日记》卷28，1917年12月13日，第438页。

中于《夏峰学案》关系最密者，则当属《先哲传》《书征》的纂辑。

民国肇始，徐世昌即请假出京，往返于京、津、青岛、辉县之间。1914年，在袁世凯再三敦劝下，徐世昌出任国务卿。适逢是年春，民国政府倡修清史，并于是秋开馆①，王树枏亦受聘任总纂，徐氏遂约同纪钜维诸人商办纂辑畿辅文献②，并嘱贺葆真、赵衡等筹划办法③。旬月以后，徐世昌于其内办公室宴请参与编纂诸人，"宣布征求畿辅文献宗旨"④，聘请王树枏主持纂修⑤，并于畿辅先哲祠设"畿辅编书处"，开局修书。

1915年，徐世昌主持畿辅先哲祠春祭，祭毕至编书处与编纂诸君商谈。是日，徐氏于日记中记下数语，颇涉编纂宗旨："因清史馆征书恐有遗漏，特设此局，请王晋卿同年纂辑应入儒林、文苑各传底稿，以为史馆之助。所有经费，余独任之。开局数月，已成书数卷矣。"⑥ 此中，徐氏虽言其编纂目的在于补清史征书之遗漏，亦备清史儒林、文苑传之采择，但若参酌王树枏所作《先哲传序》，则其编纂该书之苦心实不止此，谨将序文录之如下：

> 有清建国以来，崇儒右文，圣道昌明，远驾千古。皇畿为首善之区，海内通才硕士，鳞萃都下。生其间者，耳目渐染，取法最近，亦濡化最先，故二百数十年来，畿辅人才之众，几甲天下。往者，读魏莲陆、尹元孚《北学》正续诸编，叹其取材太狭，且不无入主出奴，门户之私，识者病焉。光绪初元，树枏尝辑直隶人物，依圣门四科之

---

① 许师慎：《有关清史稿编印经过及各方意见汇编》上册，台北"中华民国史料研究中心"，1979，第1~3页。
② 徐世昌：《韬养斋日记》第38册，甲寅十月初十日（1914年11月26日），天津图书馆藏抄本影印本。
③ 贺葆真：《收愚斋日记》卷25，1914年12月3日，第272页。
④ 贺葆真：《收愚斋日记》卷25，1914年12月26日，第276~277页。
⑤ 王树枏：《陶庐老人随年录》，中华书局，2007，第76页。
⑥ 徐世昌：《韬养斋日记》第38册，乙卯三月十二日（1915年4月25日）。关于搜辑畿辅文献以备史馆采择的宗旨，在《凡例》中亦有体现："清初纂修明史，编辑诸公多系南人，北方名彦遗漏颇多，万季野曾痛切言之。今值创修清史之时，窃恐二百数十年文献，仅凭官家采访，不无遗漏，因设局搜辑，积四年之久，始成此书，上之史馆，以备采择。"虽言之凿凿，其实不难看出，徐世昌更多的是为了表彰畿辅先贤，恐清史有遗漏的地域立场出发。

目,分类纂录:曰德行科,性理之学属之;曰言语科,词章之学属之;曰政事科,经济之学属之;曰文学科,考据之学属之,总名之曰《北学师承记》。惜其时搜讨未备,迄未成书。二十余年宦游四方,稿本泰半散失。甲寅之岁,弢斋徐公有纂修《大清畿辅先哲传》之举,索树枬旧稿,存者寥寥,且简略不足备甄择。公乃博为搜辑,凡国史所载以及私家撰著,其文献实有可以征信者,罔不穷搜博考,力为表章。阅时三年,凡为传目八,为卷四十,而以列女附焉。呜呼!盛已。夫中国者,众学之渊薮,而学者,一国之范围也。经数千百年,圣作明述,以造成一国之学。经数千百年,君相之作育,师友之渊源,以造成一国之人。其达而在上也,则行其所学,可以兼善天下;其穷而在下也,则守其所学,可以独善一身。自将相、师儒,立德、立功、立言之大,下逮愚夫、愚妇,其为善俗所熏陶、日用所行习者,亦皆足以扶名教而植纲常。降及末世,学非所学,邪说恣行。其甚者,欲举古圣先师之所以经世训俗者,一是屏弃之,以为无足与今之天下。学术之忧,正未知何所届也。公之为是书也,岂第一乡之文献已哉?其所以正人心,维风化,以诏后学者,举于是乎在。①

王树枬此序文,大要有三:其一,概述有清一代畿辅地区文化之大略,盛赞清代崇儒右文之国策,并将畿辅地区人才兴盛、文化繁荣归结于清廷的文化政策及迩近都城的地理优势。此后《清儒学案》的序文,也是延续这一盛赞清廷文化政策的观点。其二,从学术及人物去取的角度,认为魏一鳌、尹会一《北学编》"专取理学一门,规模稍狭"②,又存在"入主出奴门户之私",难得畿辅人物之详,而王树枬依孔子四科所辑之《北学师承记》又未能成书。因此,为表彰畿辅先哲,徐世昌认为"学问之道无尽,识大识小皆为圣人所师,不可以一格拘也",故而此书"凡国史所载以及私家撰著,其文献实有可以征信者,罔不穷搜博考",共成40卷,分八目,远迈魏、尹、王之著。其三,针对倡导西学而蔑弃中学之风气,认为中国之学、中国之人乃经数千百年"圣作明述""君

---

① 王树枬:《大清畿辅先哲传序》,《大清畿辅先哲传》卷首,第1~2页。
② 徐世昌:《大清畿辅先哲传》卷首《凡例》,第1页。

相之作育，师友之渊源"而成，故上者"兼善天下"，下者"独善其身"，皆"足以扶名教而植纲常"。而是时倡导西学之风"恣行"，其甚者更是"欲举古圣先师之所以经世训俗者，一是屏弃之，以为无足与今之天下"。因而徐世昌编纂此书之目的并非局限于一乡之文献，以存"存桑梓耆俊之嘉言懿行"①，而是为了提倡中学，以此"正人心，维风化，以诏后学者"②。

以上三点，不啻为徐世昌编纂此书之宗旨。书中，因徐氏出于"正人心，维风化，以诏后学者"之目的，故其对于儒林、文苑二传颇为着意，并且由王树枏亲自编纂。此书为将"道学""词章考据诸学"纳入其中，而不致"名类杜撰"，对儒林、文苑之名进行了改易，将《儒林传》易为《师儒传》，而"古之所谓道学者皆统之矣"；将《文苑传》易为《文学传》，而"词章考据诸学皆统之矣"。其中对于孙奇逢③，则特别强调"然其倡明道学，继往开来，其所重尤在此，不在彼，故列之《师儒传》中"，并于《师儒传》中以徐氏所言之三大派分别详述师传渊源："直隶有明至清学术三大派，刁蒙吉、王余佑诸人为一派（宗程、朱），孙夏峰诸人为一派（宗陆、王），其后又有颜李一派"④，将之著为《凡例》，以强调其"学虽殊途，其揆则一，依次编录，以示景行"⑤。

而在编纂过程中，对于孙奇逢一传，王树枏也颇多着意，贺葆真记道：

> 访晋卿年丈……言及孙奇逢传，余曰："传已甚完备，可无改动。"晋卿曰："前所为传，乃修《畿辅通志》时所为，今拟少变其

---

① 徐世昌：《序》，李棠阶：《李文清公日记》卷首，穆易点校，岳麓书社，2010，序言第1页。
② 此外，从《凡例》中言"吾家自浙江鄞县北迁顺天之大兴，始于明季；四世祖端叔公再迁天津，遂世为天津人。历代先德，详志家乘。兹纂是编，同王君晋卿谓不可不分载传中，以昭来许。是编凡吾先人诸传，皆晋卿手纂，按年编次，与诸传同例"。尚可作一点补充，即此书之编纂亦有徐世昌表彰其先人之意，故于徐氏先人特立专传，详述功绩。
③ 徐世昌对于孙奇逢的推崇，于其《日记》中不难看出，其入仕之初，时常诵读《理学宗传》，并于1897、1912年两度拜谒"孙征君祠墓"。见《韬养斋日记》第14册"丁酉三月廿九日（1897年4月30日）"条、第35册"壬子十月初五日（1912年11月13日）"条。
④ 《清儒学案》稿本第263册《湘乡学案》，国家图书馆藏抄本。
⑤ 徐世昌：《大清畿辅先哲传》卷首，《凡例》，第3页。

体。"余曰:"搜求事实为传所未载,贴签其上,以备先生自编入不可乎?"曰:"善。即将全文附夹其中亦可。不特事迹,即他人说论亦可采也。"晋卿又云:"子可搜集事迹,而即编辑也。"①

从引文中,不难看出王树枏编辑的孙奇逢传初稿是以《畿辅通志·孙奇逢传》为蓝本,因而贺葆真认为"传已甚完备,可无改动"。② 但王树枏仍然对此不甚满意,故而提出"今拟少变其体"。而变更的方式,除补入未载的事迹外,较大的变动则是在传文中采入他人的论说。若以《先哲传》与《碑传集》《儒林传稿》《汉学师承记》《国朝先正事略》《清国史》《清史列传》等诸书同传对比,诸书虽各有特色,然《先哲传》中于论学之处则较他书为详,如传文中载入赵御众、汤斌对孙奇逢学术评述,则为他书所未载。③ 此后,《夏峰学案》编纂亦取材自《先哲传》,在稿本中,该册学案编辑者夏孙桐就说道:"此卷引《畿辅先哲传》最多,嗣经讨论,本人著书,不当引本人之书为据。《先哲传》原出处有可知者,有难悬揣者,今姑就可踪迹者注之,不免有从略之处,此无可如何也。"④ 由此也可知,今定本《夏峰学案》文后虽注明征引各书,实则乃借《先哲传》先成学案,而后再作标注。

此外,与《先哲传》同时稍后,王树枏提出编纂《书征》⑤,徐世昌很快应允此议,并嘱贺葆真转告王树枏:"凡畿辅之著述,已刻未刻,苟有其书,虽未见亦记之,将来可择其佳者刻之,或录副本,以传将来。"⑥但经搜辑,因所见之书不及十一,不得不稍作改订:"初相国属余告晋卿,言《畿辅书征》每书将已见、未见、或存、或佚分别注于下。晋卿初从其言,既而因书之见者不及十一,存佚无由知,因少变其例,仅注抄本于目

---

① 贺葆真:《收愚斋日记》卷26,1915年1月25日,第283~284页。
② 按:笔者翻阅光绪《畿辅通志·孙奇逢传》,该传内容实与贺葆真评价相符,唯有关生平事迹、论学评价的记载逊于《先哲传》(参见李鸿章、黄彭年等纂修光绪《畿辅通志》卷231《孙奇逢传》,宣统二年(1910)刊本)。
③ 徐世昌:《大清畿辅先哲传》卷10《孙奇逢传》,第329~335页。
④ 《清儒学案》稿本第3册《夏峰学案》。
⑤ 贺葆真:《收愚斋日记》卷26,1915年1月25日,第284页。
⑥ 贺葆真:《收愚斋日记》卷26,1915年11月9日,第316页。

下，不知则缺。"① 因此，现所见定本之《书征》，仅在各书之下注明抄本、刊本，未知者则缺。但该书的体例，则仍与初编时贺葆真所言相近："《书征》者，艺文志也。略仿近代藏书志体例，附作者小传及原书序跋等。"② 即略仿近代藏书志之体，而稍作变更。

是书的编纂，则如徐世昌在序中所言："窃叹宿儒硕彦、淹雅方闻之士往往其人事迹不少概见，而生平撰述时时见于他说者，所在皆是。余与同人网罗搜辑，无论其书之或传或不传，及见与未见，凡有可征而信者，辄为采录，以备后人之甄择。"③ 盖其宗旨在于保存先贤之著作，以备于后人甄采。因此，书中除注明各书版本，并将所见之序跋全文辑录，如孙奇逢中，即将其所见之著作一一载入，自《夏峰先生年谱》以迄《苏门诗草》，凡有序跋即全录，抄本、刊本一一标识。既保存先贤之著作，亦便于后世之访寻，实于《清儒学案》的编纂亦提供了坚实的文献基础。

由上不难看出，在编纂《清儒学案》之前，《先哲传》《书征》的修纂已为徐世昌后续修书，在文献方面，特别是畿辅文献方面，提供了较为坚实的基础。④ 之后，徐氏担任北洋政府总统，组织选辑《晚晴簃诗汇》，公开向全国征集书籍，这些书籍最后形成徐氏于京、津两处的藏书，即晚晴簃诗社藏书、书髓楼藏书及存津藏书。⑤

三 《夏峰学案》之纂修

如前所述，在《先哲传》《书征》编纂蒇事后，徐世昌于1919年4月组织选辑《清诗汇》，迄于1928年9月，《诗汇》的选辑接近尾声，徐世昌遂倡修《清儒学案》。⑥ 经与曹秉章、夏孙桐等编纂者反复商酌，编定目

---

① 贺葆真：《收愚斋日记》卷27，1916年4月7日，第343页。
② 贺葆真：《收愚斋日记》卷26，1915年1月15日，第280页。
③ 徐世昌：《大清畿辅书征》卷首序，国家图书馆藏民国铅印本。
④ 在《学案》编辑时，编纂者均有此二书，可随时参酌，曹秉章就说道："《先哲传》与《书征》，同人均有其书，随时可以翻检。"（《清儒学案书札》，《名人墨迹书札》第12册，第65页）
⑤ 《贺葆真与徐世昌等来往函稿》，中国社科院近代史研究所档案馆藏抄本。
⑥ 徐世昌：《韬养斋日记》第63册，戊辰八月十二日（1928年9月25日）。

录、《编纂概略》,至1929年4月12日,《学案》编纂始有成稿。①《夏峰学案》的纂修,亦始于是年。

《夏峰学案》原拟由闵尔昌编辑,经夏孙桐与其商酌,而改归夏氏编辑。② 1929年秋,曹秉章寄书徐世昌,请其将《夏峰全书》发下,以便夏孙桐编纂学案:"《夏峰全书》不知在津、在平,如在津,即祈饬检寄下,以便送交闰枝阅看。"很快,徐世昌批复,令曹氏就近从四存学校索观:"四存学校有一部,可索观,即嘱铁林函告齐校长送交也。"③ 不久,夏孙桐准备着手编纂《夏峰学案》,曹氏再次请徐氏将作案所需之书发下。"十月十一日(1929年11月11日)"书札云:

> 闰枝即儗作《夏峰学案》,所需之书,尚未据性存交到(今日陈恺来,说已交在伊处矣,明日即令马英峰往取),祈再催之。【徐批:已送到,当已转交。】④

旬月以后,因夏孙桐编辑《夏峰学案》之需,曹秉章再次请徐氏将魏一鳌《北学编》、汤斌《洛学编》发下。"十一月十一日(1929年12月11日)"书札云:

> 闰枝现在着手《夏峰学案》,《北学编》《洛学编》两书甚为紧要,钧座应有此书,祈即饬人检出,速寄为祷。【徐批:已属其送去矣。】⑤

但经贺葆真查阅,二书均未能觅得,不得已曹氏复请徐世昌托人速购此二书。"季冬朔日(1929年12月31日)"书札云:

---

① 徐世昌于是日在《日记》中首次记道:"阅《清儒学案》稿本"(见《韬养斋日记》第65册"己巳三月初三日(1929年4月12日)"条。
② 《清儒学案》稿本第23册《习斋学案》。
③ 《清儒学案书札》,《名人墨迹书札》第12册,第164页。
④ 《清儒学案书札》,《名人墨迹书札》第11册,第158页。
⑤ 《清儒学案书札》,《名人墨迹书札》第11册,第168页。

《北学编》《洛学编》两书，贺性存迄未觅得，章拟托其向书铺各购一部，恐其不能见信，请谕饬速购交来为要。【徐批：已另托人代购也。】①

从此两札看，虽有此前编纂《先哲传》《书征》之成稿，但搜罗书籍仍属不易。夏孙桐任《清儒学案》总纂，是时亦年过古稀，"既须自己动笔，再看他人之作，再随时出外寻觅书籍"，因而有"实觉精神不济"之叹。②故《夏峰学案》的编纂，从着手到递交初稿，历时近半年，至1930年5月始将初稿交予曹秉章寄津。③

徐世昌审阅之后，很快将《学案》发回，并于其中提出了相关修改意见。"五月初八日（1930年6月4日）"书札云：

发回之夏峰、东原各《学案》，闰枝取去重行细阅。据云，《先哲传》所载夏峰弟子均已子细看过，其中无根据者太多，故有斟酌之处。至夏峰年岁，系据《年谱》而书，《先哲传》与《年谱》不符，以从《年谱》为是。【徐批：照议。】④

因《书札》所载为徐、曹二人之往来信函，《稿本》所附则是徐世昌的直接签注，现将《稿本》所附徐氏意见录于下，以作《书札》之补充：

卷内载夏峰卒年九十有二，《畿辅先哲传》载卒年九十有四，请考订。（桐复：按《年谱》是九十二岁，可据。）夏峰先生有《日谱》，鹿文端抚豫时为其刊印行世，不知闰兄见此书否？（桐复：《日谱》未见，可补入。）【徐朱批：可托人物色一部。】卷中抄胥有脱字，请查补，有误字，请校正。及门无事迹者，总叙一段甚周备，他卷如

---

① 《清儒学案书札》，《名人墨迹书札》第12册，第57~58页。
② 《清儒学案书札》，《名人墨迹书札》第11册，第328页。按：此札落款为"五月初八日"，据考即在"1930年6月4日"。
③ 《清儒学案书札》，《名人墨迹书札》第13册，第75页。按：此札落款为"四月初六日"，据考即在"1930年5月4日"。
④ 《清儒学案书札》，《名人墨迹书札》第11册，第327页。

有门弟子者多者,亦可一律办理。末后诗中小注,可否删去,请卓裁。(桐复:小注有异,似可存之。)《先哲传》中亦载夏峰诸弟子名,不知曾一校阅否?(桐复:《先哲传》已核过,因有不确者,未全载,大略以《年谱》所见为据。)①

从《书札》及《稿本》中,针对夏孙桐的初稿内容,徐世昌提出了四点意见:其一,是孙奇逢的卒年,《学案》初稿与《先哲传》不同;其二,提出应补入孙奇逢《日谱》;其三,针对夏峰弟子之记载,徐氏认为夏孙桐将孙奇逢及门弟子无事迹者,作总述以存其名的方式甚周备,并可运用于其他《学案》之中。而对卷末孙奇逢晚年《怀友诗》的载入,则认为似可删去。同时,嘱咐夏孙桐应与《先哲传》所载夏峰弟子核对。其四,则是提醒抄胥讹误、脱漏处,应及时校补。对于徐世昌提出的意见,夏孙桐颇为认可,唯《先哲传》与《年谱》存在年岁、弟子差异处,夏氏认为应当以《年谱》为准。而对徐氏提出的删去《怀友诗》一节,夏氏则认为与《夏峰年谱》有异,可作补充,而未作删节,定本中亦仍据夏氏的意见保留此诗。

此外,尚需指出的是,夏孙桐所编辑的《夏峰学案》初稿与定本稍有不同,初稿为二卷,下卷为附案人物,此册的纂修据夏氏所云"此卷引《畿辅先哲传》最多",即主要参酌《先哲传》编纂而成。此卷中,多有夏氏自注批眉,如申涵光处,则注曰:"申先生较后,改列陈溦之后",张果中小传处,则批曰:"按:魏裔介拟《夏峰传》云,女二,一适贾尔霖,一适杨士宏,《年谱》亦无以女妻果中事,合删此语。桐注。"而徐氏之朱批亦时见于页眉,如许三礼传中,则指出原稿中"推而致焉者"句抄胥之讹误:"'教'字当是'致'字之误,请校正",并感慨昔日藏书之散佚:"余昔曾得许西山抄本书一本,今不知失散何处,惜哉。"②

而综观《夏峰学案》中徐世昌的签注、批眉,实不难看出,徐氏于《学案》编纂之用心精审,即细至抄胥亦亲为指正,而于学术源流、学者著作亦了熟于心。因此,其签注指正,颇有切中之处。由此而言,徐世昌

---

① 《清儒学案》稿本第2册《夏峰学案》。
② 《清儒学案》稿本第3册《夏峰学案》。

《清儒学案·夏峰学案》纂修述略

于《学案》之编纂,并非徒具虚名,亦非显宦不通晓清代学术思想。

1931年,夏孙桐将《夏峰学案》修正稿递交徐世昌审阅,徐氏很快阅毕,并于册中批答。① 其中主要的批答,则是关于王余佑的附案问题。由于王余佑原拟作专案,因其著作不可得,而不得不改为附案,故而夏孙桐提出:"王先生余佑,此条增入《夏峰案》内。五公山人原拟为专案,求其集不可得,窃思其人是豪杰一流,学以兵家言为擅长,撮要于附录中,亦略得大概。今夏峰一案,已写定本,急应增入,以作结束。"对此,徐世昌批复道:"请即附入《夏峰案》中。"② 而据"八月二十七日(1931年8月27日)"书札,是时夏孙桐新成刁包《用六学案》,曹秉章将之寄交徐氏审阅③,徐氏在是案批复中再次重申道:"王余佑即可附入夏峰中。其著述托贺性存访之,当有所得。不知《畿辅丛书》中有其著作否?"④ 之后,徐世昌将《五公山人集》访得,嘱曹秉章转交,适逢夏氏抱恙,久未到会,而未能转交,不久曹氏即将此书呈缴。而《夏峰学案》中,王余佑亦未录文章,仅有附录。⑤ 自此,《夏峰学案》大体定稿,此后唯附入耿极一传而已。

1933年,经徐世昌与编纂诸人商讨,确定《清儒学案》刻印版式,将"已定各案,拟即付写",并将《夏峰学案》作为开卷第一案交付文楷斋,照刻印版式写定。为使各卷匀称,夏孙桐拟定"大约每卷至多不能过七十页"⑥,而《夏峰学案》虽原作两卷,但修正之后,仅有61页,不能不并为一卷。⑦ 因此,定本所见一卷本之《夏峰学案》,即为付写刻印时所改

---

① 《清儒学案书札》,《名人墨迹书札》第11册,第215页。按:此札落款为"七月十六日",据考即在"1931年7月16日",为阳历标识。
② 《清儒学案》稿本第3册《夏峰学案》。此外,因访得张沐著作,夏孙桐在修正本张沐传处,批眉道:"已得书,别编专案矣。"不久,夏氏即将《起庵学案》编出寄呈徐世昌(《清儒学案书札》,《名人墨迹书札》第13册,第272页)。
③ 《清儒学案书札》,《名人墨迹书札》第13册,第65页。
④ 《清儒学案》稿本第33册《用六学案》。
⑤ 参《清儒学案书札》,《名人墨迹书札》第13册,第65页;第12册,第12页;第12册,第8页。
⑥ 《清儒学案书札》,《名人墨迹书札》第13册,第299~300页。按:此札落款为"闰月望夜",据考即在"1933年7月7日"。
⑦ 《清儒学案书札》,《名人墨迹书札》第11册,第222页。按:札落款为"九月廿三日",据考即在"1933年11月10日"。

订。是年底，文楷斋将《夏峰学案》样本写出，交由傅增湘携津呈徐世昌审阅，经徐氏阅定，《学案》编纂遂进入抄写定稿、校勘写样、上板付刻阶段。写样的校勘，据"仲秋朔夜（1934年9月9日）"书札可得其详：

> 现在写样送校系由文楷斋先送李思本初校，由李处取回送章处，由汪伯云校，伯云校后送傅宅交何、傅二人校，再由傅宅送葆之，葆之校后仍交傅宅付文楷斋修改。有疑难之处，非校对人能决者，则问之原纂人，或商之闰枝。惟遇有讲小学与金石、考据之案多古体字与写篆文者，则须送小汀、羹梅二人考定之，多一转折耳。①

由于《夏峰学案》中，并无"古体字与写篆文者"，因此，此案的校对执行第一种流程，即先由文楷斋交李思本初校，经汪惟韶复校，再经傅端谟、何肖葛二人三校，之后交闵尔昌再校，最后才能交付文楷斋修改、刻印。此次校对写样，校订者认为鹿善继添列《夏峰学案》交游，又下注"见《明儒学案》"不甚妥当。"十月初六日（1934年11月11日）"书札云：

> 最可笑者，夏峰附案交游中有鹿善继，下注别见《明儒学案》。鹿本一义行之士【徐批：非也，误矣。】，其与夏峰同调，为人称道者，亦只援护东林君子一事，何以能入《学案》。【徐批：此是鹿太公，另纸写去。】《清儒案》中又何以有别见《明儒学案》之人？看出后，随即将此一行删去。凡此各节，有告知闰枝者，亦有不告者。钧座屡次谕饬认真校勘，用特缕陈。②

此札为《夏峰学案》刊印后，曹秉章所补述，此中曹氏将鹿善继误为

---

① 《清儒学案书札》，《名人墨迹书札》第11册，第123页。按：《清儒学案》稿本第309册所附录学案校勘记录单，其流程与此相符。按：汪伯云，即汪惟韶；傅、何，即傅端谟、何肖葛。

② 《清儒学案书札》，《名人墨迹书札》第12册，第178~179页。按：《清儒学案》稿本第4册《夏峰学案》中，夏峰交游删去"鹿先生继善已见《明儒学案》"，是即于校勘写本时所删去。

鹿正，认为其只是"义行之士"，不宜收入《学案》，同时认为《清儒学案》中不宜附入《明儒学案》之人，因此径直删去，而未关白夏孙桐。是时，徐世昌虽指出曹氏的误记，并有另纸写示，由于另纸所书内容未能寻得，尚不能知其详。但此札中，徐氏并未对曹氏所提出"《清儒案》中又何以有别见《明儒学案》之人"的看法有何异议，亦未作批示。而是时该案刊印已成，现所见定本中亦将鹿善继删去，故徐氏对曹氏此举似为默许之态度，因而虽经指出，实未再作修板。因此，自1934年季夏，《夏峰学案》等五卷写本校勘完毕，交付文楷斋上板刻印①，迄于是年仲秋夏峰、亭林两案刻样印出，自是《清儒学案》刻印始有成稿②，而《夏峰学案》亦于是时蒇事。

结　语

清初的学术界，鉴于明朝的灭亡，反思明学之弊，针对阳明后学"空谈误国""阳儒阴释"进行猛烈地批判。而明中叶以降，由归有光开端、钱谦益光大的"通经学古"的经学倡导，亦于是时同批判理学思潮相融合，汇为"以经学济理学之穷"的学术潮流。面对自身学派的深刻危机，孙奇逢身为王学中人，提出会合朱陆、根本孔子的主张，倡导"躬行实践"。晚年设堂讲学于夏峰，随宜施教，"有问学者，随其高下浅深，必开以性之所近，使自力于庸行"。风被所及，"被其教者，出为名臣，处为醇儒"，黄宗羲称之为"北方之学，大概出于其门"。③

徐世昌虽隶籍直隶天津，但因父祖之故，自幼长于中州④，深受斯地学术文化之熏陶。青年时期，徐氏一心举业，以课艺及程、朱著作为每日功课，然于同乡先贤孙夏峰之学亦颇有着意。中式之初，日读《理学宗传》，经年不辍。居官翰林及荣登宰辅时，曾两次亲谒夏峰之祠墓。民国

---

① 《清儒学案书札》，《名人墨迹书札》第11册，第102页。按：此札落款为"季夏初十日"，据考即在"1934年7月21日"。
② 《清儒学案书札》，《名人墨迹书札》第11册，第123页。此札落款为"仲秋朔日"，据考即在"1934年9月9日"。
③ 黄宗羲：《明儒学案》（修订本）卷57，《诸儒学案下五》，第1371页。
④ 贺涛：《贺涛文集》卷3，《徐君少珊墓志铭》，祝伊湄、冯永军点校，华东师范大学出版社，2011，第135页。

肇始，徐氏告病归隐，于辉县故里筑"水竹村"，读书其中。迄于1914年，徐氏复出就任国务卿，适逢清史开馆，为表彰畿辅先贤、保存乡邦文献，以备清史编纂之采择，亦期以此"正人心，维风化，以诏后学者"，遂倡修《畿辅先哲传》。书中，徐氏对孙奇逢极力表彰，称其"倡明道学，继往开来"，冠诸《师儒传》之首，叙明其后夏峰学派之源流，并对孙氏学行广为搜罗，遂使夏峰一传，掩前人而上，堪称详备。而与《先哲传》同时稍后所编之《畿辅书征》，则旨在保存先贤之著作，以备后人甄采。因此，该书于所见各书注明版本，并将所见之序跋全文辑录。而孙氏著作亦自《夏峰先生年谱》以迄《苏门诗草》详细辑录，汇为一堂，各详明其版本、全录其序跋，于孙氏一生之著作，梗概俱见。故《先哲传》《书征》出，不唯孙奇逢之学行、著述跃然行世，即清代畿辅先贤之德行、撰述亦由此表彰，而《清儒学案》畿辅学者之文献亦自是有征。

而孙奇逢《夏峰学案》作为定本《清儒学案》的开卷第一案，于1929年秋由夏孙桐着手编辑，是较早编辑的学案之一。此案的编纂虽有《先哲传》《书征》为基础，但因访寻作案书籍不易，又因夏孙桐年逾古稀，身任总纂"既须自己动笔，再看他人之作，再随时出外寻觅书籍"，时有精神不济之感，以致是案至1930年夏始成初稿。后迭经徐世昌审阅、批复，夏氏修正，至1931年秋始大体定稿，迄于1934年7月《夏峰学案》作为首案付刻，除附案中增入耿极、删去交游中之鹿善继外，再无修改，而孙夏峰一案亦于是年9月刻印藏事。此外，从是案的编纂函札中不难看出，除案主著作外，《先哲传》《书征》亦是此案编纂的主要参考和立案依据。因此，《先哲传》《书征》的编纂实为《清儒学案》纂修提供了坚实的文献基础。同时，也应注意到，从《先哲传》《书征》，到《晚晴簃诗汇》，再到《清儒学案》，徐世昌的清代学术著作编纂是一个循序渐进、相互关联、不可分割的整体。而从徐世昌与编纂者的往来批复中，也可看出，包括《清儒学案》在内的各书编纂，徐氏不唯提供全部经费，于编纂时亦有过人之见，故非前人所言徒具虚名、显宦不通晓清代学术思想之人可比。

（作者单位：中国社会科学院研究生院）

百余年来孙奇逢及夏峰北学研究的回顾与前瞻

王记录

摘　要： 百余年来孙奇逢及夏峰北学的研究大致经历了三个阶段，民国时期，徐世昌、谢国桢、嵇文甫等人极力表彰孙奇逢学术，对孙奇逢的学行及夏峰北学进行了初步研究和梳理。其中尤以嵇文甫的研究持续时间最长。改革开放后，李之鉴、陈祖武、张显清等人深入研究孙奇逢的生平、哲学思想、治学特点、学术精神及夏峰学派与其他学派的学术关联，把孙奇逢研究向前推进一步。21世纪以来，一向比较冷落的孙奇逢及夏峰学派的研究出现了繁荣，一批青年学子选择研究孙奇逢，把孙奇逢研究推向高潮，相关研究领域得到拓展，问题得以深化。今后的研究要在三个方面下工夫，继续深入挖掘孙奇逢的思想和学术价值；深入研究夏峰学派特点及夏峰后学的学术思想；加强对孙奇逢及其后学文献的整理。

关键词： 孙奇逢　夏峰北学　清初学术　回顾与前瞻

孙奇逢（1585~1675），字启泰，号锺元，河北容城人，明清之际著名学者、教育家和思想家。因晚年讲学于河南辉县夏峰村，故学者又称夏峰先生，又因其自明至清11次征召拒不出仕，又号征君。孙奇逢一生负经世之志，有豪杰之气，讲学大河南北，弟子数百，著述等身，在当时学界影响巨大，与黄宗羲、李颙合称清初"三大儒"，全祖望就指出："当是时，北方则孙先生夏峰，南方则黄先生梨洲，西方则先生（李颙），时论以为三大儒。"① 晚清陈康祺撰《郎潜纪闻》，也把孙奇逢与黄宗羲、李颙

---

① 全祖望：《鲒埼亭集》卷12，《二曲先生窆石文》，见《全祖望集汇校集注》，上海古籍出版社，2000，第237页。

并提，认为他们分别是北学、南学、关学之领袖人物："国初，孙征君讲学苏门，号为北学。余姚黄梨洲先生宗羲，教授其乡，数往来明越间，开塾讲肄，为南学。关中之士，则群奉西安李二曲先生颙，为人伦楷模，世称关学。二百余年来，讲堂茂草，弦颂阒如，词章俭陋之夫，挟科举速化之术，俨然坐皋比，称大师矣。"① 孙奇逢在明清之际学术发展史上自成一派，与南学、关学相互辉映，风格独特，气魄独大，"北方学者，奉为泰山北斗……其传衍甚远"②。影响于此可见一斑。

孙奇逢身后，最早介绍其生平和学术思想的是其弟子汤斌和耿极编撰之《孙夏峰先生年谱》，《年谱》详尽介绍了孙奇逢一生行事和主要学术主张，是迄今研究孙奇逢都必须参考的资料。此外，黄宗羲在《明儒学案》中为孙奇逢立学案，指出"北方之学者，大概出于其门"，评价《理学宗传》一书"别出手眼"。③ 方苞撰《孙征君传》、江藩在《宋学渊源记》中也为孙奇逢立传，都对孙奇逢一生主要事迹进行了简要梳理，对其思想进行了简单评价。《四库全书总目提要》收录孙奇逢著述多部，涉及其学术思想之处较多，认为"其生平之学，主于实用，故所言皆关法戒，有足取焉"④，"奇逢之学，兼采朱陆，而大本主于穷则励行，出则经世"⑤。以上所列乃清代学者对孙奇逢及其思想的认识，虽非深入，却开了孙奇逢研究之先河。进入20世纪以后，有关孙奇逢的研究才真正展开，迈上了新的台阶。

一

进入20世纪，首先不遗余力表彰孙奇逢学术者，一为徐世昌，一为谢国桢。

徐世昌对孙奇逢学术情有独钟，1914年北洋政府设立清史馆，为了给

---

① 陈康祺：《郎潜纪闻初笔》卷8，《北学南学关学》，见《郎潜纪闻初笔、二笔、三笔》，中华书局，1984，第169页。
② 徐世昌：《清儒学案》卷1，《夏峰学案》，中华书局，2008，第1页。
③ 黄宗羲：《明儒学案》卷57，《诸儒学案下五·征君孙锺元先生奇逢》，中华书局，1985，第1371页。
④ 《四库全书总目提要》卷6，《经部·易类六·读易大旨五卷》，中华书局，1965，第35页。
⑤ 《四库全书总目提要》卷36，《经部·四书类二·四书近指二十卷》，第304页。

清史编纂准备资料，他主编《大清畿辅先哲传》，邀请王树柟等人参与编纂。该书为有清一代畿辅地区（今京、津、河北）人物传记，搜罗详尽，是研究清史、中国近代史、河北地方史的重要参考资料。其中专门设立《孙奇逢传》和《夏峰弟子传》，表面看是人物传记，实际上是传记体的学术史，这和《史记》既有《孔子世家》，又有《仲尼弟子列传》一样，异曲同工，明显把夏峰北学当作一个学派来对待。该书"例言"云："师儒传中，学问派别，暗区门类。孙夏峰一派，为陆、王之学者属之；刁蒙吉一派，为程、朱之学者属之；颜、李一派，为蠡吾、博野之学者属之。"① 显然是寓学术派别于人物传记之中。该书的《孙奇逢传》内容翔实，论孙氏学术云："奇逢为学，笃实切近，本乎伦常日用，而以体认天理为归。言心即在事见，言己即在人见，言高远即在卑迩见。"② 论夏峰北学影响云："苏门学说，开河朔一大宗派，海内之士仰之如泰山北斗。自公卿大夫、文人学士，担簦问业著弟子录者数十百人。"③ 该书的《夏峰弟子传》收录孙氏畿辅地区弟子张果中、耿极、耿权、魏一鳌、马之驸、王之征、王余佑、贾尔霖、杨行健、殷岳、申涵光、赵御众、崔蔚林、高镳、贾三槐等104人。这实际上就是通过为孙奇逢及其弟子立传来彰显夏峰北学的治学特点和影响力，由此亦可见北学规模与气势之大。

其后，徐世昌主编《清儒学案》，又首立《夏峰学案》，继续表彰夏峰学术。该书"凡例"云："夏峰已见《明儒学案》，而是编取以弁冕群伦，以苏门讲学，时人清初，谨取靖节晋、宋两传之例。"④ 将夏峰学说目为清代学术之开端。与《大清畿辅先哲传》相比，《清儒学案》介绍孙奇逢及夏峰学派不仅仅局限京、津、河北，还包括河南及其他地区，内容更为丰富。《夏峰学案》除孙氏小传和孙氏论著选辑外，还有夏峰家学、夏峰弟子、夏峰交游、夏峰私淑等。夏峰家学介绍奇逢之子孙博雅的生平与学术，夏峰弟子介绍王余佑、汤斌、耿介、魏一鳌、耿极、张果中、薛凤祚、马尔楹、费密等15人的生平与学术，其中汤斌有"潜庵学案"、费密

---

① 徐世昌：《大清畿辅先哲传·例言》，《大清畿辅先哲传》（上），北京古籍出版社，1993，第3页。
② 徐世昌：《大清畿辅先哲传》（上），第332页。
③ 徐世昌：《大清畿辅先哲传》（上），第347页。
④ 徐世昌：《清儒学案凡例》，《清儒学案》卷首，第1页。

在"诸儒学案"中。夏峰交游介绍刁包、魏裔介、魏象枢、张沐、杜越、李颙、张沚、许三礼等人的生平与学术，及与夏峰之交谊。夏峰私淑介绍了孙氏私淑弟子胡居庆的生平与学术。如此编纂方式，比较全面地揭示了孙奇逢及夏峰北学的源流、宗旨、思想演变、治学特征等，恰如《夏峰学案》开篇所云："夏峰以豪杰之士，进希圣贤，讲学不分门户，有涵盖之量。与同时梨洲、二曲两派同出阳明，气魄独大，北方学者奉为泰山北斗。"①

1934年，谢国桢出版《孙夏峰李二曲学谱》，更加深入阐扬孙奇逢学术。谢国桢服膺全祖望"清初三大儒"之说，为孙夏峰、李二曲、黄宗羲各作学谱，表彰三大儒之为人为学。《孙奇逢学谱》分传纂、学述、著述考、学侣考、鹿江村学述五部分，探究孙氏学术源流，辨析孙氏学术著作，评论孙氏学术主张，较之徐世昌的研究更加深入一步。在"传纂""学述"部分，谢国桢对孙奇逢的学术影响和学术精神有较为深刻地揭示。其论夏峰学术影响云："夏峰生于杨椒山之乡，坐见忠烈骨鲠之惨杀，有愤然而激于怀；而少又承邹东廓之续论，故以阳明良知之教而一归于实践致用，郁然成为北学之宗。又夏峰年尤老寿，其传学至广，清初直隶河南之学者无不出夏峰之门，而蜀，而湘，亦风化所及，其后北方学风率多渊源于夏峰，故言北方之学者，要当首屈夏峰焉。"②论夏峰学术精神云："能以学而应之于事，经世致用，开清初学以致用之风，力祛晚明空谈心性之弊，使其学果足以行于世也，则将上齐伊、吕，奴视管、田可也。"③又云："其学研赜所得，以慎独为宗，以体认天理为要，以日用伦常为实际，凡天理最玄妙之说，一应之人事平常之理。"④清初陆陇其著《学术辨》，曾批评孙奇逢调和朱王，世法模棱，谓"南方有一黄梨洲，北方有一孙锺元，皆是君子，惜不能穷理，天下学者多被他教得不清不楚"。对此，谢国桢替孙奇逢辩护云："夏峰之调和程朱，惟欲其各是其是以取其长而已，非徒作浑同无当之论也"，"夏峰之学本欲由修养而应之于事功，

---

① 徐世昌：《清儒学案》卷1，《夏峰学案》，第1页。
② 谢国桢：《孙夏峰李二曲学谱》，商务印书馆，1934，第1~2页。
③ 谢国桢：《孙夏峰李二曲学谱》，第6页。
④ 谢国桢：《孙夏峰李二曲学谱》，第8页。

盖取材于程朱陆王之中，而欲更进一步，成一家之学说"①。另，谢国桢对孙奇逢所作《读易大旨》《书经近指》《四书近指》《中州人物考》《畿辅人物考》《理学宗传》《理学传心纂要》《岁寒居答问》《孙征君日谱录存》《夏峰先生集》《孝友堂家规》《游谱》《乙丙纪事》《扫盟余话》《高阳述闻》《甲申大难录》等，考订著述缘起，汇集前人评论，并断以己意，"以见夏峰学术之大要"②。这也是此前学者没有做过的工作。

此外，梁启超《中国近三百年学术史》、钱穆《国学概论》也都提到夏峰学术，但寥寥数语，大而化之，语焉不详。

二

在孙奇逢及夏峰学派研究史上，嵇文甫先生是个重要人物。嵇文甫一生景仰孙奇逢，曾作一联述其志云："寝馈六经三史，瓣香一峰二山。"这里的"一峰"指孙夏峰，"二山"乃王船山和全谢山。嵇文甫于孙奇逢有高山仰止之情，其不吝溢美之词足见他对夏峰之景仰与尊崇。如所周知，嵇文甫第一个用历史唯物论从事晚明清初学术史研究，尤其重视王夫之研究，是国内"船山学"的开创者。殊不知他还是"夏峰学派"研究的开拓者，他长期关注孙奇逢及夏峰学派，在自己的论著中总结孙奇逢学术思想的特点，梳理阳明心学、夏峰北学和颜李学派之间的关系，探讨这些学派之间思想上的关联和转换，为后世夏峰北学的研究铺平了道路。

早在1931年，嵇文甫撰《十七世纪中国思想史概论》，已经注意到在阳明心学和颜李学派之间有一座过渡的桥梁，这座桥梁可能就是夏峰学派。他曾提出卓见："十七世纪中国思想界的状况，一方面可以说是阳明学派的反动，一方面又可以说是从阳明学派自然发展出来。"③ 并敏锐指出："极端玄想的阳明学说，竟和专讲实习实用的颜李学说有许多共鸣之点。"④ 基于这样的思想认识，嵇文甫开始对夏峰北学进行更深入的研究。

1944年，嵇文甫执教河南大学，讲授清代思想史，开篇就是"清初北学两大宗"，首先讲到的思想家就是孙奇逢。嵇文甫研究夏峰北学，不把

---

① 谢国桢：《孙夏峰李二曲学谱》，第12~14页。
② 谢国桢：《孙夏峰李二曲学谱》，第18页。
③ 嵇文甫：《嵇文甫文集》（上），河南人民出版社，1985，第63页。
④ 嵇文甫：《嵇文甫文集》（上），第60页。

眼光放在孙奇逢一人身上，他眼界开阔，能在清初纷繁复杂的学派体系中发现各学派之间的关联与变异，抓住各学派的为学宗旨，廓清了笼罩在夏峰北学上空的诸多迷雾。这个时候，他已经认识到孙奇逢是从阳明心学到颜李实学的过渡人物。1947年，他为赵俪生著《王山史年谱》作序，首先比较了北学两大宗夏峰北学与二曲关学的特点，"清初关中诸儒，大都是坚苦卓绝，壁立万仞，在当时北方学者中最虎虎有生气……拿他们和夏峰一系学者相比较，我们可以说，'闻苏门之风者，鄙夫宽，薄夫敦；闻关中之风者，顽夫廉，懦夫有立志'。要讲清初北方学术，对于他们实在应该特别加以阐扬"。对清初北学两大宗给予了极高的评价。他还用简短的语言高度概括了夏峰北学的地位以及厘清夏峰北学的发展演变对清初学术研究的意义，"好几年来，我就想写一部《清初北学考》，以夏峰和二曲为两大宗，分述河南、河北、关中、山西、山东诸儒，而归结于'颜李学派'。这样，一方面使大家知道，当时北方学术界自成风气，确乎有一种特殊传统，可以和东南方面顾、黄诸子互相辉映；另一方面，使大家对'颜李学派'有更进一层的认识，知道他和当时整个北方学术界渊源甚深，并非凭空突然而来。这样，不仅可以给清初学术界补充许多材料，而且会根本影响若干重要观念，使整个清初学术史的面目焕然一新"。① 这样高屋建瓴的见解对后人多有启发。

1948年，嵇文甫发表《孙夏峰学派的后劲——马平泉的学术》一文，文中精见迭出，他概括孙奇逢之学为"专务躬行实践，不讲玄妙，不立崖岸，宽和平易，恻怛无华，和一般道学家好为高论而孤僻迂拘不近人情者，大异其趣"！并明确指出："我向来有一种臆说，以为陆王学说中含有实用主义成分，孕育着清初经世致用的学风，而夏峰之学更直接和颜习斋有关系，可以作为从陆王到颜李的桥梁。这其间错综微妙异同流变的情形，我已经从许多方面步步证实。在读过平原遗书之后，更可以增加自信了。"他论夏峰学说之流衍云："大概由夏峰出发，矫激起来，则为习斋；曼衍下去，则为平泉。"② 这为深入研究夏峰北学指了方向。

1962年，嵇文甫发表《颜习斋与孙夏峰学派》一文，深入探讨了颜李

---

① 嵇文甫：《〈王山史年谱〉序》，《史学月刊》1980年第1期。
② 嵇文甫：《孙夏峰学派的后劲——马平泉的学术》，《学原》1948年第1卷第10期。

学派与夏峰的关系,认为夏峰以陆王为宗,实与东林派桴鼓相应,而为其羽翼。晚年学风稍变,和会朱陆,兼宗汉唐,打破门户之见,而以躬行实践为归,颜李学派就是在他的影响下孕育出来的。颜元不是简单地从孙奇逢那里吸收思想营养,而是下过一番批判改造的工夫,一方面他从夏峰学派继承了些东西,同时开辟了自己的道路。嵇文甫指出,"从道学转向反道学,是清初思想界的一般趋势。夏峰还没有完成这种转变,而只是包含着某种新萌芽。习斋却在他的基础上把这种转变完成了"[1]。

三

关于孙奇逢的研究,此后很长时期内几近空白。改革开放以后,孙奇逢研究又出现了转机,研究的深度与广度都超越了以往。其中成就最大的学者是李之鉴、陈祖武和张显清。

1980年代中期,李之鉴先生从点校《孙奇逢哲学著作选》、撰写《孙奇逢学案》开始,对夏峰思想进行系统研究。他历时八年,四易其稿,以严谨的治学态度和艰苦卓绝的努力写成《孙奇逢哲学思想新探》一书,这是目前唯一一部专题性研究夏峰思想的著作。与此同时,李之鉴还笔耕不辍20年,持续发表关于孙奇逢思想的研究论文40余篇,逐渐引起学界对孙奇逢之学的关注。

李之鉴从历史唯物主义和辩证唯物主义观点出发,在《孙奇逢哲学思想新探》一书中详尽探讨了孙奇逢"吾心即天地万物"的哲学逻辑结构,考察了孙奇逢"唯此一心为万化之源"的心学辩证法,研究了孙奇逢的认识论、人性论、道德观、人生观、历史观、政治观、学术观等问题。李之鉴的研究不囿成见、不倚门傍户,对孙奇逢的思想进行了新的阐释。如他把孙奇逢与王夫之并列,认为"都是明末清初重要的哲学家。然王船山总结和终结了宋明道学,把古代朴素唯物主义与辩证法,推上一个新的高峰;而孙奇逢却沿着宋明道学尤其陆王学派的思维路数发展,把主观唯心主义推进到雏鸡破壳的程度"[2],这是由于孙奇逢的思想体系中包含有许多唯物论的命题、辩证思想和进步观念。再如他认为孙奇逢认识论的精华是

---

[1] 嵇文甫:《颜习斋与孙夏峰学派》,《郑州大学学报》1962年第1期。
[2] 李之鉴:《孙奇逢哲学思想新探·自序》,河南大学出版社,1993,第17页。

"知行并进"、政治观的核心是"民即天下"等，均见解独到。一直以来，学术界对孙奇逢思想的研究多限于外围，其深邃博大的哲学思想未能得以彰明，《新探》一书恰好填补了这一缺憾，是一部深察夏峰道心的佳作。姚瀛艇指出，该书部分实现了已故嵇文甫先生撰写《清初北学考》的遗愿，"把一个有血有肉、有精有神的孙夏峰的形象树立起来了！一个在我国学术史上具有重要地位的夏峰学派展现在我们面前了"①！另外，李之鉴还陆续发表了有关孙奇逢易学思想的论文20余篇，对孙奇逢的易学成就进行了深入探讨。

陈祖武先生对孙奇逢学术的研究值得称道，其贡献在两个方面：其一，进一步深入论证了夏峰北学向颜李学派转化的内在因缘。他在《清初学术思辨录》一书中专设一章"从孙奇逢到颜李学派"，指出"孙奇逢之学，初从陆王入"，但是，"一方面他既肯定了王学在儒学发展中的正统地位，同时又清醒地正视王学面临的危机"，于是他超然于门户之上，"合会朱王学术"，并以他"合会朱王学术的努力，深刻地作用于河北、河南学术界，使之成为清初北学的开创者"。"河北大儒颜元及其弟子李塨，正是发展了孙奇逢'躬行实践'的学术主张，以讲求实习、实行、实用的'习行经济'之学，把他所开创的北学进行根本改造，演变为异军突起的颜李学派"②。其二，考察了夏峰北学与蕺山南学之间的关系，探讨了南北学术交流传承的脉络。他在《蕺山南学与夏峰北学》一文中仔细爬梳资料，研究了蕺山南学北传的途径以及夏峰北学南传的影响，认为孙奇逢"由对刘蕺山志节的敬仰，引为同志，进而服膺其学说，以致潜移默化，不期而然，接收蕺山学术主张，走向合会朱陆学术的道路"③。而黄宗羲编纂《明儒学案》，得于孙奇逢《理学宗传》者亦甚多。夏峰北学与蕺山南学的交流，此前研究孙奇逢者从未注意，陈祖武先生率先揭示这些问题，不仅深化了夏峰北学研究，而且对深化清初学术史研究亦很有启发。

张显清对孙奇逢研究的贡献主要在两个方面：一是主持点校整理了《孙奇逢集》，为人们研究孙奇逢以及清代学术提供了便利条件。孙奇逢的

---

① 姚瀛艇：《孙奇逢哲学思想新探·序》，李之鉴：《孙奇逢哲学思想新探》，第14页。
② 陈祖武：《清初学术思辨录》，中国社会科学出版社，1992，第179~196页。
③ 陈祖武：《蕺山南学与夏峰北学》，《中国社会科学院研究生院学报》1998年第5期。

著述，生前多以单行本刊刻，亦有部分著述结集梓行，然均非足本。孙奇逢逝世后，其仲孙孙淦纂辑《夏峰先生集》，于康熙三十八年（1699）刊刻。同治年间，孙奇逢后裔又将其著作合集，印成《夏峰遗书》。光绪二十年（1894），孙奇逢后裔又整理梓行《孙夏峰全集》，将孙氏重要著述悉数收录，并附补遗二卷。1980~1990年代，张显清主持点校整理《孙奇逢集》，这是孙氏著述最全面的一次结集，不仅全部收录了光绪《孙夏峰全集》中的所有著述，还收录了珍藏于河南省新乡市图书馆的孙氏两部手稿，即《诸儒评》《孙征君文稿三种》（书札十通、诗二首、序一篇）。但是，该整理本存在的问题较多，编排混乱，今人古人著述混编，点校说明与实际编录不尽一致，翻检极为不便；点校错误较多，很多地方不忍卒读。二是撰写了《孙奇逢评传》。1985年，是孙奇逢诞生四百年，张显清写成《孙奇逢评传》一书，因种种原因，该书直至2003年才随《孙奇逢集》一起出版。《评传》以时间为序，书其事迹，述其思想，面面俱到。该书认为孙奇逢的学术地位是"上继往圣，下开来学"，学术思想的特点是"兼容并包，朱王合一"，在世界观上是"理气二元论"，在认识论上主张"体贴天理"，是唯心主义的先验论，又包含唯物主义反映论的因素，一生之学归于实用。① 可惜该书篇幅短小，很多问题未能展开论述。

另外，杨向奎先生著《清儒学案新编》，首列《夏峰学案》，分孙奇逢一生学行介绍和学术思想史料选编两大部分。在孙氏学行介绍中，杨先生评论孙奇逢"在本体上属于程朱，而在工夫上又属于阳明"，在明清之际思想领域大变动的时代，孙奇逢"调停于朱王之间，希望找到一条出路"，"他是一位有作为的思想家，他欲合朱王于一堂，以礼代理，合顿渐为一。在当变的时候他在变，虽然他没有走出唯心主义的理学范围，但他为后来的学者开辟了道路"。他还饱含感情地赞颂孙奇逢"虽不是反清复明的英雄，却是开眼界、大心胸的好汉"。②

四

21世纪以来，一向比较冷落的孙奇逢及夏峰学派的研究出现了繁荣，

---

① 张显清：《孙奇逢评传》，见《孙奇逢集》（中），中州古籍出版社，2003，第1097~1260页。
② 杨向奎：《清儒学案新编》（一），齐鲁书社，1985，第1~11页。

呈多元发展之势，一批青年学者正视东西方文明的交汇冲突，立足中国思想史大视野，回溯客观历史，由现象而入本体，在特有的话语系统下以中国哲学思维投入孙奇逢思想的研究中，取得了引人瞩目的成就。

其一，一批青年学子选择研究孙奇逢，把孙奇逢研究推向高潮。近十余年来，先后有九篇硕士学位论文和三篇博士学位论文把孙奇逢当作研究对象。分别是赵春霞《孙奇逢的实学思想》（河北大学硕士学位论文，2001）、宋宜林《孙奇逢研究：历史地位、理学思想、学术史建树》（山西大学硕士学位论文，2005）、王坚《无声的北方——夏峰北学及其历史命运》（华中师范大学硕士学位论文，2006）、张枫林《孙奇逢〈理学宗传〉研究》（河南大学硕士学位论文，2007）、王永灿《孙奇逢心性论思想研究》（陕西师范大学硕士学位论文，2007）、程飞《孙奇逢实学思想研究》（湖北大学硕士学位论文，2011）、陶英娜《孙奇逢理学视域下的易学思想研究》（山东大学硕士学位论文，2012）、杨爱姣《孙奇逢四书学思想研究》（陕西师范大学硕士学位论文，2013）、王佳《孙奇逢〈理学宗传〉的道统观——关于阳明心学道统地位的证说》（湖南大学硕士学位论文，2013）、张锦枝《统宗会源——孙奇逢理学思想研究》（武汉大学博士学位论文，2011）、陈瑞波《孙奇逢理学思想研究》（山东大学博士学位论文，2012）、张枫林《孙奇逢理学思想研究》（南开大学博士学位论文，2013），这些论文或全面论述孙奇逢的理学思想，或深入考察孙氏思想的某一侧面，对孙夏峰思想乃至整个清初思想界进行反思剖判，也对文明冲突下传统思想文化之现代价值进行了积极回应。尤其是三篇博士学位论文，采用哲学史与思想史相结合的方法，对孙奇逢的理学思想进行了深入研究，其认识程度迈越前人。

其二，孙奇逢研究的领域得到拓展、问题得以深化。改革开放至21世纪以前，除李之鉴、陈祖武、张显清与杨向奎先生等研究过孙奇逢的易学思想、哲学思想、辩证法思想、认识论思想、学术特点、治学精神以及与其他学派的关系外，其他只有智夫成《孙奇逢与〈中州人物考〉》、张克伟《清初大儒孙奇逢学术思想探析》、王俊才《试论孙奇逢的理学思想》等寥寥几篇文章，新意也不多。21世纪以来，研究孙奇逢的学者渐多，孙奇逢研究的领域得以拓展，问题得以深化。

一是旧题新说。孙聚友《论孙奇逢学术思想》认为夏峰形成了本宗阳明心学，兼采程朱之说的思想特点，既重视尽心知性体认天理的心性修养，又强调躬行践履经世致用的实行实用。①卢子震、赵春霞《孙奇逢的实学方法论》认为孙奇逢反对门户之见，折中程朱陆王，还具体研究了朱熹格物与王阳明致良知的统一、顿与渐的统一、道问学与尊德性的统一，指出统一于躬行实践才是真道实学。②史革新《孙奇逢理学思想综论》认为夏峰接受陆王之学，形成"以象山、阳明为宗"的学术思想，晚年又和通朱子之说，生平论学大致出入于程朱陆王之间，用调和程朱陆王的观点阐述儒家学说，强调经世致用，躬行实践，不计门户，融会各家。③朱康有《孙奇逢心性实学简论》认为夏峰的心性实学是内圣然后彰显儒家外王之功，最后还要以体摄用，返归心性本体世界，追求快乐自适的人生境界。④张枫林《孙奇逢本体论及认识论初探》认为孙奇逢在本体论上偏程朱，建立起以天理为核心的本体论；在认识上近王，完全接受王学之道德认识论，并以王学之认识论消化朱学之认识论。⑤桂涛《"元初—清初"的历史想象与清初北方士人对清朝入主的认识——以孙奇逢为中心的考察》发现在孙奇逢的精神世界中，元初异族皇帝重用许衡、刘因等儒学家，呈现出一幅崇礼右文的面貌。清初与元初一样，是重归于治的时代。由此，孙奇逢的"出处观"也有了别样的意味。他从势道平衡的角度考虑，"出"是实践儒家的道，"处"是保证儒家的道相对于皇权的优势地位，二者均是行道。⑥

二是领域拓展。之前人们研究不多的《四书近指》《理学宗传》等孙氏著述，这一时期得到较为深入的研究。谷建《孙奇逢〈四书近指〉编纂与刊刻考略》以孙奇逢本人所著日记及自撰年谱的相关资料为基础，考察了《四书近指》成书及几次刊刻的具体情况，并对其初刻年代有所辨析。⑦张锦枝《论孙奇逢〈理学宗传〉的特点》认为《理学宗传》以排斥释老

---

① 《齐鲁学刊》2000年第1期。
② 《河北学刊》2004年第4期。
③ 《郑州大学学报》2007年第4期。
④ 《中共宁波市委党校学报》2007年第4期。
⑤ 《商丘职业技术学院学报》2010年第3期。
⑥ 《清史研究》2013年第3期。
⑦ 《儒家典籍与思想研究》，北京大学出版社，2009。

之学、合通儒学派别之异为标旨，建构合同汉宋、朱王的儒学道统，体现了孙奇逢的理学观。黄宗羲以《明儒学案》的编纂标准来评价《理学宗传》，不免失之偏颇。① 张枫林《孙奇逢〈理学宗传〉的编纂特点》认为该书编纂特点有四：一是"以天为本"的学统论，二是"循环前进"的学术史观，三是"下学上达"的写作目的，四是"主辅内外相成"的体例。② 桂涛《从〈诸儒语录〉到〈理学宗传〉——试论孙奇逢〈理学宗传〉之成书过程》认为《理学宗传》初稿定名《诸儒语录》，乃是孙奇逢出于保存文献的目的，做的文献汇编。顺治十一年（1654）对文稿结构做了重大调整，将全书分为《传宗录》和《宗传考》两部分。在《传宗录》中，孙奇逢构建了一个调和朱陆的道统传承谱系，《宗传考》则是将原来的初稿结合新的阅读心得重新整理而成，包括汉代到明代历代诸儒考。③ 姜金顺《试论孙奇逢〈理学宗传〉的政治理念》认为孙奇逢在《理学宗传》中加入并且肯定了汉代学术成就，与孙奇逢试图修正宋儒的政治理念有关。宋儒强调的是一种对抗式的君臣关系，而孙奇逢强调的是一种合作式的君臣关系，这在清初的政治语境中有其合理性。④ 黄治国《论孙奇逢诗作及其对清初中州诗歌的影响》认为孙奇逢的诗作明确体现出理学家之诗的鲜明特色，对清初中州诗歌趋向于雅正深醇起到了导夫先路的作用。⑤ 杨佳鑫《孙奇逢〈畿辅人物考〉的史料价值与实学思想》认为《畿辅人物考》所记载的许多明末人物与孙奇逢都有着或直接或间接的交往，其事迹来源于孙氏耳闻目见，对于研究明代畿辅人物和孙奇逢的生平交游具有较高的史料价值。该书在编纂体裁、体例和史论中都体现出了孙奇逢经世致用的实学思想。⑥ 赵振《孙奇逢〈孝友堂家规〉源流考》考察了《孝友堂家规》的版本流传。⑦

其三，夏峰北学研究令人欣喜。从徐世昌、谢国桢到嵇文甫，都关注

---

① 《武汉大学学报》2009年第6期。
② 《南阳师范学院学报》2011年第1期。
③ 《理论界》2013年第3期。
④ 《齐鲁学刊》2014年第2期。
⑤ 《河南科技大学学报》2014年第1期。
⑥ 《北京社会科学》2014年第12期。
⑦ 《历史文献研究》总第32辑，华东师范大学出版社，2013。

过夏峰北学,并进行了一些研究,但缺乏深入剖析。21世纪以来,王坚在继承前辈学者研究成果的基础上,把夏峰北学当作地域性学术派别进行了深入考察,把相关研究向前推进一步。他认为夏峰北学以会合儒学各派为特征,在其后300多年的流变中,一源众流,既出现了以王余佑为代表的侠儒兼收的河北夏峰北学,也出现了以中州十先生为代表的热衷于理学的中州夏峰北学;既产生了如汤斌这样的理学名臣,也有不名一文的下层儒生;既有崇尚心学的张沐、赵御众,也有程朱派的耿介;既有走向考据学的费密,还有走向西学的薛凤祚。近代以后,在西方知识体系的冲击下,在以王锡彤、李敏修、嵇文甫为代表的夏峰北学后学的努力下,创造性地嬗变为现代地域学术。① 中州夏峰北学的特点是长于教化,短于实务;与清代皇权主义建构积极互动;注重礼理合一,兼容并包。② 通过对夏峰北学与颜李学派关系的研究,王坚还指出清代北学的主体是夏峰北学,而非颜李学派。颜李学派不存在二世而亡,它实际上又回归到夏峰北学的更大传统中去了。近代以来的清学史研究中,极端突出颜李学派而漠视夏峰北学,原因就在于人们对历史中大传统与小传统处理的错位。③ 这些研究均在前人基础上多有突破。

除这些研究文章外,一些学者的著作中亦有对夏峰之学的评论,如卢广森、卢连章《洛学及中州后学》、汪学群《清初易学》、林存阳《清初三礼学》、苗润田《中国儒学史》(明清卷)、刘蔚华《中国儒家学术思想史》等,都涉及孙夏峰学术的某些问题。因非专门研究夏峰学术,就不一一综述了。

五

通过对百余年来孙奇逢及夏峰北学的研究状况所做的简单回顾,笔者发现,与学界对黄宗羲、顾炎武、王夫之,甚至是颜李学派的研究相比,有关孙奇逢的研究还相当薄弱,这与孙奇逢的学术地位及学术影响极不相称。有鉴于此,笔者认为要想推进孙奇逢及夏峰北学的研究,必须在以下

---

① 王坚、雷戈:《论夏峰北学》,《辽宁大学学报》2009年第3期。
② 王坚:《中州夏峰北学浅论》,《中原文化研究》2013年第6期。
③ 王坚:《离异与回归:论颜李学派与夏峰北学的分与合》,《人文中国学报》(第十八期),上海古籍出版社,2012。

方面下工夫。

其一，深入挖掘孙奇逢的思想和学术价值。孙奇逢思想博大精深，涵盖面非常广，内涵极其丰富。以往的研究只能算是筚路蓝缕，更加深入的研究还有待以后。一是很多问题远没有达成共识，尚需对孙氏思想进行深入解读。如有关孙奇逢学术渊源的问题，学界争议就很大，陈祖武先生认为夏峰之学初从朱子学，中年受鹿善继影响而转向王学，晚年吸收刘宗周之学。① 卢广森把孙奇逢学术渊源划分为两个阶段，即由崇尚程朱之学转向阳明心学，中年直至晚年再次转向，致力于程朱理学的研究。② 张显清则提出孙氏以王守仁为宗，以后转向和通朱熹。③ 李之鉴则认为孙奇逢始终恪守陆王心学路线不贰。④ 应该怎么看待这个问题，尚需深入解读孙氏著述。二是很多问题尚没有涉及或涉及不深。如孙奇逢的文化观、风俗观、历史观、政治观、教育思想等，研究还相当薄弱。三是以往涉及较多的问题，因时代变迁，仍需深入探讨和重新阐释。

其二，深入研究夏峰北学的学术特点及其后学的治学特征。夏峰北学在清初北方影响之大，无与伦比。但是，夏峰北学的学术特点、学风、源流、传承、变异的情况怎样，实际上还未能真正搞清楚。夏峰北学与其他学派之间的关系尚需进一步探讨。孙奇逢一生培养了众多弟子，成名成家者比比皆是，对中国学术发展都产生了重要影响，如汤斌、耿介、魏一鳌、耿极、张果中、薛凤祚、马尔楠、费密、耿权、马之驷、王之征、王余佑、贾尔霖、杨行健、殷岳、申涵光、赵御众、崔蔚林、高镐、贾三槐等。迄今为止，对孙氏诸多弟子的研究极其薄弱，多数还是空白。要想搞清楚夏峰北学的传衍和变化，必须深入研究夏峰北学后学的学术思想，否则夏峰北学的研究就无法深入。

其三，加强孙奇逢及其后学文献的整理。研究学者的思想，离不开相关文献的整理。《孙奇逢集》虽经过整理，但错谬较多，编排失序，尚有遗漏，很有重新整理之必要。据《中州文献总录》《中原文化大典·著述典》著录，孙奇逢后学的著述大多藏于新乡市图书馆、河南省图书馆、国

---

① 陈祖武：《蕺山南学与夏峰北学》，《中国社会科学院研究生院学报》1998 年第 5 期。
② 卢广森、卢连章：《洛学及中州后学》，河南大学出版社，1995。
③ 张显清：《孙奇逢评传》，见《孙奇逢集》（中），第 1189 页。
④ 李之鉴：《孙奇逢哲学思想新探·自序》，第 18 页。

家图书馆，除《汤斌集》《耿介集》等少数夏峰后学的文集被整理出版外，绝大多数夏峰后学的著述都没有整理出版。这些文献长期尘封于书库之中，人们却无法窥知其内容，不能进行更为深入的研究，实在令人惋惜。因此，整理孙奇逢及夏峰后学的著述，是推进夏峰北学研究的基础性工作。

（作者单位：河南师范大学历史文化学院）

专题研究

清乾嘉时期四川地方行政职役考述

——以刑科题本、巴县档案为基本资料

常建华

摘　要：乾隆朝巴县档案的93个地方职役事例，大量出现保甲（保长、保正）、乡约常见名称外，还有约邻、坊长、约保、约坊、约甲、保邻、乡保、牌头、牌保、牌甲、地约、厢长、街约、场头、客长、约客、邻约等，这些用语的归类，如从空间上看分属于城、郊、里；如从行政系统看，大致属于乡约、保甲、场头客长三个系统以及三者的交叉。巴县档案保留了珍贵的签退承替乡约、保甲的制度与实践事例。我们找到230件嘉庆朝刑科题本的地方职役记载，地方职役的用语乡约、保正数量极少，较多的是约邻204件、保邻14件，其中约邻占绝对压倒性的多数。虽然约邻有乡约与邻居合称的含义，但是多数情况下可以径作"乡约"理解，是入约的邻居。"约邻"取代"乡约"成为日常用语，应是嘉庆时期乡约制度实践的特色之一。巴县档案中保留的告示、契约文书，有"约邻"的用语。百姓在供词中，也讲到向"约邻"报案，约邻处理纠纷。

关键词：基层社会　地方治理　约邻　乡约　保甲

有关清代四川基层社会职役的研究，由于利用巴县档案、南部县档案等得以深入进行，主要成果有山本进对巴县乡约配置与功能的探讨，陈亚平使用"第三领域"的概念分析巴县的乡约，梁勇论述了巴县的保甲制度、客长、团正，伍跃探讨了巴县的乡约配置、围绕乡约人选地域内的对立和诉讼、乡约的粮务和夫差职责，苟德仪讨论了晚清南部县的里甲与里

牌、保甲制、团练制、乡约制，也追述了清前期的相关问题。① 这些研究主要采取专题的方式。巴县、南部县这两个县级的点之外的广大四川地区的基层社会职役情况怎样，也需要研究，幸运的是清朝中央档案中，刑科题本有地方基层社会职役报案及其活动的内容，提供新的研究资料。笔者此文，将利用刑科题本中的四川资料，结合巴县档案，就乾隆、嘉庆特定时期四川基层社会职役专门探讨，以期进一步认识四川的地方职役。

一　乾隆朝巴县及四川地方职役

（一）刑科题本所见地方职役

已出版的乾隆朝刑科题本编成的资料集，有中国第一历史档案馆、中国社会科学院历史研究所编《清代地租剥削形态》（中华书局，1982）、《清代土地占有关系与佃农抗租斗争》（中华书局，1988）两种，我从两书中分别收集了五个四川职役的事例。另在郑秦、赵雄主编《清代"服制"命案——刑科题本档案选编》（中国政法大学出版社，1999）找到两个乾隆朝四川"乡约"的记载，我将以上七个事例分析如下。

早在乾隆十四年（1749）重庆府涪州已有保甲。涪州人杨仕荣40岁，乾隆十四年八月十三日因田内稻谷被杨显割去，准备"投甲邻看明"，二十五日杨显又来割稻谷，于是请了陈睿士与他理论。这个"甲邻"陈睿士，另一处记载是"杨仕荣邀同甲长陈睿士"②。可见甲长属于甲邻。

这种"甲邻"也见于泸州，应当也属于保甲。乾隆二十六年六月初五日，泸州直隶州伏龙乡甲邻报案。③

---

① 山本进：《清代四川の地方行政》，《名古屋大學東洋史研究報告》20，1996年；陈亚平：《清代巴县的乡保、客长与地方秩序——以巴县档案史料为中心的考察》，《太原师范学院学报》2007年第5期，《清代巴县的乡保、客长与"第三领域"——基于巴县档案史料的考察》，《中西法律传统》七，2009；梁勇：《移民、国家与地方权势——以清代巴县为例》第三、四、五章，中华书局，2014；伍跃：《「在民の役」：〈巴県檔案〉に見える鄉約像——前近代中國の國家による社會支配の一側面》，《東洋史研究》第74卷73号，2015年12月；蔡东洲等：《清代南部县衙档案研究》第二编，中华书局，2012。
② 中国第一历史档案馆、中国社会科学院历史研究所编《清代土地占有关系与佃农抗租斗争》上册，中华书局1988，第386、387页。
③ 中国第一历史档案馆、中国社会科学院历史研究所编《清代地租剥削形态》上册，中华书局，1982，第117页。

保甲的称谓还有"牌保""牌邻"。乾隆二十四年九月二十六日,顺庆府岳池县发生命案,县民祖克贤"喊同牌邻往看属实",同日"牌保向伯仁等报"①,保甲制,保下为甲,甲下是牌。"牌保""牌邻"代表保甲。

乾隆二十四年夔州府万县既有保甲还出现有乡约。乾隆二十四年四月二十九日,夔州府万县的"市郭里十甲保长王俸章等报称":有"甲民唐富投说"将乡约刘康富杀死。这位保长在另外一处写作"保甲王俸章"。唐富落业梁山,迁移万邑,他说:"父亲在日,时常被他(指刘康复)欺侮,如今小的要卖田地搬开,他又要硬做中人,强拿银子。"因不堪"屡受乡约刘康富欺凌"②,故将刘康复杀死。乡约的活动还见于其他记载。乾隆四十四年,金俸滩听从父命缚拉胞兄金添滩送官在途被父殴死毙案,此案"经乡约报验"。③

乡约也称作"约邻",类似保甲称作"甲邻"。成都府金堂县孔傅先以银1230两典进唐呈元田地一案,乾隆四十六年三月二十四日,据"约邻唐一仕等报"④。乾隆四十七年四川罗成章叉伤伊妻欧氏身死私埋匿报案,约邻受到杖责。⑤ 上述七例时间上从乾隆十四年到四十七年,地点上分布在成都、重庆、顺庆、夔州诸府及泸州直隶州,职役属于保甲、乡约系统。这些资料中出现了一些专有的语汇,有甲邻、牌保、牌邻、约邻、甲民的用语。

明末清初的四川,受战争影响,土旷人稀,移民纷至沓来,编审户口、维护社会秩序成为当务之急。根据笔者依据雍正朝奏折等资料的研究,四川的保甲制在雍正朝得到了有力地推行。如雍正四年(1726)法敏奏折表明,前抚臣王景灏建议清查编定户口后行保甲,法敏认为推行保甲很好,但是川省人民居住分散,不易执行,他首先在城市关厢人烟凑集之处,以及可以联络之村庄乡镇,编设十家牌,奉行保甲之法。五年四川巡抚马会伯对自福建、江西、广东来者,飞饬各属令其查明丁口,编入保

---

① 《清代地租剥削形态》下册,第410页。
② 《清代土地占有关系与佃农抗租斗争》下册,第442、444、443、444页。
③ 郑秦、赵雄主编《清代"服制"命案——刑科题本档案选编》,中国政法大学出版社1999,第222页。
④ 《清代土地占有关系与佃农抗租斗争》上册,第290页。
⑤ 《清代"服制"命案——刑科题本档案选编》,第292页。

甲，安插地方。四川重庆总兵官任国荣奏报表明重庆已经编立保甲。七年，署川陕总督印务查郎阿严饬该管文武各官将保甲汛防事宜加意整饬，复刊刻告示遍发陕甘川三属通行晓谕查禁，并请求特降谕旨，严饬各抚提诸臣，务将保甲汛守之法实力经理，通饬所属各员不时稽查，得到雍正帝首肯。四川番民"改土归流"后照汉民一体编查保甲。①

（二）巴县档案职役统计分析

上述刑科题本有关四川乾隆时期职役的资料并不多，记载简略。《清代巴县档案汇编》（乾隆卷）有关记载则丰富得多，还有一些专门的记载，我们列出下表。

表1　《清代巴县档案汇编》中的四川职役一览表

序号	时间	事由	名称	出处
1	乾隆四十五年	投约邻王荣章、王廷早等看坟理说，反被凌辱	约邻	第17页
2	乾隆二十八年	储奇坊坊长黄正林捏禀侵占官基	坊长	第26页
3	乾隆六十年	告示：示谕寺庙住持及该地约保庙邻人等	约保、庙邻	第32页
4	乾隆四十六年	前任吴主着约坊借绫作彩	约坊	第33页
5	乾隆三十七年	储奇党（坊）乡约李德新等禀	乡约	第39页
6	乾隆三十七年	坊长杨东升等禀	坊长	第40页
7	乾隆三十八年	告示：查追抗延，该约保严拿比追	约保	第40页
8	乾隆五十七年	巴县差票：令里甲约保等，粉饰塘房等	约保	第48页
9	乾隆五十三年	禀请饬差唤各该处约保及地主场头人等，补修卡房	约保、场头	第53页
10	乾隆五十三年	两处约保会同修造卡房，传令约保	约保	第54页
11	乾隆五十三年	丰盛场乡约张文升等禀状	乡约	第54页
12	乾隆五十九年	迎龙场江西民张隆仕禀状：仰乡约查明禀复	乡约	第56页
13	乾隆三十一年	大竹县移交军流人犯清册，从乾隆四年到二十七年将14名安置乡约所	乡约所	第64~68页
14	乾隆三十三年	孝里乡约邻王在玉，据乡约王在玉、地邻牟德显同供	乡约邻（乡约、地邻）	第77、78页

---

① 常建华：《雍正朝保甲制度的推行——以奏折为中心的考察》，《故宫学刊》总第十辑（2013年第2期），故宫出版社，2013。

续表

序号	时间	事　由	名称	出处
15	乾隆六十年	命案申册：投约邻走来看明报验，据约邻徐添魁等供	约邻	第84页
16	乾隆三十年	申册：据约邻文国明等报	约邻	第85页
17	乾隆三十四年	申册：据约邻张东山等报，据乡约张东山、邻佑杨胜等供，投鸣约邻	约邻（乡约、邻佑）	第86、87页
18	乾隆五十三年	直里一甲刘定魁禀状：甫充乡约曹伦、廉东升诈硪	乡约	第89页
19	乾隆五十九年	刑房审单：乡约晏世英、石兴元	乡约	第89页
20	乾隆五十九年	直里四甲约乡张洪道复状：约甲内，仰该乡约据实复夺	乡约、约甲	第90页
21	乾隆三十九年	申册：据乡约叶瑞彩、保正卢永碧同供	乡约、保正	第93页
22	乾隆五十三年	保邻耿大礼等报	保邻	第96页
23	乾隆四十三年	告示：示仰真武山乡保知悉	乡保	第98页
24	乾隆二十九年	据牌头邹圣荣、保邻陈道著、陈应桂同供：李洪在小的们甲内住；据李洪供：牌保们不知情	牌头、保邻、牌保	第103页
25	乾隆三十九年	据约保刘德瞻等报，唤集约保人等当堂查讯	约保	第105页
26	乾隆四十三年	投鸣约邻刘兰轩等	约邻	第109页
27	乾隆四十六年	廉里十甲刘魁先禀状，经族邻乡约等查问	族邻、乡约	第134页
28	乾隆五十三年	投鸣约邻赵正刚理论	约邻	第137页
29	乾隆五十一年	节里十甲总乡约王廷旱、赵华国、王昌毓禀状	总乡约	第150页
30	乾隆五十二年	廉里九甲约邻陈祝山、张学治请息状	约邻	第151页
31	乾隆五十一年	止里一刘达告状：凭约邻黄元清等理论数次	约邻	第153页
32	乾隆五十一年	正里一甲吴洪才告状：投该地约邻许洪升等	约邻	第154页
33	乾隆五十五年	县正堂批：仰约邻确查实复	约邻	第154页
34	乾隆三十七年	约邻们并不知情	约邻	第160页
35	乾隆三十七年	乡约朱君和虽讯无知情赌纵，但失于查察，合依总甲失察赌博例，笞五十，革役	乡约	第161页
36	乾隆二十九年	直里十甲甲内回龙寺租佃，经乡保议，县正堂批：仰该管约保协同寺邻。乡保郑玉如等复状自称约保	乡保（约保）	第162页
37	乾隆五十一年	忠里十甲陈元碧禀状，投鸣约邻刘世远等	约邻	第179页
38	乾隆十七年	巴县执照：孝里四甲王星一认充保长	保长	第193页
39	乾隆二十四年	孝里四甲王星一辞退保长文	保长	第194页

续表

序号	时间	事 由	名称	出处
40	乾隆二十三年	孝里四甲杨尔庵（安）于乾隆二十一年的乡约执照，二十三年亡故，妻子杨国材推荐富民王介凡承充，获县批。按：王界凡即王星一，其弟王万清乾隆十八年已充乡约，二十一年缴照，另签杨尔安，今王星一复为"乡保"	乡约、乡保	第194页、195页
41	乾隆二十三年	直里八甲乡约何殿卿、保长郭瑄未能签替约保	乡约、保长（乡保、约保）	第195页
42	乾隆二十三年	□里一甲乡约龙文锦冒签保长执照	乡约、保长	第195页
43	乾隆二十四年	直里八甲保长田美玉妄签甲民承充保长未遂	保长	第196页
44	乾隆二十四年	直里七甲保长梁凤羽妄签甲民承充保长未遂	保长	第196页
45	乾隆二十四年	直里七甲花户零星，每逢公事督各小甲催办，现有一乡一甲承办公务	小甲	第197页
46	乾隆二十四年	孝里七甲乡约胡华安充役未及半载，签举他人卸责	乡约	第197页
47	乾隆二十四年	孝七甲余世位被妄签保长改正	保长	第197页
48	乾隆二十四年	正里四甲乡约更替	乡约	第198页
49	乾隆二十四年	孝里九甲乡约更替	乡约	第198页
50	乾隆二十五年	县属各里甲乡保于告期新签更替给照	里甲乡保	第198页
51	乾隆二十六年	智里二甲甲内保长何光辉已承充二次	保长	第199页
52	乾隆二十八年	巴邑城市乡镇俱设约保小甲	约保小甲	第199页
53	乾隆三十三年	直里二甲朱孔铎（朱希圣）认充保长给照	保长	第199、200页
54	乾隆三十三年	直里一甲乡约安大章欲辞乡约不准，言约甲内历系一约一甲，目下尚有二约一甲	乡约、约甲	第200页
55	乾隆三十三年	甲内乡约魏良才签王子英承充乡约遭拒	乡约	第201页
56	乾隆三十三年	直里二甲乡约徐伟承充六年约签他人	乡约	第201页
57	乾隆三十三年	孝里七甲乡约谏思贤承充三年欲签替不准	乡约	第201页
58	乾隆三十三年	孝里三甲民殷仕洪认充乡约给照	乡约	第201页
59	乾隆三十四年	廉里三甲乡约黄兆之签举场头客长以及保长	乡约、场头、客长、保长	第202、203页
60	乾隆三十六年	廉里七甲乡约拒兼充保长	乡约、保长	第204页
61	乾隆三十六年	节里十甲民杨屈山、张洪绪、冯时中、陈见远认充乡约给照	甲民、乡约	第204页

续表

序号	时间	事　　由	名称	出处
62	乾隆三十六年	廉里三甲乡约黄照（兆）之签举胡国钦承充保正	乡约、保正	第205页
63	乾隆三十八年	节里三甲乡约吴子贤签举张继远（元臣）承充乡约	乡约	第206页
64	乾隆三十九年	甲内乡约龚万选签举熊公朝承充乡约，熊氏有人已充保长	乡约、保长	第206页
65	乾隆四十二年	慈里九甲约邻签举客长	约邻（乡约）、客长	第206、207页
66	乾隆四十二年	智里七甲乡约周德仲签充约保	乡约（约保）	第207页
67	乾隆四十六年	甲内乡约签役熊从周承充保长难当二役	乡约、保长	第207页
68	乾隆四十六年	节里十甲乡约因年老更替	乡约	第208页
69	乾隆五十一年	仁九甲乡约因年老更替	乡约	第208页
70	乾隆二十七年	廉里七甲窑厂牌保、保正	牌保、保正	第209页
71	乾隆二十七年	廉里七甲窑厂给花户门牌，由乡保造册印发；保正杨东升、乡约冯美生	乡保（乡约、保正）	第210页
72	乾隆三十六年	杨屈山告状，甲内乡约王甫章勒索应拘讯	乡约、乡保	第211页
73	乾隆四十七年	编联沿江渡口渡船渔户牌甲，连保、联牌	牌甲	第211页
74	乾隆二十七年	巴县乡约、保长	乡约、保长	第212~215页
75	乾隆三十四年	乡约张子袍，保正杨万清、郭坤山	乡约、保长	第220页
76	乾隆四十五年	牌甲：十户立一牌，十牌立一甲长	牌甲（牌、甲）	第221页
77	乾隆四十一年	忠里九甲地约黄元龙，约邻刘祖文，乡约余怀伦	地约、约邻、乡约	第235页
78	乾隆四十一年	节里七甲乡约徐怀伦、邹文哲	乡约	第235页
79	乾隆三十八年	仁里十甲约邻陈必高等，乡保地邻蔡必章、陈必高等	约邻（乡保、地邻）	第247页
80	乾隆四十三年	千斯门、临江门厢长	厢长	第248页
81	乾隆四十二年	直里一甲刘陈氏告状，县正堂批约邻确查，据实禀复	约邻	第253页
82	乾隆四十七年	走马岗场街约、客长、牌头、约客	街约、客长、牌头、约客	第254页
83	乾隆四十一年	孝里八甲乡约李秀章、保正尹天命签呈	乡约、保正	第272页
84	乾隆三十五年	约邻陈仕荣、李如松等请息状	约邻	第291页

173

续表

序号	时间	事由	名称	出处
85	乾隆五十五年	王宗周诉状：谕令邻约何玉彩等踩踏	邻约	第294页
86	乾隆五十七年	刘天贵告状：投约邻王翠等，县批：仰约邻查理具复	约邻	第294页
87	乾隆四十八年	乡约何玉堂禀状	乡约	第303页
88	乾隆二十四年	直里三甲乡约刘朝君等禀状	乡约	第305页
89	乾隆五十年	直里一甲约邻	约邻	第307页
90	乾隆三十四年	保邻胡万顺等	保邻	第334页
91	乾隆五十七年	重庆府饬令约保人等	约保	第337页
92	乾隆六十年	慈里九甲走马岗场约客	约客	第339页
93	乾隆四十二年	县正堂批、巴县告示均指示乡保	乡保	第373页

表中大量出现保甲（保长、保正）、乡约常见名称外，还有诸多名称，即约邻、坊长、约保、约坊、约甲、保邻、乡保、牌头、牌保、牌甲、地约、厢长、街约、场头、客长、约客、邻约等，这些用语的归类，如从空间上看分属于城、郊、里；如从行政系统看，大致属于乡约、保甲、场头客长三个系统以及三者的交叉。

从空间上，乾嘉时期四川的基层行政组织，城曰坊，郊曰厢，乡村曰里，分别设立坊长、厢长、乡约与保甲管理。表中可见坊长、厢长各1例。坊长与乡约的交叉，出现了1例"约坊"的用语。

作为乡里基本行政职役是保甲、乡约制度。表中最早出现的保甲、乡约是第38、40的孝里四甲事例，王星一于乾隆十七年认充保长，王万清是王星一的弟弟，乾隆十八年已充乡约。牌保（24、70例）、牌甲（73、76例）、牌头（82例），这些用语都属于保甲系统。总乡约（29例）、街约（82例）属于乡约系统。小甲（45、52例）则属于里甲系统。关于小甲的属性，表中第45例，乾隆二十四年，"直里七甲花户零星，每逢公事督各小甲催办，现有一乡一甲承办公务"的记载中，"花户"是纳税户名称，"各小甲催办"花户，另有一名乡约、一名保甲"承办公务"，"小甲"与"一乡一甲"的乡保并列，证明"小甲"属于里甲系统。表中第52例，乾隆二十八年，"巴邑城市乡镇俱设约保小甲"的记载，同样说明"小甲"与"约保"并列，属于里甲系统。需要指出，表中第 50 例，乾隆二十五年的记载，"县属各里甲乡保于告期新签更替给照"，此处"里甲"或有赋役征收的里甲之意，但更像是指各里各甲的空间地域。

由于里设乡约、保甲，很多情况下乡约、保甲同时并列出现，乡约、保甲（保长、保正）缩略为乡保、约保、约甲。第 36 例中乡保与约保互用，说明二者可以等同。其中乡保有 6 例，第 71 例乡保明确指乡约、保正，第 40 例中将乡约、乡保混用。约保有 9 例，第 41 例将乡约、保甲简化为"约保"，即是证明。约甲有 2 例，即第 20、54 例，都是乡约、保甲的缩略语。

值得注意的是"约邻"一词。前引刑科题本出现约邻的时间是乾隆四十六年，地点是成都府金堂县。巴县档案中"约邻"一词出现的 20 个事例，最早 1 例是乾隆三十年，分布时间是乾隆三十年代 6 例，四十年代 5 例，五十年代 8 例，六十年代 1 例。据此推测"约邻"一词出现于乾隆中叶，流行于乾隆后期。

据表中第 14 例，乾隆三十三年的约邻是指乡约、地邻缩略语，第 17 例乾隆三十四年的"约邻"为乡约、邻佑的缩略语，此二例说明约邻是乡约与邻居的缩略语。第 65 例四十二年约邻单指乡约，而第 79 例三十八年的约邻则为乡保、地邻的缩略语。

此外，还有 1 例"邻约"，应是"约邻"的倒语，二者意思相同。"地约"（77 例）应是近似的用语。

还有"保邻"的用语 3 例，即第 22、24、90 的事例。语义当是与"甲邻"相近。

场市设有场头（9、59 例）、客长（59、65、82 例），管理市场与外省移民。

"约客"（82、92 例）一词，指的是乡约与客长的缩略语。

应当指出，巴县档案中，还出现了"地保"一词。乾隆三十二年十二月二十二日重庆府牌文里，有"兵役地保人等遂亦从而懈弛致酿事端"[①]

---

① 四川大学历史系、四川省档案馆主编《清代乾嘉道巴县档案选编》下，四川大学出版社，1996，第 387 页。

一句，其他官员也使用"地保"一词，清实录记载，乾隆二十八年十二月四川总督阿尔泰奏称："拿获啯匪严治外，其无业游惰劳必为匪者，饬州县发交地保"①。乾隆三十二年闰七月，礼部议准四川布政使张逢尧奏请僧人例应投师傅牒披剃事。请敕令各省督抚严饬所属地方官，将一切庵观寺庙实力稽查。"将容隐不报之该管僧官及地保按律治罪。"② 不过"地保"一词并不流行于四川。

(三) 巴县档案所见乡约、保甲、场头、客长的签退承替

巴县档案保留了珍贵的签退承替乡约、保甲的制度与实践，我们考察如下。

首先，较早的是巴县孝里四甲的事例，反映了签退承替乡约、保甲的基本制度。

保长。现存孝里四甲王星一认充、辞退保长的档案，有助于了解保长的职责与签替。乾隆十七年三月二十六日认充保长的巴县执照，执照规定了保长的职责："凡有甲内事理，催督粮务并外来啯噜匪类、酗酒赌博以及私宰，一切不法之徒，许尔扭禀本县，以凭究治。不得受贿容隐。如一经本县查处，或被人首告，一体重究。"③ 二十四年十月初八日王星一辞退保长签呈：

> 情蚁乾隆十七年蒙准给照，应再承办公事，奈蚁年老六十余岁，举步维艰，实难督办粮务。在蚁领买仓谷，久经告竣，是以邀集合甲公议，惟有王文仲殷实谙练，秉公端方堪充。此合甲输服，文仲无诿，今文仲同赴辕下。为此，蚁将印照粘呈恩案，恳除蚁名，赏给文仲印照，公事有专。恳恩，伏乞太老爷台前赏准给照施行。
>
> 巴县正堂批：应于年底公举，承充有□方可退辞缴照。④

---

① 《清高宗实录》卷 701，乾隆二十九年十二月。
② 《清高宗实录》卷 790，乾隆三十二年闰七月庚子。
③ 四川省档案馆编《清代巴县档案汇编》（乾隆朝），档案出版社，1991，第 193 ~ 194 页。
④ 《清代巴县档案汇编》（乾隆朝），第 194 页。

以上两份文献表明，保长的基本职责是"催督粮务"，所以辞退签呈声明"领买仓谷，久经告竣"。此外，保长也有究治啯噜①等不法之徒的责任。王星一以为辞退保长找好接替者且为甲内认可即妥，然而，知县则要求"年底公举"。

乡约的签换。孝里四甲在乾隆二十一年由杨尔庵（安）领取巴县所给乡约执照，二十三年九月二十一日杨尔庵去世，十月初三日其子杨国材禀称应代亡父城办公务，但因系独子，又无叔伯，"是以将亡父执照呈缴，另签蚁甲富民王介凡更替蚁亡父乡约之职。介凡不但殷实，且为人老成谙练，素行耿直。凡吾乡雀角微嫌遇伊在场排解，莫不□□加额。伏乞天恩准蚁缴照，差换介凡办事"②。这一禀呈得到了知县的首肯。十月二十三日，杨国材又禀称昨天奉票饬买仓谷票内仍有其父之名，恳求即饬王介凡赴验给照，承领办公。知县批示传王介凡办谷。这位被签举的王介凡，十一月初三日禀报，他的兄弟王万清于乾隆十八年已充乡约，二十一年方行交缴，当时的袁知县另签杨尔庵，"今尔庵物故，应公举甲内诚实老练之人，乃不致公务有误，何以又复举私举蚁为乡保。今蚁等患病，实不堪充。为此具禀。伏乞本县正堂太爷台前赏准另签施行"③。然而这一请求遭到知县否决。这一事例说明，堪任乡约者应是善于排解乡里"雀角微嫌"之人，如果说保甲职责中在扭禀不法之徒的治安方面，则乡约侧重化解乡

---

① 啯噜，乾隆时期盛于四川，是以抢劫等社会犯罪为生的团伙，其抢劫对象以市场及行人为主。参阅常建华《清代啯噜新研》，《清史论丛1993》辽宁古籍出版社，1993，收入常建华《清代的国家与社会研究》，人民出版社，2006，第197~230页。
利用保甲治理啯噜早在乾隆初年已是，如乾隆四年署四川巡抚方显奏称："川省恶棍，名为啯噜子。结党成群，暗藏刀斧，白昼抢夺，乘夜窃劫。现谕文武官设法严拿，并稽查保甲，整饬塘汛，以靖奸匪。"（《清高宗实录》卷103，乾隆四年十月下）
乾隆四十年署四川总督文绶奏："严查保甲、密访邪教各事宜。一、交界地方。饬各州县分月轮查，亲身稽察，不致彼此推诿，匪徒自难托足。一、啯匪入境，奸民倡教。除地方官自行密拏外，应明立劝惩，责成保甲举首。一、流寓客民踪迹靡常。应于一甲之内，专设客长一人，给循环簿，令将姓名籍贯，逐一登记，按季缴官查核，以补保甲所不及。一、户口迁移。向例换给门牌，地方官于每年农隙时清查一次，恐有遗漏舛错，亦应设立循环二簿，交保长随时登记，地方官按季抽查，再于因公下乡时留心稽核，庶无混杂。"（《清高宗实录》卷977，乾隆四十年二月下）
② 《清代巴县档案汇编》（乾隆朝），第194页。
③ 《清代巴县档案汇编》（乾隆朝），第195页。

里矛盾。① 同时，乡约、保甲均经办仓谷，二者职责的区分不太清晰。难怪王介凡拒绝承充乡约的禀文中将杨国材推举他接替乡约说成是私举其为"乡保"。

从孝里四甲乡保替换的事例来看，甲民并不愿意承充乡约、保长，原因是要承办领买仓谷的公务，完不成有赔累之苦，所以官府为了办差，要求"殷实"富有承充。已为乡保者替换时需要签举下家，才可脱身。当然，乡保的举充还有一些面上的一般条件，如公举产生，候选者应"老成谙练，素行耿直"，或是"诚实老练""秉公端方"即有人品与能力的要求。王姓与杨姓应是孝里四甲中的大姓，在乡保官差面前，他们都"捏混推卸"尽量想办法让对方承充。

其次，其他甲的保长、乡约签充的考察。

与前述孝里四甲相同，乾隆三十三年六月二十三日巴县廉里四甲、慈里九甲的签充保长执照，也把"甲内粮务"作为主要公事："本年六月六日，据廉里四甲民陈朝林，慈里九甲民吴仕明，谢明儒认充保长前来。据此，合行给照。为此照给保长陈朝林、吴仕明、谢明儒收执。嗣后凡有甲内粮务公事，必须勤慎办理。仍不时稽查啯噜匪类……"②

但是在另外的数甲智里八甲、仁里十甲、廉里六甲的保长执照，则并未强调"粮务"。如乾隆二十八年四月六日巴县签充保长执照：

> 为给照遵守事
>
> 本年三月十八日、二十八日，据智里八甲民周天统、仁里十甲民余进益、廉里六甲民王子林认充保长前来。合行给照。为此照给保长周天统、余进益、王子林收执。嗣后凡有甲内公事，务必勤慎办理。倘遇啯噜匪类、私宰私铸，娼妓赌博、端公邪教，以及外来面生可疑

---

① 明朝在四川杂谷（今四川理县杂谷脑）置安抚司。清乾隆十七年（1752）改厅，因各番"改土归流"，十九年户部议复川督所请："将寨首仍循其旧，止令催纳粮赋，遣派差事。另选素为众番悦服之人，拔为乡约，教化番民，调处词讼。旧有之外保改为甲长，令其稽查奸匪。寨首、乡约、甲长、均听抚夷掌堡管束。"（《清高宗实录》卷466，乾隆十九年六月上辛亥）可见四川在少数民族地区也推行乡约、保甲制度，乡约掌教化，调处词讼；甲长稽查奸匪。
② 《清代乾嘉道巴县档案选编》下，第295~296页。

之人，许尔密禀，本县以凭究治。该保长毋得恃符滋事，违误公务，致于未便。凛之慎之。毋违！须至执照者

　　　　右照给保长余进益　王子林周天统准此①

这里只是泛称"甲内公事"作为保长职责。很可能强调"粮务"是一些甲的难办事务，故特别强调。应当指出，至迟在乾隆二十五年时，以乡约为中心的征税体制确立。②

再看孝里三甲签充乡约。乾隆三十三年六月十五日巴县签充乡约执照：

　　为给照事
　　乾隆三十三年六月初九日，据孝里三甲民殷仕洪认充乡约前来。据此，合行给照。为此照给乡镇约殷仕洪收执。嗣后凡遇甲内公事，必须勤慎办事。每逢朔望，齐集公所宣讲圣谕，化导愚顽，永敦和睦，以正人伦。仍不时稽查啯噜匪类，窝娼窝赌，私铸私宰、邪教端公，以及外来面生可疑之人，许尔密禀，本县以凭拿究。倘有徇情容隐，一经查出，或被告发，加倍重惩。尔宜凛遵！毋违！须至执照者
　　　　右照给乡约殷仕洪准此③

可知乡约的职责除了与保障相同的办理甲内公事、稽查啯噜等之外，还有朔望宣讲的化导之责，前者与保甲共同办理，后者则是乡约职责的特色所在。

再其次，从乡约、保长签替看职役为甲民的负担。

甲民并不愿意承充乡约、保长同时在直里八甲也存在。乾隆二十三年十一月二十三日直里八甲的乡约、保长就乡保签替禀称：

　　直里八甲的乡约何殿卿、保长郭瑄为乘签钻役，禀明除弊事。

---

① 《清代乾嘉道巴县档案选编》下，第294~295页。
② 伍跃：《「在民の役」:〈巴县档案〉に見える郷約像——前近代中國の國家による社會支配の一側面》，《東洋史研究》第74卷73号，第406页。
③ 《清代乾嘉道巴县档案选编》下，第295页。

情蚁等甲内公务理应轮流，签替承值，庶苦乐得以均平。蚁等承充办公年久，本年十月十八日查明议签李国仕承充乡约，赵世遵承值保长在案。蒙准差传唤认。讵李国仕奸计躲公钻充刑书，世遵钻充快役，捏禀卸责，甲内公务无人承值。但此弊窦，不得不陈明仁天□电乘签钻役剪除此害，俾苦乐得均，乡保沾恩。为此，禀乞大老爷前电核施行。

县正堂批：签替约保，原应议明具报。尔等曾否与李国仕等议妥，致被钻充推卸，并不声明率渎，不准。①

乡约何殿卿、保长郭瑄禀告议签李国仕承充乡约、赵世遵承值保长，然而二人躲避签替，李国仕已充刑房书吏、世遵也充快役，拒不接任，请求知县按照原议执行，以使"苦乐得均"。不过，知县以原议未妥不准禀告，仍游何、郭二人留任乡保。乡约、保长二役承担"甲内公务"，何、郭已经认为属于苦差，故李、赵二人"躲公"，反而"钻充"书吏、快役，说明担任乡保远不如书役，看来"甲内公务"苦不堪言。

乡保不如书役的分析，还可从吏役拒绝签替乡保的其他事例证明。一是□里一甲乾隆二十三年十二月十一日刘玉振禀文：

□里一甲门役刘玉振，为禀缴执照事。

缘役于乾隆二十年八月初六日承充巴县儒学冬字班门役，现今当班，□□□□差认补葺黉宫办理等事。忽于本年十一月十九日，有本甲乡约龙文锦送县主硃签保长执照一张，致役家中，自□□其情，但彼不先令役知道，私具花押承任保长任状，役现当儒学门役，难充二差，前具恳移牒免，哀词学主案前移文牒，顶蒙仁恩着役具词缴照。今将前发执照仍缴，使役规学应役，只得恳乞太老爷台前俯准施行。

县正堂批：龙文锦蒙混冒签，仍着伊照旧充当，该房注册。刘振玉照缴销。②

---

① 《清代巴县档案汇编》（乾隆朝），第195页。
② 《清代巴县档案汇编》（乾隆朝），第195~196页。

门役刘振玉拒绝承充保长，知县为保证保长有人，命乡约龙文锦充当。

二是直里七甲乾隆二十四年二月十三日陈在田禀称，去年在县里兵房充书办，不料保长田美玉与其"往有仇隙"，本年正月签其"承充保长"，希望"另签甲内妥人承值"，知县批示："着田美玉另签。"①

直里七甲的故事还有。乾隆二十四年四月初九，孀妇冯都氏禀告，本年三月初三日夙有嫌隙的保长梁凤羽妄签未成年的独子冯尚臣承充保长，请知县另签。知县批评梁凤羽"因微嫌混报，要他"明白禀复"。于是梁凤羽禀复："承充本甲保长，已经五年，因家贫业卖，勉将仓谷办竣……本甲花户零星，每逢公事督各小甲催办，未经周知。"② 解释后，得到了知县的谅解。可见保甲承担差役较重，民间视承充保长为畏途。

此外，类似的的情形还见于孝里七甲乡约、保长的签替。乾隆二十四年四月二十三日，陈元魁禀状称，乡约胡华安去年十月才领照承充，就签举父亲陈元龙接任，然而陈元龙年老有病，陈元魁又于乾隆十九年充当快役，胡安华混举，希图卸责。知县批示胡安华充役未及半载，仍照旧承充。五月二十三日佘世位禀称，他从乾隆九年以来就充役，然而本族佘擎章签举他为保长，二役实难当。知县准佘擎章另保。③

又次，巴县乡约、保甲的基本情况。

巴县里甲的乡约、保长定期签替。如乾隆二十五年，"县属乡保于本年二月初三日、初八、十三告期新签更替"④。

根据乾隆二十七年巴县里甲乡约保甲名册统计，忠里10甲，其中一甲分为上中下三甲，九甲分上忠二甲，实际上是13个甲，有9个甲设立乡约，其中8个甲为一甲设一个乡约，而忠里十甲设4个乡约；有10个甲设立保长，每甲设立1个、2个、4个不等。此外，孝里10甲、廉里10甲、节里10甲、仁里10甲、智里10甲、慈里10甲、祥里10甲、正里10甲、直里10甲，各有数量不等的乡约、保长。⑤ 可知，巴县分为忠孝廉节仁智慈祥正直10里，普遍设置了乡约保甲。

---

① 《清代巴县档案汇编》（乾隆朝），第196页。
② 《清代巴县档案汇编》（乾隆朝），第196~197页。
③ 《清代巴县档案汇编》（乾隆朝），第197页。
④ 《清代巴县档案汇编》（乾隆朝），第198页。
⑤ 《清代巴县档案汇编》（乾隆卷）第212~215页。

甲之下是牌、户，一甲十牌、一牌十户。现存乾隆四十五年九月《十家牌》：

> 为编联牌甲，以清地方事。
>
> 照得弭盗安良，须清保甲，城乡市镇，挨户联牌不必拘定甲里，只就方隅次第，十户立一牌，十牌立一甲长，互相联络，轮流稽查，遇有娼妓、赌博、私宰、私铸、邪教、端公等类，倘一家犯罪，执牌具禀。如隐匿不首，罪坐九家，慎毋徇情容隐，务使地方宁谧。各宜凛遵毋违。须至牌者。
>
>   牌头一户 焦仲选
>   二户 鞠连提
>   （中略）
>   十户 王正伦
> 乾隆四十五年九月 日给
>
>   轮流悬立门首，晓喻勿损①

可知牌是甲之下的基层组织，故有"牌甲"之名，十户中有"牌头"一户。"挨户联牌"稽查违法行为。

每户有门牌"一家牌"。乾隆四十五年九月初十日所颁王子先户门牌内容与"十家牌"大致相同，牌上列有户主、妻子以及左右邻。要求"悬挂当门查验"。②

还应当指出，巴县除了各里编甲之外，还将城里船只连保。请看乾隆四十七年正月十五日巴县札：

> 乾隆四十六年十二月初三日奉本府正堂宋宪札……为此仰捕衙官攒，即便将西城里大小两河渔船渡船编号连保。并将沿河零星居户逐一清查，编审联牌，造册赍报本县，以凭查核转报。毋违！此札
>   （下略）③

---

① 《清代巴县档案汇编》（乾隆卷）第 220～221 页。
② 《清代巴县档案汇编》（乾隆卷）第 220 页。
③ 《清代乾嘉道巴县档案选编》下，第 276 页。

巴县西城里大小两河渔船渡船被编号连保，沿河居户编审联牌。

最后，巴县设立场头、客长协助乡约、保甲管理市场。

四川的集市称为"场"，场的人口集聚，外来者多。巴县在甲内不仅设有乡保管理场，还设有专门的场头客长管理场上事务与外来人口。如陶家场铺户约有二百余家，设有场头客长，乾隆二十八年又增设乡约。① 廉里三甲乡约黄兆之鉴于"甲内安凤场居民二十余家，俱开铺盐茶、杂货、屠猪生理，均有执业，无场头客长，公事是非，无人承办稽查"。建议"签举场头客长，认办场内事务。是以协同场民公议，周旭万为人老成，承充场头，谢明睿正直端方，堪充客长"。② 得到知县首肯。

关于客长的签充。今存乾隆三十年八月初八日巴县木洞分司候补县左堂签充客长执照：

> 为给照事
>
> 本年八月初五日，据节里七甲太和场民廖维昌认充客长前来。据此，合行给照。为此照给客长廖维昌收执。嗣后凡遇场内一切公事，务必勤慎办理。尔仍不时稽查啯噜匪类，盗贼窝家并酗酒打降、窝娼妓窝赌、私宰汤锅、私铸拐逃、络窃丢包、邪都端公，以及外来面生可疑之人，一切不法等事，许尔指名具禀，本分司以凭严拿究治。尔宜秉公勤慎，不得妄为，藉端滋事。如违，一经查出，或被告发，定行倍惩不贷。凛之！慎之！毋违！须至执照者
>
> 　　　　　右照给太和场客长廖维昌准此③

太和场民廖维昌属于节里七甲，认充客长，负责办理"场内一切公事"，并稽查啯噜等事。

还有龙隐场签充客长、场头的事例。乾隆三十年六月十五日巴县签充龙隐场客长场头执照："本年六月□□□□□□□龙隐场刘兴彪任充客长，杨帝侯任充场头，周汉章议充客长前来。据此，合行给照。为此照给客长

---

① 《清代巴县档案汇编》（乾隆朝），第198页。
② 《清代巴县档案汇编》（乾隆卷）第202页。
③ 《清代乾嘉道巴县档案选编》下，第294页。

刘兴彪、场头杨帝侯、客长周汉章收执。"① 以下是客长、场头的职责，内容同于太和场的执照。由上可知，不同的场设置客长、场头可能数量不一。场头、客长的职责相当于保长。

（四）巴县档案所见乡约、场头、客长的活动

先看乡约的活动。

恃约滥派的"蠹约"。乾隆三十六年十月二十日节里十甲杨屈山等告状：

> 缘蚁等甲内乡约王甫章收办军需，仁恩止□每两收钱八百文，殊伊不体恩德，每两钱粮勒收钱一千文。蚁等自来军需局内完纳，给票朗据。因前任仲主将仓米发给甫章，以散花户。讵恶将仓米吞嚼，并未发给花户。至今在乡每两钱粮勒要帮钱一千二百文，蚁不允帮，岂恶仗乡约之势，凌辱赌控，似此恃约滥派，不法已极。迫叩仁恩赏准拘究，以儆滥派，穷民顶视。
>
> 县正堂批：准拘讯。尔等敢于具禀蠹约，自然公宜，可以办事。现在军务纷繁，即着充乡保，踊跃办公，该房即发执照。毋许刻扣！②

节里十甲乡约滥派吞噬，被民人杨屈山等告发，知县鼓励揭发，并请告发者充当，发给执照。

城内设有坊长，也有乡约。根据乾隆五十一年四月张蕃萧扬国缴状：

> 情有龚芳泰在储奇坊开设长泰栈房，因负债无偿，去年蒙宪将栈封闭，饬委乡约何玉堂将芳泰自置家具什物，觅主顶打缴案。③

知县委托乡约将城内储奇坊的长泰栈房内家具什物顶充债务。

---

① 《清代乾嘉道巴县档案选编》下，第295页。
② 《清代乾嘉道巴县档案选编》下，第237页。
③ 《清代乾嘉道巴县档案选编》下，第142页。

有的乡约认真办事，受到知县表扬。乾隆五十二年三月十一日仁里十甲乡约陈文远禀称：

> 情蚁充当乡约，责在稽查地。本月初五，蚁同恩差蒋洪至余进益家催收仓谷，见伊堂屋上角立有鸟枪一把。蚁以奉宪所革，因何匿不缴案？伊称防捕盗贼，并打禽鸟，等语。伊以理斥反怒生□。蚁有首人之责，若不将枪呈缴，恐后进益惹出巨祸，拖累难免。只得赴辕呈缴叩究，以儆地方。
>
> 县正堂批：该乡约办事公正，甚属可嘉。今鸟枪已缴，余进益姑宽免究可也。①

该乡约催收仓谷，发现违禁物品枪支，立即劝缴并上报。知县表扬"办事认真"。

巴县官府依靠乡约办理军差。乾隆六十年三月十二日朝天党（坊）乡约朱世林等呈禀，"县正堂批：铺店出资，乡约经收，催夫应差，旧有章程，遵行已久。现值军务大差，更须迅速，何得推诿！仍照前批按月催收二次。勿许饰朦干咎。簿仍发"②。可见地方官办理"军务大差"，需要"铺店出资，乡约经收，催夫应差"，乡约经受铺店所出资金，督促雇夫应差，作用明显。

再看场头、客长的活动。

场头负责接待官船向铺户收取费用。乾隆五十七年七月二十九日居义里场头蒋轩扬诉状称：

> 情蚁在麻柳场开饭店生理，承充场头。守法办公，通场共知。嗣因本年五月官船过境，雇夫八名，应送每名二钱一百六十文，原系出自铺户，久有成规。众铺俱皆乐从，惟资荣山仗恃刁健，不惟不帮，反把持张考荣等四人分文不出，以致客长余择同蚁禀经木洞牛主。③

---

① 《清代乾嘉道巴县档案选编》下，第405页。
② 《清代乾嘉道巴县档案选编》下，第239页。
③ 《清代乾嘉道巴县档案选编》下，第238页。

该场头告发铺户资荣山拒绝为接待官船出资，而且阻挠他人出资。

客长也负责接待查场官差的接待差钱。乾隆五十八年十月初七日正里九甲客长毛柱斌、朱仁雄禀状称：

> 为抗公凶殴叩赏法究事
> 情蚁二人场众签充客长，沐赏给照。遇公办差，清理场事，安分守己。本月初三日，有专城汛主来至北碚查场取结。场内不许赌博招匪，历来成规。兵丁酒饭食费及汛主下程，蚁等铺民公办，况亦无几，每户出差银廿四文，开销酒肉饭食各项，通场清算并无浮收。初五日，蚁等收钱，有场内陈文光与陈升自号陈（承）头，逞凶强暴阻霸通街，不许帮结差钱。蚁等理言，向来查场差钱，均场内公办，且微数无多。①

场内有人拒绝交纳查场差钱，向知县告发。

上述乾隆末年场头、客长告发场民拒绝交纳办理接纳公差费用的事例，反映出当时场民对场上向来的旧规的挑战，遂与场头、客长产生矛盾，场头、客长需要借重官府完成差役，也说明官府需要依靠场头、客长完成对于场市的控制。

二 嘉庆朝巴县及四川地方职役

（一）刑科题本职役统计分析

南开大学中国社会史研究中心暨历史学院、中国第一历史档案馆编《清嘉庆朝刑科题本社会史料辑刊》②收录272件有关嘉庆朝四川刑科题本中，共计236件刑科题本记载了报案的地方官役名称，我们制成下表：

---

① 《清代乾嘉道巴县档案选编》下，第238页。
② 杜家骥主编，冯尔康、朱金甫、宋秀元副主编《清嘉庆朝刑科题本社会史料辑刊》，天津，天津古籍出版社，2008。

表2　《清嘉庆朝刑科题本社会史料辑刊》中的四川职役一览表

序号	时间	地点	名称	出处
1	嘉庆五年	顺庆府广安州	约邻	第一册，第11页
2	嘉庆六年	嘉定府乐山县	约邻	第一册，第22页
3	嘉庆七年	潼川府安岳县	约邻	第一册，第33页
4	嘉庆七年	忠州直隶州丰都县	约邻	第一册，第35页
5	嘉庆八年	邛州直隶州	保邻	第一册，第45页
6	嘉庆八年	绵州治理州安县	里邻	第一册，第46页
7	嘉庆八年	成都府彭县	约邻	第一册，第57页
8	嘉庆九年	重庆府江津县	约邻	第一册，第59页
9	嘉庆九年	叙州府屏山县	约邻	第一册，第62页
10	嘉庆九年	保宁府巴州	约邻	第一册，第65页
11	嘉庆九年	成都府彭县	约邻	第一册，第70页
12	嘉庆九年	忠州直隶州垫江县	约邻	第一册，第77页
13	嘉庆九年	成都府汉州	约邻	第一册，第79页
14	嘉庆九年	叙永厅	约邻	第一册，第82页
15	嘉庆十年	顺庆府大竹县	约邻	第一册，第97页
16	嘉庆十年	嘉定府夹江县	约邻	第一册，第106页
17	嘉庆十三年	眉州直隶州	约邻	第一册，第138页
18	嘉庆十四年	邛州直隶州蒲江县	约邻	第一册，第141页
19	嘉庆十四年	保宁府昭化县	约邻	第一册，第143页
20	嘉庆十四年	龙安府平武县	约邻	第一册，第147页
21	嘉庆十五年	保宁府通江县	约邻	第一册，第165页
22	嘉庆十五年	重庆府南川县	约邻	第一册，第178页
23	嘉庆十五年	重庆府长寿县	约邻	第一册，第184页
24	嘉庆十五年	泸州直隶州合江县	约邻	第一册，第185页
25	嘉庆十五年	潼川府蓬溪县	约邻	第一册，第188页
26	嘉庆十六年	嘉定府犍为县	约邻	第一册，第194页
27	嘉庆十六年	重庆府江北厅	约邻	第一册，第209页
28	嘉庆十六年	嘉定府犍为县	约邻	第一册，第212页
29	嘉庆十六年	保宁府广元县	约邻	第一册，第222页
30	嘉庆十七年	资州直隶州仁寿县	约邻	第一册，第229页
31	嘉庆十七年	绵州直隶州安县	里保	第一册，第231页

续表

序号	时间	地　点	名称	出　处
32	嘉庆十九年	眉州直隶州彭山县	约邻	第一册，第254页
33	嘉庆十九年	叙州府隆昌县	约邻	第一册，第255页
34	嘉庆十九年	潼川府盐亭县	约邻	第一册，第269页
35	嘉庆十九年	成都府崇庆州	约邻	第一册，第278页
36	嘉庆二十一年	绵州直隶州	约邻	第一册，第316页
37	嘉庆二十一年	眉州直隶州	约邻	第一册，第319页
38	嘉庆二十二年	酉阳直隶州彭水县	约邻	第一册，第333页
39	嘉庆二十二年	叙州府宜宾县	约邻	第一册，第335页
40	嘉庆二十二年	忠州直隶州垫江县	约邻	第一册，第336页
41	嘉庆二十二年	潼川府乐至县	地邻	第一册，第342页
42	嘉庆二十三年	松潘厅	乡约	第一册，第357页
43	嘉庆二十三年	保宁府南部县	约邻	第一册，第364页
44	嘉庆二十四年	嘉定府乐山县	约邻	第一册，第388页
45	嘉庆二十四年	重庆府綦江县	约邻	第一册，第390页
46	嘉庆二十四年	绥定府大竹县	约邻	第一册，第407页
47	嘉庆二十五年	潼川府乐至县	约邻	第一册，第408页
48	嘉庆五年	叙州府宜宾县	约邻	第一册，第418页
49	嘉庆十一年	嘉定府犍为县	约邻	第一册，第432页
50	嘉庆十一年	嘉定府洪雅县	约邻	第一册，第435页
51	嘉庆十五年	保宁府南部县	约邻	第一册，第443页
52	嘉庆十五年	叙永厅	约邻	第一册，第445页
53	嘉庆十八年	叙永厅	东二甲民	第一册，第456页
54	嘉庆二十年	雅州府打箭炉厅	约邻	第一册，第467页
55	嘉庆二十一年	雅州府名山县	约邻	第一册，第470页
56	嘉庆二十一年	重庆府綦江县	约邻	第一册，第471页
57	嘉庆二十二年	成都府彭县	约邻	第一册，第475页
58	嘉庆二十二年	重庆府永川县	约邻	第一册，第476页
59	嘉庆二十三年	雅州府雅安县	约邻	第一册，第482页
60	嘉庆二十三年	叙州府庆符县	约邻	第一册，第484页
61	嘉庆二年	重庆府铜梁县	约邻	第二册，第495页
62	嘉庆四年	保宁府阆中县	约邻、团首	第二册，第497页

续表

序号	时间	地点	名称	出处
63	嘉庆五年	资州直隶州	约邻	第二册,第512页
64	嘉庆六年	重庆府江津县	约邻	第二册,第523页
65	嘉庆七年	绥定府东乡县	约邻	第二册,第536页
66	嘉庆七年	忠州直隶州	保邻	第二册,第542页
67	嘉庆八年	泸州直隶州合江县	约邻	第二册,第548页
68	嘉庆八年	绵州直隶州绵竹县	约邻	第二册,第551页
69	嘉庆十年	成都府灌县	约邻	第二册,第571页
70	嘉庆十年	资州直隶州内江县	约邻	第二册,第574页
71	嘉庆十年	眉州直隶州彭山县	约邻	第二册,第590页
72	嘉庆十五年	绵州直隶州德阳县	约邻	第二册,第608页
74	嘉庆十五年	泸州直隶州合江县	约邻	第二册,第611页
75	嘉庆十五年	嘉定府乐山县	约邻	第二册,第615页
76	嘉庆十五年	保宁府阆州县	约邻	第二册,第617页
77	嘉庆十五年	绵州直隶州德阳县	约邻	第二册,第620页
78	嘉庆十五年	邛州直隶州	保邻	第二册,第622页
79	嘉庆十五年	邛州直隶州	保邻	第二册,第626页
80	嘉庆十六年	重庆府巴县	约邻	第二册,第630页
81	嘉庆十六年	叙州府筠连县	约邻	第二册,第634页
82	嘉庆十六年	顺庆府大竹县	约邻	第二册,第635页
83	嘉庆十六年	重庆府长寿县	约邻	第二册,第639页
84	嘉庆十八年	泸州直隶州	约邻	第二册,第643页
85	嘉庆十七年	成都府金堂县	约邻	第二册,第652页
86	嘉庆十七年	成都府双流县	约邻	第二册,第656页
87	嘉庆十七年	顺庆府广安县	约邻	第二册,第674页
88	嘉庆二十年	保宁府通江县	约邻	第二册,第686页
89	嘉庆二十年	潼川府中江县	场约	第二册,第692页
90	嘉庆二十年	茂州直隶州	约邻(乡约)	第二册,第693页
91	嘉庆二十一年	成都府成都县	约邻	第二册,第704页
92	嘉庆二十一年	重庆府长寿县	约邻	第二册,第709页
93	嘉庆二十一年	崇庆州	约邻	第二册,第714页
94	嘉庆二十二年	石砫厅	约邻	第二册,第721页

续表

序号	时间	地点	名称	出处
95	嘉庆二十二年	资州直隶州	约邻	第二册，第 731 页
96	嘉庆二十三年	叙州府富顺县	约邻	第二册，第 743 页
97	嘉庆二十三年	叙州府富顺县	约邻	第二册，第 745 页
98	嘉庆二十三年	叙州府屏山县	约邻	第二册，第 752 页
99	嘉庆二十四年	嘉定府犍为县	约邻	第二册，第 771 页
100	嘉庆二十四年	绥定府达县	约邻	第二册，第 774 页
101	嘉庆三年	叙州府宜宾县	约邻	第二册，第 785 页
102	嘉庆八年	叙州府珙县	乡约	第二册，第 820 页
103	嘉庆八年	龙安府平武县	约邻	第二册，第 824 页
104	嘉庆八年	成都府彭县	约邻	第二册，第 828 页
105	嘉庆八年	茂州直隶州	乡约	第二册，第 830 页
106	嘉庆十四年	嘉定府犍为县	约邻	第二册，第 852 页
107	嘉庆十四年	松潘厅	乡约	第二册，第 854 页
108	嘉庆十四年	宁远府盐源县	约邻	第二册，第 870 页
109	嘉庆十五年	龙安府平武县	约邻	第二册，第 876 页
110	嘉庆十五年	重庆府巴县	约邻	第二册，第 877 页
111	嘉庆十五年	成都府温江县	约邻	第二册，第 879 页
112	嘉庆十五年	邛州直隶州	保邻	第二册，第 883 页
113	嘉庆十六年	顺庆府渠县	约邻	第二册，第 898 页
114	嘉庆十六年	宁远府西昌县	保邻	第二册，第 900 页
115	嘉庆十六年	龙安府江油县	约邻	第二册，第 903 页
116	嘉庆十六年	宁远府西昌县	约邻	第二册，第 909 页
117	嘉庆十六年	眉州直隶州	约邻	第二册，第 910 页
118	嘉庆十六年	雅州府天全州	约邻	第二册，第 914 页
119	嘉庆十六年	嘉定府乐山县	约邻	第二册，第 917 页
120	嘉庆十六年	潼川府盐亭县	约邻	第二册，第 927 页
121	嘉庆十六年	宁远府越嶲厅	乡约（约邻）	第二册，第 928 页
122	嘉庆十七年	茂州直隶州汶川县	约邻	第二册，第 940 页
123	嘉庆十七年	成都府成都县	街约	第二册，第 950 页
124	嘉庆十七年	雅州府荥经县	约邻	第二册，第 952 页
125	嘉庆十九年	叙州府屏山县	约邻	第二册，第 985 页

续表

序号	时间	地点	名称	出处
126	嘉庆二十一年	太平直隶厅新宁县	约邻	第二册，第1005页
127	嘉庆二十三年	酉阳直隶州彭水县	约邻	第二册，第1014页
128	嘉庆十年	绵州直隶州绵竹县	约邻	第二册，第1054页
129	嘉庆十四年	嘉定府威远县	约邻	第二册，第1057页
130	嘉庆十四年	雅州府雅安县	约邻	第二册，第1061页
131	嘉庆十四年	邛州直隶州	保邻	第二册，第1064页
132	嘉庆十五年	龙安府平武县	约邻	第二册，第1069页
133	嘉庆十六年	眉州直隶州	约邻	第二册，第1080页
134	嘉庆十六年	嘉定府荣县	约邻	第二册，第1082页
135	嘉庆十七年	顺庆府渠县	约邻	第二册，第1085页
136	嘉庆十九年	绥定府达县	约邻	第二册，第1087页
137	嘉庆二十一年	叙永直隶厅	约邻	第二册，第1091页
138	嘉庆二十四年	邛州直隶州大邑县	约邻	第二册，第1108页
139	嘉庆二十四年	保宁府巴州	约邻	第二册，第1109页
140	嘉庆二十四年	重庆府涪州	约邻	第二册，第1113页
141	嘉庆二十五年	潼川府射洪县	约邻	第二册，第1116页
142	嘉庆二十五年	江油县	约邻	第二册，第1118页
143	嘉庆五年	邛州直隶州	保邻	第二册，第1125页
144	嘉庆五年	成都府崇宁县	约邻	第三册，第1127页
145	嘉庆五年	成都府彭县	约邻	第三册，第1130页
146	嘉庆五年	保宁府剑州	约邻	第三册，第1134页
147	嘉庆十五年	潼川府蓬溪县	约邻	第三册，第1149页
148	嘉庆十五年	邛州直隶州	保邻、保正	第三册，第1152页
149	嘉庆十六年	成都府什邡县	约邻	第三册，第1156页
150	嘉庆二十一年	泸州直隶州	乡约	第三册，第1179页
151	嘉庆二十三年	雅州府荥经县	约邻	第三册，第1182页
152	嘉庆二十四年	邛州直隶州	保邻	第三册，第1184页
153	嘉庆二十四年	成都府崇庆州	约邻	第三册，第1185页
154	嘉庆二十一年	绵州府绵竹县	约邻	第三册，第1222页
155	嘉庆二十一年	重庆府合州	约邻	第三册，第1223页
156	嘉庆二十三年	成都府郫县	约邻	第三册，第1231页

续表

序号	时间	地 点	名称	出 处
157	嘉庆八年	顺庆府渠县	约邻	第三册，第1245页
158	嘉庆八年	叙州府宜宾县	约邻	第三册，第1248页
159	嘉庆九年	潼川府三台县	约邻	第三册，第1253页
160	嘉庆十年	潼川县射洪县	约邻	第三册，第1264页
161	嘉庆十一年	成都府灌县	约邻	第三册，第1267页
162	嘉庆十四年	绵州直隶州绵竹县	约邻	第三册，第1272页
163	嘉庆十四年	保宁府剑州	约邻	第三册，第1273页
164	嘉庆十五年	叙州府宜宾县	约邻	第三册，第1283页
165	嘉庆十五年	顺庆府南充县	约邻	第三册，第1285页
166	嘉庆十五年	叙州府富顺县	约邻	第三册，第1295页
167	嘉庆十五年	叙州府长宁县	约邻	第三册，第1298页
168	嘉庆十六年	邛州直隶州	保邻	第三册，第1304页
169	嘉庆十六年	重庆府永川县	约邻	第三册，第1306页
170	嘉庆十六年	叙永厅	东九甲、约邻	第三册，第1308~1309页
171	嘉庆十七年	绵州直隶州梓潼县	约邻	第三册，第1313页
172	嘉庆十七年	忠州	约邻	第三册，第1314页
173	嘉庆十八年	叙州府隆昌县	约邻	第三册，第1318页
174	嘉庆十九年	资州直隶州仁寿县	约邻	第三册，第1318页
175	嘉庆十九年	邛州直隶州	保邻	第三册，第1323页
176	嘉庆十九年	嘉定府犍为县	约邻	第三册，第1324页
177	嘉庆十九年	重庆府铜梁县	约邻	第三册，第1325页
178	嘉庆二十年	成都府灌县	约邻	第三册，第1328页
179	嘉庆二十年	嘉定府威远县	约邻	第三册，第1329页
180	嘉庆二十年	保宁府巴州	约邻	第三册，第1330页
181	嘉庆二十三年	成都府简州	约邻	第三册，第1349页
182	嘉庆二十三年	龙安府平武县	约邻	第三册，第1352页
183	嘉庆二十三年	成都府崇庆州	约邻	第三册，第1354页
184	嘉庆二十四年	成都府灌县	约邻	第三册，第1362页
185	嘉庆六年	顺庆府岳池县	保邻	第三册，第1372页
186	嘉庆九年	嘉定府乐山县	约邻	第三册，第1378页
187	嘉庆十年	保宁府通江县	约邻	第三册，第1399页

续表

序号	时间	地点	名称	出处
188	嘉庆十一年	宁远府盐源县	约邻	第三册，第1402页
189	嘉庆十一年	嘉定府犍为县	约邻	第三册，第1403页
190	嘉庆十二年	重庆府江津县	约邻	第三册，第1404页
191	嘉庆十五年	眉州直隶州	约邻	第三册，第1418页
192	嘉庆十五年	成都府灌县	约邻	第三册，第1419页
193	嘉庆十五年	忠州直隶州垫江县	约邻	第三册，第1421页
194	嘉庆十六年	成都府崇庆州	约邻	第三册，第1430页
195	嘉庆十六年	绵州直隶州安县	约邻	第三册，第1431页
196	嘉庆十八年	叙永厅	东三甲民	第三册，第1444页
197	嘉庆十九年	雅州府清溪县	约邻	第三册，第1449页
198	嘉庆十九年	茂州	约邻	第三册，第1450页
199	嘉庆二十年	重庆府江北厅	约邻	第三册，第1454页
200	嘉庆二十一年	邛州直隶州大邑县	约邻	第三册，第1459页
201	嘉庆二十二年	成都府什邡县	约邻	第三册，第1475页
202	嘉庆二十二年	资州直隶州仁寿县	约邻	第三册，第1459页
203	嘉庆二十四年	邛州直隶州大邑县	约邻	第三册，第1480页
204	嘉庆二十五年	邛州直隶州	保邻	第三册，第1488页
205	嘉庆二十五年	顺庆府南充县	约邻	第三册，第1489页
206	嘉庆九年	雅州府会理州	约邻	第三册，第1535页
207	嘉庆十八年	理藩直隶厅	约邻	第三册，第1569页
208	嘉庆二十一年	雷波厅	约邻	第三册，第1580页
209	嘉庆二十三年	理藩直隶厅	牌约	第三册，第1587页
210	嘉庆六年	叙州府长宁县	约邻	第三册，第1682页
211	嘉庆九年	重庆府大足县	约邻	第三册，第1699页
212	嘉庆十年	绵州直隶州绵竹县	约邻	第三册，第1705页
213	嘉庆十一年	重庆府荣昌县	约邻	第三册，第1706页
214	嘉庆十一年	太平厅	约邻	第三册，第1708页
215	嘉庆十三年	潼川府遂宁县	约邻、牌保	第三册，第1718~1719页
216	嘉庆十四年	忠州直隶州	牌保	第三册，第1743页
217	嘉庆十四年	重庆府江北厅	约邻	第三册，第1747页
218	嘉庆十五年	潼川府射洪县	约邻、地邻	第三册，第1770页

续表

序号	时间	地点	名称	出处
219	嘉庆十五年	重庆府铜梁县	约邻	第三册，第1774页
220	嘉庆十五年	成都府彭县	约邻	第三册，第1784页
221	嘉庆十六年	宁远府冕宁县	乡保（约保）	第三册，第1791页
222	嘉庆十六年	资州直隶州仁寿县	约邻	第三册，第1795页
223	嘉庆十六年	叙州府宜宾县	约邻	第三册，第1802页
224	嘉庆十六年	嘉定府洪雅县	约邻	第三册，第1802页
225	嘉庆十六年	泸州直隶州	约邻	第三册，第1808页
226	嘉庆十六年	叙州府富顺县	约邻	第三册，第1811页
227	嘉庆十六年	酉阳直隶州彭水县	约邻	第三册，第1822页
228	嘉庆十六年	邛州直隶	约邻	第三册，第1825页
229	嘉庆十七年	重庆府江北厅	约邻	第三册，第1839页
230	嘉庆十八年	雅州府天全州	乡约	第三册，第1843页
231	嘉庆十八年	眉州直隶州	约邻	第三册，第1845页
232	嘉庆二十年	叙州府宜宾县	约邻	第三册，第1856页
233	嘉庆二十一年	成都府崇庆州	约邻	第三册，第1860页
234	嘉庆二十二年	资州直隶州资阳县	约邻	第三册，第1872页
235	嘉庆二十三年	邛州直隶州	约保	第三册，第1886页
236	嘉庆二十四年	眉州直隶州青神县	约邻	第三册，第1887页

表中出现的职役用语有约邻204件，保邻14件，里邻1件，里保1件，保正1件，约保2件，乡保1件，乡约7件，团首1件，地邻2件，族邻1件，牌保有2件，牌约1件，场约1件，街约1件。

值得注意，地方职役的用语乡约、保正数量极少，较多的是约邻、保邻，其中约邻占绝对压倒性的多数。而且乡约、保甲交叉性的约保、乡保（第221例乡保与约保互用）用语数量也很少。其他用语也不多。

我们重点讨论约邻的大幅度增加与普遍使用问题。约邻是可以指代乡约的，表中第90例约邻即指乡约，121例乡约就是约邻。此外，第215例约邻与牌保并列，约邻表示的是乡约。因此，虽然约邻有乡约与邻居合称的含义，但是多数情况下可以径作"乡约"理解，是入约的邻居。"约邻"取代"乡约"成为日常用语，应是嘉庆时期乡约制度实践的特色之一。

民间户婚田土纠纷，往往投报约邻请予以调解，命案则由约邻报案。

潼川府射洪县夏尚千因拒给食物纠纷推跌乞丐胡贵娃身死案,是嘉庆十五年(1810)五月十二日,"据约邻袁自盛等报"①。保宁府巴州的一份案件口供称,嘉庆"二十三年十月间,漆大魁向小的退佃,小的要把押佃银两扣算租欠。漆大魁投同约邻李仁们理处,李仁们劝小的扣除租银十两,还给余银。漆大魁不肯,走散"②。乡约调解的事例还有,雅安府天全州民周士贵戳伤乡约冯山秀致死案,据案证危桶匠供称:嘉庆十八年三月十八日时候,"那时乡约冯山秀走来,也劝周士贵代还小的桶钱。周士贵说冯山秀多管,与冯山秀口角争骂起来,把冯山秀戳伤倒地。不一会死了,救阻不及"③。

约邻在刑科题本出现,多是:"问据约邻……同供","小的们忙来看明,一同报验(或具报)"的格式。如重庆府江津县嘉庆九年"问据约邻邓超然、魏兆麟、李荣亮同供:嘉庆九年正月二十四日早,杨艾氏投说,二十三日他丈夫杨名富因与他夫弟杨名学争挑牛粪,两下争闹,他丈夫被杨名学打伤身死的话。小的们忙来看明,一同报验的"④。

再如成都府彭县案件,"问据约邻曾仕畛、曾志贤同供:死的萧崇富与萧崇荣都是萧崇信同曾祖堂兄。嘉庆九年四月初十日萧崇贵投说他哥子萧崇富因萧崇信讨钱争闹,用刀把萧崇信戳伤,萧崇信夺刀过手,他哥子向萧崇信夺刀以致戳伤右肋,萧崇荣也用刀把萧崇信戳伤的话,小的们当来看明报验医治。萧崇富因伤口溃烂,医治不好到五月初三日死了,小的们又来具报的"⑤。

彭县嘉庆二十二年另一案件,"据约邻李昌贵、何彩、杨广明同供:嘉庆二十二年四月二十二日,赵徐氏投说儿子赵棕榜因把财礼银两花费,被妻父刘化南查知不依,把他媳妇刘氏戳伤,赵棕榜拢劝也被戳伤的话。小的们忙拢看明,赵棕榜伤重到挨晚时死了,一同具报的"⑥。

还有潼川府射洪县的案件,"问据约邻陈赞元、何正顺、白书科同供:

---

① 《清嘉庆朝刑科题本社会史料辑刊》第3册,第1770页。
② 《清嘉庆朝刑科题本社会史料辑刊》第2册,第1109页。
③ 《清嘉庆朝刑科题本社会史料辑刊》第3册,第1843页。
④ 《清嘉庆朝刑科题本社会史料辑刊》第1册,第59页。
⑤ 《清嘉庆朝刑科题本社会史料辑刊》第1册,第70页。
⑥ 《清嘉庆朝刑科题本社会史料辑刊》第2册,第476页。

嘉庆十年九月初八日，文丕烈投说文丕然因要他承当地土，不允，两相吵闹，他兄弟文丕振拢劝，被文丕然用棒打伤的话，小的们同来查看。到初十日文丕振因伤死了，小的们赴案具报的"①。

查看与具报是"约邻"的职责所在。官府判案也要考察邻约是否忠于职守。重庆府江北厅嘉庆十六年，官府认为"约邻卢下爵、龚顺清一经得信即行具报，亦无不合"②。而另一龙安府江油县案件，嘉庆二十五年"约邻欧启相等失于查察，照例分别责革"③。

值得注意的是"街约"。在省城成都府成都县，嘉庆十七年"据街约陈月桂、张官荣同供：嘉庆十七年七月十四日夜二更时候，小的听得这桥下有人喊叫，走去查看，见乞丐李生灿已经受伤在地。查问李生灿说，乞丐熊贵向他讨钱，两下争闹，被熊贵戳伤的。十五日，小的们报蒙案下验明伤痕，拨医调治不好，到十六日因伤死了，小的们又来报验的"④。省城成都是大城市，"街约"虽然也是邻约，可能因同处一街，故称"街约"。

还有场约。嘉庆二十年，潼川府罗江县民曲德良因欠谷纠纷伤邵兴益身死案，由"青市镇场约曾唯柏等报"。⑤

保邻也具有类似约邻的职责。邛州直隶州的2个案件，都是保邻处置的。李文才供称："嘉庆八年三月初一日早，胡在洪的牛只走到小的与杨汝孝们公共祖茔内践踏，小的把牛拉住，叫了杨汝孝并他哥子杨汝成凭人理论，已经保邻们理明，叫胡在洪给钱五百文祭奠坟茔，牛只也就交还。"⑥另一件发生在嘉庆十五年，"据尸兄柳月攀供：死的柳月从是小的胞弟……王建用木棒把兄弟打伤，投知保正熊耀泷们看明。不料兄弟伤重，到初七日早死了。小的才投保邻具报的"⑦。此外，官府审案也使用"保邻"一词，此案发生在绥定府达县，"失察私和匿报之保邻周仕龙、陈孔卫合依不应轻律，笞四十各，折责发落"⑧。

---

① 《清嘉庆朝刑科题本社会史料辑刊》第3册，第1265页。
② 《清嘉庆朝刑科题本社会史料辑刊》第1册，第210页。
③ 《清嘉庆朝刑科题本社会史料辑刊》第2册，第1119页。
④ 《清嘉庆朝刑科题本社会史料辑刊》第2册，第950页。
⑤ 《清嘉庆朝刑科题本社会史料辑刊》第2册，第692页。
⑥ 《清嘉庆朝刑科题本社会史料辑刊》第1册，第45页。
⑦ 《清嘉庆朝刑科题本社会史料辑刊》第3册，第1152页。
⑧ 《清嘉庆朝刑科题本社会史料辑刊》第2册，第543页。

保甲系统还有里保。绵州直隶州"据安县知县杨英灿详称：卷查嘉庆十七年七月初八日，据里保王金祥禀称：访得南七甲民阴官受于六月二十六日夜，行窃张启秀家，被伊堂伯阴秉智等活埋身死"。阴秉智供称："随后里保王全祥来向小的查问，小的隐瞒不过，告知情由，赴案报验的。小的实因阴官受为匪不改，起意把他致死，此处并无同谋加功的人。是实。"①"里保"与"牌保"相同，均指代保甲系统。此案廷审说："失察阴官受行窃牌保，本犯已死，应予免议，案由里保访禀，失察职名应免开送。尸棺给属领埋。无干省释。等语。均应如督所题完结。"②

官府往往使用"牌保"代表保甲。潼川府遂宁县巡差王荣等致死脱逃之窃贼戴登富案，嘉庆十四年的清廷审案结果称："失察行窃之牌保，正贼已死，应免提责，仍革役。"③忠州直隶州民张添纲因赡谷纠纷将胞兄殴伤身死私埋匿报案，嘉庆十五年清廷审案结果称："失察之牌保照例责革，尸棺饬属领埋，无干省释。等语。均应如该督所题完结。"④

保甲作为基本制度，档案提到民人往往指出其所属保甲。如表中53例，东二甲民邬亮达，第170例东九甲民罗崇华，第196例东三甲民民妇王氏，他们都是投报案件者。

（二）巴县档案所见乡约、保甲及小甲制度

1. 关于小甲

如前所述，乾隆时期巴县存在属于赋税征收的里甲系统的"小甲"，嘉庆朝我们还可看到这种"小甲"，但是属性更象是保甲，或许说明里甲已经混同于保甲。如嘉庆五年七月十二日陈子尧等禀状：

> 情磁器镇乃水陆总汇，繁剧之区，差务极冗，又军务之际，各团齐集于□□□□□一人难以办理。蚁等举得李时雍、方维良老诚练达，堪充小甲之任。是以禀恳□□□□□□有凭。⑤

---

① 《清嘉庆朝刑科题本社会史料辑刊》第1册，第231页。
② 《清嘉庆朝刑科题本社会史料辑刊》第1册，第232页。
③ 《清嘉庆朝刑科题本社会史料辑刊》第3册，第1719页。
④ 《清嘉庆朝刑科题本社会史料辑刊》第3册，第1743页。
⑤ 《清代乾嘉道巴县档案选编》下，第301页。

这是磁器镇举充"小甲"的事例，得到了知县的认可，嘉庆五年七月十六日巴县签充小甲执照：

> 为给照事
>
> 案据磁器镇约客陈子尧、刘复基等公举李时雍、方维良等承充小甲前来。据此，合行给照。为此照得小甲李时雍、方维良收执。凡遇上下需用船只，务须实力办理，毋得推卸。如有行迹可疑之人，许尔每日名具禀本县，以凭拘案究治。毋得徇情容隐，别经查出，或被告发，定行重究！须至执照者
>
> 右照给小甲李时雍、方维良准此①

该小甲承担的工作主要是办理"需用船只"，主要是差役，其由"约客"推举，甲的属性不明显。这一事例的背景是清政府正在镇压刚刚起事的白莲教，民间进行团练，地方事务增繁。

再如，嘉庆十年八月二十一日廉里九甲长生桥客长黄志清等恳赏执照禀：

> 为恳赏给照办公有着事
>
> 情约等长生桥场，系属孔道，凡一切公务乏人办理，由兼啯噜猖獗，缺人稽查。今约筹场内铺民李俊、陈荣正，殷实谙练，堪充小甲。为此禀明宪天，赏佳给照，以便协同约等稽查匪类，并办理公务，不致有误。
>
> 县正堂批：本年米粮稍贵，无业匪徒逢场绺窃及骚扰铺民，恐难必无。全凭各场约保铺民人等协力擒拿获究，处之以死，自然畏法敛迹。今准将所举李俊、陈荣充当小甲，实力办公。仍候给照，以专责成可也。②

---

① 《清代乾嘉道巴县档案选编》下，第301页。
② 《清代乾嘉道巴县档案选编》下，第301~302页。

这一小甲设于场内，协同约客"稽查匪类，并办理公务"，类似保甲。

2. 团保牌甲

嘉庆朝的巴县奉行清廷推行保甲令，强化保甲。保留下来的有关条规，有助于我们了解当时的保甲制度。

我们先看嘉庆十五年七月二十五日巴县编联保甲户口条规告示：

为晓谕力行保甲，以弭盗匪而靖地方事。

照得为政首在安民，安民必先除盗。而欲盗戢民安，则惟编联保甲为整顿地方良法。巴邑幅员辽阔，户口畸零，加以五方杂处，最易藏奸匿匪。虽不时选拔兵役严密缉拿，而穷乡僻壤耳目难周，难保无匪徒混迹。本县曾于去年冬间。每遇公事，谆谕约保人等遵照编户成法，各就所管甲内按户稽查，遇有面生歹人，立即擒拿送究。半载以来，宵小无从托足，地方日就清宁，行之已有成效。现奉宪札钦奉谕旨，饬令将编设□□□实力举行，圣谕煌煌，凡所以为□□□□□以抚绥善良计者，至为周切，更应恪遵办理，实力奉行。

兹本县现拟置□□□□□填选勤实书吏，划分地段，分投查造。所有应用牌式纸张、役食等项，皆官为捐给，丝毫不肯派及闾阎，致滋扰累。该约保各有稽查地方之责，其于甲内户口或良或否，得以微窥于平素；一出一入，得以隐察其行踪。皆当随时稽核，刻刻留心，方见奉行实力。至于各乡场头、客长、铺户、居民，各有身家，亦一体盘诘。果能协力同心，交察互警，则盗贼匪类无容身之地，四境自无失事之虞。尔等亦何惮而不力行保甲乎？合行出示晓谕。为此示仰阖属约保居民人等知悉，嗣后尔等务须编立户口门牌，实心查诘。遇有窃匪，随时举发，毋受贿赂而徇纵，毋惜情面而姑容，致令日从潜匿，恣为不法。该约保等有能实意讲求，盘获真正贼匪送究者，每名赏钱一千，以示奖励。倘敢泄泄从事，或始勤终懈，以致有名无实，匪徒因而窃发，查出一并连作□□姑□□□□□□□□□悼谆谆告诫，各宜凛遵毋违！特示。

□□□□□□□□各条开列于后：

□□□□□□□牌立一甲长，十甲立一保正，各级印牌□□□□□口细数悬挂门首。在村庄者归约保牌头管辖，在场市者则

199

责成场头、客□□□。各分村落，互相觉察。其庵观寺院，亦分给印牌，填写僧道口数姓名，稽查出入。至于村庄腰店，亦令各立一簿，将每夜宿客几人，往来何处，逐一登记明白，以备查核。

一、保甲保正、甲长、牌头，各于所管牌甲户口随时稽查。凡遇面生可疑来历不明之人，不许容留甲内。遇有迁徙外出者，注明开除；如有新增之户，查实添造，不得混杂遗漏，至多紊乱。违者查处重处。

一、盘获匪徒，务根究在何处潜匿？何人窝留？除房主讯不知情，系误认良民招住者，免其究处外。倘有窝藏匪贼，经牌保人等查处，而地主反首认亲故，捏称善良，曲为包庇者，一并严拿连坐。

一、编连保甲□□□□等有能认真稽察，盘获贼匪，即投鸣本牌约保场头人等，协□□□□□□□□每名赏钱一千。其能拿获多名者，按名递加。但不得领贪图赏项，任意□□□□人等，凡遇乡民获匪送县，亦不得勒扯把持，致有留栏疏脱。违者严处！

右谕通知①

据此，巴县于嘉庆十四年冬加强推行保甲，至颁布此规条，已有半年。此时奉谕旨继续推行保甲，故又该条规的颁行。此次"选勤实书吏，划分地段，分投查造。所有应用牌式纸张、役食等项，皆官为捐给。"破费成本，强调落实。所列四条，要在成立保甲，稽查户口，查处窝藏匪贼，奖赏投鸣。

再看嘉庆十八年三月二十九日巴县团首牌甲条例，列出23条，虽然文字偏长，但是反映了保甲的事务以及当时的社会状况，十分珍贵，我们还是几乎全文录出：

为团练牌甲严拿匪类，以靖地方，以安民生事。

照得本县到川十有余年，历綦数任，深知川省地方五方杂处，匪徒最易溷迹。至渝城则更系水陆冲衢……爰遵历奉大宪檄饬编联保甲之法，详立科条，开列于后。……为此恺切晓谕城乡各团保牌甲，及

---

① 《清代乾嘉道巴县档案选编》下，第278~279页。

粮户绅民铺户人等一体知悉。……

科条开列于后：

一、十甲联为一牌，设一牌头。其牌头必须素无过犯，才过九家者，方可充当。如牌中有犯前项为匪等情，务须互相稽查首报，倘敢徇隐，一家有犯，九家连坐。其有不安生业，游手好闲，不愿入牌者，定非安静良民，许该牌头据实禀究。

一、十牌联为一甲，或五六牌为一甲，每甲设立团首一二名。其团首不拘绅士粮户，务须选择品行端方，为人公道，素为一方敬服者，公举承充，督率牌头查拿前项为匪各情弊，甲内各牌头、居民，皆应听其约束。如果认真办理，勤慎公正，始终不怠，本县定从优加礼貌或给匾额，或禀请上宪赏给匾额优奖。

一、各甲中如有素不安分或犯过窃案，各甲均不肯编连，然听其散处，毫无管束，更属不妥。该团保等务将此等户口，附列于各团簿之末，作为畸零户。该团众等，仍不时留心察看，如其果能自新，安分守法，三年不犯前恶，即收入团内，准作良民。倘仍有犯，许该团保等随时禀究。

一、各场市镇，每场设立梆锣并木架一座，高脚牌一面，其牌上书写"严拿匪徒"四字。制造上方下圆青岗木棍四根，上写"专打匪徒"四字，插立木架之上，以壮威势。各家仍再制青岗木棍一二根，以备捕贼防身。如有违禁之鸟枪竹铳，仍应照例呈缴，不准擅用。倘遇匪（第279页）徒入境，即刻鸣锣击梆。各牌头一闻锣声，即率牌众，各持木棍齐集，协力擒拿，务须全数弋获解县。本县随到随审，绝不使尔等在城久候，且务必尽法处治，毋虑报复。倘匪徒敢于持杖拒捕，许尔等照例格杀勿论。第不许就拘擅杀，自取罪戾，亦不许私拷私释，查处并究。如能擒获大伙匪徒多名，按计名数分别奖赏。倘有闻锣不到，协拿不力者，许团首乡保等公同指名禀究。

一、除贼宜先除窝，窝家最为民害，本县久闻巴邑各乡场市集，均有窝户。且闻有身家饶足之户，亦窝留分肥者。贼入窝室，获贼不能得赃，以致犯供狡展，案悬难诘，实堪痛恨。除本县自行密查外，该团首乡保牌头邻佑招主，务各留心稽查，遇有窝贼之户，无论伙同偷窃，坐地分赃，立即指名首告，以凭严拿，尽法究办。倘该团保等容隐不报，一经本县查出，或经别人告发，定行一并从重惩究。但不许挟嫌诬妄，自蹈罪愆。

一、城乡流神痞棍，俗呼为滚刀皮，近日又呼为斗方法。成群结党，或欺骗朴弱，或讹诈乡愚，或受雇帮人打架，或意图诈索，藉称商店名目，纠众妄拿私盗，持械阻斗，致酿人命，种种凶恶，大为民害。该团众等如遇前项棍徒，刻即鸣锣捆拿解县，以凭尽法惩办。设或畏其凶横，亦刻即赴县密禀，以凭拿究。倘敢徇隐，并究不贷。

一、甲内越礼犯份，酗酒打降，以及强横滋事者，该团众等务须开导，使其改悔。倘竟不知改悔，许该团首立即指名禀究。

一、设立水卡处所，应一体编入团内。遇夜各水卡靠有船只，该团保等务须协同坐卡差役，不动声色，严密稽查。如有行迹可疑船只即应认真盘诘，押解送县。如当堂审系真贼，定分别重赏。倘敢懈忽，致有抢劫等事，定将稽查不力之团保及坐卡差役一并重惩。并谕令过往船只，早靠码头及场市人多之地，不许独自停泊山溪野涧。倘敢不遵，许该团保卡差扭送船户，送县重惩。

一、兴贩人口，大干严例。查渝城二江汇合，此种恶犯更多，向有媒滚子，高脚骡子及吹吹等项名目。该团众等，务须严查甲内，如有此等兴贩情事，刻即具禀。倘敢徇隐，并得贿纵放，一经发觉，定将该团首乡保一并严究。

一、西洋邪教，现奉新例严禁。该团众须加意严查，如甲内再有从习西洋邪教，及匪徒新自倡立邪教之事，即行赴县密禀，以凭查拿。毋得徇隐，致干重究。

一、年壮乞丐，成群结党。日则强讨估索，乘间窃取，或窥探路径；夜则穿窬肆窃。种种骚扰，其害匪细。该团内如有年壮乞丐，刻即驱逐出境，不得任其存留。如敢逞凶不遵，协拿送县究治。如实系老幼残废，不能力作者，仍听讨乞度活，亦不得恃强估讨，如违究处。

一、贼匪乞丐，多系潜匿岩洞古墓，及并无住持破庙之中。该团首等，务令各地主刻即设法封闭，使比辈无地栖身。倘地主不遵，许该团首约保禀究。

一、各场及本城俱要修正栅栏。其各场每逢场期，轮流派人梭织巡查。除遇有流匪到场照前鸣锣协拿外，如遇有绺窃、掉包、打串筒等匪，随时拿获送究。夜晚常川轮流派人值更巡查，违者许该团首禀究。

一、各乡场每甲于总路隘口设立堆卡，各牌派人昼夜轮流巡查防守。如遇夜间窃贼，一闻声喊，各牌众务各齐集协力追捕，以期即时就获，送官究治。倘巡防不力，任意他往，以致贼匪免脱，许团首牌头禀究。

一、坐卡勿派年老患病及鳏寡孤独之人，其有力之家及有子者不存免派之例。或有子年幼即着雇人代替，如无雇者，仍予宽免。（280页）

一、各场及本城内外歇店均给循环号簿，登记往来。仍责成坊长约客，每夜留心挨查。如有歇住匪人失于盘诘，及任听差役唤到人证久押店中坐食，不即投审，或滥食酒肉，多费钱文者，均惟店户坊长等是问。

一、各场既设栅栏，定更后即应关锁，钥匙即交更夫巡查经管。如居民有疾病生产等事急需延医请人，务须执灯行走，并将实情告明经管钥匙之人，方准开栅。如不执灯夜行，以非奸即盗论，许巡查人等拿交团首场头送县究治。

一、各乡腰店，责成乡保招主稽查。如有容留匪人，该乡保招主立即鸣锣拿送究办，并将开设腰店之人一并解送惩治。但各腰店人少势孤，倘或流匪众多，强宿估站，该腰店如能暗地通知团众，齐集协拿，该腰店主免究。倘该腰店主既已通信，而团首等不即齐众前往协拿者，许腰店主禀官，定将团保等治罪。

一、私宰耕牛，有害农业。盗贼倚宰户以灭迹，宰户通盗贼以觅利。是宰牛之家，实为窝盗之窟，不可不严行查禁。如遇私宰耕牛者，许该团首等刻即协拿，连牛肉一并解县严究。

一、窝娼窝赌，最为民害。不惟废时失业，荡产倾家，且每多因此肇衅酿命，亟宜严行查禁。团甲内如有窝娼窝赌之户，该团首等务即指名具禀，以凭拿究。

一、田园稻谷杂粮蔬菜，民间赖以资生。查巴邑四乡恶俗，每有妇女幼童，三五成群，藉以捡柴为名，凡遇稻穗、杂粮、蔬菜、竹木，无不乘间偷窃。或经事主撞遇，反行撒泼逞凶，装伤骗赖；更或砌情妄控，殊为地方之害。各该妇女幼童之父兄夫男，务各严加禁约。自示之后，倘敢纵容不遵，有仍蹈干辙者，定拿各该妇女幼童之父兄夫男，一体治罪。

一、刻字刷印工资，并印簿纸张，俱由本县捐廉给发，丝毫不累民间。至该团首将牌甲居民，按照十户一连，如户口有相离窎远者，或即八九户亦可。均须设立牌头一名，编联齐全，造具草簿送县，以凭发房，另造两本，钤印过朱，以一本存县备查，以一本给团首领回。且系随送随发，不令守候，更不许房书人等藉端延扯，需索钱文，该团首等亦不得藉端派累干究。

一、编连团保，原系洗除资盗、娼赌、凶恶棍徒，绥靖地方而设。各团首等务须洁己奉公，认真实心办理。如果地方宁静，定当从优奖赏。其余田土、婚姻、债帐口角，及一切寻常事件，均勿干预。更不得受贿徇庇，仗恃人众，藉事生端，或任意勒索，妄拿扰累，反为民害。如一有犯，定行严究。各宜凛遵自爱。毋违！干咎！

以上各条，该团首约保牌头以及团内铺户人等，务须一体同心协力，认真办理，务使盗息民安，风归醇厚，是则本县之所深望也。各宜凛遵。毋违！特示①

这是一个"团首牌甲"的科条，由到川十有余年的坝县知县依据历年奉行"编联保甲之法"，详细开列。具体规定了牌头、团首（甲长）选任，设置"畸零户"，每场设立梆锣牌棍，稽查窝户，捆拿流神痞棍，开导滋事者，水卡编团，严查贩卖人口，严禁洋教，驱逐乞丐，封闭破庙洞墓，修正栅栏，设立堆卡，保证坐卡，场及歇店登记往来，更夫巡查，腰店稽查，禁宰耕牛，查禁窝娼窝赌，禁止捡柴偷窃，给发印簿，编连团保。与以往保甲制区别之处，在于十甲联为一牌，设一牌头。十牌联为一甲，或五六牌为一甲，每甲设立团首一二名。团首相当于甲长，负责的事情繁多。

其实编连团保的特色还在于军事化的练武，即团练。请看嘉庆十八年十一月二十九日巴县札文：

---

① 《清代乾嘉道巴县档案选编》下，第279~281页。

为札饬团练事

奉本府正堂李宪札，转奉布政使司方、按察使司常宪札：

……查从前四乡居民自行团练一法，最为妥善。合亟札饬遵办。仰即劝谕乡民，查照从前团练章程，一体齐团，并应如何设立条规，速为筹议妥办，俾乡民遵奉而行。其团首司事之人，必得秉公选择明白公正者，以免借团滋事，草菅人命。务须实力奉行，□收实效。毋违。等因。

奉此，随查本县到任以来，编联保甲即属团练之法，业经详立规条出示晓谕在案。兹奉前因。合行札谕。……

右札给龙隐镇团首程国梁
曹方万（略）收执①

知县强调"编联保甲即属团练之法"，推行上年的团首牌甲"规条"。

上述新法要求牌头门首悬挂牌示。请看嘉庆十九年十月巴县牌示：

为编联牌甲互相稽查，以靖地方事

照得本县自上年到任之初，叠奉各大宪严札，敕令编联牌甲，设立团练。业将应查、应戒事宜，逐款详立规条，刷给册簿在案。兹查巴邑地方辽阔，良莠不齐，稽查难周。诚恐左道异端、西洋、白莲、红阳、八卦等教，以及啯匪、盗贼、流痞、棍徒混入其间，窝娼、窝赌、逃凶、逃遣、私铸、私贩、邪教、书符、赌具，种种恶习实为地方之害。若非编联牌甲，严密稽查，洵为戢匪安民良法。合行十家挨户联为一牌，每牌设一牌头。责成牌头日则互相稽查，夜则轮值支更梭织巡查，务使前项匪徒、贼盗、流痞等类，夫从溷迹，地方何患不宁。倘有一家窝匿容隐，九家连坐，决不姑宽。各宜凛遵，实力奉行。毋稍观望疏懈，自取咎戾！毋违！须至牌者

计开十家姓名，互相稽查。此牌悬立牌头门首，以免推诿。②

---

① 《清代乾嘉道巴县档案选编》下，第281~282页。
② 《清代乾嘉道巴县档案选编》下，第282页。

可见，当时团首牌甲的重要任务是稽查"左道异端"，正是当时川楚陕白莲教起事的反应。

嘉庆十九年十月巴县谕示，对于牌头门首挂牌的说明，强调了此事的重要性：

> 照得编联保甲，为绥靖地方而设。本县莅任之初，叠奉宪札，敕令编联保甲，即属团练之法，以资保卫而齐民心，助声威而励人力，守望相助，远迩应声，原为安民缉盗之良策也。兹将各户按牌备造循环册簿，按十户给发一牌，挨户造毕之后，赴县领取，按牌悬挂，一月一户，轮流更换。其挂牌之家，即为是月牌头。此为尔民等清理贼盗，安宁户口之良法。至于牌册刷印工价需费，概系本县捐廉制办。尔等务各仰体此意，实力奉行。每保填写循环册簿二本，以一本存案备查，一本交保正随时添注，每年呈明更换一次。各宜遵照！毋违！特谕①

挂牌是在牌头之家，因牌头是十户轮流更换，所以牌在各家轮挂。知县视此为"清理贼盗，安宁户口之良法"。

嘉庆时期"左道异端"的兴盛，有牌头的禁止洋教事例。嘉庆十五年十二月二十八日牌头欧生彩禀称：

> 情因蚁等甲内陈美玉，伊系奉天主教，前恩宪奉文□查□有十家连牌，蚁等遵奉恩示，劝伊改教，赴案具结。□如陈美玉硬不改教，称□伊系李义顺在城与伊挡抵，至今硬然不悔。蚁等□□牌之责，是以据实禀明仁恩赏唤到案，具结改教，免后□□。②

该派头发现天主教徒，劝改失效，于是报告官府。

嘉庆二十年二月十九日节里十甲凉水井团团册保留下来，对于我们了解其人口构成很有用处。总户数77户。先看节里十甲凉水井团团册人口自

---

① 《清代乾嘉道巴县档案选编》下，第282页。
② 《清代乾嘉道巴县档案选编》下，第443页。

然构成，据统计：团首二人，约客二人。共七牌，一至六牌每牌10户，第七牌17户，每排第一户为牌首。①

当时编连团首牌甲，还包括沿河场市以及居住民人。嘉庆十九年九月沿河缉盗章程其中规定："凡沿河场市以及居住民人，必须查照设团之法，将何处地方应归来某场约保经管，何塘卡兵役应归何段协同经理，逐一分段编连。倘境内失事，该兵役鸣锣号召，约保人等立时聚众鼓勇擒拿，如敢观望不前，许兵役指名禀究。"②

3. 乡约与场约

乡约承办重庆府城的夫差。嘉庆元年三月初二日储奇党（坊）乡约何玉堂等呈禀，知县批示中说到："渝城夫差向系行站铺户支应，乡约收资承办。"③

乡约办差过程中也有舞弊行为。嘉庆八年张元甫禀状称，他是木匠，有乡约陈品先、王维邦等立约，请他修正苦竹铺塘房等，"议工价瓦灰木料钱四十八千，一包在内"。他请匠八人，昼夜赶办。"维邦等该蚁钱二十四千不给"，还被打。因"维邦派收粮户，肥囊不吐"，请求"拘讯法究，追钱给领"。④

土地买卖中乡约作中，民人投鸣乡约处理纠纷。如嘉庆九年李鸣周等供状中，乡约萧文林、萧茂安供称，他们在嘉庆六年为鄢三仲买地作中，后有接受投鸣作证，处理该事。⑤

乡约也捉拿贩卖假银。嘉庆十九年十月十七日黄联元等供状称：

> 黄联元供：小的是虎溪场乡约。今三月间，有久倾假银的吴荣魁来场，在廖廷良家藏匿，欲倾假银。被乡约查知，将他赶逐去乞。迨后到本月十五日，有举人张铮向乡约说知久倾假银的吴荣魁复来场上廖廷良家藏匿，有熊学彬以镜银八十两即倾一百两□□的话。乡约即

---

① 《清代乾嘉道巴县档案选编》下，第326页。
② 《清代乾嘉道巴县档案选编》下，第346页。
③ 《清代乾嘉道巴县档案选编》下，第240页。
④ 四川大学历史系、四川省档案馆主编《清代乾嘉道巴县档案选编》上，四川大学出版社，1989年，第322页。
⑤ 《清代乾嘉道巴县档案选编》上，第180页。

去访查，这吴荣魁实在廖廷良（家）藏匿，乡约才把他二人禀送案下，今蒙审讯，只求严究。①

该乡约忠于职守，捉拿了藏匿场中假银贩卖者。

场约负责场中事务。嘉庆十五年八月十三日余杨氏报状称，本月初七有熊彪、何麻子来家抢掠，"初八日氏喊鸣石龙场约有岑南计认承查明，退还各项"②。

"场约"承差，其实并不是场民愿意充当的。据嘉庆十七年十二月十日巴县□和义禀：

> 为贫朴难充，恳恩另签事
> 情蚁系璧邑人氏，染匠手艺生理。今五月内，来恩治石龙场开小染房，冀度日食。突□□初五有□差票唤云，场众公举议充当场约。蚁和骇异。切充当首□，必须殷实老成之人，今蚁乃幼朴手艺之徒，焉能充当？又不能周认场众□□匪类，恐误差事。是以恳宪作主，另签老成谙练，庶不误公。公私均沾。
> 县正堂批：尔既在场开铺，自应轮流充当，毋得推诿。③

石龙场开的染匠被场众公举充当场约，呈禀推诿，知县以在场开铺自应轮流充当拒绝请求。

重庆朝天码头杠抬夫帮把持，官府设立乡约、厢长、坊长进行治理。嘉庆二十四年九月十二日索帮杠帮合同约，针对帮派之间抢活产生的纠纷，"乡约康正元、厢长刘致中目睹不忍坐视，恐酿巨祸，具帖相请六门夫头等清、慎、勤三班叶刚栋、陈怀、郭荣，坊长何有朋齐集马王庙，将原议旧规，逐一彻底泾渭辨明。从中剖论，仍照向年议准章程，以杜两造争论肆闹之非"④。于是十一月二十八日，南邦、西帮、杠帮订立三帮合同

---

① 《清代乾嘉道巴县档案选编》下，第254页。
② 《清代乾嘉道巴县档案选编》下，第240页。
③ 《清代乾嘉道巴县档案选编》下，第302页。
④ 《清代乾嘉道巴县档案选编》下，第6页。

约，康、刘、何为凭证人。此外，嘉庆十五年巴县告示中还有"厢长谭成舜"。①

由于推行团甲，团首与乡约交叉，出现"约团"的用语。如嘉庆十九年十月初八日快役刘贵等禀称"当即投知约团看验"。②

"团邻"的用语也出现。嘉庆二十四年巴县告示还有"直里七甲团邻练兴顺等禀称"③ 的用语。

值得注意，还出现包含乡约的"乡地"用语，并与"牌甲""甲保"连用。如嘉庆十六年十二月十一日重庆府示：

> 为严禁匪徒扰害，以靖地方事
> ……………
>
> 为此示仰合属居民及乡地牌甲人等知悉：……该乡地等均有缉匪之责，当于所管牌甲内留心稽查，实力劝勉……设有匪徒打店抢掠，即当鸣同乡地甲保人等，集众围拿，送官究治。④

乡约与地方合称"乡地"，有"缉匪之责"，指责更加泛化。

巴县档案中保留的契约文书，有"约邻"的用语。在嘉庆十年所立的文天齐弟兄孝义合约，有"凭族约邻人等 金官远、文儒、金正选"⑤，嘉庆二十一年的梁光歧卖田地文约中，讲到卖田地时"请凭约邻汤在朝……等作中"，文约最后署有"凭约邻 汤在朝、周全书、梁翰魁"。⑥

百姓在供词中，也讲到向"约邻"报案，约邻处理纠纷。如嘉庆十五年刘宗渭供状称，他"投鸣约邻"理论，"是约邻拢来拖散"。⑦ 嘉庆十八年何朝榜告状，说他"投鸣约邻刘文林、刘廷魁等理剖几次"。⑧ 嘉庆二十

---

① 《清代乾嘉道巴县档案选编》上，第406页。
② 《清代乾嘉道巴县档案选编》下，第260页。
③ 《清代乾嘉道巴县档案选编》上，第280页。
④ 《清代乾嘉道巴县档案选编》下，第259页。
⑤ 《清代乾嘉道巴县档案选编》上，第3页。
⑥ 《清代乾嘉道巴县档案选编》上，第103页。
⑦ 《清代乾嘉道巴县档案选编》上，第182、183页。
⑧ 《清代乾嘉道巴县档案选编》上，第222页。

年的巴县详文中，石正堂供称："投明约邻前来看明报验的"①，嘉庆二十一年朱济南、朱召南告状称，"投经约邻"理说。② 嘉庆二十三年的冉添海等供状中，冉添海供："投鸣约邻赴案具报的"。③ 嘉庆二十四年梅建安告状，说他"投经约邻……前来理说"。④

巴县告示也有"约邻"用语。如嘉庆十六年的一份告示说："批委八省与约邻集齐府庙理讲。"⑤

约邻可以是"坊邻"。嘉庆二十三年胡蒋氏哀状谈到在城里太平坊，佃坊开设银匠铺，约邻熊德泰等查禀事务。而房主许益顺禀状，则称熊德泰为"坊邻"。⑥

告示中还有"坊约"的用语。嘉庆十二年的巴县告示，是应"朝天党（坊）坊长邹玉清"等呈请，在坊内新街口的官界要道，"一切米担、鸡笼等物，止许在街挑提发卖，不许摆列店面"，因"约民难以理斥"，希望"赏示押逐"。官府示禁："倘敢芿蹈故辙，许该坊约等指名具禀"。⑦ 可见"坊约"即"坊长"，管辖"约民"。

结　语

我们从已经出版的乾隆朝刑科题本资料集找到七个四川地方知役的事例，可知这七例时间上从乾隆十四年到四十七年，地点上分布在成都、重庆、顺庆、夔州诸府及泸州直隶州，职役属于保甲、乡约系统。这些资料中出现了一些专有的语汇，有甲邻、牌保、牌邻、约邻、甲民的用语。

再依据《清代巴县档案汇编》（乾隆卷）有关记载，收集到93个事例，更深入了解到大量出现保甲（保长、保正）、乡约常见名称外，还有诸多名称，即约邻、坊长、约保、约坊、约甲、保邻、乡保、牌头、牌保、牌甲、地约、厢长、街约、场头、客长、约客、邻约等，这些用语的

---

① 《清代乾嘉道巴县档案选编》上，第148页。
② 《清代乾嘉道巴县档案选编》上，第185页。
③ 《清代乾嘉道巴县档案选编》上，第149页。
④ 《清代乾嘉道巴县档案选编》上，第223页。
⑤ 《清代乾嘉道巴县档案选编》上，第300页。
⑥ 《清代乾嘉道巴县档案选编》上，第312、313页。
⑦ 《清代乾嘉道巴县档案选编》上，第397页。

归类，如从空间上看分属于城、郊、里；如从行政系统看，大致属于乡约、保甲、场头客长三个系统以及三者的交叉。

值得注意的是乡约系统的"约邻"一词。巴县档案中"约邻"一词出现的20个事例，最早1例是乾隆三十年，分布时间是乾隆三十年代6例，四十年代5例，五十年代8例，六十年代1例。据此推测"约邻"一词出现于乾隆中叶，流行于乾隆后期。约邻是指乡约与地邻、邻佑的缩略语。

保甲系统则有"保邻""甲邻"的用语。

场市设有场头、客长，管理市场与外省移民。"约客"一词，指的是乡约与客长的缩略语。

巴县档案保留了珍贵的签退承替乡约、保甲的制度与实践。较早的是巴县孝里四甲的事例，反映了签退承替乡约、保甲的基本制度。保长的基本职责是"催督粮务"，也有究治啯噜等不法之徒的责任。乡约侧重化解乡里矛盾，乡约、保甲均经办仓谷，二者职责的区分不太清晰。从孝里四甲乡保替换的事例来看，甲民并不愿意承充乡约、保长，原因是要承办领买仓谷的公务，完不成有赔累之苦，所以官府为了办差，要求"殷实"富有承充。已为乡保者替换时需要签举下家，才可脱身。当然，乡保的举充还有一些面上的一般条件，如公举产生，候选者应"老成谙练，素行耿直"，或是"诚实老练""秉公端方"即有人品与能力的要求。甲民并不愿意承充乡约、保长同时在其他的里甲。由于乡保不如书役，吏役拒绝签替乡约、保甲。巴县分为忠孝廉节仁智慈祥正直10里，普遍设置了乡约保甲。甲之下是牌、户，一甲十牌、一牌十户。牌是甲之下的基层组织，故有"牌甲"之名，十户中有"牌头"一户。"挨户联牌"稽查违法行为。每户有门牌"一家牌"。牌上列有户主、妻子以及左右邻。要求"悬挂当门查验"。巴县除了各里编甲之外，还将城里船只连保。巴县设立场头、客长协助乡约、保甲管理市场。不同的场设置客长、场头可能数量不一。场头、客长的职责相当于保长。

巴县档案所见乡约、场头、客长的活动。先看乡约的活动。恃约滥派的"蠹约"。城内设有坊长，也有乡约。有的乡约认真办事，受到知县表扬。巴县官府依靠乡约办理军差。再看场头、客长的活动。场头负责接待官船向铺户收取费用。客长也负责接待查场官差的接待差钱。乾隆末年场头、客长告发场民拒绝交纳办理接纳公差费用的事例，反映出当时场民对场上向来的旧规的挑战，遂与场头、客长产生矛盾，场头、客长需要借重官府完成差役，也说明官府需要依靠场头、客长完成对于场市的控制。

我们找到230件嘉庆刑科题本的地方职役记载。其中有约邻204件，保邻14件，里邻1件，里保1件，保正1件，约保2件，乡保1件，乡约7件，团首1件，地邻2件，族邻1件，牌保有2件，牌约1件，场约1件，街约1件。值得注意，地方职役的用语乡约、保正数量极少，较多的是约邻、保邻，其中约邻占绝对压倒性的多数。虽然约邻有乡约与邻居合称的含义，但是多数情况下可以径作"乡约"理解，是入约的邻居。"约邻"取代"乡约"成为日常用语，应是嘉庆时期乡约制度实践的特色之一。民间户婚田土纠纷，往往投报约邻请予以调解，命案则由约邻报案。约邻在刑科题本出现，多是："问据约邻……同供"，"小的们忙来看明，一同报验（或具报）"的格式。查看与具报是"约邻"的职责所在，官府判案也要考察邻约是否忠于职守。保邻也具有类似约邻的职责。

巴县档案所见"小甲"属性更象是保甲，或许说明里甲已经混同于保甲。小甲设于场内，协同约客"稽查匪类，并办理公务"，类似保甲。

嘉庆朝的巴县奉行清廷推行保甲令，强化保甲。巴县于嘉庆十四年冬加强推行保甲，半年后奉谕旨继续推行保甲，颁行条规。强调"选勤实书吏，划分地段，分投查造。所有应用牌式纸张、役食等项，皆官为捐给"。破费成本，强调落实。所列四条，要在成立保甲，稽查户口，查处窝藏匪贼，奖赏投鸣。嘉庆十八年三月二十九日巴县团首牌甲条例，列出23条，这是一个"团首牌甲"的科条，由到川十有余年的坝县知县依据历年奉行"编联保甲之法"，详细开列。具体规定了牌头、团首（甲长）选任，设置"畸零户"，每场设立梆锣牌棍，稽查窝户，捆拿流神痞棍，开导滋事者，水卡编团，严查贩卖人口，严禁洋教，驱逐乞丐，封闭破庙洞墓，修正栅栏，设立堆卡，保证坐卡，场及歇店登记往来，更夫巡查，腰店稽查，禁宰耕牛，查禁窝娼窝赌，禁止捡柴偷窃，给发印簿，编连团保。与以往保甲制区别之处，在于十甲联为一牌，设一牌头。十牌联为一甲，或五六牌为一甲，每甲设立团首一二名。团首相当于甲长，负责的事情繁多。其实编连团保的特色还在于军事化的练武，即团练。团首牌甲的重要任务是稽查"左道异端"，正是当时川楚陕白莲教起事的反应。嘉庆十九年十月巴县谕示，对于牌头门首挂牌的说明，强调了此事的重要性。挂牌是在牌头之家，因牌头是十户轮流更换，所以牌在各家轮挂。知县视此为"清理贼盗，安宁户口之良法"。嘉庆时期"左道异端"的兴盛，有牌头的禁止洋教事例。当时编连团首牌甲，还包括沿河场市以及居住民人。

乡约承办重庆府城的夫差。乡约办差过程中也有舞弊行为。土地买卖中乡约作中，民人投鸣乡约处理纠纷。乡约也捉拿贩卖假银。场约负责场中事务，"场约"承差，其实并不是场民愿意充当的。重庆朝天码头杠抬夫帮把持，官府设立乡约、厢长、坊长进行治理。由于推行团甲，团首与乡约交叉，出现"约团"的用语，"团邻"的用语也出现。巴县档案中保留的契约文书，有"约邻"的用语。百姓在供词中，也讲到向"约邻"报案，约邻处理纠纷。巴县告示也有"约邻"用语。约邻可以是"坊邻"。告示中还有"坊约"的用语。

2016年4月12日完稿，2016年5月8日增订

嘉庆朝整顿回疆秩序的
努力及其结果

李 晶

摘 要：清仁宗作为守成之君，在着力整顿内政的同时，也很重视回疆秩序的整饬。然而回疆事务有其复杂性与特殊性，仁宗对于一些乾隆年间未能克服的困难和遗留的问题认识并不全面、客观。负责回疆治理的松筠，则因其个人因素和客观环境使然，最终不仅未能在当地建立起符合皇帝意愿的治理体制，反而对玉奴斯案、孜牙墩事件等处理失当，激化了社会矛盾，削弱了清政府的权威，为日后的变乱埋下了隐患。

关键词：嘉庆朝 松筠 回疆 整顿

一 仁宗治理回疆的总体思路与倾向

仁宗亲政之后，必须面对并着手解决乾隆盛世的表象下所潜伏的深刻社会危机，清政府在回疆的治理目标也由大一统帝国的构建转向地区的长治久安。在此背景下，仁宗的治疆指导思想必然由创制时期的大刀阔斧、务求实效转向细致管理、立法树规。然而仁宗君臣对回疆实际情况的了解程度却相当有限，皇帝的主观臆断与急于求成给回疆治理目标的实现带来了极大隐患。

1. 专注于整理"祖业"、树立规范、整顿秩序

经过康雍乾三朝的经营，清朝统治集团完成了国家统一，实现了国内和平，确立了稳固的统治秩序。特别是在高宗治下的清朝海内承平，政局稳定。然而在乾隆朝晚期，清朝的国力实际已经由巅峰开始下滑。仁宗亲政伊始，就面临着很多严重的困难：财政体制积弊已久，国库亏空严重；官场风气恶劣，行政效率低下；社会基层逐渐失控，利益集团尾大不掉；

阶级矛盾激化，人民起义星火燎原。客观形势要求仁宗主持下的清政府必须将注意力集中于整顿内政。由于仁宗对儒家传统思想的接受程度很高，这使他一改其父的盛气凌人和好大喜功，而更重视崇文礼士、谨慎持重。仁宗亲政伊始便废止了文字狱①，嘉庆九年，内务府出版了清朝第一部旗人汉诗总集，仁宗亲自作序。② 一批饱学儒士也受到赏识重用，包括后来在新疆出任要职，产生了重大影响的铁保、松筠等人。

无论是清朝国势的走向还是在这一大环境下形成的仁宗个人特质，都使得嘉庆朝的政治氛围迥然不同于乾隆朝，统治者的执政风格由开放转向内敛，由"尚武"转向"崇文"，专注于整理"祖业"，维护政治稳定成为压倒一切的目标。在此背景下，作为高宗最重要的政治遗产之一，新疆及中亚政策的评估和修正自然也被提上日程。

首先应看到的是，嘉庆年间清政府对于新疆在全国政治格局中的定位更加明确：在《嘉庆重修大清一统志》中，关于新疆的内容一改乾隆志中在地方行政体系中的孤立和版图地理范围上的模糊，不仅与乌里雅苏台、蒙古等其他"藩部"一齐直接列于贵州统部之后，而且详细描述了新疆与国内其他政区和域外中亚地区的地理边界。③ 这说明，随着清朝大一统的实现与巩固，国家治理的格局也逐渐从发展自北方民族政权传统南北二元模式的"藩部"与"汉地"两大体系并立，向着全国划一的方向演进，清政府对新疆治理的规范化、制度化和"内地"化提出更高的要求是历史发展的必然。但这种对新疆的定位更多是基于统治者的主观认识，在政治实践中并没有取得相应的进展，事实上直至清末建省，清政府对新疆的治理水平才终于实现了质的提升。

仁宗对新疆的整顿，与全国其他地方一样，始于清理乾隆时期的弊政，希望能实现儒家理想的"善治"，达到维护统治稳定的目的。仁宗停止了自新疆统一后一直执行的玉石开采及进贡，并严词批判了其滥用民力的弊端和地方官员以奢侈品取悦皇帝的行为对统治秩序和君主德行的危害。④ 此外，经过详细审查，仁宗还取消了其他一些被认为增加了新疆人

---

① 《清仁宗实录》卷39，嘉庆四年二月壬子。
② 铁保等编《熙朝雅颂集》，辽宁大学出版社，1992，第4页。
③ 《嘉庆重修大清一统志》卷516，《四部丛刊续编》第29册，上海书店出版社，1985。
④ 《清仁宗实录》卷105，嘉庆七年十一月壬午。

民负担的苛政。① 对于币制等一些过于体现高宗个人色彩的政策也进行了修正②,有利于新疆制度与全国的统一。然而某些措施则表现出了仁宗不够体察新疆现实状况的倾向。如乾隆时回疆换防官兵有临时换用加级顶戴的特殊待遇,嘉庆时则以国家名器必须慎重为由,对此类待遇予以全部撤销③。但回疆的特殊情况决定某些特殊政策有其存在的必要,要求完全符合抽象的原则是不现实的,不久之后当地办事大臣便吁请中央政府部分恢复这一待遇。④

总体而言,对新疆的整顿,仁宗的关注点在于行政的规范化与制度化,要求凡事必须有章可循,官员必须遵章而行,确保地方行政的平稳有序运行,从而改变乾隆末年统治集团内部上下级之间敷衍塞责、阳奉阴违的恶劣风气,同时消除边疆地区可能威胁"大一统"秩序的不稳定因素,避免"边务"影响到统治集团集中精力和资源解决内政问题。

嘉庆十一年,仁宗针对新疆事务的上谕集中体现了他的思想:"新疆地方自皇考高宗纯皇帝展拓以来,一切办事章程经画尽善,克垂永久。数十年来,奉行俱各妥协。所有各城办事之员,惟当率由旧章,认真查办。""总之新疆以镇静为要,不可妄生枝节。嗣后办理一切事务,惟当遵照旧日章程,妥为经理。勿得率意纷更,致干咎戾。"⑤ 嘉庆朝前期,清政府就新疆行政陆续出台了多部章程,并针对回疆着手制定一部以乾隆朝旧制为基础,涵盖当地治理的各个方面,可以行之久远的制度规范。

嘉庆十六年,理藩院全面整理"藩部"体系下治理边疆民族地区和对外交往的政策、制度,在编纂《理藩院则例》的同时编纂《回疆则例》,收集了自新疆统一以来清帝下达的谕旨及大臣奏章等文件,分门别类加以整理修订,嘉庆十九年编成,仁宗下令"刷印颁发回疆等处,永远遵行",是为回疆地区第一部行政手册,在一定程度上具有法律的效力和作用,对

---

① 赵慎畛:《榆巢杂识》下卷,《回民贡纳》,中华书局,2005,第134页。
② 《清仁宗实录》卷59,嘉庆五年二月癸巳。
③ 中国第一历史档案馆藏录副奏折,《奏为核议南路回疆官兵越级顶戴请旨裁汰事》,档号03-1666-039。
④ 中国第一历史档案馆藏录副奏折,《奏为回疆军台外委仍请照旧制给顶戴事》,档号03-1670-054。
⑤ 《清仁宗实录》卷169,嘉庆十一年十月辛丑。

规范地方政府职能权限和官员行为准则,实现回疆治理的规范化与制度化有着很大的积极作用。但值得深思的是,《回疆则例》所收录的文件,脱离了当时所处的具体情景和所针对的具体问题,特别是考虑到乾隆朝很多法令、制度,由于在实际执行时必须对新疆的客观实际作出妥协,致使与其文本内容存在较大差距,这些文件是否具有普遍的现实意义是非常值得怀疑的。

2. 低估回疆特殊性,导致其预期整顿目标偏离实际

仁宗对新疆治理"镇之以静"的总体思路,应该说顺应当时清王朝由开拓转向守成的历史发展趋势,也是对历代王朝执政经验教训的总结。中国的专制统治者早已意识到,相比起主动改革,尽可能维持"成法"更符合其自身利益的选择。然而新疆却有其特殊性,特别是回疆历史上曾长期疏远中华文明圈,并已经成为中亚伊斯兰文明圈的一部分,如何适应当地的社会环境,对清政府而言无疑是全新的挑战。清政府治理回疆和与中亚"伊斯兰世界"打交道必然长期处于在实践中探索、磨合、调整的阶段,遭遇困境乃至屡屡碰壁是可以预期的。至仁宗执政时,新疆归入清朝统治之下不过40余年,早期经历的若干次变乱则导致清政府对新疆治理模式的选择几度摇摆,虽然最终确立了军府体制,但始终没有完全摆脱其介于临时军管机构与常设政府机关之间的过渡性质。对新疆特别是回疆的具体治理政策,乾隆年间虽然已经形成了一套制度,但始终带有"便宜行事"的不确定性。

如对回疆旧有的伯克制度,虽然在统一后进行了改革,各城伯克由封建领主转变为中央政府任命的地方官吏,法律地位等同于内地郡县长官,实质上清政府却只能采取默许乃至扶植效忠清朝的当地权贵,并允许其享有特权的策略以维持地方稳定。① 又如高宗曾几次下达回疆宗教职业者不得干预地方行政、不能出任伯克、不得以伊斯兰教法干扰清朝法律的施行等要求实现政教分离的谕令,实际上清政府却无力改变南疆地方行政机构

---

① 例如尽管清政府对任命高级伯克规定了回避制度,实际上也只在大小和卓势力深固的西四城(喀什噶尔、英吉沙尔、和阗、叶尔羌地区)地区得到认真执行,对拥护清朝的东四城(即乌什、阿克苏、库车、喀喇沙尔地区)权贵则约束较少。如出身库车的鄂对家族成员多次出任作为库车最高地方行政长官的阿奇木伯克及其副职伊什罕伯克;出身乌什的噶岱莫特家族成员亦多次出任乌什阿奇木伯克及伊什罕伯克。

政教合一的性质，宗教人士事实上仍把持着地方政府的文教、司法等职能，并参与最高决策。① 至于宗教对回疆社会的强大传统影响力则更难以动摇。对分布于新疆边陲地带的布鲁特②游牧各部，清政府虽早已将其招抚，然而实际控制力有限，对其跨境活动和与周边政权的关系难以掌握，往往只能任其来去。

在对外关系方面，清朝与中亚"伊斯兰世界"对彼此而言都是陌生的邻居，清政府曾一度试图将临近回疆的伊斯兰国家纳入"宗藩"体系之内，可长期与清朝保持官方往来的最终只有浩罕国。很多关系到清朝在回疆统治安危的问题，如大小和卓叛乱失败后，其后裔继续在中亚进行反清活动；国家意识不明确的游牧部落跨境活动并经常改变效忠对象；"宗藩"体系下"天朝"对政治目标的追求和"藩属"对经济目标的追求发生冲突；在归入清朝版图后仍属于中亚伊斯兰文化圈的回疆人民在身份认同上的彷徨与迷失，等等，都使得清朝在中亚所面临的是西方列强挑战到来前最复杂的局面。

解决这些问题实已超出了清政府能力的极限，即便是高宗在国力鼎盛时期也只能无奈接受现实，采取灵活手段维持局势的平稳，而不苛求一劳永逸。如对于和卓后裔问题，清政府最迟在乾隆三十三年（1768）时便已发现大和卓之子萨木萨克纠结同伙利用宗教影响力向回疆渗透的活动，意识到其严重危害清朝国家安全和新疆社会安定，此后始终保持高度重视，以各种手段加以防范。③ 但由于清朝在中亚的影响力非常有限，难以迅速消除这一威胁，致使清政府与和卓后裔的斗争长期化、常态化，斗争策略也非常灵活，注重实效而非一味坚持原则。仁宗在尚未亲政时就已经开始接触和卓后裔问题，但他对这一斗争的艰巨性与复杂性缺乏心理准备，更对清政府因难以克服的不利条件而处于被动局面更感到恼怒，影响了他对形势做出正确的判断。

嘉庆四年，刚刚亲政的仁宗接到驻喀什噶尔参赞大臣长麟关于大和卓长子萨木萨克去向的奏报，即表现出了不耐烦的情绪，指责长麟"多事无

---

① 潘向明：《清代新疆和卓叛乱研究》，中国人民大学出版社，2011，第28页。
② 即今我国柯尔克孜族和中亚吉尔吉斯族。
③ 中国第一历史档案馆藏寄信档，《寄谕喀什噶尔办事都统安泰著诱布拉尼敦之子前来拿解送京》，档号03-132-4-084。

谓"，认为远逃的和卓后裔"以天朝体制，当置之不管"，对边疆事务"唯应处以镇静"①，甚至认为所谓和卓后裔之事乃疆臣为邀功而无中生有，根本不存在萨木萨克其人。② 当回疆和中亚的客观条件决定了清政府并没有有效的"成法"可供遵循，而且必须继续投入精力和资源应对严峻的安全威胁时，仁宗没有以事实求是的态度修正其治疆思路，积极寻求解决问题的现实策略，反而回避问题，以主观想象替代客观实际，这种主观主义倾向无疑将对清朝在新疆的统治带来严重负面影响。

虽然仁宗对和卓后裔问题的态度转向消极，但在嘉庆朝前期，出于贯彻维持乾隆时期政策稳定性的执政思路，清政府并没有对以往应对和卓后裔威胁的一些具体做法进行大的调整。回疆地方官员，特别是由回疆权贵出任的各城阿奇木伯克，继续采用乾隆时期灵活的手段侦察和卓后裔在境外的活动，并由清朝驻扎大臣上报中央，仁宗对这些报告一般也都做出了积极的反应。但必须注意的是，仁宗很可能对这些手段的具体内容并不十分了解。

乾隆时期针对和卓后裔的行动，很多都是高度保密的，只有高宗和极少数核心人员知道详情，特别是某些行动向外界发布的信息还经过了刻意的歪曲和掩饰。例如在统一新疆之初，高宗在指示南疆回部权贵额敏和卓与邻国巴达克山交涉，索还大小和卓家眷时，便同时指示清朝驻扎大臣将此事"作为额敏和卓一人之意"，让他们"佯作不知"，将清政府隐于幕后。③ 即便贵为皇子，若非曾亲身参与决策也很难对相关情况有全面的了解，而仁宗之所以在早期延续乾隆时期针对和卓后裔的防范措施可能正是由于这种不了解。至于对外关系方面，仁宗更是态度保守，如嘉庆十年接待俄罗斯使团时，清政府一反之前四次俄使来访时的惯例，对礼仪问题处处苛求，最终因俄使抵制而导致此次出使流产。④

随着时间的推移，乾隆时期依靠回部权贵控制基层社会的政策效能在不断减退，以及清朝的"宗藩体系"难以容纳以浩罕国崛起为代表的中亚

---

① 《清仁宗实录》卷33，嘉庆三年八月乙酉。
② 《平定回疆剿擒逆裔方略》卷首。
③ 中国第一历史档案馆藏寄信档，《寄谕都统新柱等著以额敏和卓之意向巴达克山索要布拉呢敦之子》，档号03-129-3-008。
④ 曹雯：《清朝对外体制研究》，社会科学文献出版社，2010，第78页。

"伊斯兰世界"局势变化。这些都对清政府提出了新的挑战。然而由于仁宗对新疆事务抱有成见,一旦他发现乾隆时期的政策已经不再适应形势的发展,必然要求贯彻建立在其主观想象基础上的新政策,以致造成难以预计的后果。

二 仁宗君臣整顿回疆秩序的实践及其后果

嘉庆年间回疆的内外形势早已不同于统一之初,清朝在当地的统治,以及在中亚"宗藩"关系的实际运作更与纸面记载和抽象原则存在巨大差异。当抱有过于理想化目标的仁宗君臣意识到这一点时,由于主客观方面的历史局限,不愿也不能从客观实际出发解决问题,却削足适履,一意强求,结果种种举措反而导致了矛盾冲突的激化,加速了旧体制的失效和瓦解。

1. 浩罕的"无礼"所揭示的新疆与中亚形势

仁宗意识到新疆及中亚形势的变化,是从发现浩罕的"异常"表现开始的。嘉庆十四年,浩罕请求遣使朝觐,本已获得清政府允许,然而在译出其呈文后发现对清帝的称呼不合于礼仪规范,清廷立即下令停止朝觐。其后经查阅历史文书,发现浩罕方面的呈文用词"并非忽然更变",方令其改正后再朝觐。① 此事说明了两个问题,其一是仁宗如其在处理对俄关系时所表现出来的那样,严格要求浩罕遵循"宗藩"体制的规范,不允许"外夷"有丝毫"僭越";其二则是当时清朝中央政府事实上并不清楚此前回疆官员办理与浩罕等中亚伊斯兰国家交往事务的具体内容。

清朝统一新疆之初,浩罕政权仅据有一城,力少兵微,确如清政府所认为的,只是"伊犁之外,葱岭以西"的诸"部落"之一,清政府对浩罕的政治期望也不过是"重译输诚,遣使朝贡,列为西域之外藩"② 而已。但清朝统一新疆后,一方面为确立"宗藩"关系,以减税等贸易优惠政策笼络中亚各政权,另一方面则出于国家安全的考虑,越来越严格地限制汉人及新疆各民族人民出境③,结果导致沿古丝绸之路的国际贸易基本被中

---

① 潘志平:《浩罕国与西域政治》,新疆人民出版社,2006,第55页。
② 高健、李芳主编《清三通与续通考新疆资料辑录》,新疆大学出版社,2007,第150页。
③ 《清高宗实录》卷1464,乾隆五十九年十一月乙酉。

亚商人垄断，特别是扼守中亚与新疆交通枢纽的浩罕从中获益甚丰。浩罕国力尚弱小时，出于自身安全和经济利益考量，对清政府态度较为恭顺，并能够满足清政府提出的政治要求，如恪守臣礼、不得吞并回疆的布鲁特各部、阻隔和卓后裔对新疆的渗透等。然而随着浩罕国力的增长，必然会对清政府提出更多的条件，清政府对嘉庆十四年的浩罕朝觐事件仅仅从礼仪方面进行了检讨，却没有发现清浩关系的基础早已发生了变化，并将影响新疆及中亚形势的全局。

此次浩罕朝觐事件之后不久，早在嘉庆七年时便曾出任伊犁将军的松筠再次主政新疆。松筠虽是蒙古人，却以尊崇宋儒，服膺理学而闻名，时人称其"性忠爱，幼读宋儒之书，视国事为己务，肝胆淋漓，政事皆深忧厚虑，不慕近功"①。在松筠多次出任蒙、藏疆臣的长期的治边实践以及经历对廓尔喀②、英、俄等国的外交活动中，也始终以儒家思想为指南，试图以"忠孝仁义"作为巩固中央集权、弘扬"天朝"威信的文化工具，教化各"藩部"与"外夷"。松筠认为"守边之要，忠、信、笃、敬也"，"教以诚敬，示以忠信，虽蛮夷可冀知感知畏矣"③。其论未免失之迂阔，却显然与仁宗尊儒崇文的思想意识和执政风格高度契合，因此受其赏识与信任，况且松筠确实具有丰富的治边与外交经验，故而虽然在此前出任疆臣时多次因出格的举动而遭到申斥乃至罢黜，但往往很快起复。松筠此次出任伊犁将军正值清政府编纂并颁布施行《回疆则例》之际，仁宗无疑对回疆的整顿抱有很高的期望，而回部权贵、浩罕国、和卓后裔、布鲁特游牧部落等相互交联，在乾隆朝并未得到妥善解决的不稳定因素，长期以来一直处于酝酿发酵之中，其给清朝在新疆和中亚造成的麻烦，在仁宗君臣有意无意地忽视中也即将由量变转为质变。在此背景下，松筠担负着于汹涌暗流中力挽狂澜的使命，实在勉为其难。

事实上在乾隆末年，在清浩交往中清政府已逐渐处于被动地位。乾隆四十九年，喀什噶尔地区塔什密里克回庄的布鲁特比④阿其睦因卷入萨木萨克和卓在南疆的渗透活动而被清朝南疆当局缉捕，其子燕起和一些布鲁

---

① 昭梿：《啸亭杂录》，中华书局，1980，第109页。
② 廓尔喀，即今尼泊尔。
③ 松筠：《西招图略》，西藏人民出版社，1982，第1页。
④ 比，即伯克。

特贵族率领部分部众逃亡境外。高宗担心这些人员与萨木萨克合流威胁回疆安全，指令回疆当局与浩罕统治者接触，令其捉拿外逃布鲁特人并遣送朝廷。不料当时的浩罕伯克纳尔巴图却对清政府的要求阳奉阴违，令高宗大为恼火。清政府随后采取了扣押浩罕使臣、威胁中断贸易等措施企图迫使浩罕就范，然而未能如愿，最终只能妥协。①

乾隆五十三年，纳尔巴图擒获了萨木萨克并告知清政府，高宗一度十分欣喜，然而纳尔巴图随后却将萨木萨克擅自释放。愤怒的高宗下令废止浩罕的朝贡权利作为惩罚②，而浩罕竟采取了阻止中亚各国商人经浩罕前往回疆的报复措施向清政府示威。事实证明，相比起朝贡中断对浩罕造成的损失，清朝更无法承受失去了浩罕这一联系中亚"伊斯兰世界"的重要窗口的代价，以及浩罕在和卓后裔问题上完全转向与清朝敌对的后果。乾隆五十七年，在萨木萨克仍然能逍遥法外的情况下，高宗无奈解除了对浩罕的朝贡禁令。③

由此可见，在乾隆年间清政府对清浩关系的实际操作中，是将优惠贸易作为对浩罕在布鲁特、和卓后裔等问题上配合清朝的交换条件。高宗甚至会密切关注浩罕对华贸易额的增减，以此判断浩罕的经济需求及其对清朝态度的变化。④ 然而随着时间推移，双方的"议价"能力此消彼长，浩罕统治者的胃口越来越大，清政府却没有什么可以制约对方的手段。

除此之外，清朝在中亚的军事能力也在衰退，其中一个重要表现便是难以有效打击布鲁特部落对中亚商路的劫掠行为。如乾隆五十三年时，南疆当局在处理一起布鲁特匪徒抢掠浩罕商旅的案件时，在布鲁特首领仅主动交还了部分赃物后便不再追究。高宗得知后还就此褒奖了有关官员，他认为"布鲁特人居住分散，伊等岂能管理周全"，此次能主动交还部分赃物，说明"其尚知畏惧"，就清政府对管理布鲁特部落的期望而言已经

---

① 中国第一历史档案馆藏寄信档，《寄谕伊犁将军伊勒图等著将浩罕入京遣使遣回并严缉伯勒克等逃犯》，档案号：03-138-1-003。
② 按乾隆年间定制，浩罕贡使每隔几年随回部年班赴京朝觐。浩罕统治者所看重的主要是贡使的贸易免税特权。
③ 《清高宗实录》卷1420，乾隆五十八年正月壬寅。
④ 中国第一历史档案馆藏寄信档，《寄谕喀什噶尔参赞大臣明亮著浩罕霍占相互抢掠毋庸插手加意防范》，档案号：03-140-4-018。

足够了,"嗣后,再遇如此之事,均应如此相机办理,不可拘泥"①。这就为浩罕加强对中亚商路和布鲁特各部的控制提供了空间,清政府对此也只能默认。

在清政府对中亚局势掌控逐渐松懈的同时,浩罕的实力迅速膨胀。纳尔巴图伯克死后,继任者爱里木、爱玛尔公然称汗,在位期间除继续向东吞并布鲁特各部直至与清朝新疆伊犁、喀什噶尔地区接壤外,西征霍占特与布哈拉汗国相争,北伐塔什干直至锡尔河下游,南下喀拉提锦直抵阿赖山北坡。② 从而控制了新疆通向哈萨克草原,河中的农业发达地区,乃至南亚印度的交通枢纽。在嘉、道年间,浩罕不仅成为毗邻新疆的强大军事强权,而且事实上取得了中国与中亚乃至欧亚内陆更广大地区之间的国际贸易垄断地位。清浩关系的发展将在很大程度上决定新疆的外部安全形势。

嘉庆十九年,恰在松筠履任伊犁将军不久并正在回疆巡视之际,浩罕方面再次传达出令清政府感到不悦的信息。当时的浩罕统治者爱玛尔以其阻挡已故萨木萨克之子张格尔骚扰喀什噶尔,有功于清为由,竟要求改变乾隆年间一直实行的,由各城阿奇木伯克挑选"呼岱达"③ 管束赴新疆贸易之中亚商人活动的传统做法,企图取得在回疆自行任命伯克管理各国商人并征收赋税的权力。仁宗对这一"僭越"之举的反应当然是非常强烈的,他严词拒绝了浩罕的无理要求,并命令松筠警告爱玛尔,"尔霍罕部落,不过边外小夷,天朝准令来往贸易,已属格外恩施","此后若不恭顺小心,遵守法度,即当通饬各卡伦,不准尔外之人前来贸易"④。在愤怒之余,仁宗要求彻查导致"外夷"如此放肆的原因,而松筠此后的作为则导致了清朝回疆政策的重大转变。

2. 松筠与"玉努斯案"

松筠在此前的巡视中,便已经发现时任喀什噶尔阿奇木伯克、回部郡王玉奴斯"有营私取利,苦累回民等款",正在查办;浩罕事发后,又查

---

① 中国第一历史档案馆藏寄信档,《寄谕喀什噶尔参赞大臣明亮等著追回布鲁特所掠商回布匹等退还失主》,档号:03-139-3-028。
② 潘志平:《浩罕国与西域政治》,第47页。
③ 呼岱达,即满语"商人头目"的意思。
④ 《清仁宗实录》卷284,嘉庆十九年二月丙午。

明"系因玉努斯遣人致送爱玛尔礼物、与之通好、爱玛尔遂有是请"①。在此后的调查过程中，松筠认定玉努斯"率自遣人前赴霍罕，送礼通好，访问萨木萨克之子下落，致被爱玛尔轻视"，以致爱玛尔逼迫玉努斯所遣之人"称其为汗"，是"多事取辱"。继而又通过询问浩罕商人等，判断"并无萨木萨克有子之说"，是爱玛尔愚弄清政府，以子虚乌有的和卓后裔威胁抬高身价换取好处；玉奴斯"无端生衅"，对爱玛尔"卑礼厚币"，导致其狂妄恣肆，竟提出于回疆设立伯克之请。②从而又牵扯出嘉庆十六年的一桩旧案，当时玉努斯查出张格尔在回疆的渗透活动，抓获并惩处了和卓后裔的支持者数人，经清朝驻扎大臣上报后，仁宗还予以表彰。③但此时松筠既然已断定萨木萨克无子，那么此案也必然被推翻，玉努斯又获"邀功捏报，枉杀四命"之罪名，被革职查办，受"永远监禁"④之重惩。"玉努斯案"之来龙去脉，学界已有颇多讨论，在此对其具体经过不再赘述，而是结合嘉庆朝整顿回疆治理的这一背景，对松筠的行为，以及当时仁宗君臣、回部权贵、浩罕政权之间的互动，试作出新的解释。

乾隆年间，由于清政府对和卓后裔等影响清朝对新疆统治等中亚外患的客观存在及其危害性有着清醒的认识，也明白清朝国力所能支撑的中亚政策界限所在，故而能够以实用主义的灵活态度容忍浩罕一些"不恭"的举动；清政府以贸易"羁縻"浩罕的策略也确实曾经有效，在乾隆年间浩罕基本起到了隔绝和卓后裔和其他中亚反清势力的作用，但这一策略的效力自乾隆末年起已经在不断减退。

仁宗君臣一方面专注于以恢复秩序为核心的内政整顿，倾向于尽量避免边疆和对外事务分散政府的资源和精力；另一方面则缺少处理新疆中亚事务的实践经验，并对乾隆朝新疆中亚政策的真实动因、具体内容、复杂手段和现实目标缺乏深入了解。仁宗君臣的关注重点回归于"礼"所规范的抽象政治秩序，对在清浩关系中居于核心地位的中亚贸易的具体运作不感兴趣，更遑论继续追查已困扰清政府多年，始终虚实莫测的和卓后裔。

而疆臣则一方面要迎合皇帝的意图，另一方面松筠等人，自身也深受

---

① 《清仁宗实录》卷284，嘉庆十九年二月癸巳。
② 《清仁宗实录》卷284，嘉庆十九年二月戊戌。
③ 《清仁宗实录》卷247，嘉庆十六年二月己未。
④ 《清仁宗实录》卷276，嘉庆十九年闰二月甲戌。

"华夷之辨"思想影响，将与浩罕、布鲁特等"外夷"打交道视为麻烦。如松筠组织编写的《新疆识略》论曰："喀什噶尔、叶尔羌、阿克苏各城俱有安集延贩卖珠石、皮张以为奇货。驻札大臣克己示己无好，则众伯克自皆不好奇货，能使来者渐少，于回子生计乃克有济。其安集延图利，常赴卡伦外贸易，愚弄布鲁特，间有被劫一面之词。禀诉者既无凭据，驻札大臣及阿奇木伯克俱应置之不理，以杜愚弄之弊。并晓谕安集延，凡卡伦内者为之管理，卡伦以外者不应为之理会，则巧为图利者自可渐少矣。"①指望浩罕因布鲁特劫掠而自动减少贸易，认为如此则有助于安靖边疆。在这种情况下，仁宗和松筠自然会在对浩罕问题的检讨中将矛头主要指向回疆内部。

根据乾隆年间颁布的一系列法令，以及《回疆则例》中的相关内容，回疆在清朝"藩部"体系中被赋予的自治权是最低的，各城伯克的权力远不及同为"藩部"的蒙藏地区世袭封建领主。而在对外交往方面，即便是蒙藏地区，与廓尔喀、英属印度、俄罗斯等"外夷"的交往，也完全在中央政府和清朝驻扎大臣的控制之下。特别是松筠出任驻藏大臣时，正值因西藏地方政府与廓尔喀之间的经济纠纷导致战争，经清政府出兵平定后，制定章程取消了西藏地方政府的对外交往自主权，要求"与外蕃通信，应会同驻藏大臣详细商办"②；而在其出任库伦办事大臣时，则代表中央政府处理与俄罗斯的贸易纠纷，并主持签订《恰克图市约》，这些经验势必会令松筠对管控回部权贵对外交往提出更高要求。

然而回疆的实际情况却是回部权贵几乎主导了清朝在中亚的外交。如前所述，清政府在中亚外交中有着以解决和卓后裔问题为代表的迫切的现实需求，而在乾隆年间，由于此问题的复杂性，在与中亚"伊斯兰世界"的交往中形成了由回部权贵出面，而清政府隐于幕后的局面，甚至对一些交涉活动，清政府有意制造是回部权贵"出于己意"的印象。这虽然有利于借助回部权贵在语言、文化上的便利条件实现清政府的外交目标，但也造成了严重后果。

回部权贵在代表清政府进行对外交涉时不可避免地谋求自身利益，有

---

① 松筠编，徐松等撰《新疆识略》，卷3第24页。
② "钦定藏内善后章程"，详见《钦定廓尔喀纪略》卷49。

时可能会因此损害国家利益。如乾隆朝时，清政府允许回部权贵经营中亚贸易，其目的在于以此为掩护侦察和卓后裔的活动，但他们往往出于经济利益与中亚外商乃至浩罕等国政府相勾结，影响清政府以贸易手段"羁縻"外夷的效力。张格尔之乱后清政府经调查指出："自乾隆年间，历任阿奇木伯克往往为浩罕妆点，恫吓大人们，总为该夷贸易入卡向阿奇木说通，冀图免税。大人们为阿奇木所动，任听免税。阿奇木及以下伯克从中取利。"①"安集延盘踞各城，内外勾串，其始不过贿嘱阿奇木代为恳求，以该头人货物酌量减免税课。历任大臣不知大体，转以免税为羁縻外夷之计，日久相沿，遂至各外夷入卡贸易者无不恳求免税。"② 事实上，当年高宗并非对此不知情，而是权衡利弊之后决定容忍："若谓伊等贪图小利，亦回人常事，安能保其必无。"③

更危险的情况则是一些对清政府不满的回部权贵，利用对外交涉的机会，内外勾结，进行反清政治活动。如乾隆二十八年，喀什噶尔的伊什罕伯克阿卜都喇依木，在清朝与浩罕交涉布鲁特事务的外交活动中与浩罕统治者串通，泄露清政府的谈判底牌，甚至流露出赞成和卓复辟的政治态度，造成清政府的交涉失败，助长了和卓后裔的野心。事发后清政府以叛逆罪凌迟处死了阿卜都喇依木④。即便有如此深痛的教训，由于清政府始终缺乏与中亚"伊斯兰世界"打交道的外交人才，对回部权贵的依赖一直持续，其程度甚至还越来越深。

在统一新疆之初，回部权贵一般只作为满蒙大臣的助手出使中亚，而在不久之后，领衔出使的情况就越来越多，甚至中亚各国与清朝之间的主流外交语言由蒙古语、满语演变成了维吾尔语。⑤ 这种情况不仅可能导致清政府对外交活动的控制力下降，也不利于加强中亚政权对回疆是在清政府直接统治下的清帝国一部分的认识，更不利于及时消除双方因文化差异而产生的误判，并使由此产生的一些问题不断积累，最终在双方都没有察

---

① 《平定回疆剿擒逆裔方略》卷45，道光七年刊本。
② 《那文毅公奏议》卷77，《续修四库全书》497册，上海古籍出版社，1996。
③ 《清高宗实录》卷746，乾隆三十年十月己酉。
④ 《清高宗实录》卷684，乾隆二十八年四月丁酉。
⑤ 〔哈〕克拉拉·哈菲佐娃著，杨恕、王尚达译《14-19世纪中国在中央亚细亚的外交活动》，兰州大学出版社，2002，第228~229页。

觉地情况下突然爆发,如嘉庆十四年时浩罕呈文"无礼"一事,可能便是源于此类由来已久的误判。①

浩罕对清朝态度的转变,根本原因在于浩罕与清朝在新疆中亚相对力量对比的改变,不是清政府与浩罕统治者打交道的方式所能左右的。但是随着浩罕在清浩关系中占据主动,乾隆年间采用的外交策略逐渐失效,浩罕企图利用回部权贵所主导的中亚外交渠道向回疆扩张其政治、经济影响力,而清政府则难以掌握这一情况。松筠根据其治边经验,为贯彻仁宗治疆的总体思路,决定以断然措施整顿回部权贵在对外交往中不符合一般性政治原则的行为。玉努斯案后,清政府下令"阿奇木伯克通信外藩严行禁止,遇有必应寄事件皆禀明参赞大臣奏闻办理"②。至于松筠之前指控玉努斯"囤粮贵卖,苦累回人"之类"营私取利"的行为,在张格尔之乱后清政府的调查中被证实是回疆权贵的普遍行径,并在续修《回疆则例》中予以严禁③,可见松筠确实是言之有据。

虽然乾隆年间的旧制确实有改革的必要,然而松筠本人却不具备与中亚政权打交道的能力,仁宗君臣更没有在实事求是的基础上建立起适应中亚新形势的对外关系框架和外交渠道,只是简单地破除旧制强立新规,对玉努斯等人的不合理惩罚即表现出统治者事实上无能的一种迁怒行为。正如有学者所论,此举阻隔了清朝与浩罕之间的交流,助长了和卓后裔的气焰,打击了回疆当局关注境外安全局势的积极性。④

3. 松筠与"孜牙墩事件"

松筠在回疆的另一重要举措则是对"孜牙墩事件"的处理。孜牙墩是喀什噶尔地区塔什密里克庄的地方豪族,于嘉庆十九年迎娶与大小和卓同

---

① 乾隆年间,浩罕统治者在多种场合称高宗为"父",高宗从儒家道德的角度将其理解为恭顺的表现,坦然受之。但事实上在中亚"伊斯兰世界",这种称谓代表的是势力较大和势力较小的统治者之间的一种政治上相对平等的关系。高宗的态度可能令浩罕统治者误以为清帝接受了这种关系,所以在国力强大之后,浩罕统治者爱里木在呈文中称仁宗为"友",结果遭清政府强烈反弹。参见〔美〕约瑟夫·弗莱彻《1368－1884 年间的中国与中亚》一文及《浩罕国与西域政治》第 55 页。
② 托津等编《钦定回疆则例》,道光二十二年塞尚阿等续修,卷 6,第 17 页。
③ 续修《钦定回疆则例》卷 6,第 19 页;卷 7,第 10、24 页。
④ 聂红萍:《嘉庆朝新疆"玉努斯案"》,《中国边疆史地研究》2007 年第 3 期,第 53 ~ 54 页。

属"白山宗"①的回部公爵喀申和卓次女为妻,因时任喀什噶尔阿奇木伯克玉素普从中作梗,令孜牙墩老羞成怒,竟率领部众攻击清军牧场,并企图召集布鲁特部落抢占喀什噶尔城池。后因事泄,清军及时反应,于边境一带将其剿灭,孜牙墩被俘。因其同伙诬告孜牙墩谋作"南八城王子",仁宗遂将此案定性为谋反大逆,松筠将其以叛逆罪被凌迟处死,玉素普等回疆当局官员也因失察等罪名受到处罚。事后松筠又以与孜牙墩同谋为由,抓捕并凌迟处死了同样世居于塔什密里克庄的希布查克部布鲁特比图尔第迈莫特,以致布鲁特各部惶恐动摇。学者普遍认为,孜牙墩事件并无反对清朝统治之性质,仁宗受诬告诱导对此案做出了不正确的判断,松筠在已清楚诬告的情况下仍以叛逆罪处理则实属小题大做,而图尔第迈莫特之受诛,则纯属冤案。因松筠处置失当,导致布鲁特人对清政府离心离德,回疆内部矛盾激化,"不是孜牙墩事件本身,而是清朝官员的错误处置使得这次事件成了南疆动荡的先声"②。同"玉努斯"案一样,学界对"孜牙墩事件"的经过已有较为充分的讨论,本文则试图从新的角度作出解释。

如果说浩罕的"无礼"令仁宗震怒,那么回疆发生叛乱则触及了他最敏感的神经。在回疆当局呈送的报告上,仁宗在有关孜牙墩"作南八城的王子"以及攻打清军牧场、杀害清军官兵的内容上以朱笔重重勾出,并在有孜牙墩人名处画叉③,可见其愤恨之情。仁宗据此对孜牙墩案的定性,是松筠等人不可能轻易推翻的,尽管其后的调查证明孜牙墩针对的只是阿奇木伯克玉素普。

玉素普阻挠孜牙墩迎娶喀申和卓之女,冠冕堂皇的理由是白山宗后人看守和卓坟"不可远离","如准其撤回本庄,恐致籍端惑众"④。"白山宗"与"黑山宗"在回疆的矛盾冲突由来已久,特别是在乾隆年间统一新

---

① 15、16世纪,中亚的伊斯兰苏菲派纳克什班底教团发展成强大的政治势力,其在向回疆传播的过程中分裂为"白山宗"与"黑山宗"两派,为了争夺在当地的主导地位而持续斗争。

② 参见谢志宁《1815年新疆孜牙墩事件真相及其影响》,《中国边疆史地研究》1996年第2期,第31页。

③ 中国第一历史档案馆藏朱批奏折,《呈孜牙墩等约集众回子抢官马杀官兵欲夺叶尔羌阿克苏等城供单》,档号04-01-08-0171-007。

④ 吴丰培编《松筠新疆奏稿》,中央民族学院图书馆,1980,第5页。

疆的战争中，"白山宗"对"黑山宗"进行了残酷屠杀①，双方积怨甚深，而随后"白山宗"的大小和卓挑起反清叛乱，"黑山宗"则多投靠清朝，又使这一冲突具有高度的政治敏感性。有学者认为，清政府自平定大小和卓叛乱直至张格尔之乱前并没有特别关注过回疆社会"白山宗"与"黑山宗"之间的矛盾冲突。②但事实上清政府对这两派之间的矛盾早已有所注意，如乾隆五十年燕起之乱余波未平时，回疆当局曾报告高宗，要求向喀什噶尔增派援军，其中提到"地方增添回子兵丁日久后，不可欺压劳累阿克塔哈里克及喀喇塔哈里克人等"，高宗则回复："此前莫非卡伦内未曾驻有回子兵丁乎？当时岂有欺压喀喇塔哈里克人等之举？何以现在于卡伦内增添回子丁兵，即有欺压之举？"③所谓"阿克塔哈里克"和"喀喇塔哈里克"无疑就是"白山宗"（Ak-taqhlyq）和"黑山宗"（Kara-taqhlyq）。

不过，在孜牙墩事件中，作为矛盾激化的双方，孜牙墩与玉素普均属于"黑山宗"，其中玉素普的家族为逃避大小和卓的屠杀投靠清朝；孜牙墩的家族则逃亡境外，大小和卓叛乱平息后才得以返回故土收回家产，双方都是清朝统一新疆的受益者。孜牙墩愿意迎娶"白山宗"后人为妻，也说明在喀什噶尔地区，两派的矛盾经过清朝治下的长期和平后有所缓和，而玉素普之所以一意阻挠，则在表面的政治因素背后还有更深层的原因。

如前文所述，乾隆年间清政府为维持回疆的安定，不得不依靠地方权贵的力量，事实上默认乃至扶植其特权。但由于回疆西部，特别是喀什噶尔地区是传统上"白山宗"势力范围，当地权贵多与大小和卓沾亲带故，或在叛乱中曾听其号令，故而不受清政府信任。在高宗所规划的回疆统治秩序中，回疆东部的权贵不仅保留了他们在本乡的特权，而且在回疆西部，清政府所任命的高级伯克中也以出身东部者为主，以收制衡之效。如此则必然导致回疆西部地方势力与清政府扶植下的东部权贵之间的利益冲突。前述在与浩罕交涉中背叛清政府的喀什噶尔伊什罕伯克阿卜都喇依木，便是因与受清政府扶植、出身于回疆东部乌什之噶岱莫特争夺阿奇木

---

① 当时大小和卓统一回疆的经过，参见刘正寅、魏良弢著《西域和卓家族研究》，中国社会科学出版社，1998，第245～248页。
② 潘向明：《清代新疆和卓叛乱研究》，第56页。
③ 中国第一历史档案馆藏寄信档，《寄谕大学士阿桂等著赏赐额森缎匹并令其当差等情形》，档号：03-138-1-114。

伯克之位而不得,是故怀恨在心。玉素普之家族同样出身于乌什,在清政府扶植下长期占据回疆西部高级伯克之位①,而孜牙墩则自其祖父迁居于喀什噶尔地区的塔什密里克庄,"立有田产,称为阿浑",结交布鲁特各部,是为当地豪族。②玉素普抬出清政府早年的政策为依据,一意阻挠孜牙墩迎娶"白山宗"后人,而事实上松筠等人后来均认为孜牙墩的要求合情合理,可见其并没有以此事与驻扎大臣沟通过,本意在于忧虑孜牙墩在当地势力的壮大,属于回疆内部不同地方势力、利益集团之间的矛盾冲突。

孜牙墩与布鲁特部落之间的亲密关系则令事件更加复杂化。孜牙墩在经济上扶持布鲁特部落,双方来往十分频繁是事实,而且孜牙墩在作乱时也确实寄希望于布鲁特部落的支持,而且他在袭击清军牧场后,将被害清军官兵的首级割下,传示布鲁特各部,认为"布鲁特比看已经起了手将官兵杀了,他们必然领人马出来帮我"③,作为一个非常熟悉布鲁特各部情况的本地豪族,孜牙墩之所以会如此判断,似乎反映出当时布鲁特各部对清政府的效忠程度是十分可疑的。虽然布鲁特各部并没有如孜牙墩所愿群起响应,但孜牙墩的追随者中不乏布鲁特人,在追剿孜牙墩的过程中,包括图尔第迈莫特在内的部分布鲁特比态度暧昧,出工不出力也是事实。故而在将布鲁特各部视作"外夷"的松筠看来,布鲁特各部是威胁到清朝在回疆统治的重大不稳定因素,特别是考虑到乾隆末年曾经惹出莫大风波的燕起,也是出身于塔什密里克回庄的希布查克部布鲁特首领家族,松筠为何在事后特别针对图尔第迈莫特,不惜违抗皇帝的旨意,以未能查实之罪名将其残酷处死也就是可以解释的了。

松筠在回疆无疑意识到了中央政府对地方势力的控制远没有达到纸面制度所要求的水平,而削弱地方势力,加强中央集权,则是仁宗治疆思想的宗旨,也是松筠本人一直以来追求的施政目标。松筠认为"抑强"是治边的要点所在:"夫强者不抑则弱者无所措手足。固非久安之道也。"④ 他

---

① 参见李晶《试析乾隆朝治理南疆政策得失——以阿其睦、燕起事件为中心》表1:喀什噶尔、叶尔羌两城阿奇木伯克的具体任用情况,《昆明学院学报》2014年第5期,第47页。
② 吴丰培编《松筠新疆奏稿》第6页。
③ 朱批奏折《呈孜牙墩等约集众回子抢官马杀官兵欲夺叶尔羌阿克苏等城供单》。
④ 松筠:《西招图略》,第4页。

还进一步认为："安边之策贵于审势而行权,概势有强弱,强甚而不已则折,弱甚而不已则曲。所以权之使其不致折与曲者,威与惠也。威惠施之得当则安,失当则亢。譬之我既强矣仍示以威则威竭而不振;既弱矣仍施以惠则惠亵而不德,故处弱者利用威而处强者利用惠。"① 在松筠看来,若中央政府在边疆地区的权威足够,则不妨多采用安抚的策略拉拢人心;若中央政府的权威有所削弱,则应以强势姿态树立权威。松筠根据他的治边经验,以及对乾隆朝治疆旧制的理解,无疑会认为中央政府在回疆的权威已经遭到了削弱,导致地方势力坐大,"外夷"对"天朝"无礼,那么则应"处弱者利用威",无论是对玉努斯、玉素普这些受清政府扶植的回疆权贵,还是孜牙墩、图尔第迈莫特这样的本地豪族、部落头领,一旦松筠认为其触犯了中央政府的权威,都以雷霆手段加以制裁。结果是在短短两年时间内,不仅玉努斯、孜牙墩、玉素普、图尔第迈莫特等直接涉事者被严厉惩罚,而且松筠借故对回疆地方势力进行全面打压,仅喀什噶尔阿奇木伯克就另有两人遭革退,其他中高级伯克受罚者更多。②

如果说"玉努斯案"所涉及的核心问题是和卓后裔的威胁和清政府与浩罕统治者的博弈,那么"孜牙墩事件"则反映的是回疆内部"白山宗"与"黑山宗"、西部豪族与东部权贵等不同利益集团之间的矛盾冲突和布鲁特部落的叛服。而意在整顿回疆秩序的仁宗,以及作为具体执行者的松筠,则在对这两起事件的处理中,都将目标设定为打击回疆地方势力,约束、削减乃至剥夺其与纸面制度不符的自主权,并认为如此方能令已经偏离"成法"的回疆治理回到正轨,树立皇帝和中央政府的权威,实现回疆的长治久安。然而就像在"玉努斯案"中,仁宗君臣虽然否定了被认为不合于"礼"的原有清浩交涉方式,却无力改变导致浩罕在清浩关系中越来越强势的内外因素,最终只能是掩耳盗铃;在"孜牙墩事件"中,松筠严厉打压地方势力,却无力改变导致清朝统治日益松弛的诸多社会因素,结果是打击了那些与清政府亲近,并且是清政府所依靠的力量,令他们无所适从,甚至从此疏远清政府,进而导致敌对势力的活跃。

---

① 松筠:《西招图略》,第1页。
② 如"玉努斯案"中事前曾署理喀什噶尔阿奇木伯克的玛木特受牵连被革职;"孜牙墩事件"中继玉素普出任喀什噶尔阿奇木伯克的伊萨克被松筠以小过革职。

结　语

就结果而言，仁宗君臣整顿回疆秩序的努力无疑是失败的。在"玉努斯案"之后的清浩交往中，浩罕统治者依然故我，继续不断向清政府提出各种无理要求，并在得不到满足的情况下，利用萨木萨克之子张格尔要挟清政府，甚至萌生了鲸吞喀什噶尔的野心。自嘉庆二十五年起，张格尔便以浩罕为根据地，不断骚扰回疆。"孜牙墩事件"后，布鲁特各部逐渐与清政府离心离德，乃至一些人投入浩罕和张格尔的怀抱，成为其重要军事力量。而回疆内部的不同利益集团之间的矛盾以及阶级矛盾继续发酵，并以历史上"白山宗"与"黑山宗"教派矛盾的形式表现出来。终于，道光六年（1826），张格尔勾结浩罕统治者大举入寇，回疆内部不满清朝统治的各方势力蜂起响应，喀什噶尔等西四城顷刻沦陷，张格尔匪帮及浩罕侵略者烧杀掳掠，造成极其惨痛的损失。但因此将导致回疆动乱的责任过多地推到仁宗和松筠身上也不符合历史事实。

就回疆境外的主要不安定因素而言，清朝因国力所限，只能以贸易为"羁縻"浩罕国的工具，而无法将其政治军事力量延伸至葱岭以西。当浩罕"不恭"时清政府的应对措施至多不过是"闭关绝贡"而已。于是便陷入这样一种尴尬的境地：当浩罕在中亚贸易中所占份额较低，处于边缘地位时，固然利用贸易政策可以在一定程度上影响浩罕对清朝的态度，但因其有多种贸易替代选择，所以只能以利诱为主，威逼难以奏效。当浩罕成为在中亚贸易中占有相当份额，甚至居于垄断地位的强权时，清政府的利诱便形同抱薪救火，令浩罕的胃口越来越大，不断提出新的要求。倘若不能满足，浩罕便纵容乃至暗中支持和卓后裔骚扰回疆，向清政府施加压力。面对这种情况，清政府实际上是无能为力的。

道光元年，当确认了萨木萨克之子张格尔的存在之后，清政府随即解除了回疆权贵与浩罕统治者通信的禁令，但即便掌握了张格尔在境外活动并勾结浩罕的信息，鞭长莫及的清政府也只好"听其苟延残喘"，"断无带兵远越外夷部落追擒之理"[①]。对浩罕，清政府明知其以张格尔要挟自己，却只能装糊涂，回避实质性问题，满足于维持表面上的宗藩关系，这与仁

[①] 《清宣宗实录》卷15，道光元年三月己巳。

宗君臣对和卓后裔威胁的掩耳盗铃相比，并没有任何本质上的变化。然而没有得到实际好处的浩罕统治者和没有实现复辟野心的和卓后裔绝不会善罢甘休，最终以武力撕破了清政府自我麻醉的假象，也结束了回疆自统一以来近60年的和平安定局面。

清政府虽然之后平定了张格尔之乱，却依然对浩罕苦无良策。当时负责善后的钦差大臣那颜成以与松筠颇为相近的正统思路和严厉做派，试图以贸易制裁等强硬手段迫使浩罕就范，不料其再次勾结和卓后裔兴师入寇，掀起玉素普之乱，清政府精疲力竭，最终只能完全妥协，应允了浩罕提出的几乎所有要求以换取回疆一时安宁。[1] 由此可见，仁宗君臣在面对回疆境外安全问题时所采取的策略和措施固然是错误的，但实际上反映的也是历史发展的必然趋势。

（作者单位：中国人民公安大学）

---

[1] 潘志平：《浩罕国与西域政治》，第101页。

惠栋与乾嘉史学

李立民

摘　要： 本文探讨了目前学术界对惠栋史学研究中所忽略的两个重要问题。一是惠栋在乾嘉历史考据学中的地位与影响问题。《后汉书补注》是惠栋治史的主要成就，但在此之前，其稿本《后汉书训纂》则多为学术界所忽视。从《后汉书训纂》到《后汉书补注》的转变，标志着惠栋史学考据的确立，从而开启了乾嘉历史考据学时代的序幕。二是惠栋治史的动机问题。惠栋对《后汉书》的整理与其治经宗旨密切相关。惠栋的史学一方面成为其经学考据的工具，另一方面惠栋又进而能以古通今，在关注史学与社会的互动中，深化了对史学功能的认识。

关键词： 惠栋　乾嘉史学　《后汉书》

引　言

惠栋（1697~1758），字定宇，号松崖，诸生。惠栋在清代学术史中占有重要的地位，其治学以经学为中坚，一时流风所及，影响到戴震、钱大昕、王鸣盛、余萧客、江声等一批乾嘉时期重要的学者，"海内人士无不重通经，通经无不知信古，而其端自先生发之，可谓豪杰之士矣"[①]。也正因此，惠栋被誉为乾嘉学派的创始者。20世纪80年代以来，学术界对惠栋的研究，总体而言对其经学的研究较多，对其史学的研究则少有涉及。[②]

[①] 王昶：《惠先生栋墓志铭》，周骏富辑《清代传记丛刊》第113册，第558页。
[②] 相关研究成果参见王应宪《东吴三惠研究述评》，《兰州学刊》2007年第2期；钱慧真《惠栋研究评述》，《殷都学刊》2009年第4期。

惠栋不仅是一个经学家，其在史学方面也颇有成就。自20世纪90年代末，惠栋的史学研究才逐渐得到重视。以李开先生为代表，他在《惠栋评传》中设"惠栋的史学"一章，首先论述了惠栋在史地学、人物志、方志学等方面的史学成就与不足。① 此后，学者王应宪在《清代吴派学术研究》中考察了惠栋的史学渊源、惠栋的治史特点及其影响。② 而漆永祥先生在《东吴三惠著述考》中则主要从文献学角度专门对惠栋的史学著述进行了考辨。③ 此外，罗炳良先生的《清代乾嘉历史考证学研究》、王法周先生的《惠栋与清代学术》中对惠栋的史学也有所涉及。④ 但笔者认为，对惠栋的史学研究还有必要在此基础上做更深入的考察。

其一，关于惠栋与乾嘉历史考据学的关系问题。清代自乾隆年间，"考证学统一学界，其洪波自不得不及于史"⑤，史学考据遂成为一种风尚，学术界称之为"乾嘉历史考据学"。作为乾嘉学派中第一个治史的学者，惠栋对乾嘉历史考据学影响至深。然而在目前有关专门研究乾嘉史学的专著中，惠栋却多被忽略。⑥ 即使是在现有的研究成果中，学术界对惠栋的史学研究都是以其《后汉书补注》为文本基础的。实际上，惠栋在此之前还撰有《后汉书训纂》25卷，是为《后汉书补注》的初稿本。那么，从初稿《后汉书训纂》到定编《后汉书补注》，两书究竟有何不同？从中折射了惠栋治史的怎样转变？这种转变对乾嘉历史考据学有何影响？这些问题迄今未见学术界有所论及。

其二，学术界目前对惠栋的史学研究中，忽略了一个较为重要的问

---

① 李开：《惠栋评传》，南京大学出版社，1997。
② 王应宪：《清代吴派学术研究》，华东师范大学出版社，2009。
③ 漆永祥：《东吴三惠著述考》，《国学研究》第14卷，北京大学出版社，1994。
④ 分别参见罗炳良《清代乾嘉历史考证学研究》，北京图书馆出版社，2007；王法周《惠栋与清代学术》，《中国社会科学院近代史研究所青年学术论坛1999年卷》，社会科学文献出版社，2009。
⑤ 梁启超：《清代学术概论》，上海古籍出版社，2005，第44页。
⑥ 如杜维运先生的《清代史学与史家》（中华书局，1988）、《清乾嘉时代之史学与史家》（台湾学生书局，1989）两书，罗炳良先生的《18世纪中国史学的理论成就》（北京师范大学出版社，2000）、《清乾嘉史学的理论与方法论》（兰州大学出版社，2004）两书，均未涉及惠栋的史学。罗炳良先生在《清代乾嘉历史考证学研究》中虽然提及了惠栋，但仅仅是对惠栋《后汉书补注》的简要介绍（参见氏著，第329页）。

题，即惠栋治史的动机。惠栋治史仅仅是为了补史之缺、考史之谬吗？惠栋治学有着较深的经学传统，惠栋治史与治经有何关系？这一问题的解决有助于我们考察惠栋对史学功能的认识，进而对探究惠栋乃至乾嘉时期史家史学思想的深入也不无裨益。

一 从惠士奇到惠栋

惠栋治史，亦有家学渊源。其父惠士奇（1671～1741），字天牧，号半农，江苏吴县人。康熙四十八年（1709）进士，官编修。惠士奇在治史路径上经历了一个由"经世"向"考据"的转变，这对惠栋产生了深远影响。

随着清初对晚明王学空疏学风的批判，社会上继之而兴起一股实学思潮，陈祖武先生便道："这种思潮，以经世致用为宗旨，对理学进行批判总结，打破几个世纪以来理学对思想界的束缚。"① 史学也受此影响而趋于经世。杜维运先生云："清初学术，就史学一项而言，最值注意者，为经世思想与科学精神作其灵魂。"② 清初自顾炎武、黄宗羲、王夫之三大儒首开此风，遗风流响，及于康熙年间而不衰。惠士奇自幼便深习史学，"《国语》《战国策》《楚词》《史记》《汉书》《三国志》皆能阇诵"③。其早年治史便多尚议论而趋于经世。

士奇早年撰有《红豆斋时术录》一卷④，其中便蕴含了许多经世的史学思想。士奇关注国家的政治改革，认为政治改革的关键在于领导者的才能。他以宋代王安石变法为例，"世徒咎王安石行熙宁之法使毒流百姓，

---

① 陈祖武：《清代学术源流》，北京师范大学出版社，2012，第454页。
② 杜维运：《清代史学与史家》，中华书局，1988，第236页。
③ 钱大昕：《惠先生传》，钱仪吉《碑传集》卷46，《清代传记丛刊》第108册，第621页。
④ 关于《红豆斋时术录》的成书时间，今已不可详考。但据惠士奇《先府君行状》，红豆斋建于康熙二十六年（1687），士奇17岁，此后士奇读书、著述皆于其中。又据钱大昕《惠先生传》，士奇康熙四十八年（1709），年39岁中进士，选庶吉士。此后便离开红豆斋，外出做官，至卒而未归。则《红豆斋时术录》当作于其40岁之前。又乾隆年间，惠氏后人在刊行士奇《半农先生集》时，收书三种，依次为《红豆斋时术录》《采尊集》《南中集》。据王欣夫先生考证，《采尊集》《南中集》，"此二集者，皆半农早岁之作"（参见《蛾术轩箧存善本书录》下册，甲辰稿卷四，上海古籍出版社，2002，第1377页）。据此推断，《红豆斋时术录》也当为士奇的早年之作。

而不知熙宁皆可行之法,特安石非行法之人,故法卒不可行"①。又举历史上管仲与子产的变法为例,二人虽"以贱有司而操国柄",但与王安石的改革相比,却都取得了不错的社会效果,究其原因便在于"祸患常始于一二人而蔓延于众,君子不能使众皆悦,而先有以服一二人之心,一二人服,则众莫敢枝梧"②。

对于饥荒之年的社会救济制度,士奇不主张劝富济贫、抑价遏籴的措施,"劝分不若开渠,抑价不若通商,遏籴不若广籴,行粥不若厘户"③。他所主张的兴修水利以御旱灾,建立通顺的商品流通渠道以平定物价,厘定户口等级以便有针对性地实施救济等措施,都是从制度的层面来规范社会救济,具有积极的社会意义。士奇还以宋人汪纲、朱熹、辛弃疾、弥巩等人为官时所实行的赈灾办法为例,指出:"惟益损古人之法而裁取其中,商榷今日之宜而务先其急,则四者皆可行也。"④

士奇生于江南,因此对海防问题也尤为关注。他在分析了荆湖地区和江浙地区海寇的特点后,提出了"以贼攻贼""以盗防盗"的策略,并举宋人王居安知隆兴府成功平定海盗李元励、罗世传,沈作滨知平江府用谋略使海盗不警为例,指出:"择魁健者为爪牙,狙诈者为耳目,钩之以隐则得其情,激之以赏则得其力,开之以诚则得其心。"⑤

然而,自乾隆初年,学术风气骤然转向经史考据。士奇40岁以后所从事的史学,已非昔比。他先后入史馆纂修《三朝国史》,又充八旗志书馆、三礼馆纂修官。其治史已很少再有个人的议论与创见,转而走向了严肃的庙堂之学。士奇还尝批阅《汉书》,"或补充史料,或补颜注之误,或以诗证史,亦列版本异文等"⑥,史学考据的意味已初见端倪。其子惠栋便在《后汉书补注》中屡有"惠学士曰"云云,多次征引其父士奇之说以为据。可见,这种考史风气已经潜移默化地影响了惠栋的治史趋向。

---

① 惠士奇:《红豆斋时术录》卷1,"王安石"条,《清代诗文集汇编》第798册,第164页。
② 惠士奇:《红豆斋时术录》卷1,"王安石"条,《清代诗文集汇编》第798册,第164页。
③ 惠士奇:《红豆斋时术录》卷1,"荒政"条,《清代诗文集汇编》第798册,第171页。
④ 惠士奇:《红豆斋时术录》卷1,"荒政"条,《清代诗文集汇编》第798册,第171页。
⑤ 惠士奇:《红豆斋时术录》卷1,"防海"条,《清代诗文集汇编》第798册,第170页。
⑥ 漆永祥:《东吴三惠著述考》,《国学研究》第14卷,北京大学出版社,1994,第378页。

惠栋的考史成就，以对《后汉书》的董理为最。① 惠栋最初开展的工作，是着手于资料的搜集整理。为此，其先辑有《汉事会最》24 卷、《汉事会最人物志》3 卷。② 《汉事会最》凡 15 册，辑录《通典》《文选注》《艺文类聚》《北堂书钞》及正史中的天文、礼、乐、五行、食货等内容，依类分卷排列。《汉事会最人物志》乃专以采摭群书有关两汉人物佚事者，录为三卷。起西汉高帝，迄东汉徐英，凡 200 余人。其中如张纯、马防、刘褒、张逸、卫兹等人，皆为《后汉书》列传所漏载。则是编又可补史之缺，存史之异。

在搜集了丰富的资料后，惠栋便开始致力于对《后汉书》的注解。据李保泰称："稿本标名《训纂》，先生向有《精华录训纂》，意蒙其称。至缮本，则定为《补注》云。"③ 冯集梧亦云："稿本初名《训纂》，后定曰《补注》。"④ 可见，是书初稿名《后汉书训纂》，定稿后始改为《后汉书补注》。《后汉书训纂》，今国家图书馆所藏凡 25 卷者，已非惠栋的原稿，乃其后学朱邦衡所钞。之后又经学者桂馥作了增补。据洪亮吉云："此书皆先生（惠栋——引者）采缀众家，凡有异同增损，皆摘录入卷中。其门下再传弟子朱邦衡为之缮写补缀，汇为一编。仍有签识，某书某卷未经录入者，吾友桂进士未谷，复为补成之。"⑤

在编纂体例上，《后汉书训纂》主要以辑录史料为中心，与章学诚所谓的"纂辑"之学相似。对于"训纂"的含义，惠栋尝自云："纂犹集也，训者复古也。"⑥ 洪亮吉亦云："先生独能于残阙之余，网罗散失，虽仅得若干卷，而其难有倍于王、刘者，当不独钦先生之学识，并可以鉴先生之苦心矣。"⑦ 则《后汉书训纂》旨在集古注以记史之异同、补史之缺遗。

---

① 惠栋的史学著述主要以《后汉书补注》为代表。据《历代地理志汇编》乙编中又收有惠栋著《续汉志补注》二卷，实际上是编即为《后汉书补注》中的《郡国志补注》。此外，惠栋还著有《诸史会最》，其书未成，今或已亡佚。
② 参见漆永祥《东吴三惠著述考》，《国学研究》第 14 卷，北京大学出版社，1994，第 402 页、第 403 页。
③ 李保泰：《后汉书补注·序》，《续修四库全书》第 270 册，第 513 页。
④ 冯集梧：《后汉书补注·序》，《续修四库全书》第 270 册，第 513 页。
⑤ 洪亮吉：《卷施阁集》卷 9，《惠定宇先生〈后汉书训纂〉序》，《清代诗文集汇编》第 413 册，上海古籍出版社，2009，第 472 页。
⑥ 惠栋：《渔洋山人精华录训纂·凡例》，《四库全书存目丛书》集部 225 册，第 689 页。
⑦ 洪亮吉：《卷施阁集》卷 9，《惠定宇先生〈后汉书训纂〉序》，《清代诗文集汇编》第 413 册，第 472 页。

据漆永祥先生考证，《后汉书训纂》始于雍正九年（1731），成书于乾隆七年（1742）。① 嗣后，其书在定稿时改为《后汉书补注》。今考《后汉书补注》卷14《张衡列传》"律历卦候，九宫风角"条，惠栋案语中辨九宫之说，有"详见栋所撰《易汉学》"云云。② 考惠栋《易汉学》自序中有云"先君无禄，即世三年矣"③，惠士奇去世于乾隆六年，则《易汉学》当成书于乾隆九年。据此，《后汉书补注》最终定稿至少当在乾隆九年。那么，从完成初稿的乾隆七年，到定稿的乾隆九年，两年间惠栋又做了哪些修订？从中反映出其治史思想上发生了怎样的变化？

二 《后汉书训纂》与《后汉书补注》的史源比较

从《后汉书训纂》到《后汉书补注》，表面上看是两书命名的差异，但实质上却折射了惠栋史学思想上的一次转变。以下，我们以《后汉书·显宗孝明帝纪》为主要参考，对《后汉书训纂》（以下简称《训纂》）与《后汉书补注》（以下简称《补注》）的史源作一比较，试以管窥惠栋史学思想的变迁。

序号	《后汉书·明帝纪》节要	《训纂》与《补注》史源之异
1	显宗孝明皇帝讳庄，光武第四子也。	两书同引袁宏《后汉纪》《东观汉记》，文字略同。然《训纂》又引葛洪曰："帝从桓荣受《孝经》也。"《补注》删之。
2	（中元二年）夏四月丙辰，诏曰……	两书皆对此诏文有所注释，然详略不同。《训纂》仅注释"爵过公乘""方今上无天子，下无方伯"两句。《补注》则在此基础上，增加了"予末小子""惠子鳏寡""圣恩遗戒""流民无名数欲自占者一级"四句。另外，在"方今上无大子，下无方伯"句后，《补注》增加了惠栋按语一则。
3	（永平二年）冬十月壬子，幸辟雍，初行养老礼。诏曰……	两书皆注诏文中"升歌《鹿鸣》，下管《新宫》""三老李躬"三句，文略同。《补注》"三老李躬"句引文后，又加惠栋按语一则。此诏文李贤亦有注释，《补注》引之，考校其误一处。另外，诏文"朕亲割牲"一句，《训纂》引《东观汉记》之文，《补注》删之。
4	十二月，护羌校尉窦林下狱死。	《训纂》无。《补注》据《东观汉记》，述窦林下狱始末。

---

① 漆永祥：《东吴三惠著述考》，《国学研究》第14卷，第401页。
② 惠栋：《后汉书补注》卷14，《续修四库全书》第270册，第584页。
③ 惠栋撰，郑万耕点校《易汉学·自序》，中华书局，2007，第513页。

续表

序号	《后汉书·明帝纪》节要	《训纂》与《补注》史源之异
5	三年春正月癸巳,诏曰……	《训纂》无。《补注》释诏文"详刑慎罚"一句,引《尚书·吕刑》为据。
6	壬申晦,日有蚀之。诏曰……	《补注》增释诏文"鲁哀祸大,天不降谴"一句,辨李贤注之谬。
7	(六年)夏四月甲子,诏曰……	两书同释诏文"《易》曰鼎象三公"句,引胡三省曰:"此盖《易纬》之辞。"然《补注》于此后又增惠栋按语一则。《补注》又增释诏文"昔禹收九牧之金"一句,引《春秋传》以为据。
8	(八年冬十月)壬寅晦,日有食之,既。诏曰……	《补注》据《洪范五行传》释诏文"缮修宫宇,出入无节"一句;《训纂》释诏文"《关雎》刺世"一句,《补注》删之。
9	(十一年)漅湖出黄金,庐江太守以献。	《补注》据《论衡》述其事之始末。《训纂》无。
10	(十二年)是岁,天下安平,人无徭役。	《训纂》引《东观汉记》释"粟斛三十"一句,《补注》删之。
11	(十五年)改信都为乐成国……令天下大酺五日。	《补注》释"酺"之典制。《训纂》无。
12	十六年春二月,遣太仆祭肜出高阙。	两书均据袁宏《后汉纪》释"高阙",然《补注》在此基础上,又据《水经注》详言之。
13	十八年春三月丁亥,诏曰……	《补注》释"赎死罪缣三十匹"句,《训纂》无。
14	秋八月壬子,帝崩于东宫前殿。……敢有所兴作者,以擅议宗庙法从事。	《补注》对"擅议宗庙法"这一制度在汉代的沿革进行了梳理,《训纂》则无。

从上表的史源比较中,我们可以揭橥惠栋治史思想的诸多变化。

其一,史料考辨意识的增强。《训纂》只是在每条下罗列诸家之说,或记史之异,或补史之缺。而《补注》则在此基础上还以"栋案"的形式对史料加以考辨。如上表中第二条,明帝诏书中称"方今上无天子,下无方伯"句,李贤注曰:"《公羊传》曰:'上无天子,下无方伯。'此制引以为谦也。"《训纂》引《纲目集览正误》曰:"此因光武初崩,故云与《公羊》义不同。"①然《补注》则增加了惠栋的考辨曰:"此《正误》臆说,章怀注是也。章帝建初七年诏,亦云上无明天子,下无贤方伯,岂当

---

① 惠栋:《后汉书训纂》,见徐蜀《两汉书订补文献汇编》第2册,第383页。

时亦因明帝初崩耶?"① 再如第六条,诏文中有"鲁哀祸大,天不降谴"一句,李贤注据《春秋感精符》曰:"鲁哀公时,政弥乱绝,不日食。"然惠栋在《补注》中增考曰:"《春秋》哀公十有四年五月庚申朔日,有食之。注谓哀公之篇,绝无日食之异,此纬书之谬。缘《春秋古文》后出,止据《公》《穀》两传,故刘向集亦云:'春秋二百四十年,日食三十六。'不数哀公也。"② 又如第七条,两书同释诏文"《易》曰鼎象三公"句,引胡三省曰:"此盖《易纬》之辞。"然《补注》于此后又增惠栋按语曰:"鼎三足,象三公,故云。前汉彭宣曰'三公鼎足承君'是也。胡云《易纬》之辞,何据耶?"③ 惠栋从辑录史料到考辨史料的这一变化,反映了其治史观念上的一次演变,表明了其在"记史之异""补史之缺"的基础上,转而走向了"考史之谬"。

其二,形成了去伪存真的史料取舍原则。上表中有些《训纂》已经训释的内容,在《补注》中被删去了。如第一条,《训纂》引葛洪曰:"帝从桓荣受《孝经》也。"④《补注》删之。据《后汉书·桓荣传》,桓荣自幼所学者,乃《欧阳尚书》而非《孝经》,"帝即召荣,令说《尚书》,甚善之"⑤。又考曾朴《补后汉书艺文志并考·六艺志》"书类",载有桓荣所撰《桓氏大小太常章句》一书;⑥ 然其"孝经类"中并无桓荣有关《孝经》之著述。据此,则葛氏之说有待商榷。惠栋在《补注》中删葛氏之说,或因其没有史实根据。再如《后汉书》卷一《光武帝纪》"钦生光武"条,《训纂》引《太平御览》曰:"十二月甲子夜,上生时有赤光,照室中尽明如昼。皇考异之,是岁有嘉禾生,一茎九穗,长大于几禾,县界大丰熟,因名上曰秀。"⑦ 而《补注》则删之。显然,《太平御览》所引近乎杂家野闻,尤不可信。又如卷二《章帝纪》元和二年二月"丙辰章帝东巡狩"条,《训纂》据黄佐《六艺流别》所载,引录了章帝东巡诰文。

---

① 惠栋:《后汉书补注》卷2,《续修四库全书》第270册,第519页。
② 惠栋:《后汉书补注》卷2,《续修四库全书》第270册,第520页。
③ 惠栋:《后汉书补注》卷2,《续修四库全书》第270册,第520页。
④ 惠栋:《后汉书训纂》,见徐蜀《两汉书订补文献汇编》第2册,第383页。
⑤ 范晔:《后汉书》卷37《桓荣丁鸿列传》,中华书局,1982,第1249页。
⑥ 曾朴:《补后汉书艺文志并考》,《二十五史补编》第2册,第2453页。
⑦ 惠栋:《后汉书训纂》,见徐蜀《两汉书订补文献汇编》第2册,第367页。

然惠栋自云：" 此段未见所出，当考。或见《天禄外史》。案文不类东汉人作也。"① 由此，在《补注》中惠栋将此文删去。

惠栋在史料考辨、史料取舍方面的变化折射了其"信史"观念的形成，这一观念对其后学产生了深远影响。惠栋的弟子钱大昕对陈寿《三国志》一书赞赏有加，"吾所以重承祚者，尤在叙事之可信。盖史臣载笔事久，则议论易公，世近则见闻必确"②，他反对史家的空骋议论，"惟有实事求是，护惜古人之苦心可与海内共白"③。在钱大昕影响下，其弟钱大昭也"孜孜好古，实事求是"④，其治史重考典制、史实，"不敢立议论以测古今，不敢妄褒贬以骋词辨"⑤。王鸣盛亦云："盖学问之道，求于虚不如求于实，议论褒贬，皆虚文耳。作史者之所记录，读史者之所考核，总期于能得其实焉。"⑥崔述考史"考据详明如汉儒，而未尝墨守旧文而不求夫心之安也；辨析精微如宋儒，而未尝空执虚理而不核夫事之实也"⑦。对此，瞿林东先生总结道：乾嘉时期"考史学派是有自己的理论、方法论的，他们把'实事求是'写在自己的旗帜上"⑧。罗炳良先生亦云："'实事求是'意识已经深深植根于乾嘉历史考证学家的头脑里，成为指导他们研治经史之学的学术理念。"⑨惠栋治史中体现的"信史"观念，是乾嘉历史考据学"实事求是"观念的重要一环，为乾嘉考据史学思想的发展和完善树立了典范。

其三，以典制、史事为中心的考史观念的确立。《补注》与《训纂》相比，尤其注重对典制沿革、事件始末的考察。上表中第十一条，《补注》据《周礼》郑玄《周礼注》、《毛诗笺》、孔颖达等说，释"酺"之典制曰："汉时每有嘉庆，令民大酺五日，是其事也。"⑩ 惠栋还特别注重对典

---

① 惠栋：《后汉书训纂》，见徐蜀《两汉书订补文献汇编》第 2 册，第 390 页。
② 钱大昕：《三国志辨疑·序》，《续修四库全书》第 274 册，第 395 页。
③ 钱大昕：《廿二史考异·序》，《续修四库全书》第 454 册，第 1 页。
④ 钱大昕：《三国志辨疑·序》，《续修四库全书》第 274 册，第 396 页。
⑤ 钱大昭：《三国志辨疑·自序》，《续修四库全书》第 274 册，第 397 页。
⑥ 王鸣盛：《十七史商榷·序》，《续修四库全书》第 452 册，第 137 页。
⑦ 汪廷珍：《考信录·序》，《续修四库全书》第 455 册，第 262 页。
⑧ 瞿林东：《中国古代史学批评纵横》，中华书局，1994，第 139 页。
⑨ 罗炳良：《清代乾嘉历史考证学研究》，北京图书馆出版社，2007，第 43 页。
⑩ 惠栋：《后汉书补注》卷 2，《续修四库全书》第 270 册，第 520 页。

制沿革的考察。如第十四条，《补注》梳理了"擅议宗庙者弃市"这一制度在汉代始于高后时期，汉元帝时曾废除了此制，而汉成帝时又复行之。① 以上两条皆为《训纂》所未详。

如果典章制度是历史之"纲"，史事始末便是历史之"目"。从上表的比较中，我们可见《补注》较《训纂》更详于对史事始末的增补。上表中第四条，《补注》据《东观汉记》，述窦林获罪被诛始末。第九条，《补注》据《论衡》详述濲湖出黄金之始末。以上两则所补之事，皆为《训纂》所未及。可见，《补注》强调"增广史事"，而"补事"则正是为其进一步考史提供坚实的史料依据。

惠栋治史，不尚空谈，其考史以典制及史事为中心，重典制之沿革，明史事之始末。王鸣盛云："读史者不必以议论求法戒，而但当考其典制之实；不必以褒贬为与夺，而但当考其事迹之实。"② 其所言以典制、事件的考辨代替对史实的主观褒贬，正是对惠栋史学考据思想的承扬。钱大昕也认为"夫良史之职，主于善恶必书，但使纪事悉从其实，则万世之下，是非自不能掩，奚庸别为褒贬之词？"③ 深受其影响的钱大昭在治史中也重考典制史实，"不敢立议论以测古今，不敢妄褒贬以骋词辩"④。

从大的社会背景上看，惠栋治史的乾嘉时代，是考据学全盛时期，这为惠栋史学考据的形成奠定了基础。就惠栋个人而言，从《汉事会最》《汉事会最人物志》到《训纂》，再到《补注》的过程，反映了惠栋治史从"辑史"到"补史"，再进而到"考史"的转变。在这一转变中，形成了诸多考史理念与方法，对其后的乾嘉历史考据学的发展影响至深。惠栋治史从《后汉书训纂》到《后汉书补注》的转变，标志着其史学考据的确立，从而开启了乾嘉历史考据学时代的序幕。

三　以史学助经学之考据

惠栋的《后汉书》研究对其后学影响甚大，但有一个问题则为许多学

---

① 惠栋：《后汉书补注》卷2，《续修四库全书》第270册，第520页。
② 王鸣盛：《十七史商榷·序》，《续修四库全书》第452册，第138页。
③ 钱大昕：《潜研堂文集》卷18，《〈续通志〉列传总叙》，《续修四库全书》第1438册，第606页。
④ 钱大昭：《三国志辨疑·自序》，《续修四库全书》第274册，第397页。

者所忽视，即惠栋治史的动机是什么？对此，无论是曾与惠栋有过交往的顾栋高，还是惠栋的后学李保泰、冯集梧等人，在为惠栋《后汉书补注》作序跋时，均盛赞是编可补范史、李注之缺。那么，惠栋对《后汉书》的研究仅仅是为了补史之缺、考史之谬吗？

惠栋治学有着甚深的经学传统，"本朝中吴世族以经义名家取科第者，无虑十数家，其继世科之后，独抱遗经，远承绝学，则有吾友松崖惠君"①。因此研究惠栋的史学不可能脱离其经学背景。在惠栋的经学考据中，常常引史为据。以惠栋的经学著述《周易述》《九经古义》为例，其中便有许多是对《后汉书》的征引。

《周易》经文"有孚盈缶，终来有它，吉"条，惠栋在《周易述》中，以"缶"喻中国，进而疏曰："九五之信，既盈满中国，初虽在殊俗，不与五应，而五之诚信足以及之，故云终来及初。"惠栋又举史例以证其说云："《后汉书·鲁恭传》曰：和帝初立，议遣车骑将军窦宪击匈奴。恭上疏谏曰：夫人道义于下则阴阳和于上，祥风时雨覆被远方，夷狄重译而至矣。《易》曰：有孚盈缶，终来有它，吉。言甘雨满我之缶，诚来有它而吉已。亦是说远方为它，当有诚信以及之也。"② 惠栋以史籍所载之事，疏通经文之义，做到了经史的有机结合。又经文"'龙战于野'，其道穷也"条，惠栋注曰："阴道穷于上。"接下来又引后汉史事疏曰："《后汉书》朱穆《奏记》曰：《易经》龙战之会，其文曰：龙战于野，其道穷也。谓阳道将胜，而阴道负也。阴穷于上，故云负；阳复于下，故云胜。终亥出子之义也。"③ 汉顺帝末年，外戚大将军梁冀征召朱穆，以平江淮之乱。及汉桓帝立，朱冀以梁冀擅权朝政，故以《奏记》劝戒梁冀。然梁冀不听，终为汉桓帝所诛。惠栋以朱穆之事疏解《易》注，使其涵义更为生动有据。

《诗经·大雅·既醉》云："永锡尔类。"毛传曰："类，善也。"然惠栋则认为，此"类"当释为子嗣之意。故在其《毛诗古义》中引史为证云："《后汉书·刘平传》云：'平抱弟仲女云：仲不可以绝类。'《郅晖

---

① 陈黄中:《惠征君栋墓志铭》，周骏富辑《清代传记丛刊》第 113 册，第 554 页。
② 惠栋撰，郑万耕点校《周易述》卷 2，《周易上经》，中华书局，2007，第 29 页。
③ 惠栋撰，郑万耕点校《周易述》卷 11，《象上传》，第 187 页。

传》:'郑敬云:今幸得全躯树类。'注云:'树类谓有子嗣。'故郑《笺》改《传》,以为族类,是也。"①

《春官·鞮鞻氏》"掌四夷之乐"条,惠栋著《周礼古义》引《后汉书·陈禅传》,以尚书陈忠弹劾陈禅之事,证帝王之庭,并非不设"四夷之乐",而"四夷之乐"亦非郑卫之声,佞人之比。②

《礼记·月令》有云:每年仲秋之月"养衰老,授几杖,行糜粥饮食。"惠栋在《礼记古义》中据史补云:"《续汉书·礼仪志》云,仲秋之月,县道皆案户比民,年始七十者,授之以王杖,铺之糜粥。八十、九十,礼有加赐。《后汉书·江革传》云:每至岁时,县当案比,革以母老,不欲动摇,自在辕中挽车。此郑氏所云'引户校年,当行复除'是也。"③惠栋据后汉史事补充了经书中所载未详的典制。

试想:如果惠栋不是谙习《后汉书》,又怎么会在其经学考据中运用得如此得心应手?这显然应当与惠栋曾对《后汉书》有过系统的整理与研究密切相关。惠栋治经以尊古为旨归,尊古又以崇汉为先导,戴震便云:"松崖先生之为经也,欲学者事于汉经师之故训,以博稽三古典章制度,由是推求理义,确有据依。"④可见,惠栋主张推衍经义的基础在于"三古典章制度",而后汉时期的典制正是对上古三代以来典章制度的继承和总结,这正与惠栋的治经旨趣不谋而合。且惠栋治经,尤重郑玄、马融、贾逵,其《易》学诸作,征引京房、荀爽、虞翻等人之说甚多,而这些人多数都生活在后汉,惠栋通过对《后汉书》的研读,即可为其经学研究取得"知人论世"的功效。

事实上,惠栋平素便有着良好的史学素养:"(栋)承其家学,于经史诸子,稗官野乘,及七经瑟纬之学,无不肄业及之。经取注疏,史兼裴(骃)、张(守节)、小司马(贞)、颜籀(师古)、章怀(李贤)之注。"⑤

---

① 惠栋:《九经古义》卷6,《毛诗古义》,《丛书集成初编》第254册,第71页。
② 惠栋:《九经古义》卷7,《周礼古义》上,《丛书集成初编》第254册,第88页。
③ 惠栋:《九经古义》卷11,《礼记古义》,《丛书集成初编》第255册,第124页。
④ 戴震著,赵玉新点校《戴震文集》卷11,《题惠定宇先生授经图》,中华书局,1980,第167页。
⑤ 王昶:《惠先生墓志铭》,见钱仪吉《碑传集》卷133,《清代传记丛刊》第113册,第556页。

对两汉史学知识的累积为其经学考据奠定了基础。以惠栋精研最久的《周易述》为例，该书成于惠栋 60 岁以后，其中对《史记》的征引有 16 处，对《汉书》的征引有 54 处，对《后汉书》的征引有 21 处。① 再以《九经古义》为例，史学在惠栋治经中所扮演的角色大致有如下体现。

（1）以史文助经文之阐释：《仪礼·大射礼》"乐正命太师曰：奏《貍首》，间若一。"惠栋《仪礼古义》先引郑玄注曰："《貍首》，逸诗《曾孙》也，貍之言'不来'也。"但郑注较为简略，其义仍不免令人费解。故惠栋又举《汉书·郊祀志》云："周灵王即位时，诸侯莫朝周，长弘乃明鬼神事，设射不来。不来者，诸侯之不来朝者也。"又据《史记·封禅书》云："设射狸首，徐广曰：狸一名不来。"② 惠栋利用《史记》《汉书》所载，将经文阐释得简明扼要。

（2）以史证经说之误：《穀梁传·成公元年》曰："古者有四民，有士民，有商民，有农民，有工民。"惠栋《穀梁古义》中考曰："古者四民：商、农、工、贾。士民始于齐之管子。管子制国，始有士乡。故《地理志》云：齐地临淄，其中具五民。服虔曰：士、农、工、商、贾也。"③ 这里用《汉书·地理志》证《穀梁传》"四民"之误。

（3）以史事补经文之典制。《礼记·月令》有云：每年仲秋之月"养衰老，授几杖，行糜粥饮食。"惠栋在《礼记古义》中据史补云："《续汉书·礼仪志》云，仲秋之月，县道皆案户比民，年始七十者，授之以王杖，铺之糜粥。八十、九十，礼有加赐。《后汉书·江革传》云：每至岁时，县当案比，革以母老，不欲动摇，自在辕中挽车。此郑氏所云'引户校年，当行复除'是也。"④ 惠栋据史所载，补充了古代社会养老制度中的"引户校年"之制。

以惠栋为代表的乾嘉考据学者，在治学上大都经史兼顾。尽管有些学者没有史学著述问世，但其平时都积累了深厚的史学素养，"以史学助经学之考据"，这实际上也是多数乾嘉考据学者治学的共同特点。故柳诒徵

---

① 以上数据的统计，是从《中国基本古籍库》检索所得。
② 惠栋：《九经古义》卷 9，《仪礼古义》上，《丛书集成初编》第 255 册，第 109 页。
③ 惠栋：《九经古义》卷 15，《穀梁古义》，《丛书集成初编》第 255 册，第 168 页。
④ 惠栋：《九经古义》卷 11，《礼记古义》，《丛书集成初编》第 255 册，第 124 页。

先生有云："吾谓乾嘉诸儒所独到者，实非经学，而为考史之学。"① 史学在乾嘉考据学中扮演了重要角色。

余 论

惠栋将史学运用于经学考据之中，深化了其经学研究，"以史学助经学之考据"成为惠栋治学的一大特色。但在惠栋看来，史学并非仅仅是辅助经学研究的一种工具。

惠栋尝引《春秋元命苞》云："史之为言纪也，天度文法以此起也。"② 他认为史家所记载的前言往行体现了一定的纲纪法则，而这种纲纪法则又是通过历史上的典章制度得以体现的。由此，惠栋所治后汉史对以"天度文法"为代表的典章制度的考据尤为精审："其《天文》、《五行》等志尤精凿不刊，盖松崖贯串图纬，精心考覈，真若拨云雾而见青天也。"③

惠栋还从社会风俗与国家兴衰的视角，揭示了人类社会历史的发展演变："余观贾谊《治安策》，知汉元之俗未美者，由秦之遗毒未减也。文、景以后，吏安其官，民乐其业，户口寝息，风流笃厚，俗渐美。东汉承之，故风俗之美，亚于三代。"④

惠栋治史不拘泥于"古"，而是主张以古通今："明于古今贯天人之理，此儒林之业也。余弱冠即知遵尚古学，年来兼涉猎于艺术，反复挈求，于古与今之际，颇有省悟。"⑤ 因而，惠栋深刻地认识到史学应当发挥其积极的社会文化功用。他主张史家修史应当设立《孝友》《风教》诸传，以表彰社会风尚，"盖亦风教孝德之流"⑥。惠栋还在《后汉书补注》中尤其宣扬"循吏"的榜样作用，为范书拾遗补缺："范氏所载循吏，犹多未备。今仿裴松之注《三国》例补之。"⑦

---

① 柳诒徵：《中国文化史》下册，中国大百科全书出版社，1988，第747页。
② 惠栋：《松崖笔记》卷2，"史"条，清道光二年（1822）刻。
③ 周中孚：《郑堂读书记》卷15，史部一，正史类，《后汉书补注》条，上海书店出版社，2009，第268页。
④ 惠栋：《九曜斋笔记》卷上，"秦汉风俗"条，清道光二年（1822）刻本。
⑤ 惠栋：《松崖文钞》卷2，《学福斋集序》，《清代诗文集汇编》第284册，第58页。
⑥ 惠栋：《松崖文钞》卷2，《书顾文学传后》，《清代诗文集汇刊》第284册，第57页。
⑦ 惠栋：《后汉书补注》卷17，《循吏列传》，《续修四库全书》270册，第604页。

惠栋治史跳出了单纯史学考据的藩篱，在吸收了前人史学成就的基础上，又进而能以古通今，在关注史学与国家、社会的互动中，深化了其对史学功能的认识。惠栋所形成的这些可贵的史学思想不仅丰富了乾嘉史学的思想内涵，也对中国古代史学理论与思想的构建具有积极的推动意义。这些史学思想，多为接踵惠栋之后的乾嘉考据学者钱大昕、王鸣盛、赵翼、杭世骏、崔述、洪颐煊等所继承。这些乾嘉考据学者在"以史学助经学考据"的同时，也使史学自身得到了发展和深化。

（作者单位：中国社会科学院历史研究所）

王夫之"气质中之性"说

万宏强

摘　要：王夫之将"气"提高到本体的地位。他从气本论出发，批评朱熹的"理"僵化不动，批评王阳明的"良知"是虚幻的、空洞的，在此基础上提出"气质中之性"来消解宋明理学中"天地之性"与"气质之性"的双重人性论。他以气本论为基础的性论，认为人性是实有的，是变动的。性的实有性与变动性是王夫之以"气"为本体的心性论区别于朱熹以"理"为本体的心性论和王阳明以"心"为本体的心性论的根本特点。

关键词：王夫之　天地之性　气质之性　气质中之性

天地之性与气质之性这对范畴的提出，是张载对先秦孟子性善论和汉唐儒学以气论性的诸种学说进行的一次总结与重构，同时也开启了更大的争论与批评。对双重人性论的批评，自明朝中后期开始成为思想界的一种普遍现象。这种批评大体从两个进路展开：一种是以气质之性来否认、消解天地之性，以罗钦顺、王廷相、王阳明、刘宗周、陈确、黄宗羲、王夫之为代表。另一种是以黄道周为代表，以天地之性否定别有一种气质之性。王夫之在这一批判思潮中，提出了"气质中之性"说。其人性论以性的实有性与变动性为其特点。

一

天地之性（亦称天命之性、本然之性、义理之性）和气质之性（亦称实然之性）这对范畴是北宋理学家张载针对以往佛、道以及儒家内部论人性存在的偏颇与不足而提出的。张载认为佛、道言性不言气，脱离气以虚空言性，割裂了虚与气，只重视形而上的"虚"的一面言性，忽视了从"气"的一面言形而下之性，从而导致了否认社会生活和现实人生，遂至灭绝人的伦常；而自孟子以来汉唐儒者言性，或者如孟子只从大本上言性，不从"气禀"上言性，导致后世性说众说纷纭，或者如扬雄专以"气"言性，即只言实然之性，不从大本上言性，即不言本然之性。张载认为这都是不全面的。只从虚、空、大本上言性，使性成为虚空孤悬之性，不易落实，而只从气、气禀上言性，则缺乏超越性。人性之道德面无法得以提升，所以他主"合虚与气，有性之名"①，虚气兼言不偏举，合虚、气以言性，提出"性其总，合两也"②。把人性分为两层、两重，即天地之性与气质之性。

天地之性是源于太虚本体，或天的道德本体，是从虚的层面，形而上的层面言性，是绝对超越者，是普遍者。气质之性是万物和人在气化过程中所形成的气禀清浊之性，是人的生理心理的才能，是从气的层面，形而下的层面言性，是被超越者，是个体的、分殊的实然人性。在张载哲学中天地之性与气质之性是超越与被超越的关系。"形而后有气质之性，善反之则天地之性存焉。故气质之性，君子有弗性焉。"③ 气质之性是形而后之性，源于气质，气有偏，清、浊之分，所以气质之性有善有恶，可善可恶。各人因所禀气不同，故每个人的气质之性是各不相同的。气质之性有偏，而天地之性则是纯善无恶的，是久大恒常的。在成性之前，人的自然状态的实然之性，即气质之性是善恶混的状态。有偏的气质之性，气之恶把天地之性遮蔽了，使天地之性不能彰现著明。人性的发展要么"上达反天理"④，要么"下达徇人欲"⑤。"上达反天理"即以天理超越人欲，以天地之性超越气质之性，努力提升道德修养，成就理想的道德人格。"下达徇人欲"即徇行人的自然欲望，保持人的善恶混的气质之性，不加超越。张载自然选择"上达反天理"之路，因此他主张"变化气质"以复归于天地之性。强调后天学习修养，纠气质之性之偏，实现人性普遍的、绝对超越的道德本体存在。

在这里有一点要指出，张载并不是完全否定气质之性，他指出"饮食

---

① 张载：《张载集》，北京，中华书局，1978，第9页。
② 张载：《张载集》，第22页。
③ 张载：《张载集》，第23页。
④ 张载：《张载集》，第22页。
⑤ 张载：《张载集》，第22页。

男女皆性也，是乌可灭？"① 气质之性是生理心理层次，所以气质之性不是性体，而天地之性则是道德理性层次的性体。天地之性高于气质之性，天地之性是气质之性超越的指向、目标。天地之性是超越者，气质之性是被超越者，二者不是平行关系，也不是对立关系，二者是超越与被超越的关系，实然现存之性要超越到先验的、理想的道德理性。同时，天地之性与气质之性是大小、本末关系。天地之性为大，为本，气质之性为小，为末，所以要"不以小害大，末丧本"②。

自张载提出天地之性与气质之性的双重人性论之后，天地之性和气质之性成为理学家讨论人性问题的一对主要范畴。双重人性论为程颢、程颐所吸收，并加以发展。朱熹继承程颐的学说，对双重人性论做了系统解说，使这一学说达到高峰，成为宋明理学人性论的主流。同时对双重人性论的批评也开始了，南宋黄震就反对"天地之性"，他认为天地之性只是性的来源，只有气质之性才是人之性。元代吴澄就认为："盖天地之性，气质之性，两性只是一般，非有两等之性。"③ 明代中后期，儒家思想的转向，在人性问题方面的表现是批评双重人性论，批评天地之性，转向气质之性的一元化。王阳明提出"气即是性，性即是气"④，天地之性不离气质之性而存在，气质之性外别无性，反对两种性之说。王廷相提出"性从气出"的命题，否定本然之性，认为本然之性说是佛氏虚无之见。他认为性具于气质之中，因人所禀气质的清浊之不同，而有善恶之分。罗钦顺否认两性之说。他认为天命之性与气质之性是一性而两名。不过他又承认本然之性的存在，所以他的一元的气质之性并不彻底。其他如刘宗周、陈确、黄宗羲都有相似的思想倾向，不过每个人的表述各有差异。王夫之继承这种思想趋向，他批评天命之性、气质之性二分的说法，提出了"气质中之性"的学说。

二

张载分人性为"天地之性"与"气质之性"两层，王夫之反对把人性

---

① 张载：《张载集》，第63页。
② 张载：《张载集》，第22页。
③ 吴澄：《草庐吴文公集》卷2。
④ 王守仁：《王阳明全集》，上海古籍出版社，1992，第66页。

作这种区分。他反对二程所说的"气质之性"和朱熹所说的"天地之性"。王夫之认为性是"生之理""气之理",气不是性,所以他反对二程的"气质之性",认为气质之性就是以气为性。可以说是性中含有气,但不可以说就是性。同时,他反对离气以言性,反对孤离虚托地言性,认为无形、无质的"天地之性"是不存在的,性是气质之理,所以他反对朱熹的"天地之性"。他站在理气合一的立场上反对"天地之性"与"气质之性"二分,提出了"气质中之性",来统合"天地之性"与"气质之性",寻求二者的统一。

> 所谓"气质之性"者,犹言气质中之性也。质是人之形质,范围著者生理在内;形质之内,则气充之。而盈天地间,人身以内以外,无非气者,故亦无非理者。理,行乎气之中,而与气为主持分剂者也。故质以函气,而气以函理。质以函气,故一人有一人之生;气以函理,一人有一人之性也。若当其未函时,则且是天地之理气,盖未有人者是也。(未有人,非混沌之谓。且如赵甲以甲子生,当癸亥岁未有赵甲,则赵甲一分理气,便属之天。)乃其既有质以居气,而气必有理,自人言之,则一人之生,一人之性;而其为天之流行者,即以人故阻隔,而非复天之有。是气质中之性,依然一本然之性也。①

在宋明理学中,气质之性是相对于天地之性而言的实然的人性,是万物与人在气化过程中形成的性。气质之性是从宇宙论层面给人的情欲提供的根源,这个气质是对性的限定、修饰,表明气质之性是性的一种倾向。而在王夫之看来,气质之性不是性的一种内涵、倾向,性是一元的,并没有天地之性与气质之性之分,性只有一个,那就是合"理"与"欲",合"气"与"理"之性。那么在王夫之看来,"气质之性"中"性"之前的"气质"并不是用来修饰、限定性的,而表示的是气质与性的关系。性是不离气质的,气质为性之载体,有形质、有气,才有性可言,性才能坐实、落实。性是气质的性,性是实有的,不是虚幻的,所以不能离形质、

---

① 王夫之:《读四书大全说》,《船山全书》第六册,岳麓书社,1988,第857~858页。

离气言性。王夫之这是从实有、存在的意义上说性,是气质的性,而宋明理学中气质之性是气质作用的性,是从价值意义上言性。他合"气"与"理"以言性。所谓质,就指的是人的形体、形质。而质"范围著者生理在内",生之理为性,即质范围着性,也就是说性包藏在质之中,是实有的。王夫之从他的气化宇宙论出发,认为人与万物气化生成,气充塞于天地之间。气充塞于人的形质、形体之内,气亦充塞于人的形质、身体之外。他主张理气一元论,即理气合一,气为本体,理为作用、功能,提出"理即是气之理,气当得如此便是理,理不先气不后"①,"气外更无虚托孤立之理"②,"尽天地之间无不得气,即无不是理也"③。气充塞于体内,理行于气中即理作用气,理调节、协理着气,所以理为人之形质,形体所范围。而理又是气之理,气之理即为性,从而人之形质、形体范围着性,用王夫之自己的话说就是"质者性之府也"④。

质、气、理三者的关系是,形质、形体以气而成,成形之后的形质又函气,有气必有理,气在处必有理在,因而气又包涵着理。气所函之理就是此形质的性。质以函气,一人有一人之形质,不同的形质函有不同的气;又由于所函气的不同,从而气所函之理也不尽相同,这就是"性相近"说。这是气成质以后说气质之性。就气未成质以前而言,即"当其未函时",气是天之大化流行者,此时的气、理是天之气,天之理,是普遍者,是一,所以就气未成质以前说,则气质之性,即气质中之性,"依然一本然之性也"。王夫之在这里以气质中之性解释气质之性,给气质之性以不同于宋儒的解释。用"气质中之性"来统和宋儒提出的天地之性与气质之性。将前儒合于一处的气质一分为二,分为气与质,将性依历时性分为气未成质与气已成质两个阶段。即将性分为先天之性与后天之性,气未成质之时为先天之性,气已成质时为后天之性。气未成质之时,气质之性是普遍性的,是一,具有道德理性色彩;气成质之后,气质中之性是分殊性的,个体性的,是万,具有感性色彩。

---

① 王夫之:《读四书大全说》,第1089页。
② 王夫之:《读四书大全说》,第1089页。
③ 王夫之:《读四书大全说》,第1058页。
④ 王夫之:《读四书大全说》,第861页。

孟子惟并其相近而不一者，推其所自而见无不一，故曰"性善"。孔子则就其已分而不一者，于质见异而于理见同，同以大始而异以殊生，故曰"相近"。乃若性，则必自主持分剂夫气者而言之，亦必自夫既属之一人之身者而言之。孔子固不舍夫理以言气质，孟子亦不能裂其气质之畛域而以观理于未生之先，则岂孔子所言者一性，而孟子所言者别一性哉？

虽然，孟子之言性，近于命矣。性之善者，命之善也，命无不善也。命善故性善，则因命之善以言性之善可也。若夫性，则随质以分凝矣。一本万殊，而万殊不可复归于一。《易》曰"继之者善也"，言命也；命者，天人之相继者也。"成之者性也"，言质也；既成乎质，而性斯凝也。质中之命谓之性，此句紧切。亦不容以言命者言性也。故惟"性相近也"之言，为大公而至正也。①

气已成质之后，一人有一人之形质，一人有一人之性，但溯其源，都是天理之流行。所以"反之于命而一本"② 人性源于天命，天为一，先天之性为一。气以成质，气质则殊，故"凝之为性而万殊"③。由气未成质到气已成质，由先天之性到后天之性，由天到人的次序，是一本万殊的关系。一本，则"犹子孙因祖父而得姓，则可以姓系之"④；万殊，则"犹子孙之不可但以姓称，而必系之以名"⑤。一本万殊历时性地构成了性。

王夫之认为孟子言性善是"推本而言其所资"⑥，即从本源上言性，由气已成质之相近、分殊上溯其源"而见无不一"。所谓性善，就是命善。孟子以命善言性善，"人无异性，性无异理"⑦ "人同此性，性同此善"⑧，古今圣愚本同一性，破除了"圣贤为不可及"⑨ 的妄说，使人们相信"圣

---

① 王夫之：《读四书大全说》，第 862 页。
② 王夫之：《读四书大全说》，第 457 页。
③ 王夫之：《读四书大全说》，第 457 页。
④ 王夫之：《周易外传》，《船山全书》第一册，岳麓书社，1988，第 1007 页。
⑤ 王夫之：《周易外传》，第 1007 页。
⑥ 王夫之：《周易外传》，第 1007 页。
⑦ 王夫之：《四书训义》下，《船山全书》第八册，岳麓书社，1988，第 295 页。
⑧ 王夫之：《四书训义》下，第 304 页。
⑨ 王夫之：《四书训义》下，第 294 页。

人之德，人人可学而至"①，充分彰显了人的有为之志。故王夫之赞同二程对孟子的评价，认为孟子的性善论扩前圣之未发，有功于圣人之门。

而孔子言性相近则是就随质分凝者言之，即气已成质后言性，从质的分殊性上言性。于质见异，异以殊生，故性相同；于理见同，同以大始，故性非异，故谓之"性相近"。一本是万殊中的一本，万殊是一本下的万殊，一本万殊不可割裂。所以，论性既要从一本之"理"论，也要从万殊之"气质"论。孔子不能舍理而仅从气质言性，孟子也不能舍气质而言性，孔子、孟子所言性并非为二，只是一个性，只不过是人性完成之不同阶段而已。

在王夫之看来，立志固然重要，践行更为切紧。因而他一方面认同孟子以命善论性善，另一方面认为"质中之命谓之性，此句紧切"强调气已成质后的性之重要性，认为孔子的性相近说是"大公而至正"之论。他借用《易传·系辞上传》"一阴一阳之谓道，继之者善，成之者性也"的命题，提出他的继善成性说。通过这一继善成性说，把孟子的性善说和孔子的性相近说，通过天人授受，受命成性的天人关系加以统合，突出人性完成的过程性与实践性。通过这一统合，既避免了圣贤不可学的悲观情绪，又避免了圣贤可不学而能，满街都是圣人跑的盲目乐观，将成就善性，学为圣贤，看成一个不断实践的过程，认为善与不善，就在于继与不继，"继之则善，不继则不善矣"②。

所以王夫之看来，性只有一个，就是气质之性（当然他所说的气质之性不是宋儒所说的那个气质之性），即气质中之性，是统合"理"与"欲"之性；是合"气"与"理"之性；是合先天之性与后天之性的性。是合天地之性与气质之性（宋儒所言之气质之性）；是合道德理性与个体感性为一体的性。自张载就提出天地之性与气质之性以来，包括张载在内的理学家们孜孜不倦地探求二者的统一。王夫之提出的气质中之性，就是从气本论出发，站在气一元论的立场上，对天地之性、气质之性的统一做出的理论探索。从气一元论出发，他认为气是人性的本源，气质之性即是天地之性，不是气质之性之外另有一天地之性，也不是天地之性之外另有

---

① 王夫之：《四书训义》下，第 295 页。
② 王夫之：《周易外传》，第 1008 页。

一气质之性，性是一元的，只有一个气质中之性。

三

王夫之以笛喻气质，以笛身、笛孔等笛子的材料、构造喻质，以吹气汇积形成的声音喻气，吹气产生的声音合于音律则为理。人的形质是各不相同的，如笛之质一样，可以有其材，可以非其材，也就是说，气质不善之人，也可以通过后天的治气养气之实践，为善去恶，成善成德。在王夫之看来，气有变合，变合有得理时，也有失理时，气可善可不善。人凝气以为善，人之性亦为善；禽兽草木所凝之气非善，故禽兽有本能而无善性。这就是先天之性，先天之性是人与禽兽的区分处，人有先天之善性，禽兽草木则没有先天之善性，有的只是本能，性善是限定于人的。人有先天之善性，但由于后天之习的作用，人的后天之性则可善可恶，习于善则为善，习于恶则为恶。要使先天之善性成为后天之善性，必须依靠后天之习。习可分作两方面说，一方面就是个体自身的习惯、习气、习性；另一方面则为个体与外在环境的关系，即社会环境中的风尚、风习，良好的社会风尚和社会风习对个体成就善性，个体道德的提升产生积极作用，而不良的社会风尚、风习则产生消极作用。

"气之在天，合离呼吸、刚柔清浊之不同，亦乘于时与地而无定。故偶值乎其所不善，则虽良质而不能有其善也。"① 气之在天即在天的天地之气，这天地之气有离合、呼吸、刚柔、清浊的不同，同时，也有时间、地点的不同。已成之质在与这种不定之天地之气相遇时，这种天地之气如果是不善的，那么即便这质是良质，也不能成其善。换句话说，就是人即便有善质，但在不良的社会风尚、社会风气的影响下，人之善性也是难以保持的。所以，后天之习对人的成善成性影响甚大。在王夫之的论述中，气有两种状态：一种是质以函气之气，即气凝以成人之形质、形体的气；另一种是天地之气，即气未凝成人之形质的气，或人形质已成之后仍作用于人形质的气。在这里他用天地之气与人的形质的关系，阐明了社会风尚、社会风习与人性的相互关系。

---

① 王夫之：《读四书大全说》，第858页。

> 气丽于质，则性以之殊，故不得必于一致，而但可云"相近"。乃均之为笛，则故与箫、管殊类，人之性所以异于犬羊之性，而其情其才皆可以为善，则是概乎善不善之异致，而其固然者未尝不相近也。①
>
> 气因于化，则性又以之差，亦不得必于一致，而但可云"相近"。乃均之为人之吹笛，则固非无吹之者，人之性所以异于草木之有生而无觉，而其情其才皆有所以为善者，则是概乎善不善之异致，而其能然者未尝不相近也。②

以上两段话，王夫之分别用"气丽于质"的质气关系和"气因于化"的质气关系来说明性相近的原因。"气丽于质"的质气关系，即气凝成为质，质以函气，这个气是已成之气。在这一质气关系中，由于每个个体的人之形质所函之气有异，所以一人有一人之性，每个个体的人性是有差异的。从整个人的类范围而言，虽然每个个体的人性有差异，但与犬羊之性相比，人的个体之间的差异并不大，人与人的人性是相近的，都是可以为善的。而犬羊之性则不可以为善。"气因于化"的质气关系中，气为天地大化流行之气，尚未凝成质之气，这种气是不断变化日新之气，在这种气的影响之下，人之性亦是变动不居的，人与人之性有异。从人性之能力而言，虽然每个个体之人性有异，但与草木之性相较，人不但有生而且有觉，而草木则无觉。也就是说人不但有生命，而且有觉知、有意识，具有向善的意识与能力。总之性是相近的。

> 以愚言之，则性之本一，而究以成乎相近而不一者，大端在质而不在气。盖质，一成者也；气，日生者也。一成，则难乎变；日生，则乍息乍消矣。夫气之在天，或有失其和者，当人之始生而与为建立（所以有质者，亦气为之），于是而因气之失，以成质之不正。乃即已为之质矣，则其不正者固在质也。在质，则不必追其所自建立，而归咎夫气矣。若已生以后，日受天气以生，而气必有理。即其气理之失

---

① 王夫之：《读四书大全说》，第859页。
② 王夫之：《读四书大全说》，第859页。

和以至于戾，然亦时消时息，而不居之以久其所也。①

王夫之认为，从性的本源上说，人性之本源是同一的，但现实中，不同的个体所成之性并不是同一的，而是有差殊性的，是相近的。造成这种差殊性的主要原因在"质"而不在于"气"。在这里，这个气是气之在天者，即天地大化之气，不构成质的气，气以成质之后作用于形质的天地之气。人的形质之体，凝气成质之后，再殊少变化，"难乎变"，而天地大化之气则是日生变化不已的，"乍息乍消"的。未成质之气，即成形质前的气有清浊、和戾之分，此浊气、戾气凝之而成的形质则不"正"。既成质之后，不正在质，就不必追本溯源究气之咎。另外，成质之后，天地之气围绕着人的形质对其产生影响，即便这作用形质的天地之气不和、失理以致成为戾气，它们仍然不是造成个体的性之差殊性的主因。因为这种气是时消时息，其作用于形质不具恒久性。于是，他进而认为，天地之气的清浊、和戾施于人是自然而然的，因为天无意志，无选择性，而气成之质的人是有意志的，有选择能力的，在受气时可进行甄别、选择，因此咎不在气而在质。因而，王夫之论质与气的相互作用道：

> 质能为气之累，故气虽得其理，而不能使之善。气不能为质之害，故气虽不得其理，而不能使之不善，又或不然，而谓气亦受于生初，以有一定之清刚、浊弱，则人有陈陈久积之气藏于身内，而气岂有形而不能聚散之一物哉！故知过在质而不在气也。②
>
> 乃人之清浊刚弱不一者，其过专在质，而于以使愚明而柔强者，其功则专在气。质，一成者也，故过不复为功。气，日生者也，则不为质分过，而能（为）功于质。且质之所建立者，固气矣。气可建立之，则亦操其张弛经纬之权矣。气日生，故性亦日生（生者气中之理）。性本气之理而即存乎气，故言性必先言气而始得其所藏。③

---

① 王夫之：《读四书大全说》，第859页。
② 王夫之：《读四书大全说》，第860页。
③ 王夫之：《读四书大全说》，第859页。

就以上引文来说，质与气之作用关系可总括为："质能为气之累"，气"能（为）功于质"。质可以对气产生阻碍、迟滞的消极影响，而气则可有功于质，对质的提升起到积极的作用。人在凝气以后，气对人的质的善恶并无影响。如果质是良质，成形后的是天地之气，即便不是良气，入于人体也不能使质变为恶。同理，良气也不能使恶质变为善。气是无形的，有聚有散的，是一消一息的，变动不居的，气对质的影响与作用是不具恒久性的，是暂时性的。因而造成性的差异。善恶的主因在于质不在气，所以说质可阻滞气的作用。

反过来，气则可有功于质。成形之后的天地之气可使愚昧者变聪明，使柔弱者变刚强。这里王夫之强调了人的形质对人性的重要作用，但他并没有因此认为人性为气质决定，人性不可改变，不可提升。人性之道德修养、认知能力仍可在气的作用下提升、发展、完善。质是成形以后殊少变化的，于人的道德修养之提升，认知能力之完善并无多大影响。而气则不然，气是日生的，也就是说，成形质之后的天地之气是生化不息的。气的生化不息导致性的日生日成，人性不是一受成型，不可更易的，而是后天不断生成完善的。

王夫之进而认为在"气"与"习"的相互作用下，质是可改变的。"气随习易，而习且与性成"①。气因习而改变，而习之变又成就性。气为功于质，气之所以能收此功，其原因就在于气与习是相摄的关系，即气与习是相互辅助、相互帮助的关系。天地大化之气环绕于每个人的周围，对人之形质产生影响，由于天地大化的失理不良之气流入良质的时间短，以及气之变化特性，因而此不良之气并不能对良质造成损害。然而，仅凭良质去抵御天地大化中不良之气的侵袭，短时间内可以，长时间段就靠不住了，日久之后，恶气会使良质变恶。"气移则体亦移"②的状况发生，就在于形质形体一次成形之后，并不是绝对不变的，而是"无时不有消息"③。养气之"气"就是心的作用下流通于身体中的气，养成正气，日久之后，质也随之可移为善。这里气可移质的说法是对前面"气不能为质之害"的

---

① 王夫之：《读四书大全说》，第861页。
② 王夫之：《读四书大全说》，第861页。
③ 王夫之：《读四书大全说》，第861页。

补充。

> 性以纪气，而与气为体（可云气与性为体，即可云性与气为体）。质受生于气，而气以理生质（此句紧要）。唯一任夫气自化、质之自成者以观之，则得理与其失理，亦因乎时数之偶然；而善不善者以别。①

"性以纪气"，纪，治理的意思，法则的意思，即性是气的准则、法则，气为性所治。性与气为体，就是性是气的理体，而气与性为体，就是气是性之实体、载体。气凝聚而成质，理气合一，有气必有理，所以说"气以理生质"，即气是有条理、有规律地生成质的。这里王夫之强调性和理的治理、规范的作用。他反对气质决定人性，反对人性的善恶由初生之时的气禀所决定，反对人性由天地大化之气施于人体的偶然性作用所决定。反对以初生之质的才为性，不认为性是"一受之成形而莫能或易"②，主张习与性成，日生日成。

> 盖性即理也，即此气质之理。主持此气，以有其健顺；分剂此气，以品节斯而利其流行；主持此质，以有其魂魄；分剂此质，以疏浚斯而发其光辉。即此为用，即此为体。不成一个性，一个气，一个质，脱然是三件物事，气质已立而性始入，气质常在而性时往来耶？③

性就是气之理。性、理与气和质的关系中，性、理占主导地位，性、理为主，气和质为从，为辅。理主持、分剂此气。理主持此气，使气有健顺运动的能力，理是气运动的动力之源。理分剂此气，即理对气加以调节，使气的大化流行有秩序，有规律。性与质的关系中，性为主导，质为辅从。性主持此质，即性主导此质，使此质有精神、有活力，成为活质。性分剂此质，即性调节、疏浚此质，使"发其光辉"。性既以气质为体；

---

① 王夫之：《读四书大全说》，第861页。
② 王夫之：《读四书大全说》，第962页。
③ 王夫之：《读四书大全说》，第863页。

又以气质为用。性、气、质不是三个独立的事物。王夫之反对气凝成质之后性才进入气质、形质的观点,他也反对气质、形质常在不变,而性时出时进的观点。在他看来,理不是独立于气的一个实体,同样,性也不是独立于质的一个实体。所以,他反对那种把性看作独立于质的实体的"性寓于气质之中"的说法道:"若非质,则直未有性,何论有寓无寓?"① 因而他说"今可言气质中之性,以别性于天,实不可言性在气质中也"② 性是气质之理,不是寓于气质中的另一实体,性是气质本身的条理。

最后,王夫之重申、总结其观点:"质者,性之府也;性者,气之纪也;气者,质之充而习之所能御者也。然则气效于习,以生化乎质,而与性为体;故可言气质中之性;而非本然之性以外,另有一气质之性也。"③他提出气质中之性的概念,来统合宋儒天地之性和气质之性。他所说的性就是气质中之性,就是理欲合一之性,"盖性者,生之理也。均是人也,则此与生俱有之理,未尝或异;故仁义礼智之理,下愚所不能灭,而声色臭味之欲,上智所不能废,俱可谓之为性"④。即人之性是合理性的道德伦常与感性的形色欲求为一体的。而在这性之中"理"和理性的道德伦常又处于主导、统率地位,主导、统率、调节着"欲",人的感性形色欲求。反过来,欲、感性的形色欲求又是"理"、理性道德伦常的基础,处于辅从地位。

余 论

王夫之的气质中之性的特点就在于其实有性,即在他看来,人性是实实在在的。他说:"上天下地曰宇,往来古今曰宙,虽然,莫为之郛郭。惟有郛郭者,则旁有质而中无实,谓之空洞可矣,宇宙其如是哉!宇宙者,积而成乎久大者也。二气絪缊,知能不舍,故成乎久大。二气絪缊而健顺章,诚也。知能不舍而变合禅,诚之者也。谓之空洞而以虚实触物之影为良知,可乎!"⑤ 宇宙是既久且大的,即是时间与空间的合体,是实有

---

① 王夫之:《读四书大全说》,第863页。
② 王夫之:《读四书大全说》,第863页。
③ 王夫之:《读四书大全说》,第861页。
④ 王夫之:《张子正蒙注》,《船山全书》第十二册,岳麓书社,1988,第128页。
⑤ 王夫之:《思问录》,《船山全书》第十二册,岳麓书社,1988,第420页。

的。城郭可以说四围有实在的形质，中间空洞无实，宇宙则非是。宇宙之所以有这样的性质，其原因有二：首先是因为阴阳二气的絪缊和合，宇宙由实有的气所构成，气是宇宙万物构成的质料，万物皆由此物质性的阴阳二气所出，这样宇宙就具有了空间性；其次是因为知能不舍，即气具有精神性，有生命力，阴阳二气神化不息，变合不已，这就使宇宙具有了时间性。宇宙唯实，因而天道唯实，人道亦唯实，天道人道为诚所贯通，即天道人道的本质特征是实有。站在气本论的立场上，他批评了王阳明以心本论为基础的良知说，认为心本论下的良知是空洞的、虚幻不实的"虚实触物之影"，使人的善性无法落实。在他看来，谈人性必须以气言性，不可贱气以孤性。再者从气的变合性，活动性出发，他反对朱熹的理在气先的理气论，在这种理气论下，性成为僵化不变者。"若理，则只是个净洁空阔底世界，无形迹，他却不会造作"[1]。朱熹的理不会造作，不具有能动性。性即理，理不动，性亦不动，一次成形，不再变动。这恰是王夫之所反对的，在他看来，人性是具有历时性的，是变动的。从而，从气本论出发，他提出了"命日降，性日生日成"说。

（作者单位：中国社会科学院研究生院历史系）

---

[1] 黎靖德编《朱子语类》第一册，中华书局，1983，第3页。

文献研究

尼布楚条约相关文书探析
——以满文界碑文书为中心

承 志

摘 要：本文通过尼布楚条约相关满文文书，探讨将条约内容用满文、俄文、拉丁文刻写石碑，安置在中俄两国边界的问题。本文利用五件满文文书记载，寻找制作石碑的石材，最终报告未能找到石材结果来看，在当时确实未能具体立碑的事实。其结果发现历来中外史学界公认的尼布楚条约界碑问题，实际上石碑并没有设立的一个事实。从汉籍资料对分界石碑的不同记载与满文文书中搜寻石材未能找到石材的结果来说，从根本上否定了界碑的存在。从而可以说满文文书，不仅可以填补许多汉文资料的不足，甚至在某种程度上为改写历史常识提供了一个例证。

关键词：尼布楚条约 满文档案 界碑 石材

引 言

众所周知，1689年中俄之间签订的尼布楚条约，其内容包括以格尔必齐河、额尔古纳河与外兴安岭南北为国界，规定两国狩猎者不得擅自越境进行非法活动。两国人员若持有通行证，可自由进行贸易活动。此外，还规定条约文书签字盖章后，各存一本。并将<u>条约内容用满文、俄文、拉丁文勒石，置于两国边界，以作永久标志</u>。随着中俄尼布楚条约的签订，给清朝带来了黑龙江周边地区的安定，同时也满足了俄罗斯在亚洲东方的贸易计划。

当初签订尼布楚条约的相关资料涉及多种文字的档案资料，其中包括满文、汉文、蒙古文、俄文、拉丁文、法文、葡萄牙文等语种的资料。譬如除杜赫德的《中华帝国志》（1735）中刊载的法国耶稣会士张诚日记

（法文）之外，还有耶稣会士葡萄牙人徐日升的日记（葡萄牙文）。通过这两份日记可以详细了解到清朝在签订尼布楚条约过程的谈判内容，其史料价值不言而喻。此外，俄罗斯方面也有戈洛文的俄文报告书。[①] 此人的报告书收录在1972年由苏联科学院编辑出版的《十七世纪俄中关系》（下卷）中，他是尼布楚条约谈判过程中的俄方负责人，所以他的正式报告，内容极其翔实，资料价值尤其重要。其他汉文、俄文、法文、葡萄牙文等相关资料均已公开出版。满文资料，早期除了翻译出版的资料之外，其他涉及条约内容的满文原始档案至今还没有公开，特别是当时尼布楚条约中方保存的拉丁文、满文、俄文原件，至今下落不明。因此，目前只能利用俄罗斯公布的拉丁文、满文条约原件和俄文抄本。笔者在查阅满文档案时，也发现了几篇涉及有关尼布楚条约的原始档案。本文利用以上资料之外，同时还利用其他非汉文地图资料一同进行过比较研究，将来有必要重新对尼布楚条约进行全面探讨。

为了进一步了解尼布楚条约签订之际，使用何种语言的问题，我们首先有必要介绍一下中俄两国以何种语言进行交涉的问题。然后，再进一步对尼布楚条约的个别条款进行探讨。不当之处，敬请专家指正。

本文利用的档案是黑龙江将军衙门档案中的康熙二十九年（1690）的部分抄档。据《黑龙江将军衙门》（档案全总名称）胶卷1-1记载：

> 黑龙江将军衙门档案，共有档簿12800余件（册）[②]，起于康熙二十三年，止于光绪二十六年。1900年沙俄入侵我国东北时被其掠走，1956年苏联政府交还我国，但缺康熙二十二年、二十六年、二十八年的档案。已编有俄文顺序目录（只反映年代和办事单位，不反映内容）。该档记载了黑龙江将军衙门与内阁六部、理藩院、盛京将军、吉林将军及宁古塔等地副都统往来文书。内容包括有东北边疆地区的开发、地理沿革、八旗官庄、驿站交通、贸易、采矿、中俄关系、民

---

① 费耀多罗·亚历克塞耶维奇·戈洛文（Фёдор Александрович Головин，1650 - 1706年），尼布楚条约俄方全权代表。
② 档簿册数，秦国经《中华明清珍档指南》（人民出版社，1994，第116页）记为"14804卷"。

族、宗教等各方面，丰富翔实，是研究清代东北地方历史、满族及其他少数民族历史的珍贵史料。清代前期文件基本上全以满文写成，中后期则满汉文参半。七十年代已将原俄文目录译成汉文。1987年下半年我馆技术部将康熙、雍正、乾隆三朝的档案文件约2800件（册）拍照成缩微胶片，以供各界利用。①

1985年以后，中国第一历史档案馆将这部分档案移交给黑龙江省档案馆保管。中国第一历史档案馆将康熙、雍正、乾隆朝拍摄成16mm胶片。康熙朝有26卷，雍正朝有20卷，乾隆朝有147卷，各卷平均有3200画幅（约6400页）。笔者曾于2001年到黑龙江省档案馆调查过康熙朝原档。原册档均以满文抄写，封面题记，记载了年代以及各衙门等名称，每页9行，加盖满汉合璧骑缝印"sahaliyan ulai jergi babe/tuwakiyara jiyanggiyūn i doron/镇守黑龙/江等处地/方将军印"（也有个别册簿没有加盖骑缝印）。本文主要介绍康熙二十九年的满文档案5件。

另外，为行文方便，本文满文档案采用了P. G. Möllendorff, *A Manchu Grammar, with Analysed Texts.*（Shanghai, 1892）罗马字转写方式。因满文字母无大小写之别，正文以及引文内满文地名、人名等均不用大写方式。文书正文使用了以下几个符号，以表示文书原状：

// 前后页码，表示册档页码。

／表示行末。

［＋］表示增补。

---

① 参看康熙朝胶卷1-1（1-1684），该胶卷卷首自左至右记载如下：中国第一历史档案馆技术部摄制，拍摄地点：北京故宫西华门内；拍摄日期：1987.6；拍摄者：张晶；缩小倍率：1/42；光值参数：20；拍摄机号：K-01；胶片型号：FUJI13；胶卷编号：1；拍摄顺序号：1；检索标志：闪现法；拍摄计划编号：78-20；档案全宗名称：黑龙江将军衙门；类别项目：康熙朝；档案形成时间：康熙二十三年（1684）—乾隆六十年（1795）；档案编号：1-1684。其后有黑龙江将军衙门档案简介，然后才是册档封面。该胶卷1-1，册档名称为：《elhe taifin i orin ilaci aniya nadan biyai/iceci yabubuha bithe i araha dangse》（《自康熙二十三年七月初一日起始行文抄档》《黑龙江将军衙门档案》，以下简称《黑龙江档》），本文考虑到行文方便和今后研究者查对参考，注解以先注《册档名称》，后括弧内简称（《黑龙江档》1-1）写明档案名称胶卷号等，以示参照。以下相同，不一一注明。

［#］表示涂抹删除。

［＊＊］表示文书该处抬头。

图1　档册封面　　　图2　册档正文及骑缝印

一　中俄外交文书使用语言问题

我们知道，尼布楚条约签订文书有拉丁文、满文、俄文文本，没有使用汉文签订条约。其主要原因是什么？这首先还涉及中俄最初进行外交交涉之际，使用何种语言的问题。

首先，顺治朝时期致俄罗斯沙皇的敕书规定"<u>敕书盖降敕御宝二颗，用金龙香笺黄纸，缮写满蒙文</u>"①，这说明最初与俄罗斯交涉之际，大清国寄给俄罗斯沙皇的文书使用了满文和蒙古文，并未使用汉文。到了康熙九年，大清国为索还逋逃根特木尔寄给俄罗斯沙皇的敕书中，也"<u>用四层画</u>

---

① 中国第一历史档案馆编《清代中俄关系档案史料选编》第一编，上册，第18页。顺治帝给俄沙皇敕书　顺治十二年五月二十二日　大清国皇帝敕谕俄罗斯国察罕汗：尔国远处西北，从未一达中华。今尔诚心向化，遣使进贡方物，朕甚嘉之。特颁恩赉，即俾尔使臣赍回，为昭朕柔远之至意。尔其钦承，永效忠顺，以副恩宠。特谕。（译自满文俄罗斯档）。其中注（2）记载：内阁原注：俄罗斯察罕汗初次遣使来朝，请安、进贡方物。将给察罕汗敕书交来使毕西里克赍回。<u>敕书盖降敕御宝二颗，用金龙香笺黄纸，缮写满蒙文</u>。由内阁学士叶成额、能图、祁彻白，头等侍卫奇提特、绰克图、理藩院主事玛喇等，一同交付来使毕西里克等赍回。（译自满文）

云龙香笺,兼写满蒙文,盖降敕御宝二颗"①,基本遵循了顺治时期的文书制度,依旧使用满文和蒙古文。康熙十五年五月,俄国使臣斯帕法里②来到北京,俄方带来的俄文文书中提出了十二项问题,其中有一项是"若中国大沙皇嗣后寄文,请在满文文书上兼附拉丁文文书。我们那里发文时,亦在俄罗斯文书上兼附拉丁文文书"③。俄方首次提出大清国使用满文、拉

---

① 中国第一历史档案馆编《清代中俄关系档案史料选编》第一编,上册,第 21~22 页。康熙皇帝为索还逋逃根特木尔事致俄沙皇国书,康熙九年五月十三日皇帝敕谕俄罗斯察罕汗:据尼布楚长官达尼洛按尔旨意奏称:望两国修好,互派使者、贸易不断往来,以求永远和睦相处;若遇兵戎,则望互相以力相助。至于根特木尔一事,达尼洛称已奏报察罕汗,若察罕汗降旨准还,不久自当遣还。又称,住雅克萨之米奇帕尔等,因劫扰朱舍里、达斡尔等事,拿获首犯十人,亦已奏报,以俟我君主之旨意等情。先,我捕貂头目等曾报称:黑龙江一带,有罗刹国之宵小,劫扰我捕貂之朱舍里、达斡尔等,并有我根特木尔叛逃投靠罗刹等情。正欲派兵征讨,又闻罗刹者乃察罕汗属民,随派人探查是否属实。适尼布楚长官达尼派伊格纳季等十人为使,奉尔旨意前来奏闻,方知确系尔之属民。原尔使臣,亦曾来往。今据尔所奏,愿求永远和好,则应还我逋逃根特木尔,嗣后勿起边衅,以求安宁。特谕。(译自满文俄罗斯档)。其中注(2)记载:内阁原注:尼布楚长官达尼洛遣伊格纳季等十人来呈奏书时,奉旨将给察罕汗之敕谕交付郎中玛喇等,与俄方来使一同送往俄国。为此,康熙九年五月初九日,将给俄罗斯察罕汗之敕书交由大学士索额图进呈。奉旨:好。钦此。本月十三日,<u>用四层画云龙香笺,兼写满蒙文,盖降敕御宝二颗</u>。十五日由大学士索额图验同交付理藩院郎中和托。(译自满文)

② 俄文为 Николай Гаври лович Спафа рий (尼古拉·加夫里洛维奇·斯帕法里,1636—1708),莫尔达维亚人,率俄国使团与 1675 年 3 月从莫斯科触犯,1676 年到达卜魁(齐齐哈尔),1676 年到达北京。

③ 俄文原文为 "великий царь (大沙皇)"。中国第一历史档案馆编《清代中俄关系档案史料选编》第一编,上册,26 页。满文译名 "emu hacin, dulimbai gurun i amba han ereci amasi bithe 82 // 83 unggime ohode <u>manju bithe de latina gisun i bithe be kamcifi unggireo</u>, meni / tubaci bithe unggime ohode, oros i bithede inu latina gisun i bithe be/kancifi unggiki sembi sehebi;/" 但是,书中该处译为 "一、嗣后中国大皇帝若行文,请兼写满文、拉丁文。我国若行文,亦兼写俄罗斯文、拉丁文。再,如何尊称大皇帝,请来文告知。我亦按他国君主寄我文书之例,缮文寄送"。该书这部分汉译文在理解满文部分上有些问题,笔者在正文引用中进行了重译。尤其是"中国大皇帝",俄文原文直译是"中国大沙皇",满文原文应译为"中国大汗"和"请兼写满文、拉丁文"应该是"请在满文文书上兼附拉丁文文书",满文原意是满文文书为主,拉丁文文书为辅。两者并非是并列形式。原俄文文书该处记载如下:Когда <u>великий царь Срединного государства</u> отселе впредь будет посылать (ко мне) грамоты, то не пришлет ли он, присоединивши к <u>маньчжурской грамоте грамоту на латинском языке</u>; когда же отсюда от нас будем посылать грамоты, то будем посылать, присоединивши к <u>русской грамоте грамоту на латинском языке</u>.

有关斯帕法里文书的原文参看 Посольство Спафари, *Записки восточного отделения Российского Археологического общества*. Т. 2. СПб. 1887, 满文参看同书,第 82~124 页。

丁文，俄罗斯使用俄罗斯文、拉丁文的问题。当时斯帕法里带来的俄文文书，于五月十六日奏闻，当日奉旨议奏。经大臣们讨论后，又奏闻康熙皇帝。最后决定中俄两国之间外交文书，采用了俄方提出的大清国方面使用满文兼附拉丁文，而俄方使用俄文兼附拉丁文的建议。也就是说满文最先成文，而后附上按照满文翻译的拉丁文译文，以便消除双方沟通中的语言障碍。① 中俄两国使用何种语言进行外交交涉的问题，直接关系到如何理解康熙二十八年签订的尼布楚条约，为何使用了满文、拉丁文、俄文，而没有使用中文的关键问题。

有关尼布楚条约文本各项条款的多语种之间的综合比较问题，笔者将另外撰文进行讨论。本文只对其中的记载界碑（或石碑）问题，重点利用五件满文档案进行具体探讨。

二 尼布楚条约中的"界碑"

有关《尼布楚条约》中设立界碑的问题，先行研究均以《大清圣祖实录》卷143，康熙二十八年十二月丙子有"遣官立碑于界"及明确记载碑文内容为由，推断签订尼布楚条约之后，清朝很快就派人进行了立碑工作。② 有关界碑问题，吉田金一曾指出，郎坦曾于康熙二十九年三月到达额尔古纳河设立碑文的事情，因当时噶尔丹侵入喀尔喀地区，未能正式立碑。提出正式立碑应该是在康熙四十年。但对界碑是否设立在格尔必齐河、额尔古纳河两处，抑或只设在一处？对这些问题，吉田金一利用杜赫德《中华帝国志》第四卷附图以及1710年实测地图、康熙四十九年的

---

① 中国第一历史档案馆编《清代中俄关西档案史料选编》第一编，上册，第30页。但是，到了康熙四十二年，寄给俄罗斯地方文书文字规定用蒙文、俄罗斯文文书，而寄给俄罗斯察罕汗的文书用满文、俄文、拉丁文三种文字的文书。据康熙四十二年俄方尼布楚来文告称：尼布楚城无人翻译满文、拉丁文书，只有能将蒙文译成俄罗斯文者。嗣后如有事来文，望寄送俄罗斯文本、蒙古文本。若能如此，凡事不致延误等语。据此，经奏闻我圣主允准，嗣后，若行文俄罗斯察罕汗，则兼拟满文、俄文、拉丁文三种文书；若行文尔尼布楚长官米哈伊尔，则不用满文、拉丁文缮拟文书，仅给送蒙文、俄罗斯文文书。参看中国第一历史档案馆编《清代中俄关西档案史料选编》第一编，上册，第215页。博定为索还逃人及同意嗣后行文兼送蒙俄文本事致尼布楚城长官咨文，康熙四十二年八月二十九日。（译自满文俄罗斯档案）

② 《大清圣祖实录》卷143，康熙二十八年十二月丙子。

《黑龙江流域图》的格尔必齐河河畔绘有界碑的例证来推断当时确实设有界碑。① 我们从满文档案中发现了一些相关记载，所以，有必要重新考虑这个问题。首先，我们来看一下尼布楚条约拉丁文、满文、俄文中记载碑石的内容，具体如下（画线处为界碑部分）：

【拉丁文部分】

VI. Conciho inter utriusque Imperii legatos celebrato, et omnibus utriuisque Regni lihmitum contentionibus diremptis, paceque stabilita, et aeterno amicitiae foedere percusso, si hae omnes determinatae conditiones rité observabuntur, nullus erit amplius perturbationi locus.

Ex utraque parte hujus foederis conditiones scripto mandabuntur, duplexque exemplar huic conform e sigillo munitum sibi invicem tradent magni utriusque Imperii legati.

Demum et iuxta hoc idem exemplar eaedem conditiones <u>Sinico Ruthenico et latino idiomate</u> lapidibus incidentur, qui lapides in utriusque Imperii limitibus in perpetuum ac aeternum monumentum erigentur.

Datum apud Nipchou anno Cam Hi 28-o 7-ae Lunae die 24.

[汉译文]

第六条　两帝国大臣会合，停止一切两王国的边界争端，确立严守和平，友好永久之条约。若谭守此条约，自此之外并无其他混乱。双方将本条约以文书形式表明，且签押盖章，相互交付给两帝国大使。并且将遵从右边文本，将同一条目以<u>中国（Sinico，满文）②、俄罗斯以及拉丁文刻写在石头上，将其作为两帝国之边界，以作永久纪念</u>。康熙二十八年七月二十四日于尼布楚附近。③

---

① 吉田金一（1984）《ロシアの東方進出とネルチンスク条約》，《近代中国研究センター》，273～344頁。
② 也有人将该词译成华文或中文。尼布楚条约本身没有中文文本，显然是不能译成"中文"，这里应该是满文。
③ 拉丁文全文日译文，参看吉田金一（1984）《ロシアの東方進出とネルチンスク条約》，《近代中国研究センター》，457～459頁。

【满文部分】

emu hacin, juwe gurun i ambasa acafi juwe jecen i afara／dailara be nakabufi, doro acafi hūwaliyasun sain i／enteheme goro goidame, umesi akdun i toktobuha babe／dahame yabume jurcerakū oki, ere songkoi emte bithe／arafi doron gidafi ishunde bume, geli ere songkoi／<u>dulimbai gurun i bithe, oros gurun i bithe, latino／gurun i bithe</u> arafi, wehe de folofi juwe gurun i／acan i bade ilibufi, goro goidara temgetu obuki：／

elhe taifin i orin jakūci aniya nadan biyai orin duin；／

songgotu／

tung guwe g'ang／

langtan／

bandarša／

sabsu／

mala／

unda／

钤印 ［sahaliyan ula i jergi babe／tuwakiyara jiyanggiyūn i doron／镇守黑龙／江等处地／方将军印］

［汉译文］

一、两国大臣等相会，停止双方在边境征战，奉行严守和睦相处，永久和好之处，不得违背。依此各写文书，押印互换。又，<u>以中国之文（dulimbai gurun i bithe，满文[①]）、俄罗斯国之文、拉丁国之文，刻写于石，设立于两国交界之处</u>，作为永久标志。康熙二十八年七月二十四日[②]。索额图、佟国纲、郎谈、班达尔善、萨布素、温达、玛喇。

---

① dulimbai gurun i bithe，直译是中国之文，很容易误解为中文，从尼布楚条约正式文本没有中文文本来看，这里应为清文、满文。

② 汉译文本参看苏联科学院远东研究所等编，黑龙江大学俄语系翻译组、黑龙江省哲学社会科学研究所第三室合译《十七世纪俄中关系》（第二卷第四册，商务印书馆，1975）1689年8月28日签订的尼布楚条约满文本译文，965页，"一、两国大臣相会议定，永息兵戈，永远和好之处奉行不得违背。照此各将缮定文本盖印互换。又以满文、俄罗斯文、<u>拉丁文</u>刊之于石，置于两国交界之处，永为标记。康熙二十八年七月二十四日　签字者：索额图、佟国纲、郎谈、班达尔善、萨布素、温达、玛喇。"该书准确地译为"满文"。

铃印 [sahaliyan ula i jergi babe/tuwakiyara jiyanggiyūn i doron/镇守黑龙/江等处地/方将军印]

【俄文部分】

6-я Прежде будущие какие ни есть ссоры меж порубежными жители до сего постановленного миру были, для каких промыслов обоих государств промышленные люди преходити будут и разбои или убивство учинят, и таких людей поймав присылатив те стороны, из которых они будут, в порубежные города к воеводам, а им за то чинить казнь жестокую; будет же соединясь многолюдством и учинят такое вышеписанное воровство, и таких своевольников, переловя, отсылать к порубежным воеводам, а им за то чинить смертная казнь. А войны и кровопролития с обоих сторон для таких притчин и за самые пограничных людей преступки не всчинать, а о таких ссорах писать, из которые стороны то воровство будет, обоих сторон к государем и розрывати те ссоры любительными посольскими пересылки.

Против усих постановленных о границе посольскими договоры статей, естли похочет бугдыханово высочество поставить от себя при границах для памяти какие признаки, и подписать на них сии статьи, и то отдаем мы на волю бугдыханова высочества.

Дан при границах царского величества в Даурской земле, лета 7197-го августа 27-го дня.

Таково ж письмо руки Андрея Белобоцкого написано и на латинском языке.

Скрепа по листам секретаря Федора Протопова.

С подлинною копиею читал переводчик Фома Розанов.

[汉译文]

第六条

从前两国沿边人民一切争端作罢论。和好既定之后，如有两国渔猎人等私自越界劫盗、杀人，应即捕送该管边界督军，严加惩处；如聚众合伙劫盗、杀人，务必捕送边界督军，处以死刑。不得因两国边界人民轻起战端和发生流血。遇有此种情事，应行各自奏明，以书信和平议结。

博格达汗殿下①对于此项界约，<u>如欲在国境建立石碑，刻写条文，以资纪念，博格达汗殿下亦可任便办理</u>。

创世后7197年8月27日在俄属达呼尔地方订立。②

本约经安德烈·贝洛鲍茨基亲笔缮写，并缮成拉丁文。

秘书费奥多尔·蒲罗托波夫逐页签字付署。

通过以上尼布楚条约的条款，我们把石碑部分归纳如下：

〔拉丁文〕并且将遵从右边文本，将同一条目以中国（Sinico，满文）、俄罗斯以及拉丁文刻写在石头上，将其作为两帝国之边界，以作永久纪念。

〔满文〕以中国之文（dulimbai gurun i bithe，满文）、俄罗斯国之文、拉丁国之文，刻写于石，设立于两国交界之处，作为永久标志。

〔俄文〕博格达汗对此项界约，如欲在国境建立石碑，刻写条文，以资纪念，亦可任便办理。

拉丁文文本的Sinico，一般情况译成中国，但是这里应该理解成满洲，即满文，方才符合条约文本。满文文本中的dulimbai gurun bithe，即中国之文，也应该理解成满文，才符合当时中俄两国间交涉，使用满文、俄文、拉丁文的规定。俄文缮写文本，没有规定使用文种，但是，康熙皇帝被称为"博格达汗殿下"，这明显是承袭了蒙古历史传统中的"大汗"称呼。

---

① 汉译文中均将"博格达汗殿下（бугдыханово высочество）"译成"中国皇帝"。参看〔俄〕尼古拉班蒂什-卡缅斯基编著《俄中两国外交文献汇编》，商务印书馆，1982，第369页，北京师范大学清史研究小组《一六八九年中俄尼布楚条约》，人民出版社，1977，第453~455页。

② 汉译文参看〔俄〕尼古拉班蒂什-卡缅斯基编著《俄中两国外交文献汇编》，商务印书馆，1982，第369页。除此之外，俄文缮写本汉译文参看北京师范大学清史研究小组《一六八九年中俄尼布楚条约》，人民出版社，1977，第453~455页。

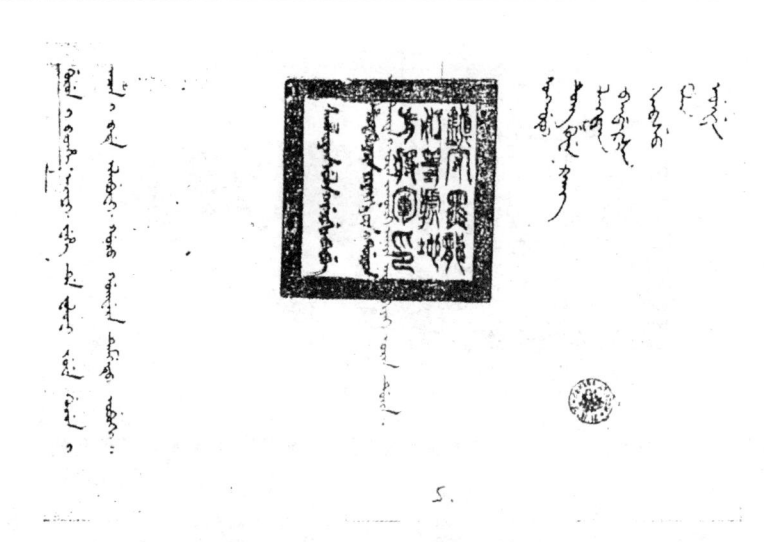

图 3　尼布楚条约　满文　满汉合璧镇守黑龙江等处将地方军印及满文签名

尼布楚条约的拉丁文、满文文本，明确记载了使用三种语言刻写条约文字，俄文条约没有明确使用何种文字的问题，俄文内容与满文、拉丁文相比，差距较大。拉丁文文本有俄方蜡印和大清国押印与各大臣签字，历来被视为具有法律效力的正本，满文被视为副本，俄文原件目前还未曾发现。我们从康熙时期中俄两国使用满文文书兼附拉丁文或俄文文书兼附拉丁文的规定来看，尼布楚条约也应该是满文兼附拉丁文，如此考虑的一个原因是，拉丁文条约明显是译自满文。① 另外，拉丁文最后使用了 "Datum apud Nipchou anno Cam Hi 28-o 7-ae Lunae die 24.（康熙二十八年七月二十四日于尼布楚附近）" 清朝年号和地名尼布楚，而没有使用创世纪年和涅尔琴斯基的地名。也说明拉丁文译自满文。

签订条约之后，两国之间具体运用条约内容的时候，均引用满文条款，下令严禁边界偷猎以及非法出入境等问题。康熙三十七年元月二十三日，黑龙江将军咨文索伦总管、赛音齐克的满文文书中，全文引用了尼布楚条约：

---

① 野見山温（1959）《満文 ネルチンスク条約の研究》，《福岡大学創立二十五周年記念論文集》，福岡大学研究所編，法学編、文理編，福岡大学研究所。后收入野見山温（1977）《露清外交の研究》，酒井書店，1～36 頁。

图 4　尼布楚条约　拉丁文　满汉合璧镇守黑龙江等处将地方军印及蜡印

图 5　黑龙江将军衙门档案　册档　满汉合璧镇守黑龙江等处将地方军印

康熙二十八年七月二十四日，在尼布楚会合定议边界（中略）一、两国大臣等相会，停止双方在边境征战，奉行严守和睦相处，永久和好之处，不得违背。依此各写文书，押印互换。又，以中国之文（满文）、俄罗斯国之文、拉丁国之文，刻写于石，设立于两国交界之处，作为永久标志。其中应晓谕事宜，均由尔等管理之索伦、达斡尔、鄂伦春等，严示众人。为此咨行。①

---

① 《自康熙三十七年元月起黑龙江副都统、索伦总管、驿站官行文抄档》元月二十三日，镶黄旗噶喇尔图牛录披甲朵恩托送去之文（《黑龙江档案》7-4）。

尼布楚条约不仅作为中俄之间的国际条约，也成为管理约束生活在黑龙江地区的索伦、达斡尔、鄂伦春等法律规定。因为"定议国界"之后，索伦等生活在额尔古纳河、黑龙江地区的渔猎集团，被迫分别划入俄罗斯帝国和大清帝国的属民范围之内，原本自由来往的这一广阔的地区，从此进入严格约束"不自由"时期。中俄两国人员，此后频繁发生越界偷猎砍伐树木等事件。①

康熙二十八年十二月年底，也就是签订尼布楚条约的年终总结的时候，《康熙起居注》留下了"勒碑定界"②的记载。这一年"定界"确实完成，起居注官都信以为"勒碑"已经设立。但是，这个时间，与郎谈到额尔古纳河河口的"康熙二十九年五月二十一日"还早半年。我们以下就针对这个问题，进行详细探讨。

图6　《黑龙江流域图》（1710"台北故宫博物院藏"）界碑

---

① 中国第一历史档案馆编《清代中俄关系档案史料选编》（中华书局，1981）理藩院为俄人越界打牲砍伐事致俄督加加林咨文，康熙五十一年七月二十日档案记载"至于居尔边界之索伦与居我边界值索伦等，皆系旧亲故戚，且已年久，彼等难免不私自相通。唯两国既已会盟议和，本国将约束边民，希尔对所属之人，亦严行约束，勿许越界（下略）"，第317页。

② 中国第一历史档案馆整理《康熙起居注》第三册，康熙二十八年十二月初八日，第1929页。唯鄂罗斯国，僻处绝域，边人弗戢，多历年所。皇上庙谟柔远，先之以文告，加之以震叠，彼仍遣使乞和，罔不共令。随命大臣宣布德意，勒碑定界，永昭大信。

三 满文档案记载的"界碑"

《八旗通志初集》卷153,郎谈传记载:

> (康熙)二十九年三月,奉旨同副都统诏三往厄里谷纳河口立交界牌。五月十五日,经墨尔根城越兴安岭,见罗刹犹有屋十余间,田禾满地。因呼其首长巴什里问其故,对曰:去岁尼布抽城长有印信来,令我等回去,因我等移家力量不足,故冒死于此地少种田禾,意为收种之计,并乞大人怜宥。郎谈使毁其屋,给其资,允其刈禾载归。罗刹等悦拜,度岭而去。二十一日,至厄里谷纳,立牌于河口石壁上,镌清、汉、鄂罗斯、蒙古、里的诺五样字,毕而还。

说明康熙二十九年三月,正白旗满洲都统郎谈与副都统诏三奉旨前往厄里谷纳河河口(即额尔古纳河)立交界牌,五月十五日经墨尔根城,越过兴安岭,二十一日抵达厄里谷纳,在河口石壁上立牌,镌刻了五种文字。这里郎谈与诏三负责到厄里谷纳河口(即额尔古纳河)设立交界牌,值得注意的是设立"牌",并非是"碑"。而且一处,并非在两处。这一记载也正是后来许多研究者以为"界碑"确实存在的依据之一。刘远图认为"郎谈碑应是清政府统一规格之前竖立的界碑"①。

我们通过满文档案,看一下康熙二十九年郎谈的行踪。康熙二十九年二月十四日,清廷决定派遣九路人马视察黑龙江流域各地。二月二十二日,决定宁古塔三路由巴海、巴尔达、苏赫,<u>墨尔根三路由郎谈、沙纳海、诏三、安珠瑚</u>,黑龙江三路由穆图、诺敏、华善、纳沁负责前往巡视。② 同年三月十四日,兵部咨文黑龙江将军萨布素、索伦总管玛布岱,负责视察兴安等地边界的墨尔根三路都由统郎谈、副都统沙纳海、副都统

---

① 刘远图:《早期中俄东段边界》,中国社会科学出版社,1993,第48页。
② 参看承志《尼布楚条约界碑图的幻影——满文〈黑龙江流域图〉研究》(乌云毕力格主编《满文档案与清代边疆和民族研究》,社会科学文献出版社,2013,第378~488页)。

诏三、索伦总管安珠瑚组成，因为前往巡视，需要利用船、独木舟等水路交通设备。因此，兵部命令各路备齐船、刀船、独木舟、划子等各类不同类型的舰船，还给他们配备了木匠、辇匠以及桐油、石灰等物资，严令不得耽误须要及时送达。① 康熙二十九年五月初一日，郎谈等人到达索伦、达斡尔居住的墨尔根地方。五月十五日的档案记载了，郎谈负责视察墨里勒肯、额尔古纳地界，带上如下人马亲自视察：

> 镇守黑龙江等处将军萨布素咨行副都统等。<u>亲自视察墨里勒肯、额尔古纳等地界，由都统郎谈、跟役九人、笔帖式薛常、罗刹骁骑校吴格番、御前披甲四人、画匠一人、石匠二人。副都统诏三、跟役八人、御前披甲三人、罗刹一人、画匠一人、从黑龙江仓领取食粮</u>。亲自视察西里目迪方面地界之地由镶黄旗翼长大臣穆图、御前披甲四人、罗刹一人、画匠一人、跟役五人，欲将四个月食粮，自黑龙江仓领取。亲自视察精奇里方面地界之副都统沙纳海，跟役八人、御前披甲二人、罗刹领催一人、跟役一人、画匠一人，欲将四个月食粮自黑龙江仓领取。等语。咨文前来。依该文书写人数，自黑龙江仓支给食粮。又，都统公诺敏、副都统华善、此两队伍亦如彼等、支给所需数月食粮派遣。为此咨文。②

我们注意到，带领人员当中有画匠一人，应该是绘制地图的专人。石匠二人，也就是刻制石碑的人员。可以说郎谈前往额尔古纳河口是有备而去。但是，以下五件满文档案，为我们提供了另外一个事实。我们就此具体看一下具体内容。有关记载界碑的满文档案，详情具体参看如下表格。

---

① 《康熙二十九年吏、兵、刑部、督捕衙门、盛京刑部来文抄档》三月十四日镶黄旗奇勒德牛录领催吴岱送来文书及三月二十六日镶白旗领催康吉纳送来文书（《黑龙江档》1-10）。
② 《自康熙二十九年五月奉天、宁古塔将军、黑龙江副都统、索伦总管、驿站官等行文抄档》五月十五日，咨行正红旗额尔固勒牛录皮甲敦珠（《黑龙江档》1-15）。

国界碑相关文书（年代顺序）

编号	具奏年代	寄文机构及人员	收文机构及人员	内 容	备 考
1	康熙二十九年（1690）三月初三日	工部	黑龙江将军	工部咨行黑龙江将军，为请旨事。引用理藩院咨文内的议政王等议奏石材问题。	《康熙二十九年正月户、礼、工、理藩院、盛京户、工部来文抄档》四月十五日，依尔喀（ilka）驿丁赫孙（hesun）送来文书（黑龙江档2-3）
2	康熙二十九年四月二十四日墨尔根驿丁马尔格咨送文书	镇守黑龙江等处将军萨布素	副都统等	镇守黑龙江等处将军萨布素咨文副都统等。	《康熙二十九年元月至四月奉天、宁古塔将军、索伦总管、驿站官员行文抄档》（黑龙江档1-14）
3	康熙二十九年五月二十一日，廓罗尔驿丁赵尔送来文书	镇守黑龙江等处副都统温岱、纳秦	黑龙江将军	查看黑龙江周边地区是否有适合制作碑石尺寸之石材事宜。	《康熙二十九年五月奉天、宁古塔将军、黑龙江副都统、索伦总管、驿丁官员送来文书抄档》（《黑龙江档》1-13）
4	康熙二十九年七月十九日正黄旗汉军二哥牛录披甲五十八持送文书	黑龙江将军	工部	黑龙江将军咨文工部各路寻找石材人马未能找到石材。	《黑龙江档》2-4《康熙二十九年正月户、礼、工部、理藩院、盛京户、工部等衙门行文抄档》（《黑龙江档》2-4）
5	同上	同上	同上	同上	《俄藏黑龙江将军衙门档案抄档》康熙二十九年七月十九日

康熙二十九年（1690）三月初三日的奏文，为我们提供了搜寻界碑石材的详细报告。我们将全文译成汉文，看看其具体内容。

〔档案1〕

工部咨行黑龙江将军，为请旨事。本部为此事上奏，理藩院咨文内称：议政王等议奏，现定边界在厄勒枯揶（即额尔古纳）（河）口、哥里比其（即格尔必齐）河口立碑石，除制以满洲文、俄罗斯文、拉丁〔+国〕文外，亦应制以蒙古、汉文，将此交付工部制碑。等语。翰林院作五种文字之文，咨〔+文〕前往去取规制。现自翰林院已送来拟写之碑文及规制。臣等查得：翰林院送来在厄勒枯揶河口、哥里比其河口立碑时，碑阳勒以满洲、蒙古、尼勘（汉文）文，碑阴勒俄罗斯文、拉丁国文。文字规制，碑额按准子，则需高八尺、宽三尺一寸、厚八寸之石两块。按准子需两块高两尺二寸、宽三尺六寸、厚一尺三寸之石。若从此处（京城）制作带去，唯恐道路遥远，难以运抵。故将此咨行盛京、宁古塔、黑龙江将军等，令其查何处有如此适合尺寸之石。此外，亦令由两路前往厄勒枯挪、哥里比其视察立界大臣等，查看在厄勒枯挪、哥里比其一带，是否有适合该尺寸之石。又于此两处周边远近之山，查看是否有适于镌刻之处，将此查报前来之际，再行议奏。等因。康熙二十九年三月初三日，缮折具题。是日，奉旨：依议。钦此。为此咨行知照。将此遵旨查照依行。三月初五日。①

我们来看一下〔档案 1〕，这是一份康熙二十九年三月初三日的咨文的抄件。具体由京城工部咨行黑龙江将军。工部的文书中引用了理藩院咨文，议政王大臣等具体讨论后决定，在额尔古纳河河口与格尔必齐河河口设立碑石，规定文种用满文、俄文、拉丁文、蒙古文和汉文五种文字。具体工作由理藩院交给工部具体制作碑石，翰林院拟写了五种文字的内容和具体石碑的规格。翰林院寄来的文书规定额尔古纳河河口与格尔必齐河河口两处设立碑石，碑阳刻写满文、蒙古文和尼堪文（即汉文），背阴勒俄文、拉丁文。石碑碑额规格按照准子需要高八尺，宽三尺一寸，厚八寸的两块石头。还需要两块高两尺二寸，宽三尺六寸，厚一尺三寸的石头。因立碑之处距离京城遥远，难以送达。所以，同时咨文给盛京、宁古塔、黑龙江将军等三处人员，寻查适合制作石碑的石材。也同时命令两路前往额尔古纳河、格尔必齐河巡视边界的大臣，查看这两个地方是否有石材制作碑文。并吩咐这两处周围远近山上，查看是否有适合镌刻的地方。也就是除了石材以外，还要查看直接在山上是否找到直接刻写的地方，后者也许

---

① 《康熙二十九年正月户、礼、工、理藩院、盛京户、工部来文抄档》四月十五日，依尔喀（ilka）驿丁赫孙（hesun）送来文书（《黑龙江档》2-3）。原文书日期为康熙二十九年三月五日。满文原件影印及转写参看附录。除此之外，《自康熙二十九年正月户部、礼部、工部、理藩院、盛京户部、工部等衙门咨文档》（《黑龙江档》2-4）亦有同一内容的萨布素来文抄录的工部咨文内容，日期为康熙二十九年七月十九日。另外，据笔者调查《俄罗斯藏黑龙江抄档》（俄罗斯圣彼得堡东方学研究所藏）亦有同一内容的满文，可一并参照。从《黑龙江档》满文译成汉文的有关碑文以及碑石的一件史料，参看中国第一历史档案馆编《清代中俄关系档案史料选编》第 1 编，上册，第 125 页。其中的汉译文，同笔者所译略有不同。需要指出的是，吉田金一《ロシアの東方進出とネルチンスク条約》，也注意到了《清代中俄关系档案史料选编》内的这份重要资料。

就是所谓的"摩崖"①。

〔档案 1〕说明准备在额尔古纳河口与格尔必齐河口两处设立界碑，也就是共计两块碑石。黑龙江将军收到工部的来文之后，为了设立高达 256 公分的石碑，开始令副都统等前往探查石材。同年四月二十四日，派墨尔根驿丁马二哥寄信给副都统送去如下内容的文书：

〔档案 2〕

镇守黑龙江等处将军萨布素咨文副都统等，工部咨文，为请旨事。本部为此事上奏，理藩院咨文内称：议政王等议奏，现定边界在厄勒枯挪（即额尔古纳）（河）口、哥里比其（即格尔必齐）河口立碑石，除制以满洲文、俄罗斯文、拉丁文外，亦应制以蒙古、汉文，将此交付工部制碑。等语。翰林院作五种文字之文，曾咨前往去取规制。现自翰林院已送来拟写之碑文及规制。臣等查得：翰林院送来在厄勒枯挪河口、哥里比其河口立碑时，碑阳勒以满洲、蒙古、尼勘（汉文）文，碑阴勒俄罗斯文、拉丁国文。文字规制，碑额按准子，则需高八尺，宽三尺一寸，厚八寸之石两块。按准子需两块高两尺二寸，宽三尺六寸，厚一尺三寸之石。若从此处（京城）制作带去，唯恐道路遥远，难以运抵。故将此咨行盛京、宁古塔、黑龙江将军等，令其查何处有如此适合尺寸之石。此外，亦令由两路前往厄勒枯挪、哥里比其视察立界大臣等，查看在厄勒枯挪、哥里比其一带，是否有适合该尺寸之石。又于此两处周边远近之山，查看是否有适于镌刻之处，将此查报前来之际，再行议奏。等因。康熙二十九年三月初三日，缮折具题。是日，奉旨：依议。钦此。为此咨行知照。将此遵旨查照依行。是故，阅览此书，查看黑龙江周边地区是否有适合尺寸之石，请咨文前来。为此咨行。②

---

① 《北徼汇编》卷1，与俄罗斯国定界之碑，5b－7a。【秋涛谨按：《皇朝通志》金石略载，御制与俄罗斯定约分界碑文，康熙二十九年国书、行书、俄罗斯、蒙古、捷提诺五种。书额里古纳河摩崖，是此碑乃摩崖刻也】。
② 《康熙二十九年正月至四月寄给奉天、宁古塔将军、索伦总管、驿站官等行文抄档》四月二十四日，遣墨尔根驿丁马二哥寄送文书（《黑龙江档》1－14）。

划线处即原理藩院文书内容。黑龙江将军接到工部咨文后，也全文引用工部寄来的内容，寄给各地副都统传达具体命令。通过这个内容，我们也知道黑龙江将军委派副都统等在黑龙江周边地区探寻石材的事实。对此，黑龙江等处副都统温岱、纳秦于五月二十日，向黑龙江将军报告探寻石材的结果：

〔档案3〕

  镇守黑龙江等处副都统温岱、纳秦咨文将军，为此事宜。将军咨文内称：<u>工部咨文，为请旨事。本部为此事上奏，理藩院咨文内称：议政王等议奏，现定边界在厄勒枯挪（即额尔古纳）河口、哥里比其（即格尔必齐）河口立碑石，除制以满洲文、俄罗斯文、拉丁文外，亦应制以蒙古、汉文，将此交付工部制碑。等语。翰林院作五种文字之文，曾咨文前往去取规制。现自翰林院已送来拟写之碑文及规制。臣等查得：翰林院送来在厄勒枯挪河口、哥里比其河口立碑时，碑阳勒以满洲、蒙古、尼勘（汉文）文，碑阴刻以俄罗斯文、拉丁国文。文字规制，碑额按准子，则需高八尺，宽三尺一寸，厚八寸之石两块。按准子需两块高两尺二寸，宽三尺六寸，厚一尺三寸之石。若从此处（京城）制作带去，唯恐道路遥远，难以运抵。故将此咨行盛京、宁古塔、黑龙江将军等，令其查何处有如此适合尺寸之石。此外，亦令由两路前往厄勒枯挪、哥里比其视察立界大臣等，查看在厄勒枯挪、哥里比其一带，是否有适合该尺寸之石。又于此两处周边远近之山，查看是否有适于镌刻之处，将此查报前来之际，再行议奏。等因。康熙二十九年三月初三日，缮折具题。是日，奉旨：依议。钦此。为此咨行知照，将此遵旨查照依行。</u>是故，阅览此书内情由，查看黑龙江周边地区是否有适合制作碑石尺寸之石材，请咨文前来。等语。收到将军咨文后，即查找调查适合石碑尺寸的石头，曾派去汉军五等章京朱斯到乌鲁斯木丹、牛满等处。朱斯回来报称：前往查看乌鲁斯穆丹、牛满等处，并无适合制作碑石的石材。为此行文知照。五月二十日①。

---

① 《康熙二十九年五月奉天、宁古塔将军、黑龙江副都统、索伦总管、驿站官来文抄档》五月二十一日，廓罗尔驿丁赵儿送来文书（《黑龙江档》1-13）。

黑龙江等处副都统温岱、纳秦接到黑龙江将军咨文后，经过调查，将最终报告咨文黑龙江将军的时候，又再次引用前次收到的黑龙江将军咨文内容，并回复派人去寻找石材，未能找到适合制作碑石的石材的结果。黑龙江将军接到副都统的报告后，同年七月，黑龙江将军萨布素咨文回复工部如下内容：

〔档案4〕

镇守黑龙江等处地方将军萨布素咨文工部，尔等咨文内称：工部咨文，为请旨事。本部为此事上奏，理藩院咨文内称：议政王等议奏，现定边界在厄勒枯挪（即额尔古纳）河口、哥里比其（即格尔必齐）河口立碑石，除制以满洲文、俄罗斯文、拉丁文外，亦应制以蒙古、汉文，将此交付工部制碑。等语。翰林院作五种文字之文，曾咨文前往去取规制。现自翰林院已送来拟写之碑文及规制。臣等查得：翰林院送来在厄勒枯挪河口、哥里比其河口立碑时，碑阳勒以满洲、蒙古、尼勘（汉文）文，碑阴刻以俄罗斯文、拉丁国文。文字规制，碑额按准子，则需高八尺，宽三尺一寸，厚八寸之石两块。按准子需两块高两尺二寸，宽三尺六寸，厚一尺三寸之石。若从此处（京城）制作带去，唯恐道路遥远，难以运抵。故将此咨行盛京、宁古塔、黑龙江将军等，令其查何处有如此适合尺寸之石。此外，亦令由两路前往厄勒枯挪、哥里比其视察立界大臣等，查看在厄勒枯挪、哥里比其一带，是否有适合该尺寸之石。又于此两处周边远近之山，查看是否有适于镌刻之处，将此查报前来之际，再行议奏。等因。康熙二十九年三月初三日，缮折具题。是日，奉旨：依议。钦此。为此咨行知照，将此遵旨查照依行。等语。收到之后，前往探寻适合制作碑石尺寸之石材，沿嫩江方面曾派遣由领催麦鲁，努敏河方面派云骑尉章京阚珠，甘河方面派云骑尉章京波尔和，旺阿山方面派云骑尉章京甄特依等人，前往探寻有石材之处。麦鲁、阚珠、波尔和、甄特依等回来报告：我等前往探寻之处，山崖（等处）尽为不良碎石，并无适合制碑之石材。等语。副都统温岱等来文告称：为探寻适合制碑尺寸之石材，派遣汉军五品章京朱斯前往乌鲁斯穆丹、牛满探寻。朱斯前来报告：至乌鲁斯穆丹、牛满之处，并无适于制碑之石材。等语。嫩江及黑龙江周围亦派人寻查，（报称）并无适合制作碑石之石材。为此知照。依里布抄写。①

通过〔档案4〕我们可以知道，康熙二十九年七月，黑龙江将军咨文工部，报告黑龙江各地派出人马，到嫩江沿岸、努敏河、甘河、旺阿山、乌鲁斯穆丹、牛满等地查找石材，回来全部告称没有找到适合制作碑石的石材。与〔档案4〕相同的满文档案有如下〔档案5〕。

〔档案5〕

镇守黑龙江等处地方将军萨布素咨文工部，尔等咨文内称：工部咨文，为请旨事。本部为此事上奏，理藩院咨文内称：议政王等议奏，现定边界在厄勒枯挪（即额尔古纳）河口、哥里比其（即格尔必齐）河口立碑石，除制以满洲文、俄罗斯文、拉丁文外，亦应制以蒙古、汉文，将此交付工部制碑。等语。翰林院作五种文字之文，曾咨文前往去取规制。现自翰林院已送来拟写之碑文及规制。臣等查得：翰林院送来在厄勒枯挪河口、哥里比其河口立碑时，碑阳勒以满洲、蒙古、尼勘（汉文）文，碑阴刻以俄罗斯文、拉丁国文。文字规制，碑额按准子，则需高八尺，宽三尺一寸，厚八寸之石两块。按准子需两块高两尺二寸，宽三尺六寸，厚一尺三寸之石。若从此处（京城）制作带去，唯恐道路遥远，难以运抵。故将此咨行盛京、宁古塔、黑龙江将军等，令其查何处有如此适合尺寸之石。此外，亦令由两路前往厄勒枯挪、哥里比其视察立界大臣等，查看在厄勒枯挪、哥里比其一带，是否有适合该尺寸之石。又于此两处周边远近之山，查看是否有适于镌刻之处，将此查报前来之际，再行议奏。等因。康熙二十九年三月初三日，缮折具题。是日，奉旨：依议。钦此。为此咨行知照，将此遵旨查照依行。等语。收到之后，前往探寻适合制作碑石尺寸之石材，沿嫩江方面曾派遣由领催麦鲁，努敏河方面派云骑尉章京阒珠，甘河方面派云骑尉章京波尔和，旺阿山方面派云骑尉章京甄特

---

① 《康熙二十九年正月户、礼、工部、理藩院、盛京户、工部等衙门行文抄档》七月十九日，正黄旗汉军二哥牛录披甲五十八持送文书（《黑龙江档》2-4）。

依等人，前往探寻有石材之处。麦鲁、阚珠、波尔和、甄特依等回来报告：我等前往探寻之处，山崖（等处）尽为不良碎石，并无适合制碑之石材。等语。副都统温岱等来文告称：为探寻适合制碑尺寸之石材，派遣汉军五品章京朱斯前往乌鲁斯穆丹、牛满探寻。朱斯前来报告：至乌鲁斯穆丹、牛满之处，并无适于制碑之石材。等语。嫩江及黑龙江周围亦派人寻查，（报称）并无适合制作碑石之石材。为此知照。康熙二十九年七月十九日

〔档案5〕也是与〔档案4〕内容完全相同的满文抄档，唯一不同的是档案末尾，有具体年月日：康熙二十九年七月十九日，说明这份文书咨文年月日，〔档案5〕没有注明抄写人员名字，而〔档案4〕由依里布抄写。

除此之外，还有一份资料证实当时未能立碑的事实。康熙三十年十二月的档案记载，格尔必齐河和额尔古纳河的国境相接之地，设立界碑的事情，因喀尔喀蒙古之事未能确定，暂停立碑。其内容也寄文通知了俄罗斯在尼布楚的官员。① 从以上征引的资料来看，康熙二十九年七月到康熙三十年十二月，并没有设立国境碑，这一点可以说非常明确。②

我们知道，《八旗通志初集》卷一五三，《郎谈传》记载的康熙二十九年五月二十一日，行抵格尔必齐河口设立石牌的事情，明显与我们上引的七月送来未能找到制作石碑的石材报告，在时间上相互矛盾。③ 有关这些问题，吉田金一（1980）和松浦茂（1997）均以《八旗通志初集》的汉文版为据，未能深究其中存在的问题，这也导致了后来的研究人员信从其

---

① 中国第一历史档案馆编《清代中俄关系档案史料选编》第1编，上册，第141~142页，索额图等为严禁俄人至喀尔喀行猎并暂停立界碑事致尼布楚长官咨文，康熙三十年十二月初一日。（上略）再，尔我曾约定即刻在于我等业经划定之格尔毕齐、额尔古纳等交界处立碑一事，现因喀尔喀事宜未定，应予暂停。俟喀尔喀事宜议定后，再行立碑。为此咨行。
② 宁古塔将军巴海巡视图乎鲁河流域后绘制的舆图（今以题名《乌喇等处地方图》保存在台北"故宫博物院"）上也看不到界碑形制，参看拙文〈满文《乌喇等处地方图》考〉，《故宫学术季刊》26卷4期，2009年6月，第1~74页。
③ 最早论究石碑的是何秋涛《北徼界碑考》和曹廷杰《分界碑文考》及《界碑地考》。但是，他们都没有征引康熙二十九年七月没有找到石材的满文资料。详情参见《朔方备乘》卷8，考二和《曹廷杰集》（丛佩远、赵鸣岐编），第50~51、55~58页。日本学者今西春秋：《校注异域录》，天理，1964，第164~165页，注解（214）中记载"现在，此碑同格尔必齐河之碑，其所在不明"。

说，坚信设立石碑（石牌）的一个原因。① 我们从《黑龙江档》的记载可

---

① 《八旗通志初集》卷153，郎谈传（langtan）（满文版，日本东洋文库藏），原文如下：orin uyuci aniya ilan biyade, / * hese be dahame meiren i janggin joosan i emgi erguna birai angga de/hešen i pai ilibume genehe; sunja biyai tofohon de, mergen/hoton deri hinggan dabagan be dabafi tuwaci, juwan/udu giyan loca i boo bi usin de jalu jeku/tarihabi, ceni da basili be hūlame tucibufi turgun be/fonjici, jaburengge, duleke aniya nibcu hoton i da, /membe amasi bedere seme doron gidaha bithe benjihe/mende boo gurire hūsun akū ofi, tuttu bucere be/funtume, ubade majige usin be tarifi, use bargiyara be/kicembi, ambasa gosime oncodoreo seme baire de, langtan, ceni boo be efulefi, hūda bufi, jeku be hadufi gama/sehe manggi, loca se urgunjeme hengkilefi, dabagan be/dabafi genehe; orin emu de, <u>erguna de isinafi, birai/anggai girin i wehe de foloho manju, nikan, oros, /monggo, lidino sunja hacin i hergen i pai be ilibufi/amasi jihe</u>；汉文版《八旗通志初集》卷153，名臣列传十三，正白旗满洲世恩大臣二，郎谈传"（康熙）二十九年三月，奉旨同副都统诏三往厄里谷纳河口立交界牌。五月十五日，经墨尔根城越兴安岭，见罗刹犹有屋十余间，田禾满地。因呼其酋长巴什里问其故，对曰：去岁尼布楚城长有印信来，令我等移归，因我等移家力量不足，故冒死于此地少种田禾，意为收种之计，乞大人怜宥。郎谈使毁其屋，给其资，允其刈禾载归。罗刹等悦拜，度岭而去。二十一日，<u>至厄里谷纳，立牌于河口石壁上，镌清、汉、鄂罗斯、蒙古、里的诸五样字，毕而还</u>"。
显然，这里并非是「碑」，而是「牌」（pai）。满文版记为「wehe de foloho」（石刻）来看，首先刻在石牌上，然后设立在此地。另外，《吉林通志》（光绪十七年（1891）序）卷92，郎坦"二十九年，奉旨偕副都统诏三往额尔古纳河口立交界牌，道出默尔根城，越兴安岭，见俄罗斯屋十数，筑有田禾。呼其酋长巴什里问故，对去岁尼布楚城长有印文，令我等归，我等力不能移，故冒禁暂留。此地少种田禾，乞大人怜宥。因使毁其屋，给资，并允刈禾载归，遂逾岭去。至额尔古纳，立牌河口石壁上，镌满、汉、俄罗斯、蒙古、里的诸五种字而还"。内容同《八旗通志初集》大同小异，也称其为牌。与吉田金一、松浦茂相同的观点，参看船越昭生《北方図の歴史》第二章，第105页。此外，中文概论参看复旦大学历史系《沙俄侵华史》编写组，《沙俄侵华史》；刘远图《早期中俄东段边界研究》；张维华、孙西《清前期中俄关系》；孙喆《康雍乾时期舆图绘制与疆域形成研究》，上述各家均主张康熙年间设立国境碑。最近的姜长斌《中俄国界东段的演变》，第71～75页，也都沿袭了以上中文著作的观点。
刘民声、孟宪章、步平编《十七世纪沙俄侵略黑龙江流域史资料》，第520～521页，指出根据档案资料，尼布楚条约签订后，并未立即立碑。但也有一些资料记载当时即已立碑，举出杨宾《柳边纪略》立碑资料及《八旗通志初集》郎谈传中的立牌（该书误记为碑，第521页）资料，指出"中国方面在边界上至少是于石壁上镌刻文字以标志边界"的观点。
除此之外，石碑文字最初以"照此议定，用满文、俄罗斯文、拉丁文镌刻之于石。置于两国交界之处，永为标记。"（中国第一历史档案馆编《清代中俄关系档案史料选编》第1编，上册，第123～124页，索额图会同俄使格洛文勘定边界本，康熙二十八年七月二十七日）来看，最初大清国方面的提议只有满文、俄文、拉丁文三种文字，后来康熙二十九年三月初三日的理藩院咨文内成为五种文字。这说明后来镌刻文中有所增加。但是，这些审议过程具体如何，目前还看不到进一步证实这些问题的档案，有待今后继续查考。
此外，郎谈传俄文译注，参看 Русско-китайские отношения в XVII в. Материалы и документы, Том 2. 1686–1691. М. Наука. 1972, Биография Лантаня, pp. 689–701. 利用《八旗通志初集》和《八旗通志》郎谈传资料，按年代顺序进行了详细解说。其中也将石牌译为"каменную стелус"（石碑），交界牌译为"стелы о пограничном размежевании"（即划分边界石碑）。

以断言,当时因缺乏石材和外在的喀尔喀蒙古问题的困扰,康熙二十九年到三十年确实未能立碑。①

此外,康熙四十九年也调查过石碑的所在。《黑龙江档》康熙四十九年一月初七日领催阿尔都哈(alduha)送来文书的记载了查问石碑的具体位置:

> (上略)同俄罗斯定界设立之石碑,在何处?在齐齐哈尔之何方?几里之外,将此查清送来。②

同年十一月十二日,笔帖式散珠送来的文书进一步记载了查清石碑,绘图增补送来的内容:

> (上略)据说,在格尔必齐河之河源,有与俄罗斯分界设立之石碑。此石碑在齐齐哈尔城之何方,几里之外?格尔必齐河之哪一方的岸边?查清绘图增补送来(下略)③

---

① 参加尼布楚条约的大清国方面代表人物的汉文传记资料多记载"立碑"为事实。譬如:索额图传记资料也记载有关立碑的问题,譬如:《吉林通志》卷90,索额图传载:(上略)二十五年授领侍卫内大臣,时俄罗斯屡犯边境,侵据雅克萨地筑城,我兵攻之,其察罕请释围,诏许退兵,令别遣使来议地界。二十八年使至尼布楚,命索额图等往议,<u>定立碑示久远</u>。此外,《吉林通志》卷92,郎坦传载:二十九年,奉命偕副都统诏三,<u>往额尔古纳河口立交界牌</u>,道出默尔根城,越兴安岭,见俄罗斯屋十数,筑有田禾,呼其酋长巴什里问故,对去岁尼布楚城长有印文,令我等归,我等力不能移,故冒禁暂留此地,少种田禾,乞大人怜我,因使毁其屋,给资并允刈禾载归,遂逾岭去,<u>至额尔古纳立牌河口石壁上</u>,镌满、汉、俄罗斯、蒙古、里的诸五种字而还。圣祖于斯讦谟至深远矣。明确记载郎坦所设为"立牌",而非"立碑"。
② 《康熙四十九年正月黑龙江副都统、墨尔根城协领、索伦总管、驿站官等咨文抄档》一月初七日领催阿尔都哈(alduha)送来文书(《黑龙江档》16-24)。原文如下:oros i emgi jecen be faksalame ilibuha wehe bei ai gebungge bade // bisire, cicigar hoton i ya ergide bisire, udu ba i dubede bisire be inu / getukeleme baicafi benjikini。
③ 《康熙四十九年正月吏、兵部、理藩院、盛京兵部咨文抄档》十一月十二日,笔帖式散珠送来之文(《黑龙江档》16-22)。对应的满文如下:gerbici bira i sekiyen de oros i emgi jecen be faksalame ilibuha / wehe i bei bi sehebi, ere wehe bei cicigar hoton i ya ergi udu ba i / dubede bisire, gerbici bira ya ergi dalin de bisire be getukeleme / baicafi nirugan de nonggime nirufi benjiki。除此之外,同一内容的档案,还可以看看《康熙四十九年正月奉天、宁古塔将军、伯都纳副都统、土谢图亲王、扎萨克图郡王、扎赉特、杜尔伯特等咨文抄档》九月初二日笔帖式王四达送文(《黑龙江档》16-25)。

这份档案说明据说石碑在<u>格尔必齐河之河源</u>，并不是在河口。但石碑是否确切存在，此时还无从所知。康熙四十九年调查过格尔必齐河源与俄罗斯分界设立的石碑，并且绘图送来。说明界碑图是在这个时期绘制而成。同年十一月十二日的奏文内报告具体石碑所在的位置：

> 格尔必齐河在（齐齐哈尔）城北二千五百里之外，源出西北兴安东南流，汇入黑龙江。与俄罗斯分界设立之石碑，在城西北二千五百里之外，位于格尔必齐河河口之东岸。①

如若上述档案可信，那么我们可以推出，康熙四十九年曾经专门调查报告石碑的所在位置是：齐齐哈尔城西北二千五百里之外，位于格尔必齐河河口之东岸。康熙四十九年七月恰好绘制《皇舆全览图》的黑龙江测绘人马抵达齐齐哈尔，这个时候有一位知道设立石碑之处的布特哈阿拉尔阿巴布恩克托牛录的向导佟衮尼，被派到墨尔根等候陶藩齐等人的到来。② 有关向导佟衮尼，同样是康熙四十九年有满文档案记载：

---

① 《康熙四十九年正月吏、兵部、理藩院、盛京兵部咨文抄档》十一月十二日，笔帖式散珠送来之文书（《黑龙江档》16-22）。满文具体如下：gerbici bira hoton i amargi ergi juwe minggan sunja tanggū ba i/dubede bi, sekiyen wargi amargi hinggan ci tucifi dergi julergi baru eyeme //sahaliyan ula de dosikabi, oros i emgi jecen be faksalame ilibuha/wehe bei hoton i wargi amargi juwe minggan sunja tanggū ba i dubede bi,/gerbici birai anggai dergi dalin de bi. 松浦茂也指出"另一方面，有关国境碑，郎谈地图（即《吉林九河图》）上没有任何记载，但是康熙四十九年当时，石碑确实是在格尔必齐河河口东岸存在"。松浦茂利用的也是《黑龙江档》（第291册）康熙四十九年十一月十二日的资料。但是没有将前后文译出。参看松浦茂《清朝のアムール政策と少数民族》，第30页及第38~39页注解（55）、（64）。
② 《自康熙四十九年正月始咨行黑龙江副都统、墨尔根城协领、索伦总管、驿站官抄档》（《黑龙江档》16-24）闰七月二十一日齐兰宝送去之文。将军衙门咨文布特哈总管萨音齐克都拉图。为绘制地图前来的护军参领陶藩齐等于闰七月二十五日抵达齐齐哈尔，（二十）六、（二十）七日前往黑龙江地方，收到咨文后，随即派出知道设立石碑之处（wehe i bei ilibuha babe）之布特哈阿拉尔阿巴之布恩克托（bongkoto）牛录噶扎尔齐（蒙古语，即向导）佟衮尼到墨尔根，等候陶藩齐等人，不得耽误。为此咨文。有关这一点松浦茂在"ネルチンスク条约直後清朝のアムール川左岸调查"（《史林》第80卷第5号，1997年，第102页，后收入《清朝のアムール政策と少数民族》（京都大学学術出版会，2006，第31页）中已经指出。

> 黑龙江副都统陈泰咨文将军、副都统等。将军、副都统咨文内称：今年为编入一统志送来的舆图内山、河、峰、湖之外，现在兵部咨行内阁之文内称，查得大舆图（中略），又，格尔必齐河源流与俄罗斯一同分界设立之石碑，在格尔必齐河之何方之岸边，这里没有人知道此事。前去设立这个石碑之际，从京城来的 nisiha aman gung 一同与布特哈阿拉尔阿巴苑副尼尔珠岱（nuljudai）属下佟衮尼（tonggu-nei）去过。有关此事佟衮尼知道。为此咨行。九月初九日。①

这位布特哈佟衮尼，其实在康熙二十八年曾亲自到过格尔必齐河河源地带。据康熙二十九年正月二十八日寄给理藩院员外郎达赖的满文文书中如此写道：

> 去年跟随官兵，知道格尔必齐河口到源流的索伦奇沃喇（kiora）、佟衮尼（tungguni）等告称：□路周边骑行，自格尔必齐河口至源流需行十余日，有些地方没有马匹可以食用的牧草，除此之外，因均为峰峦叠石，步行骑行均不能行走。等语。②（□表示原文残缺处）

实际上索伦奇沃喇、佟衮尼前往查勘格尔必齐河口到源流的康熙二十八年，比与前引郎谈于康熙二十九年五月二十一日到达额尔古纳河设立界牌的年代，还要早。这个时间界碑还没有能够"设立"。所以，佟衮尼并不知道界碑设立在哪里的问题。但到了康熙四十九年，满文档案中就开始记述佟衮尼曾在设立界碑之际，去过那格尔必齐河，以此为由开始调查佟衮尼知道界碑的问题。③ 经过各种满文文书的详细对比分析，发现所谓的界

---

① 《黑龙江档》16-23《自康熙四十九年正月始黑龙江副都统衙门、墨尔根城协领、索伦总管、驿站官等处来文抄档》九月十二日笔帖式王四达（wang sy da）送来文书。
② 《康熙二十九年元月户、礼、工、理藩院、盛京户部、工部等衙门行文抄档》（《黑龙江档》2-4）正月二十八日寄给理藩院员外郎达赖文书。
③ 松浦茂认为知道碑的所在地的证人只有阿拉尔阿巴索伦佟衮尼一人。这实际上是误解了满文文书内容，佟衮尼于康熙二十八年前往格尔必齐河口到源流，此时，并没有设立界碑。参看松浦茂在"ネルチンスク条约直後清朝のアムール川左岸调查"（《史林》第80卷第5号，1997，第102页，后收入《清朝のアムール政策と少数民族》（京都大学学术出版会，2006，第31页））。

碑调查等资料，在记载以及史料的细节上，都有各种各样的差异和矛盾。这些也正好反映了界碑实际上没有设立的一个事实。

我们在后来的满文档案中发现，乾隆十八年（1753）曾经兵分水、陆三路巡察额尔古纳河口以及设立定界碣石（eldengge wehe）的格尔必齐河口等处：

> 为谨遵上谕，奏报巡边事。乾隆十八年，齐齐哈尔城协领西林太带领官兵，自墨里勒肯河口到额尔古纳河源呼伦湖为止。墨尔根城协领波木伯护带领官兵，自墨里勒肯河口到额尔古纳为止。署理黑龙江协领纳尔泰带领官兵，自黑龙江沿水路到额尔古纳河口，至设立定界碣石（hešen toktobuha eldengge wehe）格尔必齐河口为止。派出水、陆路三路巡察定界之处（后略）。①

这说明乾隆十八年派人巡边到格尔必齐河口定界碣石处，但没有说明是否看到定界碣石。当然，这和最初议论设立国界碑是否属于同一界碑，还需要进一步探讨。事实上到了乾隆时代，界碑还是没有能够找到。② 有关康熙四十九年之前的界碑存在的问题，笔者对此持有疑问。因为，界碑到了后来的乾隆时代亦一直未能找到。乾隆三十年八月二十二日，富僧阿等人

---

① 《乾隆十九年元月至六月兵部、都统衙门、盛京兵部来文档》（《黑龙江档》50-22）。dergi hese be gingguleme dahafi, hešen giyarime baicaha be boolara jalin, abkai wehiyehe i jakūci aniya cicigar hoton i gūsai da/sirentai de hafan cooha adabufi, merilke birai angga ci/ergune i sekiyen hulun omo de isibume, mergen hoton i/gūsai da bombohū de hafan cooha adabufi, merilke angga ci/ergune bira de isibume sahaliyan ulai daiselaha gvsai da/narantai de hafan cooha adabufi sahaliyan ula ci mukei jugūn i ergune birai angga de hešen toktobuha, eldengge wehe/ilibuha（后略）。

② 有关这些问题参看承志《ダイチン·グルンとその時代——帝国の形成と八旗社会》（大清国及其时代——帝国形成与八旗社会）名古屋大学出版会，2009，第154~196页；以及后来增补译写的承志（2011）《尼布楚条约界碑图的幻影——满文〈黑龙江流域图〉研究》，《故宫学术季刊》第29卷第1期（秋季号），第147~236页（后收入乌云毕力格主编《满文档案与清代边疆和民族研究》，社会科学文献出版社，2013，第378~488页）。

具体视察了石碑,但是,最终并没有能够找到碑石。① 所以,我们通过康熙年间搜寻设立石碑的石材,最终未能找到适合制作石碑的材料等满文档案来看,当时就没有能够按照尼布楚条约的规定设立石碑。

思考石碑未能设立,且一直记载石碑在格尔必齐河东岸的问题,我们通过乾隆三十年的满文档案可以知道,自从康熙二十九年查勘格尔必齐河、精奇哩江、西里穆迪河、钮曼(牛满)一次之后,一直到乾隆三十年为止,实地查勘。

(上略)自索博尔罕和硕至流入黑龙江的额尔古纳河口,沿河岸边均为山峰险峻,密林丛生,无法骑马行走,是故似可剔除呼伦贝尔处俄罗斯鼐玛尔偷越边界行走之事。至额尔古纳河口,渡过黑龙江北岸,即到黑龙江城之属地,看黑龙江城一方与俄罗斯交界地,北部尽是石头的大兴堪群山(山梁)(即大兴安岭)流出之格尔必齐河,南流汇入黑龙江。格尔必齐河东岸均为我等土地。西岸为俄罗斯之地。沿着格尔必齐源流之北,大兴堪群山至东海山阳之山河,均为我等地方。俄罗斯鼐玛尔不能从格尔必齐河东岸自陆路骑行直通黑龙江城,

---

① 《俄藏黑龙江将军衙门抄档》乾隆三十年八月二十二日,满文,册档无题名,此名由笔者拟定。俄罗斯圣彼得堡东方学研究所藏。将这一满文档翻译后,编入实录的部分,参看《大清高宗实录》卷743,乾隆三十年八月癸亥:"黑龙江将军富僧阿等奏:据往探格尔毕齐河源之副都统瑚尔起禀称:自黑龙江至格尔毕齐河口,计水程一千六百九十七里。自河口行陆路二百四十七里,至兴堪山。其间并无人烟踪迹。又,往探精奇哩江源之协领纳林布称,自黑龙江入精奇哩江,北行至托克河口,计水程一千五百八十七里。自河口行陆路二百四十里,至兴堪山。其地苦寒,无水草禽兽。又,往探西里木第河源之协领伟保称,自黑龙江经精奇哩江,入西里木第河口,复过英肯河,计水程一千三百五里。自英肯河行陆路一百八十里,至兴堪山,地亦苦寒,无水草禽兽。又,往探钮曼河源之协领阿迪木保称,自黑龙江入钮曼河,复经西里木第河入乌默勒河口,计水程一千六百十五里。自河口行陆路四百五十六里,至兴堪山,各处俱无俄罗斯偷越。等语。查呼伦贝尔与俄罗斯接壤之额尔古讷河西岸,系俄罗斯地界,东岸俱我国地界,处处设有卡座,直至珠尔特地方。现复自珠尔特至莫哩勒克河口,添设二卡。于索博尔罕添立鄂博,逐月巡查。俄罗斯鼐玛尔断难偷越。其黑龙江城与俄罗斯接壤处,有兴堪山绵亘至海,亦断难乘马偷越。<u>嗣自康熙二十九与俄罗斯定界,查勘各河源历从未往查。</u>嗣后请饬打牲总管,每年派章京、骁骑校、兵丁,六月由水路与捕貂人,同至托克、英肯两河口及鄂勒希、西里木第两河间遍查,回报总管,转报将军三年,派副总管、佐领、骁骑校于冰解后,由水路至河源、兴堪山巡查一次,回时呈报。其黑龙江官兵,每年巡查格尔毕齐河口,照此三年亦至河源、兴堪山巡查一次,年终报部,得旨:如所议行。"

交界之尽是大石头的大兴堪群山（山梁）亦无法骑行逾越。唯与俄罗斯使者会同定界之后，康熙二十九年京城大臣前来，查勘格尔必齐河、精奇哩江、西里穆迪河、钮曼（牛满）等四河河源一次之后，至今黑龙江官兵从未前去查勘过。因地方之官兵，不得不知当地边界（下略）①。

这说明因中俄两国边界地区山势陡峭，密林丛生，无法骑马查勘。那么，我们就可以了解到康熙二十九年以后未能设立界碑，其后，文书以及各种汉籍史书、方志舆图等资料记录的界碑，归根结底都是通过以尼布楚条约文本内容，辗转传抄的结果。而这些具体记载如何设立石碑以及是否找到石材等详细过程的满文档案，一直被束之高阁，无人翻阅解读。以讹传讹，此后，界碑一直被其他汉籍史料多方引用，且绘入各种舆图资料当中，后来不明真相的、未曾翻阅满文档案的知识界，崇信"界碑"实物的心理，我们也就可以理解了。

汉文资料中一直有"界碑"记载，且被不同史料引用刊载的问题，特列表如下，以备学界参考。

汉籍资料中的"分界石碑"记载

文献名称	成书时间	界碑记载内容	备考
《大清一统志》卷36，黑龙江	乾隆九年（1744）	《大清一统志》（乾隆九年）卷36，黑龙江载：二十八年，遣大臣于格尔必齐河旁立石为界，于是索伦、打虎尔仍居旧地，咸安业焉。 《大清一统志》（乾隆九年）卷36，黑龙江载：大格尔必齐河〔在黑龙江城西北一千七百九十里，源出西北兴安岭东流入黑龙江，分界石碑在河之东。（中略）又格尔必齐河，在城西北一千六百九十里。〕 《大清一统志》（乾隆九年）卷36，黑龙江载：分界石碑〔在齐齐哈尔城西北二千五百里，黑龙江西北一千七百九十里，格尔必齐河口东岸①。本朝康熙二十八年十二月丙子遣大臣与鄂罗斯议定边界，立石以垂久远，勒满、汉字及鄂罗斯、喇弟讷、蒙古字于上其文曰：大清国遣大臣与鄂罗斯国议定边界之碑（下略）〕。	分界石碑在大格尔必齐河之东。

---

① 《俄藏黑龙江档》，乾隆三十年八月二十二日。部分人名、地名汉字采用了《大清高宗实录》卷743，乾隆三十年八月癸亥条记载的相关汉字。内容参看上注。

续表

文献名称	成书时间	界碑记载内容	备考
《大清一统志》卷48，黑龙江	乾隆二十九年（1764）	《大清一统志》（乾隆二十九年）卷48，黑龙江载：〔又吉尔巴齐河，在城西北一千六百九十里。〕 《大清一统志》（乾隆二十九年）卷48，黑龙江载：安巴吉尔巴齐河〔在黑龙江城西北千七百九十里，源出兴安岭东流入黑龙江。〕 《大清一统志》（乾隆二十九年）卷48，黑龙江载：石碑〔在齐齐哈尔城西北二千五百里，黑龙江城西北一千七百九十里，吉尔巴齐河口东岸②。本朝康熙二十八年十二月丙子遣大臣与俄罗斯议定边界之碑（下略）。	石碑在安巴吉尔巴齐河东岸。即大格尔必齐河东岸。
《大清一统志》卷71，黑龙江	嘉庆二十五年（1820）	《大清一统志》（嘉庆）卷71，黑龙江载：又安巴吉尔齐河，在城西北一千六百七十里。 《大清一统志》（嘉庆重修）卷71，黑龙江载：吉尔巴齐河〔在黑龙江城西北一千七百三十里，源出西北兴安岭南流入黑龙江，分界石碑在河之东。〕 《大清一统志》（嘉庆重修）卷71，黑龙江，关隘载：分界石碑〔在齐齐哈尔城西北二千五百里，黑龙江城西北一千七百三十里。吉尔巴齐河口东岸。本朝康熙二十八年，遣大臣与俄罗斯议定边界立石以垂久远，勒满汉字及俄罗斯、拉梯诺、蒙古字于上，每年四五月间由将军派官兵，分水陆三路于所定疆界处巡查（后略）〕。	分界石碑在吉尔必齐河之东。
方式济著《龙沙纪略》	康熙五十二至五十六年（1713－1717）	墨尔根河，名镇，城依河西，在卜魁东北四百二十里，距六站。（中略）自镇城西北千一百里，为雅克萨城旧址在此，而西又千余里，今边界立有界碑。 （上略）按舆表：黑龙江将军境（中略）俄罗斯自西北袤延至正北，为地甚广。今界碑在西北昂班格里必齐河之东，而北有山为限。 （上略）康熙二十八年，图雅克萨城攻之急，彼遣使间道诣阙，吁请命解围。听其去，而雅克萨城废，西距千余里，立界石，艾浑遂永为重镇。 黑龙江源（中略）又东北八百里，受众流为黑龙江，北会泥朴处河，经泥朴处城东又三百余里，北流至昂班格里必齐河界碑，入我境。 （上略）其自界碑横而东也，河之由西北而南入江者九：曰阿集格格里必齐，曰卓尔克奇，曰昂班格里必齐，曰俄罗，曰倭尔多昆，曰乌苏里，曰博伦穆达，曰额尔格，曰必勒罩也。	界碑在昂班格里必齐河之东。但又记"其自界碑横而东也"，河之由西北而南入江者九：曰阿集格格里必齐"，也可以理解界碑在阿集格格里必齐河附近。

续表

文献名称	成书时间	界碑记载内容	备考
《水道提纲》卷24，黑龙江	乾隆二十六年（1761）	（上略）自此一下曰黑龙江，折而东流，曲曲稍北二百数十里，有泥扑处河，自西北大山东南流七百余里，合五水来会〔此水源在西二度六分极四十六度九分〕。又东入内地黑龙江界。经泥扑处城南〔即尼布楚城在中度稍偏西二分极高四十六度八分〕。又东南流数十里，折向东北二百里，折而东稍北二百余里，<u>经界碑南，即与鄂罗斯国分界处也</u>。有昂巴奇里比其河，自西北山合四水东南流来会〔界碑中偏一度四分极高四十七度四分〕。自界碑前东南百里许，折向东北二百数十里，有卓罗克其河，自西北大山合六水东南流五百里来注之。又东北二百余里，而克鲁伦河西南自枯伦鄂模东北流为额尔古纳河来会，水势益盛〔会处在界碑东北五百余里，东四度正极高五十二度七分自源至此，已数千里〕。	界碑在昂巴奇里比其河。
《大清一统舆图》	同治二年（1863）刊	界碑　额尔登额倭赫（格尔必齐河东岸） 界碑　额尔登额倭赫（额尔古纳河西岸）	绘有两个界碑。一为尼布楚城以东，格尔必齐河东岸，绘有碑形，并注明满文汉字音和写。

① 此处格尔必齐河应为大格尔必齐河。
② 此处吉尔巴齐河应为安巴吉尔巴齐河，即大格尔必齐河。

　　《大清一统志》（乾隆九年）（乾隆二十九年）两种版本记载的界碑位置基本相同，均记为大格尔必齐河东岸，同时两种版本也把大格尔必齐河误记为"格尔必齐河"。而嘉庆《大清一统志》明显受《黑龙江流域图》格尔必齐河东岸绘有界碑与康熙四十九年为编纂《大清一统志》黑龙江将军提供的最新的资料有关。

　　我们看一下《龙沙纪略》的记载，就知道其中自有矛盾，先说"雅克萨城西千有余里，今边界立有界碑"。又作"雅克萨城废，西距千余里，立界石"。说明当时以为雅克萨城以西千余里设有界碑或界石。具体位置记为"今界碑在西北昂班格里必齐河之东"和"北流至昂班格里必齐河界碑"，可以说界碑在昂班格里必齐河，即大格尔必齐河之东。但是，又记"其自界碑横而东也，河之由西北而南入江者九：曰阿集格格里必齐，曰卓尔克奇，曰昂班格里必齐（下略）"来看，界碑在阿集格格里必齐河，而不在昂班格里必齐河。显然,《龙沙纪略》的记载的阿集格格里必齐河,即格尔必齐河①。而到了《大清一统舆图》(同治二年(1863))就分别在格尔必齐河东岸和额尔古纳河西岸出现了两个界碑。这些记载显然我们通过满文档案的记载来看,实际上是并不存在的界碑。

雍正年间,为了编纂《大清一统志》,宁古塔将军衙门报来相关资料,其中有记载尼布楚条约会议谈判的问题,记载了大清国想要拿回格尔必齐河以东,至东部海边兔乎鲁河为止的广大土地。据《雍正十二年行文档》记载:

> 康熙二十八年,遣水陆两路逼近俄罗斯尼布楚城,俄罗斯国乞求派遣大使卓阔尔尼采尼纳米耶斯提尼格古喀彦斯科费耀多罗额里克谢耶维奇霍罗文(戈洛文)一同会议,视我等欲取之格尔必齐河以东,东海兔乎鲁河为止,开拓取得东西七千余里,南北几千里(土地)。②

这正好反映了雍正朝朝中官员理解尼布楚条约为开拓取得大片土地的一个解释,这种说法也许更接近康熙帝的初衷。

签订尼布楚条约之后,黑龙江中俄边界地区,经常发生越界打猎以及逃走事件。康熙三十三年有资料记载:

> 理藩院题黑龙江将军萨布素请缉拿鄂罗斯打貂皮人。上曰:我国边界甚远,向目欲往观其地,曾差都统大臣侍卫等官,皆不能遍到,地与东海最近,所差大臣于六月二十四日至,彼言仍有冰霜。其山无草,止生青苔,彼处有一种鹿最多,不食草,唯食青苔。彼处男女睡,则以木撑颔等语。我国边地,我国之人尚不能至,况边界相接鄂罗斯国一二窃来打貂皮者,亦不能无,因此遽为缉拿,彼则惧死,必致相斗。若相斗,我国之人岂肯轻释,可差司官一员,到将军萨布素处,令其明白写书与鄂罗斯国,言彼国之人窃来我边地打貂皮,我国

---

① 松浦茂《ネルチンスク条約直後清朝のアムール川左岸調査》(《史林》第80卷第5号,1997,第102页,后收入《清朝のアムール政策と少数民族》(京都大学学術出版会,2006,第31頁)中具体指出这一记载矛盾的问题。
② 《雍正十二年行文档》(《宁古塔档》2-9),满文。

差人缉拿，若缉拿之时，惧而与我相敌，我国断不肯安静。①

说明实际上在遥远的边界地区，中俄两国很难能够控制越界偷猎人员，这样的问题一直持续到清末。尼布楚条约签订之后，众多的俄国大商队陆续前来北京进行贸易。康熙二十九年带着戈洛文亲笔书信的商团带来60辆车的毛皮来到北京，三十年，90名商人带着随从40人的商团，三十一年，150人的商团陆续抵达北京。另外，三十二年，俄罗斯派遣调查中国市场的荷兰人伊迪丝使团抵达北京。其后一直到三十六年，每年都派遣俄罗斯大商团前来贸易。俄罗斯大批商人手持西伯利亚厅发给的贸易许可书，经尼布楚、齐齐哈尔来到北京，花费三年时间再返回莫斯科。俄罗斯带来的大批皮毛货物，换取了大量的中国丝织品。如此尼布楚城逐渐成为与北京进行贸易的一个重要的中继站，大量的欧洲以及俄罗斯毛皮开始进入中国市场。②

中俄两国之间设立界碑的问题，也逐渐从人们的视野中隐去，封尘埋没在各类古地图以及档案文献之中③，给后人留下了许多猜测与误解，这些误解的历史也逐渐成为历史的一部分。

(作者单位：日本追手门学院大学)

---

① 《清代起居注册　康熙朝》（国立故宫博物院藏）康熙三十三年五月十三日，第五册，第2547~2549页。
② 有关俄罗斯与中国貂皮贸易方面的研究参看森永貴子《ロシアの拡大と毛皮交易：16~19世紀シベリア・北太平洋の商人世界》，彩流社，2008，第55~56頁。
③ 乾隆五十七年的时候，乾隆帝都不知道雅克萨与尼布楚二城是否属黑龙江管辖，曾令黑龙江将军明亮调查文书资料。相关满文内容参看韩晓梅《乾隆朝满文档案中的雅克萨与尼布楚》，《满语研究》2014年第1期（总第58期），第15~19页。

《武备志》版本流传考

乔 娜

摘 要：《武备志》是明末茅元仪所辑综合性军事著作，在我国军事文化发展史上占有重要地位。天启元年，茅氏自刻成书，其侄茅尚望在明末重订有崇祯抄本。清代，随着刻书业的发达，《武备志》先后出现过清初刻本、日本宽文刻本、清道光木活字本（三种）等多种版本，不仅在国内流传较广，还远传海外多个国家。本文对《武备志》现存各种版本做了较为详细的考订，进而比较了各版本的具体特征及其文字差异，并考察了其后世流传情况。

关键词：茅元仪 《武备志》 版本 流传

《武备志》，明末茅元仪辑，成书于万历四十七年（1619），刻成于天启元年（1621）。清代，《武备志》在流传过程中，形成了多种版本，在国内流布较广，并传到一些海外国家。该书共240卷，分为"兵诀评""战略考""阵练制""军资乘""占度载"五部分，内容宏富，类目详尽，融历代兵书精华与明代兵学成就于一书，是一部中国古代大型军事类书。

自20世纪后半叶起，即有学者陆续关注《武备志》的研究。其中许保林最早对《武备志》的版本进行了较为全面的考察，论述了《武备志》的六个版本：明刻明印本（明天启刻本）、明刻清修版重印本（莲溪草堂印本）、清初刻本（清代据明本覆刻本）、日本宽文四年刊本（据明本重刻，个别文字刻错）、清道光年间木活字本（两种印本）以及清末湖南刻本（以日本宽文四年刻本为底本覆刻）[①]。但是他对各个具体版本的介绍较

---

① 许保林：《〈武备志〉版本考略》，《兵家史苑》第一辑，军事科学出版社，1988，第89~97页。

为简单，对一些细节问题未做深入研究，如其提到的所谓"清末湖南刻本"实为日本宽文刻本的后印本，此本并没有重新刻板。潘铭燊将《武备志》版本总结为三大系统六个版本，即天启原刻系统（天启原刻本、莲溪草堂印本）、日本宽文本系统（日本宽文刻本、清末湖南刻本）和清初刻本系统（清初刻本、道光木活字本）[①]。其文虽然简化了六大版本的分类，但没有进行更为细致的考证。实际上《武备志》只有一种祖本，分为三大系统并不能很好地反映出其版本的种类特征。王丽华叙述了《武备志》清初覆刻本、莲溪草堂重印本、清道光活字本和清末湖南刻本的具体特征[②]，但局限在前人的研究框架内，缺乏新的发现。

近年来，随着《武备志》研究的逐渐深入，《武备志》的特征和价值得到了更多的关注和分析。笔者认为，其版本和流传情况也有进一步进行探讨的必要，故拟在前人研究的基础上，对《武备志》各个版本的特征加以发掘和补充，并考察其在后世的流传情况。

一 《武备志》版本概况

《武备志》初刻于明天启元年，此后又有崇祯抄本、清初刻本、日本宽文四年（1664）刻本，以及清道光间排印的三种木活字本。其中天启元年所刻书版传至后世，又有莲溪草堂后印本；清初刻版又有清末修补后印本；日本宽文四年刻版传世较长，先后出现宽政四年山口又一郎后印本、河内屋太助后印本、河内屋喜兵卫后印本、秋田屋太右卫门后印本等，其书版传至中国后，又有清末修版后印本。这些版本都是以天启元年刻本为祖本，保持着相同的行款，有些版本存在违碍挖缺和避讳情况。现分别略述之。

天启元年刻本

天启元年刻本是《武备志》最早的版本。此本卷首有天启元年李维桢、顾起元、张师绎、郎文焕、宋献和傅汝舟六人的序文和茅元仪自序；

[①] 潘铭燊：《美国国会图书馆所藏〈武备志〉在郑和研究上的价值》，美国纪念郑和下西洋六百周年庆祝活动联合筹备委员会供稿，2004年11月24日。
[②] 王丽华：《〈武备志〉四种清版述略》，《图书馆理论与实践》2007年第4期。

正文每半叶9行每行19字，白口，无鱼尾，四周单边；首页版心刻"秣陵章弼写高梁刻"，可知写样者为章弼，刻工为高梁。

清代出现了莲溪草堂印本，其行款版式与天启元年刻本相同。经对比鉴定，此本应为天启元年刻本的修补后印本，其与初印本差异不大，除字体略显模糊外，仅在内封补镌牌记"莲溪草堂藏板"，卷首只有自序，又将原版自序中"东胡"二字挖去。

崇祯抄本

此抄本卷首有崇祯末年茅尚望的《重订〈武备志〉序》，没有他序，也无茅元仪自序；序文每半叶5行每行10字，正文每半叶9行每行19字；全书无界行，无栏线。此抄本共42册，以楷体书写，字迹工整，批点、插图俱全，内容与天启元年刻本没有区别。

清初刻本

清初刻初印本未见存世，目前可以见到的是清初刻清末修补后印本，卷首仅有自序，并将序中"东胡"改为"干戈"；文字版每半叶9行每行19字，白口，无鱼尾，四周单边间左右双边；多数图版四周双边间上下双边，白口，单黑鱼尾；个别图版为四周单边，白口，无鱼尾；首页版心无刻工姓名。由清初刻清末修补印本中的清初刻版可知，清初刻初印本正文每半叶9行每行19字，无界行，白口，无鱼尾，四周单边。

日本宽文刻本

日本宽文刻本是天启元年刻本的覆刻本，全书有石垒鹈子直的日文片假名训点。原版首次刊于日本宽文四年（康熙三年，1664），后出现宽政四年山口又一郎后印本、河内屋太助后印本、河内屋喜兵卫后印本和秋田屋太右卫门后印本。清末，国内也出现了此套版片的后印本，但在刊印前挖去了日文片假名训点。此刻本及其后印本卷首有天启元年李维桢、顾起元、张师绎、郎文焕、宋献、傅汝舟六人的序言和自序；正文每半叶9行每行19字，无界行，白口，无鱼尾，四周单边；眉批皆有框廓；除个别字刻错之外，与天启元年刻本的内容版式一致。

清道光木活字印本

目前可知清道光间木活字印本共有三种，字体各不相同，本文以A本、B本、C本区别之。这三种版本在卷首皆录有《明史节录》和《茅待诏小传》，前者摘录了《明史》之《孙承宗传》《满桂传》《艺文志》中与茅元仪相关的内容，后者摘自钱谦益《列朝诗集小传》；其后为自序，无其他六人的序文；正文每半叶9行每行19字，小字双行同，无界行，白口，单黑鱼尾。其中A本、B本为四周单边，图版相同；C本为四周双边间上下双边，图版与A、B本不同。

为简明起见，综合各版本的具体特征，列表如下：

表1 《武备志》版本特征表

卷次		明天启元年刻本（国图藏本）	崇祯抄本（武术研究院藏本）	莲溪草堂印本（北大藏本）	清初刻清末修补印本（北大藏本）	日本宽文刻清末后印本（北大藏本）	清道光木活字本A本、B本（北大藏本）	清道光木活字本C本（天图藏本）
序	序文	六篇序文及自序，半叶6行行13字，无界行，白口，无鱼尾，四周单边	仅茅尚望序，半叶5行行10字，无界行，无栏线，无版心，无页码	仅自序，挖去"东胡"，半叶6行行13字，无界行，白口，无鱼尾，四周单边	仅自序，改"东胡"为"干戈"，半叶6行行13字，有界行，白口，单黑鱼尾，四周双边	六篇序文及自序，半叶6行行13字，无界行，白口，单黑鱼尾，四周单边	仅自序，挖去"东胡"，半叶6行行13字，有界行，白口，单黑鱼尾，四周单边	仅自序，改"东胡"为"干戈"，半叶6行行13字，有界行，白口，单黑鱼尾，四周双边
正文	卷1首页版心	秣陵章弼写高梁刻	无抄写者	秣陵章弼写高梁刻	无刻工	秣陵章弼写高梁刻	无刻工	无刻工
	全文	半叶9行行19字，小字双行同，无界行，白口，无鱼尾，四周单边	半叶9行行19字，小字双行同，无界行，无栏线，无版心，无页码	半叶9行行19字，小字双行同，无界行，白口，无鱼尾，四周单边	半叶9行行19字，小字双行同，无界行，白口，文字版四周单边间左右双边，无鱼尾；图版四周双边间上下双边，单黑鱼尾	半叶9行行19字，小字双行同，无界行，白口，无鱼尾，四周单边	半叶9行行19字，小字双行同，无界行，白口，单黑鱼尾，四周单边	半叶9行行19字，小字双行同，无界行，白口，单黑鱼尾，四周双边间上下双边
避讳		"玄"无避讳	"玄"无避讳	"玄"无避讳	图版改"玄"为"元"	"玄"无避讳	改"玄"为"元"	改"玄"为"元"
		"烨"无避讳	"烨"无避讳	"烨"无避讳	图版改"烨"为"煜"	"烨"无避讳	改"烨"为"煜"	改"烨"为"煜"
		"弘"无避讳	"弘"无避讳	"弘"无避讳	图版改"弘"为"宏"	"弘"无避讳	改"弘"为"宏"	改"弘"为"宏"

续表

	卷次	明天启元年刻本（国图藏本）	崇祯抄本（武术研究院藏本）	莲溪草堂印本（北大藏本）	清初刻清末修补印本（北大藏本）	日本宽文刻清末后印本（北大藏本）	清道光木活字本A本、B本（北大藏本）	清道光木活字本C本（天图藏本）
		"曆"无避讳	"曆"无避讳	"曆"无避讳	图版改"曆"为"歷"或"歴"	"曆"无避讳	改"曆"为"歷"或"歴"	改"曆"为"歷"或"歴"
		"琰"无避讳	"琰"无避讳	"琰"无避讳	图版改"琰"为"炎"	"琰"无避讳	改"琰"为"炎"	改"琰"为"炎"
		"宁"无避讳	"宁"无避讳	"宁"无避讳	图版"宁"缺末笔	"宁"无避讳	文字版改"宁"为"寕"；图版"宁"缺末笔	文字版改"宁"为"寕"；图版"宁"缺末笔
违碍挖缺字	卷189	无	无	无	叶5b改"女直"为"建州"	无	叶5b改"女直"为"建州"	叶5b改"女直"为"建州"
	卷204	无	无	无	叶1b夷虏，2b 虏、3a东虏、3b虏、虎喇哈赤	无	叶1b夷虏，2b虏、3a虏、3b虏、哈赤	叶1b夷虏，2b虏、3a虏、3b虏、哈赤
	卷205	无	无	无	叶1b建州毛怜女直，2b夷女直、奴儿干北海、奴儿干、建州毛怜	无	叶1b虏、虏酋、建州毛怜女直，2a虏、虏，2b夷女直、夷、建州毛怜，3a建州各夷、仰逼二奴被戮	叶1b虏、虏酋、建州毛怜女直，2a虏、虏，2b夷女直、夷、建州毛怜，3a建州各夷、仰逼二奴被戮
	卷210	无	无	无	叶2a女直	无	叶2a女直	叶2a女直
	卷218	无	无	无	叶13a女直、15a虏		叶13a女直、14b虏、15a虏	叶13a女直、14b虏、15a虏
	卷223	无	无	无	叶1b女直，2a女直，2b女直奴酋、歼夷，3b女直考、6b女直即奴儿干夷人、7b奴儿干	无	叶1b女直，2a女直、奴，2b女直奴酋、歼夷，3b女直、6b女直即奴儿干夷人、7b奴儿干	叶1b女直，2a女直、奴，2b女直奴酋、歼夷，3b女直、6b女直即奴儿干夷人、7b奴儿干

续表

卷次	明天启元年刻本（国图藏本）	崇祯抄本（武术研究院藏本）	莲溪草堂印本（北大藏本）	清初刻清末修补印本（北大藏本）	日本宽文刻清末后印本（北大藏本）	清道光木活字本A本、B本（北大藏本）	清道光木活字本C本（天图藏本）
卷224	无	无	无	叶15a女直,23a女直,32b女直	无	叶15a女直,23a女直,32b女直	叶15a女直,23a女直,32b女直
卷227	无	无	无	叶1a女直,5b女直、主儿赤	无	叶1a女直	叶1a女直
卷228	无	无	无	抽去叶1~10	无	抽去叶1~10	抽去叶1~10
卷239	无	无	无	无	无	叶2a房、房,叶3b①、4a建州,5b房、13a奴酋、13b房、房,14a奴、14b房、15a女直,15b女直	叶2a房、房,叶3b②、4a建州,5b房、13a奴酋,13b房、房,14a奴、14b房,15a女直,15b女直
牌记 卷首/卷末	无	无	莲溪草堂藏板	无	"宽文四年甲辰凉月洛阳隐士石垒鹈子直训点"及发行书肆名单	无	无

① 叶3b缺文：正统四年，建州夷酋凡察童仓逋居朝鲜界上，别酋李满住以为言，诏问絅，亡何。凡察归建州，絅表言凡察以穷归臣，臣遇之善，卵翼而遂飞，必索之。凡察复言絅羁留其私属，请檄还，不则随以兵。诏两解之，且慰藉絅。国家以王为东藩，如恒，王第善自备，毋与较。
② 缺文同上。

二 《武备志》版本差异

在前人研究的基础上，笔者对国内现存《武备志》各个版本的具体特征进行了详细考察，发现其不同版本以及不同印本之间尚存在着细微差别，还有几个问题值得进一步讨论，兹申说如次。

（一）天启元年刻本与莲溪草堂印本

《武备志》天启元年刻本尚有多套存世，但各地藏本的具体情况略异。中科院文献情报中心藏本缺少郎文焕序言，只有五篇序言，且序文中的违碍内容被挖缺；中国国家图书馆藏本有少量缺页，正文部分有后人手写标注的日本片假名训点；首都图书馆藏本只有李维桢和顾起元的序，缺自序；浙江图书馆藏本缺少"兵诀评"前两叶；上海图书馆藏天启元年刻本为残本，存30册，卷首仅有宋献序、李维桢序和茅元仪自序。现将中科院藏《武备志》天启元年刻本的挖改情况列表如下：

表2 中科院藏《武备志》明天启元年刻本挖缺情况表

目录	缺文句	缺文
李维桢序	□□陷抚顺；可入□骑者；□□其心既二	奴酋、虏、奴酋
张师绎序	诚意退□而口诵《孝经》；□运不长	虏、奴
宋献序	二女同居，此两□之势也	虏
自序	故东□一日起	胡
女直考	《女直考》叙说	前十叶

清代，出现了因牌记"莲溪草堂藏板"而得名的《武备志》"莲溪草堂印本"。此套印本实际上是天启元年刻本的后印本，没有避清代皇帝之讳，对"女直""奴儿干"等违碍内容大多没有删改。与天启刻本的不同之处是此本在内封补镌了牌记"莲溪草堂藏板"，卷首没有六个人的序文，只有自序，并将自序中"东胡"二字挖去。

查阅《清人室名别称字号索引》①，室名为莲溪草堂的人是汪元文，以往学者皆写为"汪允文"，应误。目前仅知此印本的藏板来自莲溪草堂，尚无更多资料佐证是由汪元文刊印而成。据李格《杭州府志》记载，"《莲溪草堂集》，举人钱塘汪元文乾茗撰"②，可知汪元文是钱塘人，字乾茗，著有《莲溪草堂集》。嵇曾筠《浙江通志》记载他为康熙五十六年丁酉科

---

① 杨廷福、杨同甫：《清人室名别称字号索引（上）》，上海古籍出版社，2001，第646页。
② 李格：《杭州府志》卷91，《艺文6》，《中国方志丛书》，台北成文出版社，1974，第1777页。

顺天中式举人①。延丰《重修两浙盐法志》② 在《商籍》卷的举人名单中录有汪元文，可知他为商人子弟，其家族或许有财力购买《武备志》刻版进行收藏和刊印。

（二）崇祯抄本

国家体育总局武术研究院藏有一套《武备志》抄本，卷首有茅尚望作于崇祯末年的《重订〈武备志〉序》③。此抄本保存完好，字迹清晰美观。由序文"劖镂板藏于家，庚辰七月之痛，继遭大丧，遗籍胥失，板亦散佚不存。余惧曾大父以来百年劻勷，一朝飘于冷风，为当世羞。更为补订，割百亩以全我璧"④ 可知，崇祯十三年庚辰（1640），茅元仪过世；十七年甲申（1644）三月，崇祯帝殉国。经历这些变故之后，茅氏家中遗留的《武备志》书稿全部丢失，所藏雕板也散佚不存。为此，茅元仪侄子茅尚望组织了《武备志》的补订工作。序中称赞此书"其为类例，当跻六艺、诸子之右"⑤，可见对《武备志》的价值颇为推崇。

据序文落款"崇祯甲申嘉平月吴兴茅尚望子甫顿首敬述"推断，此序作于崇祯十七年十二月，但目前尚不能判断武术研究院这套藏本的具体抄写年代。另外，"更为补订，割百亩以全我璧"似乎说明茅尚望准备重刻《武备志》，或许其作序时《武备志》已重刻完成，并据刻本抄写了一套书稿，但目前看不到重刻本迹象，不能确认此重刻本的存在；也许是有此想法但未施行，仅补写了书稿。此抄本在别处尚未见到，它的珍贵之处在于卷首的序文为我们提供了一些信息，即茅氏家族因明末动乱遗失了《武备志》的书稿和刻版，后来又花重金进行了补订工作。现将茅尚望序文整理如下：

---

① 嵇曾筠：《浙江通志》卷144，《选举22》，上海古籍出版社，1991，第2558页。
② 延丰：《钦定重修两浙盐法志》卷24，《商籍1》，《续修四库全书》第841册，上海古籍出版社，2002，第536页。
③ 刘容首次提到此抄本，但对其版本情况未作详细探讨。参见刘容《〈武备志〉中武术内容的整理及其价值的研究》，首都体育学院硕士学位论文，2013。
④ 茅尚望：《重订〈武备志〉序》，国家体育总局武术研究院藏《武备志》抄本。
⑤ 茅尚望：《重订〈武备志〉序》。

重订《武备志》序

　　先世父辑《武备志》既成，用不大酬，二十年赍其志以殁。殁又四年，逆贼犯顺，矢及帝阙，万乘猝倾。幸新圣赫怒，布昭神武，天下兵烈从兹始。当神庙季年，东事初衅，海宇奠安，先世父已恫乎忧之，殚智瘁力，创成是书，为士大夫劝。使在今日，必毁家倡率，劲旅长㤞，而西系贼首，告之山陵，檄布天下，乃不愧夙志。呜乎！将星殒而妖氛横，事会适然，然九原泪血，千年徒碧矣。先世父不幸，弗究厥用，犹幸是书存，俾天下能兵者，成法可师，千城屹峙。

　　夫兵，非衰世之书也。世盛，则兵家之言盛，世衰，则兵家之言衰。九军八阵，表里河洛，典谟未起，黄帝、风后先以其教为经。伊尹《兵略》，西汉犹著，奚特《龙韬》《豹韬》，与体国经野，同藏盟府而已。余考刘歆《七略》、王俭《七志》，兵特居其一。自阮孝绪《七录》并合诸子，兵书苟勌，四部因之。唐宋以后，遂统于子，专家之学邈矣。以贵与赡博，兵仅居子部十五，视孝绪三千八百九十四卷，存亡曷据哉！孙武之书，至汉，得八十二篇，《司马法》亦百五十余篇。班氏而后，浸销浸没，四类五十三家，不能自著，渐附于纵横。噫！微矣。即"始计"以迄"用间"，实赖曹公芟其繁芜，笔其精粹，合于太史十三篇之目。不然，自昔已亡，杜牧惧已。

　　余家自曾大父鹿门先生佐胡襄懋，奏绩海上，与俞、戚诸名帅决机俄顷，世号"知兵"。先世父因之，勋存辽左，此讵徒读父书，如括母所虑哉！自少迄壮，独力搜摩，勒为一编，黄帝、风后而下，撷拾无遗。而又特发心衡，相与上下。倘刘、王预知千载，得见是书，其为类例，当跻六艺、诸子之右。今天子孜孜访求遗籍，颁命史臣，必不如龙门兰台，独阙兵志。然则是书上佐圣明，良非浅末，讵止兜鍪韦跗，奉为保傅已焉。兵家之言与世俱盛，斯或其征。

　　余幼受命先世父，齐威王衰末之君，尚能使其臣追葺成周大司马遗法，明白正大，廓然王者之规，非穰苴诡诞所能参杂。孟坚仍任宏之旧，独推入礼类，卓识千古。推世父之志，以读是书，孰非据道依德、本仁祖义之言，尤先志不可遽没者也。勾镂板藏于家，庚辰七月之痛，继遭大丧，遗籍胥失，板亦散佚不存。余惧曾大父以来百年劻据，一朝飘于泠风，为当世羞。更为补订，割百亩以全我璧。先世父炯炯未酬之志，庶再见今日矣乎！奴寇之运以殄，余仅奉是书以备执父矣。

时崇祯甲申嘉平月吴兴茅尚望子甫顿首敬述。

（三）清初刻本与清初刻清末修补印本

清初刻初印本尚未见存世，由清初刻清末修补后印本可以推知清初刻本是明天启元年刻本的覆刻本，与天启元年刻本的字体风格相似，但刀法略拙。

1901年9月19日，清末广东名报《安雅书局世说编》登有"明经阁现印《武备志兵书全集》发售"广告："是书二百四十卷，分装八十本，价银十二员（元）。"① 广东明经阁刊印的此套印本在香港中文大学图书馆藏有一部，其粉色内封镌有牌记"粤东省垣十七甫明经阁发售"，其后依次是傅汝舟、郎文焕、顾起元、张师绎、宋献五人的序文和茅元仪自序。五人序文版式为四周单边，无界行，无鱼尾；自序版式为四周双边，有界行，单黑鱼尾，序文改"东胡"为"干戈"。

该印本的文字版交替存在四周单边和左右双边两种版式，均无鱼尾；字体具备明末清初时期的刻书风格，因与天启元年刻本字体存在差异，可以断定并非明天启元年刻本原版；其内容不避清讳，但对"女直""奴儿丁"等对清违碍字句有所挖改，故推测文字版或许是清初所刻。

该印本的图版除了少量为四周单边外，其余图版交替存在四周双边和上下双边两种版式。其中四周单边图版与四周单边文字版的版式、字体特征一致，亦不避清讳，故推测二者应为同一套清初刻版；而四周双边和上下双边的图版（含半叶图半叶文字之版）经与道光木活字本C本的图版比较，二者的插图、字体和断板情况都一样，故此类图版应取自道光木活字本C本。或许是由于早期图版多数已损坏，因此清末书坊在刊印时拼补了道光时期的图版。鉴于此印本的文字版可能为清初所刻，而多数图版为清后期所刻，印行时间在清末，故本文将其称为"清初刻清末修补印本"。

---

① 林小玲：《近代广州出版与书籍广告简述》，《广东技术师范学院学报》2008年第12期，第100页。

北京大学图书馆也藏有一部清初刻清末修补印本，与香港中大藏本相比，二者仅个别补版的版片略异。经统计，北大藏本中各类刻版所占的比例大约分别为四周单边 42.06%（2174 叶），左右双边 28.42%（1469 叶），上下双边 21.96%（1135 叶），四周双边 7.56%（391 叶）。

关于四周单边和左右双边版片，在选取两套印本中不同版式的同一叶进行对比后发现，两叶的字体风格颇似，但字形略有差异。前已述及，这两种版片为清初所刻，那么，清初版片在整部印本中的比例大约为二者所占百分比之和 70.42%。此外，在这两种版片（3643 叶）中，四周单边版片（2174 叶）约占 60%，主要分布在卷 1~77，97~121，141~170，177~189；左右双边版片（1469 叶）约占 40%，大多分布在全书每卷的卷首和卷末以及卷 79~96，122~140，190~240。由二者的分布区域可知，左右双边版片多出现在易于损坏的每卷首尾及最后 50 卷，可以推测左右双边版片出现的时间可能较晚，且在清末修补印本中被用来补换已损坏的早期四周单边版片。

关于四周双边和上下双边版片，在选取两套印本中不同版式的同一叶进行对比后发现，两叶的字体、插图相同，可断定为同一张版片，因此上下双边版片原为四周双边。这是由于一些四周双边版片的左右边栏在后印时已经磨损，故印刷后显示为上下双边。这些图版都避清代皇帝之讳。《钦定科场条例》记录了清代科考的避讳改字规则，"乡会试卷内，遇圣祖仁皇帝圣讳，上一字用'元'字恭代，其本字加有偏旁及字中全书者，俱于本字敬缺末笔，下一字用'煜'字恭代；世宗宪皇帝圣讳，上一字用'允'字恭代，其本字加有偏旁者，敬缺末笔，下一字用'祯'字恭代；高宗纯皇帝圣讳，上一字用'宏'字恭代，其本字加有偏旁及字中全书者，俱于本字敬缺末笔，下一字中写作'林'字，下写作'止'字；仁宗睿皇帝圣讳，上一字右旁敬缺末二笔……下一字右旁第二'火'字写作'又'字，其单用'禺'字、'页'字、'炎'字，俱无庸缺笔；宣宗成皇帝圣讳，上一字敬缺中一点，下一字改写作'甯'字"①。翻阅北大藏本，其中改"玄"为"元"的页码有卷 54 叶 18a、卷 67 叶 17a、卷 127 叶 4a

---

① 光绪《钦定科场条例》卷 42，《违式·临文敬避·现行事例》，台北文海出版社，1989，第 2883~2884 页。

等；改"烨"为"煜"的页码有卷 52 叶 9b、13a，卷 57 叶 18a、卷 58 叶 2～7 等；改"弘"为"宏"的页码有卷 52 叶 18b、卷 139 叶 9a、卷 208 叶 4a 等；改"曆"为"歷"的页码有卷 139 叶 9～13、卷 140 叶 1～7 等；改"琰"为"炎"的页码有卷 91 叶 4b；"宁"字缺末笔的页码有卷 103 叶 14b，卷 140 叶 4～6、卷 192 叶 5、卷 218 叶 1～6、卷 223 叶 7～9，卷 240 叶 3b、5b、8a、10a、20a 等。

目前，清初刻清末修补印本在全国多个省市的图书馆、博物馆都有馆藏，可见其流传较广，存世数量较多。经查阅，西北师范大学藏本有傅汝舟、郎文焕、顾起元、张师绎、宋献五人的序文和自序，版式特征与香港中大藏本一致。北京大学图书馆、故宫博物院图书馆、中央民族大学图书馆、军科院图书馆、苏州大学图书馆等处的藏本只有自序。其中故宫博物院图书馆和苏州大学图书馆藏本的发行项信息为"清末湖南"，或许清末湖南书坊也曾印行过《武备志》，但翻阅两地藏本后，尚未找到相关依据。

另外，军科院图书馆藏有三套清初刻清末修补印本，其主要差异在于同卷同叶处，有的印本采用了四周单边版片，有的则采用了左右双边或四周双边版片。其他各地的藏本也存在补版不同的情况，应是清末书坊在后印时对少数磨损版块进行修补所致，或反映出《武备志》版块在各地书坊之间进行流转的现象。

关于不同印本的补版情况，笔者将北大藏本和军事科学院两套藏本（A 本、B 本）的各卷版式进行了对比，发现，军科院 B 本的文字版和图版采用了更多的四周单边版片，而北大藏本和军科院 A 本则在文字版同卷同叶处采用了左右双边版片，在图版同卷同叶处采用了上下双边或四周双边版片。已知四周单边版片的刻成时间最早，鉴于版片存留时间越久，其磨损越大，补板越多，故推测军科院 B 本为较早的印本。

（四）日本宽文刻本及其后印本

日本宽文刻本原版刊于宽文四年，为天启元年刻本的覆刻本，虽有个别字刻错，但基本保存了天启元年刻本的内容原貌，序文俱全，没有避康熙帝玄烨之讳，没有挖改"东胡""女直""虏"等对清违碍内容。长泽规矩也《和刻本汉籍分类目录》录有"《武备志》二百四十卷，明茅元仪撰，鹅［饲信之］点"①，分为宽文四年刊（覆明天启、中野氏）、宽政四年后印（山口又一郎等）、宽政修（河内屋太助等）、后印（河内屋喜兵卫等）、后印（秋田屋太右卫门等）五种版本。根据北大藏日本宽文刻本卷末的"发行书肆"名单，北大藏本应为秋田屋太右卫门后印本。

清末，国内出现了日本宽文刻本的修版后印本。中科院文献情报中心和中国人民大学图书馆藏有此印本，其中中科院藏本保存完好，卷首内封面盖有"广州求是书局选办"印章；人大藏本为残本，存前33卷，共10册，版本特征与中科院藏本一致。此印本挖去了日本原刻版的片假名训点，每版边缘处可略见痕迹残留，而卷219《江防考》的"茅子曰"小序部分及卷230《日本考》的第十、十一叶的片假名则没有被挖去。

表3 日本宽文刻本之秋田屋太右卫门后印本与清末后印本特征对照表

版本	秋田屋太右卫门后印本（北大藏本）	清末后印本（中科院藏本）
册数	81	80
卷首序文	李顾张郎宋傅六人序、自序，四周单边，无界行，白口，无鱼尾	李顾宋傅张郎六人序、自序，四周单边，无界行，白口，无鱼尾
卷1首页版心	有刻工"秣陵章弼写高粱刻"	同左
正文	四周单边，白口，无鱼尾	同左
日文训点	全书正文	江防考"茅子曰"内容、日本考第十叶、第十一叶
眉批	有框廓	同左
避讳字	无	无
违碍挖缺	无	无
卷末	"宽文四年甲辰凉月洛阳隐士石鱼鹅子直训点"字样及发行书肆名单	"宽文四年甲辰凉月洛阳隐士石鱼鹅子直训点"字样

（五）三种道光木活字本

《武备志》道光木活字本的存世数量较多，且流传有至少三种不同的版本。这三种版本对"女直""奴儿干"等对清违碍字句均作了挖改，且避康熙帝玄烨、乾隆帝弘历、嘉庆帝颙琰及道光帝旻宁之讳。

---

① 长泽规矩也：《和刻本汉籍分类目录·三子部·2兵家类》，汲古书院，1986，第114页。

北京大学图书馆藏有两种道光木活字本，皆为64册，240卷。第一种木活字本的首册板框高19.6cm，宽15.3cm，其余册文字版板框高20.3cm，宽15.8cm，有"艾爾温藏"、"北京大学藏"印章，为便于区分，本文将其称为"A本"；第二种的板框高20.3cm，宽15.7cm，有"燕京大学图书馆"印章，将其称为"B本"①。二者的活字字体不同，图版中的字体也不相同，但绝大多数图版的插图相同，另有少数插图不同，应是再次印本在排印时对损坏的图版进行补版的结果。

南开大学图书馆和天津图书馆藏有第三种道光木活字本，板框高21.6cm，宽15.6cm，将其称为"C本"。南开藏本为62册，有"长白巴雅尔氏珍藏""年年岁岁楼珍藏书印""会稽沈氏光烈字君度""允怀斋珍藏书画之印""甘肃等处提刑按察使司兼管驿传事印"等印章；天图藏本为80册，有"天津特别市市立第二图书馆藏书之章"印章。C本与A本、B本的版式、字体和插图均不相同，其正文版式为四周双边间上下双边。前已述及，清初刻清末修补印本中的四周双边图板和上下双边图版来自C本，且上下双边版片是由四周双边版片磨损所致，故C本应为一套完整的四周双边印本，而非两套印本拼补而成。

三 《武备志》的流传与馆藏

天启元年，《武备志》刻竣印行。付梓之际，茅元仪请当时名流作序，使《武备志》在上层知识分子中得到了传播。崇祯元年，茅元仪将其进呈给崇祯皇帝，崇祯帝览后称其"该博"。明末，《武备志》册籍散失，茅元仪家中藏板也散佚不存，后经其侄茅尚望重新补订，有抄本传世。清初，出现了清初刻本和天启元年刻本的后印本"莲溪草堂印本"。乾隆四十年（1775），《武备志》被列入《禁书总目》和《违碍书目》，民间不得收藏，一定程度上阻碍了《武备志》的传播。道光年间，许多禁书得以重刊，《武备志》也被多次排印，出现了三种木活字版本。清末，广东等地的书

---

① 许保林在《〈武备志〉版本考略》中论述了两种道光木活字本，将粗糙发黄的称为黄纸本，纸张细腻白净的称为白纸本，并指出白纸本在缺文处有墨围，黄纸本为空白，可能再印时原排的墨围损坏，故认为白纸本为初次印本，黄纸本为再次印本。笔者看到的情况与此不同，在北大的两套藏本中，纸张略泛黄的印本（A本）在缺文处有墨围，纸张白净的印本（B本）仅在卷205的缺文处为空白，其他卷的缺文处为墨围。

坊重新刊印了《武备志》，是为清初刻清末修补印本。

如今，《武备志》在国内有多种影印本发行，其中《中国兵书集成》①、《故宫珍本丛刊》②和《续修四库全书》③影印的《武备志》底本为明天启元年刻本，《四库禁毁书丛刊》④和华世出版社影印的《武备志》⑤底本为清初刻清末修补印本。

经与各地所藏清初刻清末修补印本对比，华世出版社影印本《武备志》与广东明经阁发行的清初刻清末修补印本特征基本一致⑥，其正文补版顺序、相应各版的版式、断板、字体、违碍挖缺处、避讳等特征皆同，应据清初刻清末修补印本影印。许保林认为华世出版社影印本自序及正文版式、字体、断板、避讳、违碍挖缺之处都与清初刻本完全相同，所系底本为清初刻本⑦，故其所论述的"清初刻本"应为清初刻清末修补印本。

《武备志》在国内的馆藏较为丰富，由于一些藏书单位没有公开馆藏信息，一些单位的版本著录失误，详细的馆藏情况核实起来比较复杂。现将部分单位的馆藏信息列表如下：

表4 《武备志》国内馆藏表（部分）

馆藏地点	馆藏版本
故宫博物院图书馆	明天启元年刻本、清初刻清末修补印本（残本）
国家图书馆	明天启元年刻本、莲溪草堂印本
首都图书馆	明天启元年刻本、清道光木活字本（缺68~118卷）
北京大学图书馆	莲溪草堂印本、日本宽文刻本、清道光木活字本、清初刻清末修补印本
清华大学图书馆	莲溪草堂印本、清道光木活字本
中国人民大学图书馆	清道光木活字本、日本宽文刻清末后印本（存前33卷）
中央民族大学图书馆	清初刻清末修补印本

---

① 《中国兵书集成》第27~36册，辽沈书社、解放军出版社，1987。
② 《故宫珍本丛刊》第353~358册，海南出版社，2001。
③ 《续修四库全书》子部963~966册，上海古籍出版社，2011。
④ 《四库禁毁书丛刊》子部第23~26册，北京出版社，1997。
⑤ 《武备志》10册，台北华世出版社，1984。
⑥ 二者自序和正文特征一致，仅他序不同。华世出版社《武备志》的六篇他序与明天启元年刻本一致，清末广东印本所录五篇他序的字体与明天启元年刻本不同，且缺李维桢序。
⑦ 许保林：《〈武备志〉版本考略》。

续表

馆藏地点	馆藏版本
中国科学院文献情报中心	明天启元年刻本、日本宽文刻清末后印本
中国军事科学院图书馆	清道光木活字本、清初刻清末修补印本
武术研究院	抄本（有崇祯末年序）
南开大学图书馆	清道光木活字本
天津图书馆	清道光木活字本
上海图书馆	明天启元年刻本（残本）、清道光木活字本
复旦大学图书馆	莲溪草堂印本、日本宽文刻本、清道光木活字本
浙江图书馆	明天启元年刻本（缺正文前两叶）
浙江大学图书馆	莲溪草堂印本
中山大学图书馆	日本宽文刻本、清道光木活字本
苏州大学图书馆	清初刻清末修补印本
西北师范大学图书馆	清初刻清末修补印本
香港中文大学图书馆	清初刻清末修补印本

在流布过程中，《武备志》还通过民间渠道、清廷赠书、战争掠夺以及外国商人的收购等途径流传到了海外。因资料和语言所限，目前查阅到藏有《武备志》的海外国家主要是日本、韩国、英国和美国。

在日本，《武备志》最早刊行于宽文四年，即日本宽文刻本。严绍璗《日藏汉籍善本书录》详细介绍了《武备志》流布至日本的情况：宽文四年（1664），中野氏依明天启元年刻木刊印了和刻本《武备志》；据《商船载来书目》记载，在宝永七年（1710）、正德元年（1711），中国商船"不字号"都载有一部《武备志》抵达日本；据《外船赍来书目》记载，宝历九年（1759）中国商船"十番船"载《武备志》四部共三十二帙抵日本，文化二年（1805）中国商船"丑二番"和"丑七番"各载《武备志》一部抵日本；据《外船书籍元账》记载，嘉永六年（1853）中国商船"子二番"和"子五番"各载《武备志》一部二帙抵日本；在宽政年间（1789~1800）出现了日本宽文刻本的修订版、大阪河内屋太助后印本、大阪河内屋喜兵卫后印本和大阪秋田屋太右卫门后印本。[①] 1974年，日本

---

① 严绍璗：《日藏汉籍善本书录》，中华书局，2007，第813页。

古典研究会和汲古书院出版了《和刻本明清资料集》，其中第3~6集为《武备志》，是据宽文四年中野氏覆明刊本影印。①

《武备志》传至日本后，对当时日本兵书的编纂产生了较大的影响。日本学者香西成资《南海治乱记》（宽文三年，1663）、荻生徂徕《钤录》、林子平《海国谈兵》（天明六年，1786）等兵书的基本理论构想皆来自《武备志》②。日本宽文四年，《武备志》和刻本刊行后，一些兵书对其相关内容进行了收录。日本江户时期刊行的兵书《兵法秘传书》中有许多内容与《武备志》相同，其"受到《武备志》的影响比受《纪效新书》的影响还要直接"③。江户时期的另一本兵书《武术早学》也受到了《武备志》影响，"《武术早学》的'棍法'可在《纪效新书》与《武备志》的'棍法'中看到相同内容"④。日本宽文六年（1666）日本"长沼派兵法"创始人长沼澹斋，用汉文写成《兵要录》，其阵营篇之"'应变战法论'大量参考了《武备志》'军资乘'中营制、营算、营地，营规等内容，来论述营法"⑤。

《武备志》在日本的馆藏颇多，如东京大学东洋文化研究所藏有天启元年刻本及清道光木活字本⑥，早稻田大学藏有莲溪草堂印本和日本宽文刻本。⑦ 经检索日本所藏中文古籍数据库网站⑧，将其中收录的《武备志》馆藏情况整理如下：

表5 《武备志》日本馆藏表

馆藏版本	馆藏地点
明天启元年序 刊本	东洋文库、公文书馆、东京大学综合图书馆、京大人文科学研究所东方部、横滨ユーラシア文化馆、市立米泽图书馆、东大东洋文化研究所、东京都立中央图书馆、九州大学、爱知大学

---

① 《和刻本明清资料集》，长泽规矩也解题，古典研究会、汲古书院，1974年。
② 严绍璗：《日藏汉籍善本书录》，中华书局，2007，第813页。
③ 朴贵顺：《16世纪以降中、日、韩的武艺身体观比较研究——以明朝、江户、朝鲜时期的武艺书为中心》，台湾师范大学体育学系博士学位论文，2010，第112页。
④ 同注③，第76页。
⑤ 潘俊峰：《日本军事思想研究》，军事科学出版社，1992，第118页。
⑥ 荒松雄等：《东京大学东洋文化研究所汉籍分类目录》，东京大学东洋文化研究所刊行，1973，第476页。
⑦ 由早稻田大学图书馆网站检索而得。
⑧ 日本所藏中文古籍数据库 http://www.kanji.zinbun.kyoto-u.ac.jp/kanseki?detail。

续表

馆藏版本	馆藏地点
明天启　刊本	前田育德会、静嘉堂文库
宽文四年　中野氏　板行	东洋文库、市立米泽图书馆、公文书馆、馆林市立图书馆、蓬左文库、实践女子大学、东京大学综合图书馆（残本）
宽政四年大阪山口又一郎等后印	佐贺县图书馆、新发田市立图书馆、宫城县图书馆、酒田市立图书馆、静嘉堂文库
大阪崇高堂等据宽政四年重修本	关西大学
大阪河内屋太助等后印	新潟大学、东京大学综合图书馆（残本）
大坂河内屋喜兵卫等后印	东北大学、国会、大阪府立中之岛图书馆、关西大学
大阪秋田屋太右卫门等后印	立命馆大学
日本　刊本	关西大学
道光中活字本	东大东洋文化研究所

在朝鲜，《武备志》的传入时间应当不晚于 18 世纪上半叶。据《李朝实录》记载，朝鲜英祖十四年（1738）十月己亥（10 月 20 日），"命刊《武备志》五十卷于平安兵营，往岁使行觅来者也"①。同年 10 月 29 日的《承政院日记》"出举条"记录了朝鲜英宗曾与大臣讨论《武备志》的刊印事宜：

寅明曰："《武备志》，顷因下教，令平安监兵营，同力印出矣。臣近始得见原册，则其中有论我朝事，极为碍眼，决非我国所可印行者矣。"上曰："曾于却膳时，披阅书册，偶尔见之，则海运、陆运等事颇详矣，地图、兵书外，未及遍览矣，然则何以则好耶？"显命曰："此是兵家大册，必欲刊行，则拔去其卷，似好矣。"②

这两条史料说明英宗非常重视《武备志》，并命令兵营刊印，但其刊本或许抽除了对朝鲜有所违碍的内容，并非完本。

《武备志》传入后，对朝鲜兵书的编纂方式和内容产生了影响。《武艺

---

① 末松保和：《李朝实录》第 44 册《英祖实录第三》，学习院东洋文化研究所刊行，1973，第 144 页。
② 《承政院日记》第 48 册，大韩民国文教部国史编纂委员会，1969，第 470 页。

图谱通志》在编撰时较多地参考了《武备志》的内容,其"凡例"称以《纪效新书》和《武备志》为著述标准。朴贵顺探讨了《武艺图谱通志》与《武备志》的武艺关联性,指出《武艺图谱通志》"有深受《武备志》极大的影响",书中第3卷"本国剑"内容便来源于《武备志》"阵练制·剑"中的"朝鲜势法"①。

据《韩国所藏中国汉籍总目》记载,韩国藏有多套《武备志》木版本,但刊年和刊地不详。值得注意的是,韩国成均馆大学有《武备志》抄本,为光绪二十二年(1896)誊写,全书不分卷,28册,内容不全,缺少"占度载"之"度"的内容②。此书收录的《武备志》韩国馆藏情况如下:

表6 《武备志》韩国馆藏表

馆藏地点	馆藏版本
涧松文库	木版本/240卷96册
奎章阁	木版本/存卷68~237,39册
高丽大学	木版本/零本8册
檀国大学·罗孙文库	木版本/110卷29册
延世大学	木版本/240卷60册
精神文化研究院	木版本/240卷65册(第1~19,21~65册缺)
成均馆大学	写本/高宗33年(1896)写,不分卷,28册,无丝栏,半叶10行每行20字,注双行;誊写颠末:丙申(1896)四月日书于仁岘之岛齐;纸质:楮纸

英国大英博物馆藏有四套《武备志》,具体版本不详。据《1877年版大英博物馆馆藏中文刻本、写本、绘本目录》所载,大英博物馆所藏四套《武备志》中有一套缺数卷(存卷1~84,86~89,92~168,179,180,187~238),另外三套也为残本。③ 此书序言介绍了当时大英博物馆的中国图书主要来自三部分,"一是1825年赫尔(Flower Hull)所赠,二是1843

---

① 朴贵顺:《16世纪以降中、日、韩的武艺身体观比较研究——以明朝、江户、朝鲜时期的武艺书为中心》,台湾师范大学体育学系博士学位论文,2010,第50页。
② 全寅初主编《韩国所藏中国汉籍总目》第3册《子部》上,学古房,2005,第233~234页。
③ 道格拉斯:《1877年版大英博物馆馆藏中文刻本、写本、绘本目录》,西南师范大学出版社、人民出版社,2010,第153页。

年英国皇室将在鸦片战争中从中国所获中国图书赠予了图书馆，三是1847年，英国政府把小马礼逊（Morrison the younger）购买的中文图书赠予图书馆"①。19世纪上半叶，《武备志》很可能是通过以上渠道传入大英博物馆。

美国国会图书馆亚洲部藏有四部《武备志》，分别为清初刻本、日本宽文刻本和两部道光木活字本，"除了宽文本有少数缺卷、道光本第二部纸质较为脆薄外，都保存完好"②。范邦瑾在《美国国会图书馆藏中文善本书续录》的序言中介绍了该馆中文藏书的主要来源：一是1869年同治皇帝的赠书，有10种933册；二是1904年清廷赠予的参展美国圣路易斯万国博览会的全部图书；三是1910～1940年代施永格（Walter Tennyson Swingle，1871-1952）和恒慕义（Arthur William Hummel，1884-1975）在中国和日本大力搜购的图书③。据此推测，《武备志》或由以上渠道传入美国国会图书馆。

以上仅述及国外的一部分流传和馆藏情况，毫无疑问，《武备志》在海内外还有更为广泛的流传，具体尚待学界的进一步查考，在此仅抛砖引玉，以求正于方家。

（作者单位：北京大学）

---

① 道格拉斯：《1877年版大英博物馆馆藏中文刻本、写本、绘本目录》，序言。
② 潘铭燊：《美国国会图书馆所藏〈武备志〉在郑和研究上的价值》。
③ 范邦瑾：《美国国会图书馆藏中文善本书续录》，上海古籍出版社，2011，序言。

读史札记

《楚两生资料知见编》按语举隅

何龄修

摘　要： 新近完成《楚两生：明末清初柳敬亭、苏昆生研究》的附录，名《楚两生资料知见编》。其中有些补充研究，提出了新问题、增加新知识或不乏具有浓厚历史趣味性的内容，比如揭示柳敬亭与马逢知的深层关系，柳在浙江活动的待发之覆，楚两生的艺术、交游、评价所反映的问题及他们明显不同的性格及其表现，他们对听客要求的相同和相异之点等，从中可以窥见古人创造历史时思想深处的东西乃至灵魂、魄力和毅力等。故选录部分按语以成一篇，希望能够尽早与读者分享研究心得。

关键词： 楚两生　柳敬亭　苏昆生

一　柳敬亭与马逢知的关系

黄宗羲《柳敬亭传》按语

黄宗羲所撰柳敬亭此一传记，是改写吴伟业所作同题传记而成。黄、吴二作者都是有资格执明末清初文坛牛耳的高手，都为柳敬亭作传，这是柳敬亭的殊荣。但两人写柳传的出发点是不同的：吴伟业是为着宣扬柳、挺柳。而黄宗羲是不满吴传所说柳参与左良玉军事机密问题的解决，及如鲁仲连之排难解纷，断言柳"其人本琐琐不足道"，指责吴传的一些写法"皆失轻重"，补偏救弊，在改写时删略吴传原有的柳解决左良玉、杜弘域矛盾，救左部将陈秀免死等数事，增补柳"极喜写书调文，别字满纸"等事，"使后生知文章体式"。很显然，黄宗羲认为自己在端正作文的规范，提供一个样本。

黄宗羲不愧为一代大儒大文豪。他尊重事实，仍然承认柳在左军中"参机密"，并保留柳在军事、政治活动中的许多事迹。他对吴传中这些方面的伤害是较有限的。值得注意的是，他对柳说书的精湛有深刻的理解，做了出色的介绍和解说。传中他写的"敬亭既在军中久，其豪猾大侠、杀人亡命、流离遇合、破家失国之事，无不身亲见之，且五方土音、乡俗好尚，习见习闻。每发一声，使人闻之，或如刀剑铁骑，飒然浮空，或如风号雨泣，鸟悲兽骇，亡国之恨顿生，檀板之声无色，有非莫生之言可尽者矣"。字不逾百，却写得声色兼备，情文并至，铿锵有力，精彩绝伦，唐宋以来文罕见。读之激情陡涌，毛发直立！黄撰《柳敬亭传》有其特别的贡献。

　　黄传说，马逢知镇守松江时，"敬亭亦出入其门下，然不过以倡优遇之"。余怀似呼应此说，在《板桥杂记》中写道：敬亭当左良玉败亡后，"又游松江马提督军中，郁郁不得志"。左良玉死，柳敬亭除哭泣外，经常向人诉说往事，故他在左幕下的境遇和事迹留下材料稍多。他在马幕下如何呢？显然因马犯通海大罪被处死，性质过于敏感，成为禁忌，不能讲说。但从有限的记载看，黄、余所说非实，黄宗羲是根据主观揣摩创为此说，以符合他的"其人本琐琐不足道"的观点。倡优是贱业，许多倡优有奴隶身份。从龚鼎孳《赠柳敬亭文》看，在马逢知为龚接风的盛宴上，"敬亭又已俨然称座上重客"。马逢知被清廷逮治前夕，宋征舆"饮马大将军处，与柳生敬亭接席"。柳敬亭不仅为马座上客，而且态度轻松，心情愉悦，谈吐诙谐，妙语如珠，一点看不出"郁郁不得志"的精神状态。宋征舆《书柳敬亭语》记载了这些情况。褚人获《坚瓠秘集》所述柳敬亭吞下鼠粪挽救膳夫一命的故事，说明日常便饭，柳敬亭也与马逢知共餐，至少可与、曾与马逢知共餐。这就是说，马逢知对柳敬亭，不是"以倡优遇之"，而是以宾客礼待。龚鼎孳所说马逢知"义笃故旧"，柳敬亭"肝胆轮囷，老至不衰，能使主宾相得益彰"，不尽是应酬套话。如果不是这样，马逢知通海案揭发快一年了的顺治十七年（1660）春，马逢知被捕只是旦夕间事，柳敬亭还不离开马府，这是违反常情的。现在的关键仍然是多年前小文提出的问题：柳敬亭是否钱谦益派遣入马幕进行策反的密使？即是否钱谦益打进清朝统治集团板块的一个楔子？郑成功→钱谦益→柳敬亭→马逢知→郑成功连环套中的一环？从研究柳敬亭生平说来，正是柳敬亭从钱处接受派遣、柳策反马这一完成连环套的关键缺乏书证。编者是坚信有其事的，由推理而导致自信。推理的前提有：其他各双边关系的建立都是有记载的；柳敬亭是反清的民族志士，此点请参看小文《三谈关于柳敬亭的几个问题》第二节，在此不赘述；信服陈寅恪先生《柳如是别传》关于东南沿海人士积极配合郑成功北伐的论述①；关于此问题的书证材料，关系古人的身家性命，难以记录、保存，传留至今。不可因还没有发现书证就予以否定。当然，历史事实的建立，看重和依赖证明材料，因而也不能在没有获得任何证据的情况下，就派定某种推理结论为信史。这是一个需要进一步研究的重要课题。目标是获取证据，发现其他可供分析、推理的历史材料。如果柳敬亭在马幕中拥有策反者的秘密身份，马逢知更不会以倡优相待。

历史资料需要去粗取精、去伪取真，通过黄宗羲关于马、柳关系记载考察而益信。

二　柳敬亭在浙江活动的待发之覆

1. 龚鼎孳《过岭集·鸳鸯夜泊，扶曦、敬亭枉送，同孝威、钦我、文漪、兴公小集舟中，用少陵湖城韵》按语

柳敬亭到浙江活动，编著曾著文研究，在浙江活动的时间应为顺治年间。当时没有引用龚鼎孳此诗，此诗证明他是十三年冬进到浙江的。他是原明朝兵科给事中，降清后晋升尚称顺利。顺治中叶开始南党在朝廷党争中逐渐失势，龚鼎孳作为南党要员不免波及，从左都御史一再降级贬官，直贬至上林苑蕃育署署丞。十三年七月，复奉使广东颁诏。《过岭集》是他此行的纪事诗集。龚鼎孳其人声色狗马，放诞风流，与柳敬亭极相契合，是其艺术的激赏者和生活的资助者之一。因此，龚鼎孳远行，柳敬亭会去陪送。显然，柳敬亭是从江南陪他起程到嘉兴的，然后在嘉兴分手，龚鼎孳去江西，南下梅岭往广东颁诏，柳敬亭留下来在浙江活动。

龚鼎孳此行是不孤独的。冲寒冻冒风雪送行者众，有的已在江口道别过的，又到舟中小聚。鸳水夜泊，同船陪送的除柳敬亭外，还有陪送、重晤者为：扶曦、杨郎，金山卫杨枝起；孝威、邓子，泰州邓汉仪；兴公，华亭唐昌世；钦我，青浦瞿然恭。其中唯一有疑问的，是文漪、徐子，应为嘉兴徐简简，但徐简简是一妇女，为休宁吴玙姜（小妻），在那个时代，

---

① 陈寅恪：《柳如是别传》下册，三联书店，2015。

妇女不当单身一人与一群男人在一条船上吃喝，长时间共处，如谓当时另有一男子与此女同姓、同字，亦属过于奇巧，不得其解，在此存疑待考。可见，龚鼎孳的才学、权势、情谊，在清初的文坛上还是具有相当大的影响。柳敬亭陪送，实际上是搭乘便船入浙江，从而揭开了在浙江活动的序幕。

2. 陈祖法《赠柳敬亭（并序）》按语

自徐缄《柳麻子行》开始的五题六诗（七古四首、七绝二首），大体上都是柳敬亭在浙江活动的历史记录。虽然陈祖法《古处斋诗集》卷四《七言古·赠柳敬亭（并序）》只是简单的几首诗，但是很费了些翻检搜寻的工夫才觅得的。这些诗对研究柳敬亭其人乃至清初遗民的政治动向都有参考价值。

编者在追查这些诗所反映的柳敬亭访问奏艺的时间时发现，柳敬亭的访问大体上都在秋天。诗中有表明节候的词句。徐缄诗云："谢公池馆秋风起，忽听钧天疑梦里。"周容诗云："秋风不平庭树多。"毛奇龄诗云："秋花开满石榴屏。"柳敬亭在崇德语溪开讲场次最多，"君今娓娓百十回"。因此逗留时间也长，从"斯时七月苦炎热"到"寒蝉哽咽衰柳天"，即从秋初到深秋，都在那里度过。只有朱一是的诗例外，没有明确的时间标志。朱一是诗有云："悲来独对西风哭。"编者虽然感到西风是秋天的季候风，在秋季吹刮最频繁、强劲，但仍不敢断定此句就是柳敬亭访问海宁的时间的蛛丝马迹。不过，即使将朱一是诗排除在外，五题六诗中有四题表示出事情发生在秋天，证据仍然是充分有力的。

据编者推测，这个秋天应即顺治十四年的秋天。龚鼎孳的船（即柳敬亭同载的船）于十三年冬已入浙江境。柳敬亭在浙江的活动一定是紧锣密鼓地，也可以说是外松内紧地进行的。柳敬亭等的活动是配合郑成功、张名振、张煌言等的军事行动的。东南沿海的复明运动是郑成功等的反清战争的一翼，此点陈寅恪先生《柳如是别传》已言及之。但陈寅恪先生没有留意柳敬亭的活动。其实，他的活动就是东南士绅反清斗争的一部分，不是孤立的个人行为。他是否受钱谦益或其他人指使、派遣，是否确系郑成功、钱谦益、马进宝等的中间一环，还可以研究，使立论更坚实，更具说服力，也将更有意义、更有趣味。

3. 方拱乾《遇柳敬亭》与李元鼎《赠柳敬亭》按语

这两题两诗很重要。其重要性不表现在其本身能提供多少有关柳敬亭的生动、具体的信息，而在于提供了重要的历史线索，反映出柳敬亭于康熙元年（1662）在山东、次年在江西都有活动。

《遇柳敬亭》五律二首作者方拱乾，字肃之，号坦庵，安庆府桐城人，明末官少詹事、东宫讲官。顺治九年降清，以弘文院学士转少詹，顺治十六年因儿子章钺罹南闱科场案连累受祸，流放宁古塔。顺治十八年，他通过捐银自赎，赦还京师。《甦庵集》卷首题记云：康熙元年全家离京南归，"是年春发长安，夏历津门、济宁，秋至淮上"。《遇柳敬亭》在康熙元年（壬寅年）《甦庵集》中前五题依次为《舟迟》《晚棹》《兴济道中》《荡桨买邻船茉莉》《舟静》，在其后的第十三题为《济上喜晤使君姪兆及》、第二十五题为《济宁官舍喜晤凝斋兄》，才分别讲述舟经济南、济宁时的事情。既然从天津到济宁都是在夏天，则在此途中遇柳敬亭也是这个时间内。又兴济排印本误为与济。兴济是畿内一县名，后废。具体位置在青县与沧州之间，距山东很近（舟行迂缓，杨仕聪在其《甲申核真略》中记述他于顺治元年六月初七日从兴济开船，十七日过德州，共十天），约数百里水程。可以认为，方拱乾是在山东遇柳敬亭，说明当年夏天柳敬亭在山东活动。

顺治十年，方拱乾与柳敬亭"别于清河"。注意明清之际有两清河，一为畿内广平府属县，一为明南直隶（清江南）淮安府属县。方、柳话别的清河，是南方的清河，在旧黄河岸，这样，清河的话别才会是在黄河岸发生的生离死别。至于畿内清河，距黄河还有一段路程，与黄河岸可谓了不相涉。

《赠柳敬亭》七律一首作者李元鼎，字梅公，江西吉水人，明末官光禄寺少卿，降李自成后仍原官。多尔衮进占京师时降清，顺治二年七月擢升兵部右侍郎。顺治十年，因任珍案被革职罪绞，后免死徒杖折赎。康熙九年，死。柳敬亭此次访问，不著年月。据《石园全集》卷二十二各诗排序，应为康熙三年事。这次访问有些奇怪，千里相访，但来忙去急，"何事匆归不暂留"？连主人都生疑（多半真不知情，或备事发声称不知情用），应另有活动。

三 关于柳敬亭的时代、弟子及交游

1. 李天馥《赠韩修龄（善说野史顺治年间曾蒙召讲隋唐故事）》按语

这条材料，我抄得已许多年了。插入资料盒，即已淡忘。前些时翻检资料，一见大惊，认为它对中国曲艺史的研究很重要。它涉及好几个问题：一是诗中"滑稽正不废方言"句，反对了柳敬亭生活的时代地方评话尚未形成说，有利于改正扬州评话起源史研究中的错误；二是邓汉仪加的评语提供了柳敬亭卒年的重要信息；三是提供了年青的顺治帝政余文化生活的部分信息，听评话不仅是娱乐，而且未始不是学习和借鉴统治的一种课堂。这都是有意义的研究课题。

重读此材料，不禁回忆起吴晗先生在课堂上曾强调材料卡片要经常检看，抄了不看跟没有抄差不多。思之惘然。

2. 范国禄《听居生评话》按语

此诗为范国禄听柳敬亭弟子居辅臣说书有感而作，主要叙述柳敬亭艺术发迹历史，于居辅臣反而言无数句，故对柳敬亭研究更加重要。《十山楼诗钞》诸诗是按创作先后编排的，有关居辅臣诗四首都是康熙二十七年所作。范国禄，字汝受，扬州府通州人、明遗民范凤翼之子。

居辅臣其人，是唯一见诸当时人记载的柳敬亭门弟子。柳敬亭说书艺术的交班传承问题，是一个非常重要的问题，一方面是柳敬亭说书艺术瑰宝能否保存下去，发扬光大的问题，另一方面是扬州评话形成、发展的问题。这都是中国古代曲艺史上的重要环节，是不容忽视的。但是关于居辅臣的史料，很少很少。我见到的只有数条，即与此诗词同出一源的《居生索赠》（范国禄作七律），同出《崇川各家诗钞汇存》但不同卷的《范两奇为居辅臣索诗率赋（居善演说隋唐故事）》、《席间听居辅臣演说秦叔宝故事》（皆陈世昶作七律），以及钱仲联主编《清诗纪事》（四）引述的《与居辅臣说事》（吴协姞作七绝）。寥寥此数，不足论史。

在评书界传说中，柳敬亭还收有一北方人为徒。此人叫王鸿兴，以唱大鼓书为业，曾往南省献艺，遇柳敬亭，受其指点，艺术大进，就拜柳敬亭为师。王鸿兴传徒何良臣、邓光臣和安良臣，是为三臣，即北派评书三臣，三臣各立门户，使北派评书发扬光大。因此，不仅南派评书，即使"评书南北两支派，亦为柳敬亭传留的"。这都是云游客《江湖丛谈》里说的调查材料。居辅臣是柳敬亭所传徒,论辈分是三臣的师伯、师叔,王鸿兴难推不知,为何给三臣取名时弄成与父辈排行?这对自己的师兄弟(居辅臣)和师父(柳敬亭)都是冒犯,在封建宗法制度下是不允许的。我想这可能是清初艺人为了与大名鼎鼎的柳敬亭挂钩而编造的;也可能是偶然的失误,没有改正。跟大部分传说一样,王鸿兴及三臣说,也要进一步查证落实,才能成为可靠史料,研究应用。

3. 刘振麟、周骧《东山外纪》所载"查继佐曾作柳敬亭拍歌"按语

原本无题,题系新拟。

王乐水非仅是与柳敬亭同时的说书艺人,而且与柳敬亭有过来往。他是另一位名气较小的民间艺人。这里作一简介,谅非赘疣。"王乐水,非王乐水也。使气撞人,以为死。逸去,伪为王乐水云。途穷,以话说糊口海上,评古事信口百变。先生恭之上座,悟其理以行文,谓及门曰:'此纯以不意得奇情,音之所为闪赚者是也。'后乐水客杭。乙酉五月,与其瞽妻投水死。"① "时有江宁王乐水,避仇诸暨,谈星命,唱弹词以自活。至是挟其妻琵琶瞽妇同跃土桥下死。"② 这些史料说明,王乐水是一个误以为故意撞死了人,躲避对方报复的挈眷逃亡者。王乐水不是他的本名。其原姓名待考。他在江湖上以星士、艺人为业谋生。虽然贫贱,但视死如归,对国家、民族怀有深厚的感情,令人难忘。

4. 李焕章《水浒人传》(周亮工选辑《赖古堂文选》卷十三)按语

史学研究之始,须着重搜集、研究史实。天地生人,总不使被生出者成为人才后陷入寂寞、孤单。与柳敬亭同时,在评话艺术领域,也能与之相比并者,已不乏其人,如王乐水等是;最有趣的是此篇所写被人称为"水浒人"的杨文杰,自学成材,足称以《水浒》一枝独秀的评话艺术家,山东乐安农家子出身③,被传记作者李焕章誉为与柳齐驱并驾、"分霸南北"的艺术家,可以约略想见其艺术成就。惜传世资料太少,其生平和艺术详情莫可究诘。其不幸较之柳敬亭尤严重不知几许矣,曷胜浩叹!

---

① 刘振麟、周骧:《东山外纪》。
② 陈作霖:《金陵通传》卷23,《唐杨毛翟刘张陈魏传》。
③ 乘,即今山东广饶。唐武德初在其地设乘州,旋废。明、清为乐安县,称乘是用古地名杜瑜先生赐教。李焕章也是乐安人,写的是本地故实。

5. 邓汉仪《慎墨堂笔记》所载"柳敬亭促龚鼎孳助杜浚女完姻"按语

本条原无题。题是新拟的。

柳敬亭此举虽非自己解囊，但其济困助贫的侠义性格，主动出头的积极态度，仍然值得称道。柳敬亭促成杜女完婚，无疑是他与龚、薛合作实现的功德。叶生名桐初，与杜女是一对佳偶。翁婿关系也很亲密，桐初成了杜浚晚年生活的侍奉者。据尤侗说："予之识叶子桐初也，由杜茶村。茶村先生，叶子之妇翁也……然吾见茶村游屐到处，叶子往往随之。山巅水曲，烛跋杯阑，辄与慷慨悲歌，如荆、高当日，未尝不相乐相泣也。"① 唯薛君不知何人，俟考。"善奔走公卿间者"，未必尽干坏事。迹其行事，可以见此类人在权力中心的活动。妥善地利用这些生动的历史资料，进行描写，将更加强历史和史学的丰富性、复杂性、真实性。

四 有关柳敬亭的乡评、时评所反映的问题

1. 陈世镕等《柳敬亭传》按语

扬州府、泰州、泰县自柳敬亭故后的康熙年代起，纂、续志书十余种，柳的传记应不止十篇。原以为乡人作传，必有可观。及至读了其中二三篇，又深感失望，大抵抄改吴伟业之作，或后传抄改前传而成，没有提供任何新资料。这种情况大约是柳少小出亡的后果？似乎也应该有些犷悍无赖的表现，口耳相传嘛，但却一点也没有。以致柳背负"恶少"的声名，凭的仅只是吴伟业四个字的空话。这多少是令人不能满足的。这样说不是要算柳敬亭的老账，只是因为这是一份人才成长有完全不同道路的难得的材料，它还说明扬州、泰州的方志撰稿人撰柳传没有做多少工作，就用最省事的方法完成"写作"，交了差。

为此，方志柳传只收入金镇、陈世镕两篇，分别出自府志、州志，清初和清中叶，可以作为柳家乡评价柳的代表作。

2. 夏荃《驳王士禛诬左柳苏谬说》按语

本篇钞自《退庵笔记》，原无题，新拟一题。作者夏荃，字文若，号退庵，嘉庆道光时人，与柳敬亭同乡。从笔记看，是继沈默后泰州又一位柳敬亭崇拜者。所以他能以如此认真的态度，全面驳斥王士禛对柳敬亭的

---

① 尤侗：《艮斋杂说》卷9，《昔树词序》。

不公允的评论。

文中"丁苏辈"指昆曲艺人丁继之、苏昆生等。夏荃在维护柳敬亭的品德和艺术的同时,妄言"丁苏辈仅以其技鸣也",是他不懂得而又轻忽"丁苏辈"(至少是苏昆生)的表现,犯了与王士禛类似的不能公允对待民间艺人的错误。

3. 金镇康熙《扬州府志》卷二十六《物志·方伎》按语

康熙年间三修《扬州府志》。初修为雷应元纂修,康熙三年刊刻本。二修为金镇等纂修,康熙十四年刊刻本。三修则为崔华、张万寿等就二修本续增二修本刊刻后十年间史事而成,康熙二十四年刊刻本。此一柳敬亭传出自二修本,则为柳敬亭去世未久之作。全篇系摘抄吴伟业所作《柳敬亭传》,未补充柳的其他言行。但此传表明里人认可吴伟业所作柳敬亭传记,仍具有意义。

关于柳敬亭的姓名、里籍等项,颇有不同的说法,仍是柳敬亭个人历史悬案。本传记最突出的是,说他名逢春,敬亭为字。关于这类问题,乡里采入地方志书的说法,自然有其特殊的分量。

4. 金德瑛《观剧绝句》及朱益浚、皮锡瑞、易顺鼎、叶德辉等《和桧门先生观剧绝句三十首(柳敬亭)》按语

据柯愈春《清人诗文集总目提要》上册页573,金德瑛,字汝白、慕斋,号桧门,浙江仁和人,生于康熙四十年(1701),乾隆二十七年(1762)卒。乾隆元年(1736)进士,廷试状元。历任翰林院修撰、内阁学士、礼部侍郎、都察院左都御史等职。著有《桧门诗存》四卷附《观剧绝句》一卷。金德瑛显为稍后于柳敬亭的名人,而王先谦、朱益浚、皮锡瑞、易顺鼎、叶德辉等和诗诸人,则皆清末学者、名流,较之金德瑛,王先谦小百四十一岁,朱益浚小百五十一岁,皮锡瑞小百四十九岁,易顺鼎小百五十七岁,叶德辉小百六十三岁,就年龄说是金德瑛曾孙、玄孙甚至更小孙辈人物。大抵同乡学者(除朱益浚外,其他依次为湖南长沙、善化、龙阳、湘潭籍人,朱为邻省江西莲花厅人)①聚会,一时兴起,相约追和前辈诗词,可以见各位作者不同的立意和文采,因而也带有竞争的意味。这在士人群中不是罕见的现象。

---

① 五人生年、里籍均据江庆柏《清代人物生卒年表》(人民文学出版社,2005)的资料。

绝句诸作者，是清末有影响的学者、文化人，他们对柳敬亭似多负面评价，视其为篾片、食客，与子弟书完全异趣。这点很值得认真研究。

金德瑛原诗没有对柳敬亭做突出的褒贬。值得注意的是，这五位清末士人，他们对柳所知甚少，又不深入，凭着一知半解发议论，自然没有什么高见卓识，而且同一作者在不同的诗中对柳都不持统一的见解。例如皮锡瑞三诗，其"梅村诗句云亭曲"一诗倾向肯定柳的艺术成就，对王士禛贬低柳的言论颇有微词。其"好向江头办钓蓑"一诗，则批评柳进入马逢知幕。其"各负夷齐爱国心"一诗，进一步讽刺柳入马幕下的行动。叶德辉三诗亦然。其"牢落江湖楚两生""老涕恩门鹤发垂"二诗尚称平和而不甚激烈（虽然，诗云两生"国亡家破一身轻"全非事实，不是两生感情的表现），而其第三诗"本是魁官篾片流"首句，即将柳打入与张魁官同样的"篾片流"（其实张魁官也不是篾片，而是"张魁官箫"①，昆曲演唱时最重要的乐师，箫的吹奏者），也是对柳无以复加的贬斥和丑诋。其他如王先谦、皮锡瑞的和作，都强调柳是投靠和倚赖马逢知过活的帮闲（这大约就是篾片说的依据），马被杀，"桓温一去"，大树放倒，柳就难以继续存活。这些都是很负面的评价。朱益浚、易顺鼎虽没有说丑化柳的话，也没有深刻、恰当的正面评价。朱益浚只是称许柳是"滑稽流"，这是柳的职业带给他的"美誉"，具有先天性，不能反映柳的品德、政治态度和艺术成就。

五位清末士人的和诗说明，他们对柳敬亭的认识，比起他们的前辈例如与柳敬亭同时的士人来，是浮皮潦草、浅薄平淡、严重倒退的。他们五人，甚至包括其他清末士人，没有人能够写出步武吴伟业、钱谦益、龚鼎孳、黄宗羲、王猷定、张岱、张宸、徐缄、周容等人所写有关柳敬亭的诗文中，那种真情挚意、生动多趣、铿锵有力、激动人心的词句来。尽管黄宗羲视柳敬亭"其人本琐琐不足道"，但他仍然能够透彻地理解柳的评话

---

① 余怀《板桥杂记》下卷《轶事》载："嘉兴姚壮若用十二楼船于秦淮，招集四方应试知名之士百有余人，每船邀名妓四人侑酒，梨园一部，灯火笙歌，为一时之盛事。先是嘉兴沈雨若费千金，定花案，江南艳称之。曲中狎客有张卯官笛、张魁官箫、管五官管子、吴章甫弦索、盛仲文打十番鼓，丁继之、张燕筑、沈元甫、王公远、朱维章串戏，柳敬亭说书，或集于二李家，或集于眉楼，每集必费百金，此亦销金之窟也。"张魁，字修我，吴郡人，少美姿首，善吹箫度曲，打马投壶，以"张魁官箫声"动人心弦。

艺术的人文价值，做出他所撰《柳敬亭传》中那样一段不朽的评论。尽管这五位清末士人中不乏学殖丰厚、诗文出色的人物，应能拿出更加显示才华的作品，结果是江郎才尽，技止此矣。可见这不是学问的差距，不是文采的差距，我看是见识的差距，是政治态度的差距。学问和文采的差距也许有一些，但不如见识高下、政治态度是非的影响之大。才、学、识三者，见识最要紧，按重要性排序，应颠倒之，为识、学、才。五人和诗反映出，清末士人对柳敬亭已经比较疏远了，了解的只是尽人皆知的那几件事，从未考虑多读点书，提高对柳敬亭一类历史人物的认识。其结果是新的知识没有得到，前人已有的知识也逐渐淡忘，记忆消失。他们还记得的只有，吴伟业有传有诗，孔尚任有剧，王士禛有贬柳言论，柳早年断然离弃阮大铖，晚年投靠马逢知，在马逢知处以鼠粪作黑米吞吃以救膳夫一命这样零零碎碎、不相衔接的几件事。柳敬亭辞世，按我的考证即将340年。340年时间的长河，卷走了无数生动感人的历史故事。时间对历史的消蚀，不弱于秦火对典籍的摧烧。清末士人距柳敬亭之死不过稍逾200年，但他们对柳没有切身的体会，其淡忘也不足为奇，而这就是历史。

五位士人和作时在清末，按例他们的和作应往后排。但他们所和金德瑛原作在前面，和诗紧厕原作之后，可能更便阅读，故予调整。

5. 张破浪《平话家柳敬亭考证录》按语

本篇摘自张破浪关于柳敬亭的考证文章，文章依据《通州曹氏族谱》，转述柳敬亭的祖先以来到他儿辈的世系，祖籍及其变迁。族谱所说，与通行纪载的说法颇不相同。柳敬亭研究者中有人用过这份族谱，如张破浪、洪式良、管劲丞等。除洪式良外，其他人都与族谱一致，认为柳敬亭是通州人。本《知见编》编者没有见过这部《通州曹氏族谱》。从洪式良《柳敬亭评传》介绍的它被学术界接受、利用的情况看，它应是清代纂修的，不是民国年间新修的谱牒。所以将张破浪转述的柳敬亭世系简况编入本编，供参考。

关于柳敬亭的乡贯有三说：通州说、泰兴说、泰州说。虽然三地相去不远，但总是悬而未决的事。《通州曹氏族谱》是通州说的源头。同时代赠柳写的诗文好像没有主通州说的。范国禄的七古，只说到柳在通州"发迹"，说到"我尝掩泪望馀西"，没有明确表示自己与柳是同州共县的人。无可否认的是，通州馀西场曹姓是大族，曹姓聚居于此。编者的一位大学同窗曹钧,就是馀西人,编者曾戏称之为"柳敬亭子孙"。这种曹姓聚居通州馀西的现象,对判定柳敬亭的籍贯,不是毫无意义的。泰兴说和泰州说,也各有主张者,不过泰州说稍占优势。因为泰州说被吴伟业采入《柳敬亭传》,影响极大。吴伟业写传时显然是听敬亭夫子自道的,因而被广泛认可,采入方志,接近定论。窃以为泰州是柳敬亭的乡贯,他生于此,在此度过少年时期,然后浪迹天涯。但他家是何人搬到泰州落户的,张破浪认为敬亭兄弟曾随父播迁于泰州。也许就是如此吧!至于泰兴,可能是因为柳敬亭曾佣于其地而引起的误会。科学无止境,事实胜雄辩。我的意见只代表一种看法,反正还有乐此不疲的人进行研究,看看有无更确切的说法贡献出来。

五 有关苏昆生的独特个性、艺术成就及待发之覆

1. 陈维崧《茶村寺寓逢庭柏上人有赠(上人善吴歈,为苏叟高弟,兼工拊鼓)》按语

据杜浚《变雅堂遗集》中《文集》卷七《重修隆福寺碑记》,他于顺治十六年五月到太仓州,住隆福寺内客房,即陈维崧所谓"茶村寺寓"者是。因"阻兵"使道路不通,杜浚回不了南京,"淹留至四阅月"。"阻兵"是指郑成功率大军围困南京、分兵取上游等战争形势,和郑、清两军的活动,造成的安全无保障等状况,阻碍了个人旅行往来。杜浚到太仓州,恰与郑军抵江南同时,迫使他稽留太仓州四个月,直到七月间郑军惨败逃回思明,沿海又严查通海案,九月他才回南京。

杜浚此时到太仓做什么?是否与接应和响应郑成功北伐有关?苏昆生是否也参与其事?史学重证据,没有丝毫的证据,仅凭遐想(何况杜浚虽是遗民,却并不是激烈反清的人),不能构成可信的结论。一旦有线索,有证据,这些问题自然都是研究课题。陈维崧的诗词,可以作为苏昆生与杜浚、黄稚曾等人接触的证据。但这些接触如果没有其他资料旁证,就只是一位艺人与戏曲听众的艺术活动,不应过度引申。这些资料说明,苏昆生在太仓(或其他地方)是贫困的,但是不寂寞。他的精湛的艺术,广泛招来朋友和崇拜者。陈维崧这几首诗词,并非全是郑成功最后一次北伐期间发生在太仓的事的纪录,除事在无锡者另置外,余难考者均置此。

2. 钱曾《读吴梅村先生赠苏生绝句，生与柳敬亭俱为宁南客，有江潭流落之悲，援笔和之四首》按语

在搜集苏昆生史料的过程中，有一件事逐渐趋向明朗化。这件事就是，在写作诗词赠送苏昆生，仰慕他的为人、回溯他的经历、记录和评议他的歌唱艺术的作者中，按理说有两位必然出面的作者却始终缺阵，两位即明清之际执文坛牛耳的钱谦益和龚鼎孳。两位可说都是戏迷，跟艺人有广泛的联系。钱谦益曾写诗赠给艺人丁继之、王紫稼、朱维章、张燕筑等，给丁继之写赠且不只一二次，关系异常密切。此外，还有观剧等诗纪盛。龚鼎孳在这一点上不亚于钱谦益。其悼念王紫稼诸诗，是用心血和着泪水写成，悲恸痛切，文情并茂，动人心弦。书赠其他伶人和记述演出的诗词连篇累牍。他个人还创作过《白门柳传奇》，可算一名低产的剧作家。龚鼎孳与其妾顾媚也在南京举办过一场盛大堂会，邀集故旧、门生、优伶、妓女，演出西王母蟠桃会故事，为顾媚祝寿。有的宾客不顾官箴，讨好龚鼎孳夫妇，粉墨登场客串。钱、龚这样两位与戏曲关系甚深的诗文大家（二人与吴伟业合称"江左三大家"），在苏昆生身上居然不着一字，不能不引人怀疑。

通观已知的苏昆生得到的诗词的作者，连同数首疑似写赠苏昆生的诗词作者在内，共计31人。前明旧臣而又被清朝征召供职的，这中间只有吴伟业一人。其余30人中，则有明遗民汪汝谦、王时敏、冒襄、钱澄之、吴嘉纪、钱曾、毛师柱、曹鉴征、顾湄、姜实节、钱继登、杨彭龄等12人；考中清朝科举（生员、举人、进士、鸿博，个别的只中副榜）出仕或不仕者施闰章、周体观、秦松龄、李念慈、计东、黄与坚、蒋玉章、尤侗、潘耒、陈维崧、吴绮、孟亮揆、汪楫、汪鹤孙、魏允枚、丁嗣澂等16人；刘正学、钱嫌二人情况不甚明晰。31人实际上构成苏昆生的客户、听众代表，除吴伟业外没有明臣，没有在明清政权更迭中表现恶劣的明臣。而明臣吴伟业变为清臣，是有几分被迫的味道，被清朝地方大吏威逼就道赴京，暮年有比较沉痛的反省的。因此，在当时和后世都能博得一些谅解。显然，苏昆生是表现了这种谅解的艺人。

客户、听众的构成，反映出苏昆生的艺术方向。他宁可饥寒度日，也不为斗米寸丝折腰。他的艺术不献给不能忠君爱国（那时候没有统一的多民族国家的观念）的人。他不会不知道钱谦益、龚鼎孳是热爱戏曲、通晓赏音的行家，但因两人在明清统治易手时表现恶劣，他们就没有接触。两人没有成为苏昆生演唱的听众和向他赠言者是很自然的。这样，苏昆生自己就切断了一部分生活来源。所以他比柳敬亭过得更艰难、更清苦。苏昆生为保持艺术的纯洁，为信守自己的政治、艺术、道德观念是做出了巨大的牺牲的。应该说，苏昆生的思想、行为，不完全是民族的，更主要的是以忠君观念为其基础。是否曾为明臣，为明臣是否忠于旧君，是苏昆生思想上一条鲜明的标准、界线。他不是有奶便是娘的下三流清客。中国的伶人、艺人，从春秋、战国以来就有关注和参与政治的传统。苏昆生的态度，只不过是这一传统的继承罢了。他的忠君思想虽表现了他的局限性，但在当时的历史条件下也是很自然的，并且说明了他的可敬的操守在许多读书人之上。

3. 闰章施《秦淮水亭集郭汾又、杨商贤、吴野人、汪舟次听苏生度曲》、吴嘉纪《秦淮月夜，集施愚山少参寓亭，听苏生度曲（同郭汾又、杨商贤、汪舟次）》、汪楫《秦淮月夜，集施愚山少参寓亭，听苏昆生度曲，同郭汾又、杨商贤、吴野人赋》按语

诗人施闰章、吴嘉纪、汪楫此三诗，作为苏昆生史料很重要。三人各赋一首七言古诗，纪录由施闰章发起的一次宴会，地点在南京，时间我考定是康熙十年春，参加者除主人宣城施闰章外，有罗江郭奎光、泰州吴嘉纪、文登杨彭龄、休宁汪楫、固始苏昆生。宴会时，苏昆生唱曲助兴。所以这一次小规模聚会也是苏昆生暮年一次重要的演唱会。不仅如此，他们看来还讨论了昆曲的艺术问题、思想问题，以及两者关系的一些问题。所以这也是一次难得的学术研讨会。这是不容易见到的史料，是很有趣味的。

吴嘉纪的诗句说："清音不使管弦佐。"此处"清音"二字，是指昆曲的清唱。与后来发展起来的"扬州清音"截然不同。后者是指乾隆年间开始流行于扬州城乡、以双笛为主，以二胡、四胡、琵琶、三弦、箫管、云锣、檀板、小鼓为辅的器乐合奏，不用锣鼓，也无歌唱，俗称"小牌子"。如加用锣鼓，则称"大牌子"（据韦人、韦明铧《扬州曲艺史话》）。吴嘉纪的诗句断然作结论语气，说明苏昆生此次演唱，完全没有伴奏的烘托。"不使"二字，甚至像暗示有意拒绝伴奏。这有艺术的和经济的两方面原因。

艺术的原因，是苏昆生有意通过撤销伴奏，以充分显示出他的嗓音的本色，让听众能够欣赏他的演唱艺术的真功夫。这一举措反映出他的艺术的精湛和他十足的自信。苏昆生不愧为天才的艺术家。当"娇莺哀狖樽前过"的时候，当各类角色的代表性唱段轮流献唱的时候，不仅盛宴的食客听得心醉神迷，而且吸引四邻听了旦角唱腔，还误以为坤伶纵声歌唱呢。（汪楫的诗"隔帘共拟蛾眉青，当筵不信颠毛秃"，说没有与演唱者见过面的隔帘暗听者，都猜演唱者是一位少女，同席者几乎也不相信竟是一位秃顶老翁，是同样的意思。）一二句诗，用最简练的文字，描写苏昆生的演唱征服力之广远，四邻听曲之认真、专注、入神，以及产生误会的情景，充分表现出一位古稀老翁在没有伴奏的情况下清唱的艺术魅力。

经济的原因，是苏昆生的贫穷，他没有能力养活一个吹奏师，因而从来没有设置一名自己的吹奏师。在存世的资料中所见到的苏昆生，就是终日忙忙碌碌，为自己谋衣食、找安身立命之所。连自己都要求人收留，哪有余钱剩米去养活别人？这是封建社会一位顶尖的艺术大师的悲哀。在一般情况下，演唱有伴奏应是常态，无伴奏是不正常的。伴奏是烘托，是帮衬，是美的增加。伴奏与演唱，是青枝绿叶与娇滴滴鲜艳艳花朵的关系。这样看来，苏昆生"不使"伴奏，也是有其苦衷，不得已而为之的。他只能用卓越的艺术，去战胜客观条件的不足。他胜利了。但胜利背后却是苦涩。

苏昆生是一位热心向后辈传授技艺的艺术家。他不保守，广招门徒，主动授艺，没有顾虑这样做会培养出许多自己生存的竞争者。那时，女戏很盛行，南昌李明睿、海宁查继佐，以及朱云崃等家都有著名的女班，不设专业女班的富贵人家也有坤伶与男角同场献艺。有鉴于此，苏昆生冲破社会对于坤伶的错误看法，大量招收和教授女弟子。"玉颜弟子从无数"写出了在苏大师旗帜下娇娥济济一门的盛况。

4. 秦松龄《寄苏昆生》、吴绮《和留仙韵赠苏昆生》按语

秦松龄、吴绮五律各一首，合计才短短80字，但与两生都有重大关系。苏昆生从左良玉幕府出来，即陷入衣食两缺，生活无着的窘境。他未能在九华山坚持奉佛，似乎不是还有尘缘未了，也不是像顺治说的"天下丛林饭似山，钵盂到处任君餐"，恰恰相反，恐怕是僧人不愿或无力供养一个闲人。苏昆生只能下山。下山后他虽然前后找到汪汝谦、王时敏两处

零时工,但都未能坚持。绝望之际,他居然在无锡惠山一个寺庙安顿下来,不致冻死饿死,而能衣食无忧,接待访客,表演绝艺,过正常生活。从两诗看,是寄畅园主人秦松龄的古道热肠和对昆曲的痴迷,使他救助了绝境中的昆曲艺术大师。旧时代的艺术家,其境遇有如此者。

5. 吴伟业《赠歌者》、王时敏《赠歌者》按语

梅村写作此诗赠谁?无名无姓,只知是一歌者。诗中对此歌者评价很高,表扬他的唱腔,就是天宝遗音延续下来了,比拟于古代名歌唱艺术家;又赞扬他傲视权贵、培养女徒的特点。这些都像苏昆生。但梅村赠苏昆生七古《楚两生行》、口占七绝四首,都明标其为苏昆生而作的诗。倘此五律也是为苏昆生而写,为什么不敢表明?此点很难给以合理解释,故暂作疑似赠苏之诗置此待考。

王时敏此一七绝,也不知道是赠给谁何"歌者"?苏昆生于康熙二年进入王时敏府,任其家庭歌班教习,最迟至康熙六年离开王府。吴伟业曾出面为他另寻唉饭处(详下)。苏昆生在王府四年,时间不得谓短。王时敏字逊之,号烟客,在明以荫得官,入清后守硁硁之节为遗民。其人天资聪颖,诗文书画均佳,且精通音律,吴伟业称誉他为"赏音之最"。他对苏昆生的清唱也非常赏识,认为"魏良辅遗响尚在苏生"。但是,遍检《王烟客先生集》,苏昆生三字不得一见,此一七绝《赠歌者》为仅有之诗。主客相处四年之久,擅长诗文的主人未赠送雇请的教习片言只字,令人难以想象。因疑此一七绝即为赠苏昆生之诗。诗的第一句反映出王时敏对家班的满意度,第二句说明王时敏认为找到了好教习,能够带出一个更好的局面。但此歌者即苏昆生并没有充分的证据,待再考。

康熙六年,吴伟业写给冒襄两封信(见冒襄辑《同人集》卷四,《尺牍》,吴伟业《又》(丁未)、《又》)。康熙六年苏昆生显然离开了王时敏家。为什么离开?有没有发生什么导致他离开的变故?如有,是什么变故?这些都不甚清楚。有一点则十分清楚,即他离开王时敏,生活就没有着落,在风雪袭击下,蜷缩在太仓贫困、萧条的寺庙中受煎熬。因此,吴伟业两次致信冒襄,希望冒襄给以援助,收留他,开演唱会让他表演绝艺,介绍他跟"上客"认识。但冒襄好像没有接受,没有照办。主要的原因,是冒襄自己的情况恶化。江阴人陶孚尹《挽冒巢民先生》七律谈到过这方面的情况。诗云:"太息斯人竟盖棺,广陵愁绝更谁弹?楼成白玉修文易,床尽黄金任侠难(先生饶于资,以结客故,晚岁贫甚,赍志以殁),水绘园亭烟雨没,鹿门妻子杖藜单。雉皋风景重回首,落日寒冰想象看。"(《晚晴簃诗汇》卷五十)诗注用了"贫甚"二字,可以见其窘迫。吴伟业不知道其外强中干的实际,以为还很阔绰,冒襄死于康熙三十二年,吴伟业致书时也许还没有显露出来。情况如此,无怪乎即使有吴伟业一再举荐、要求,冒襄也不能行此义举。

吴伟业两信原题都是一个"又"字,是与前面吴伟业写给冒襄的信衔接的,故改为现题。

6. 侯方域《李姬传(摘录)》、余怀《板桥杂记》下卷《轶事》(摘录)按语

侯方域、余怀这两段纪事,内容与苏昆生风马牛不相及,为什么编入苏昆生史料?阑入?误入?凑多?都不是。原来学术界长期以来流行一种说法,说:"周如松,即明末清初著名昆曲家苏昆生。"(《侯方域集校笺》者王树林《李姬传》注)或说:"苏昆生,原名周如松,河南固始人,是明末清初著名的唱曲家。"(《桃花扇》合注者王季思等卷一第二出《传歌》注。)众口一辞,仿佛定论。据我所知,只有昆曲史名家陆萼庭对此说提出挑战。从发表先后看,我是紧随陆萼庭的步伐表示不同意见的,先在《清代人物传稿》(上编)第六卷《苏昆生》传的注里讲了我的怀疑,然后在《民族艺人苏昆生考述》文中做了进一步的阐发。在近代学术史上,周如松即苏昆生说的始作俑者,似乎是梁启超。他从史学家的角度为《桃花扇》作注说:"《李姬传》中所云周如松者,即苏昆生也。柳、苏同为《桃花扇》中主要角色而苏之事迹见于清初人笔记、文集者,远不如柳之多。"(梁启超:《桃花扇注》上)这样,就把文学的柳、苏与历史的柳、苏搅混起来了,周如松的史料也成了苏昆生的史料。这是周如松史料得以编入苏昆生史料的原因。研究者必须把伪苏昆生剔除出去,把泼在苏昆生身上的污泥浊水清洗干净,逐步恢复他自己原有面目。

现在我们要问,周如松即苏昆生说的发明者、追随者对此说曾做过任何论考吗?据我所知,没有。他们都只提出结论。似乎不值得在说"然"之后再说几句"所以然",大家相信他们说的就足够了。不然很难理解,梁启超没有证明的一条15个字的断语,许多学问家竟迷信至此,跟风至此。

梁启超是一位严肃的学者，有研究的疏漏和失误，而没有捏造和搅局的故意。对于他的周如松即苏昆生说，我从来不觉得是他造谣，并始终相信他有其信息来源，希望自己或其他研究者能找到这项过硬的证据，以了结一重公案。在经历多年失望后，我才忽然领悟到梁启超并没有拥有什么秘密武器，他的信息来源只不过是孔尚任的《桃花扇》而已。孔尚任在《桃花扇小引》中，标榜自己"未任时，山居多暇，博采遗闻"，因而以史实为基础写成此剧，所写"皆南朝新事，父老犹有存者"。有亲见亲闻自经自历者存世检视，应是非常真实而可信的。孔尚任肆意鼓吹《桃花扇》的真实可信，不是他的南明史知识不足，不知深浅，轻易妄言，就是故意制作虚假广告，误导读者和观众，毕竟不严肃。检视《桃花扇》的实践，与孔尚任标榜的相反，其违反历史实际的事例，大小非止一端。（参看本《知见编》所引资料。）就《桃花扇》的创作说来，孔尚任没有错。文学提倡合理的想象，允许虚构。文学不是摄影，不必与实际亦步亦趋，完全一致。

7. 孔尚任《传歌（摘录）》按语

小旦为李贞丽，净为苏昆生。我从《桃花扇》中摘录的几段，都属于道白，仅苏昆生上场有两句引子，没有歌唱。但都是与我们要研究和讨论的问题有关的重要段落。因摘录的差不多都是道白，所以编入杂录类，而不入诗词类。

《小引》《本末》《凡例》中这几段，清楚反映出孔尚任用夸张的语言，渲染他的传奇完全符合历史的真实，不仅故事来源可靠，内容切实，考证确凿，而且自许为信史，即使有少许铺张、虚构，"亦非乌有子虚之比。""虽稍有点杂，亦非乌有子虚之比"这话好怪。"虚无"就是虚无，怎么能成为"实在"而"非乌有子虚之比"？似有胡搅蛮缠之嫌。然而，孔尚任的渲染却征服了梁启超和后来众多学者。他们接受了他的尚待证实的说法。

摘自《桃花扇》中的戏文，可以检验孔尚任撰著《桃花扇》处理历史与艺术关系的真相。我们觉得这几段戏文，从是否符合历史真相的角度看，它的疑点，似不止一二处。比如，苏昆生晚年寄寓无锡惠山僧寺，时间大约是从康熙十三年前后开始，直到十八年夏去世。说他在明末崇祯十六年二月就寄寓无锡，有何根据？典籍、文献似乎没有这样的记载。"文人聚散，皆确考时地，全无假借"，怎么说？但是，本编是一个专题史料汇编，不能全面检讨《桃花扇》中的问题，只能讨论涉及楚两生的重要问题。这样的问题，在摘录的三段戏文中有两个。

第一个是孔尚任假借陈贞慧之口，抛出的周如松即苏昆生说。《桃花扇》成于康熙己卯（1699）。当时似为破天荒的新说，并且长期得不到有影响的呼应。又过去两个多世纪，直到1936年，梁启超以斩钉截铁的态度拥护此说，遂推动此说进入史学领域，取得文学和史学的统治地位，连典籍注释和年谱都跟着走。实证的要求被抛到脑后。此说其实很不可靠，不赘释。

第二个是孔尚任把楚两生都说成阮大铖的门客、帮闲，崇祯十六年二月才脱离。老实说，这也是新闻。研究者从来没有发现过这方面的记载。这样的安排也极不合情理。从形势上说，阮大铖为恶是阉党得势猖狂时开始的，臭名由来也远矣。崇祯初钦定列名"交结近侍又次等"，罪名为"颂美赞导"，上疏"为珰逆巧护解嘲"等。（《先拨志始》卷下）十一年，复社活跃分子顾杲、黄宗羲、陈贞慧、吴应箕等百四十人签名，发布《南都防乱揭》，揭露阮大铖的丑恶面貌和肮脏历史，黄宗羲"又与诸死阉者之孤大会于桃叶渡，齐声詈大铖"（黄炳垕《黄梨洲先生年谱》），以阻止阮大铖暗地运作，借边才为名，谋求重被任用，东山再起。《南都防乱揭》和孤儿们的血泪控诉影响很大，把阮大铖的恶名推向全社会，尤其是南京官民尽人皆知。在这种形势下，稍知自爱者都不会去接近这类恶徒坏蛋，被人唾骂，要说崇祯末很有操守、一贯接触正人君子的柳、苏两生，会去投靠阮大铖，充当他的清客，真是匪夷所思，不合逻辑。两生不是丧失理智、自甘堕落的人，他俩都有许多爱护他们的朋友，给他们提供道义的和实际的帮助。因此，对楚两生说来，不存在投奔匪人或误入歧途的主、客观条件。没有这样的问题。应该说，楚两生作为阮大铖的清客，只存在孔尚任的脑海中和笔下，与历史真实毫不相干。戏曲《桃花扇》之非历史，这是又一例证。

如果耐心检查，还可以挑出更多例证，但不必要。

我们只是想说明，《桃花扇》是文学，不是史学。人们也不苛求它巨细不遗地具有历史的真实性，成为信史、实录。相反，适当的铺陈、点染、夸张、虚构，可能更生动地表现明末社会及其矛盾。孔尚任的真实性标榜，完全是多余的。

  编辑一种资料汇编，编者只须按照适当的系统，将资料排入系统内应有的位置，就完成了。编者应取的科学态度，不比著作应取的态度宽松、任意，一般应该注意：一、资料力求丰富，较多较全，此点盖难言之矣，可以尽力为之；二、客观，尽量不删节或少删节，绝对力戒隐瞒，一有隐瞒，信誉尽失；三、工作严肃认真，兢兢业业，校对多次，尽量消除其中错误，不留隐患；四、不要故作高明，肆意妄改，造成混乱。

本编补辑有关周如松的资料，就是尽量客观、力戒隐瞒的表现。周如松与苏昆生本不相干，但学术界既一致或大都认定为同一个人，苏昆生资料的编者就有责任将周如松资料编入其中，供读者、研究者了解甚至进一步探索究竟。不能因为编者持论不同而将其舍弃。编者的按语，是编者的研究结论，可视为一种看法，仅供读者参考。

（作者单位：中国社会科学院历史研究所）

关于尹壮图籍贯与轶事的考察

王人骏　冯佐哲

摘　要：清乾隆后期以缴银方式代替行政处分的"议罪银"制度弊病丛生，不仅没有起到震慑朝野的效果，反而纵容了贪腐。本文以尹壮图上疏谏言停罚"议罪银"制度为切入点，考察了尹壮图的生平事略、思想意识以及上疏停罚的始末。并对《清史稿》中对其籍贯的错误记载进行了纠正。

关键词："议罪银"制度　尹壮图　籍贯　《清史稿》

清乾隆后期，经济衰落、吏治废弛，从中央部门到地方督抚，贪官污吏比比皆是，以"议罪银"为代表的一系列内部制度，包庇纵容了朝野上下的贪腐之风，反映了极端专制政治体制下政治腐败。云南籍内阁学士尹壮图大胆上疏谏言停罚"议罪银"制度，阐发了对乾隆盛世危机的担忧，却招致乾隆皇帝的训斥处罚，被迫回籍归养。本文略述事件之始末。

一　关于尹壮图的籍贯

在论述尹壮图事迹之前，有必要对他的籍贯做一考证。据《清史稿》载：

> 尹壮图，字楚珍，云南昆明人。乾隆三十一年进士，改庶吉士。散馆，授礼部主事。再迁郎中。三十九年，考选江南道监察御史，转京畿道。三迁至内阁学士，兼礼部侍郎。[1]

---

[1]《清史稿》卷322，《尹壮图传》。

笔者认为，《清史稿》所称尹壮图的籍贯为"云南昆明"是错误的。然而后人的诸多论著均沿袭此说，以尹壮图为昆明人。① 因而有必要加以纠正。

云南省图书馆藏有尹壮图所著《尹楚珍年谱》一卷，该书首页就有"蒙自尹壮图楚珍自记"的字样。尹壮图自称是蒙自人，应是对"昆明人"最有力的否定。另外，乾隆五十六年（1791）所修之《蒙自县志》第四卷"国朝进士名录"中也收录了尹壮图，作为原始历史资料，应是尹壮图籍贯为蒙自的有力证据。

笔者曾为此特意到云南红河哈尼族自治州蒙自县进行考查，尹壮图的故居至今尚在。此宅第坐落于蒙自县阁学街12—15号，坐西向东，占地面积约1400平方米，现存三院正房和书房、过厅、厢房、仓库等建筑40余间，为清代木结构民居建筑。2004年8月，尹壮图故居被公布为蒙自县第二批县级文物保护单位。尹壮图正直清廉，被邑人奉为乡贤，由于他曾出任过内阁学士，所以他的故居所在街被命名为"阁学街"。此外，在当地出版的各类志书中均明确尹壮图为蒙自县人。遗憾的是，这些资料并未让更多的人所了解。

尹壮图先祖尹华原籍河南怀庆，明英宗时被充军到云南，落籍蒙自县。其祖父尹宗梁，康熙五十六年（1717）丁酉科举人，官至广西桂林府同知；其父亲尹均，乾隆十九年（1754）甲戌科进士，官至内阁中书；其弟尹英图，乾隆五十二年（1787）丁未科进士，官至湖北施南知府；其子尹佩珩嘉庆十六年（1811）辛未科进士。尹壮图青少年时受教于蒙自县"勤讲论，善诱掖"的杜氏庵，乾隆三十一年（1766）中进士，选庶吉士，后历任京畿道监察御史、内阁学士、太仆寺少卿、礼部主事、礼部侍郎等职，乾隆五十二年（1787），又以文渊阁学士的资格奉命总阅《四库全书》，是参与《四库全书》编修的唯一滇籍官员。乾隆五十六年（1791）

---

① 如门岿主编《二十六史精要辞典》，人民日报出版社，1993，第3249页；赵向标、刘松岭、张满弓主编《中国通史》，新疆青少年出版社，1999，第177页；林乾、句华著《言官与康乾政治》，安徽人民出版社，2013，第205页；许焕玉等主编《中国历史人物大辞典》，黄河出版社，1992，第583页；纪连海著《历史上的和珅》，中国民主法制出版社，2006，第241页；彭勃主编《中华监察大典 人物卷》，中国政法大学出版社，1994，第842页；盛瑞裕、周腊生主编《肃贪通鉴》，湖北人民出版社，2001，第1168页等。

尹壮图因上疏"议罪银"制度而获罪，于是以母老为由，回籍归养。他回到蒙自后，受阿迷州州长之聘任书院山长约两年。继又应巡抚初彭龄之聘，到省会昆明主持五华书院。著有《性礼语录》《楚珍文稿》《楚珍自记年谱》等。

尹壮图热心于蒙自当地教育。嘉庆八年（1803），蒙自观澜书院落成，他亲自担任书院的主讲，其子记述道："府君六十七岁，主讲本邑书院，每课生童二百余卷，批阅甚详，循循善诱，文风日蔚。"① 两年之内考取生员人数之多，开蒙自之先例。晚年，尹壮图身患腹疾，仍强为支撑登台讲学，优秀学生的作文都由他自己"评定加批"。嘉庆十三年（1808）五月二十四日，尹壮图病故。

二 关于尹壮图上疏请停"议罪银"制度

"议罪银"制度始于乾隆中叶，各督抚大员，若因渎职、违例、徇庇产生过错，可自议罚缴银两，"令其自出己赀，稍赎罪戾"②，以免被革职问罪，也有官员无过而要遵圣旨认缴银两。"议罪银"多寡视官缺肥瘠及收入而定，少则万两，多则数十万两，一般交至内务府广储司，供皇室消费，极少部分按旨意留河工、军需之用。"议罪银"制度以缴银的方式代替了行政处分甚至是法律制裁，诋毁了清代的法纪，包庇纵容了贪腐，败坏了吏治，也亏空了康雍乾三朝积累的国本。其危害性如尹壮图上疏所言："在桀骜者藉口以快饕餮之私，即清廉自矢者亦不得不望属员佽助，日后遇有亏空营私重案，不容不曲为庇护。是罚项虽严，不惟无以动其愧惧之心，且潜生其玩易之念。"③

尹壮图在其《年谱》中谈到：

> 思吾家世受国恩，予又少年等第……蒙特达之知，一岁三迁，官跻二品，天高地厚，莫报涓埃。自服官以来，目击皇上圣明，乾纲独揽。独有各督抚竭财进贡，巧认罚锾，颇为圣时之累……不乘此稍竭

---

① 尹壮图撰，尹佩珩等续撰《楚珍自记年谱》一卷，道光五年刻本。
② 《清高宗实录》卷1367，乾隆五十五年十一月乙未。
③ 《清史稿》卷322，《尹壮图传》。

微忱，适为虚生人世。①

于是，尹壮图上疏对这一制度提出了异议。乾隆五十五年（1790），他上疏道：

> 近有严罚示惩，而反怜宽纵者。如督抚自蹈愆尤，不即罢斥，罚银数万充公，因有督抚自请认罚若干万两者，在桀骜之督抚，藉口以快饕餮之私，即清廉者不得不望属员佽助。日后遇有亏空营私，不容不曲为庇护，是罚项虽严，不惟无以动其愧惧之心，且潜生其玩易之念，请永停罚银之例，将罚项改记大过若干次。如才具平常者，或即罢斥，或量予京职，毋许再膺外任。②

尹壮图在奏疏中不仅仅只是指责个别督抚或大吏，而是指出"各省风气，大抵皆然"。并称："各督抚声名狼藉，吏治废弛，经过各省地方，体察官吏贤否，官商半皆蹙额兴叹。"③ 尹壮图的奏疏牵涉面过大，把矛头对准了整个官僚集团，甚至全盘否定了各省吏治。倘若罪过属实，京师部院大臣和阁辅都有监管不力之过，徇情容隐之责，纳贿营私作弊之罪，甚至皇上也有责任。所谓的"盛世"遭到了质疑，一贯以"十全"自封的乾隆帝看到奏折后，大为不悦，反驳道："若如尹壮图所奏，则大小臣工等皆系虚词贡谀，面为欺罔，而朕五十余年以来，竟系被人蒙蔽，于外间一切情形，全无照察，终于不知矣"，要求尹壮图"将所奏直隶等省亏空者何处，商民兴叹究系何人……逐一指实复奏……不可徒以空言无实，自蹈欺罔之咎"④。

乾隆帝未按尹壮图所奏，"密往各省盘察亏空"，而是事前将派查上谕分寄各地，命户部侍郎庆成带尹壮图赴各地公开盘查。各地官员早已做好准备，"遵旨"弥补好了亏空。尹壮图首站查山西就不能指出亏空确据，

---

① 尹壮图撰，尹佩珩等续撰《楚珍自记年谱》。
② 《清高宗实录》卷1367，乾隆五十五年十一月乙未。
③ 《清高宗实录》卷1367，乾隆五十五年十一月丁酉。
④ 《清高宗实录》卷1367，乾隆五十五年十一月丁酉。

后又前赴山东、直隶、江苏各省,"目击各省库项丰盈,仓储充足"。尹壮图明白了其中的玄妙,满心愤懑,却无可奈何,不得不承认自己是"愚谬妄谈"①,恳求从重治罪。

乾隆把尹壮图的奏折定为:"希荣卑鄙,饰词谎奏。"② 于是尹壮图被刑部以"挟诈欺公,妄生异议"③的罪名关进大狱,判处斩刑。后乾隆皇帝又下旨:"朕孜孜求治,兢惕为怀,从前彭元瑞呈进古稀颂,赞扬鸿业,朕因作古稀说,有以颂为规之语;今尹壮图逞意妄言,亦不妨以谤为规,不值遽加之重罪也。尹壮图著加恩免其治罪,以内阁侍读用。"④ 尹壮图自是惊魂甫定,进退两难,乾隆五十七年(1792)八月,遂以母老,请求放还故里,得到批准。嘉庆四年(1799),清廷为尹壮图平反,"召诣京师"。尹壮图仍以"母老乞归",被恩准回籍养母,嘉庆帝还特赐其母"大缎两端,加壮图给事中衔,赐奏事折匣,命得上章言事"⑤。

尹壮图谏言除弊却引发朝野震动,被执政者戏弄于股掌之间,差点招致杀身之祸,最终不得不移忠而孝,回籍归养。由此观之,吏治的腐朽已透射出康乾盛世末期的危机。

贪腐丛生源于政治体制的局限。以君主集权专制为核心的封建政治制度下,官员不受民众的监督,其奖惩升降取决于其上级,从而形成了严密的隶属依附关系,同时皇权居于权力金字塔的顶峰,皇权一旦滥用,将没有任何机制能予以约束制止。"议罪银"制度将常规行政处分转到以银代罚,或者在常规行政处分之上加罚议罪银,以希望达到惩戒官员的作用。这一措施既能增加财政收入,又能维护皇权利益,可谓一举两得。但巨额的罚银却给官员带来巨大的经济压力,累次三番被罚银,即使养廉收入丰厚的督抚、藩臬也难以面对如此巨额的罚银,为了上缴这些罚款,各级官僚只得拉帮结派,寻求庇护,相互行贿受贿,甚至侵吞国帑、勒索百姓,获取财源。乾隆朝中后期,吏治腐败、仓库亏空成为

---

① 《清高宗实录》卷1372,乾隆五十六年二月己酉。
② 《清高宗实录》卷1372,乾隆五十六年二月己酉。
③ 《清史稿》卷322,《尹壮图传》。
④ 《清高宗实录》卷1372,乾隆五十六年二月己酉。
⑤ 《清史稿》卷322,《尹壮图传》。

事实，学者章学诚曾概括说："上下相蒙，惟事婪赃渎货，始如蚕食，渐至鲸吞……贪墨大吏胸臆习为宽侈，视万金呈纳，不过同于壶箪馈问，属吏迎合，非倍往日之搜罗剔括，不能博其一次，官场如此，日甚一日。"[①] 乾隆帝是"议罪银"制度的直接利益既得者，当然不愿意按尹壮图说奏"永停此例"，更不愿承认太平盛世之下"商民蹙额兴叹"的事实，最后迫使尹壮图违心承认所奏之言是"凭空臆度"。由此看，吏治的腐败也成为瓦解盛世的推手。

三 尹壮图的政治思想

1. 惩贪腐、重吏治

嘉庆四年（1799），尹壮图被召至京，即以整饬吏治入奏。曰：

> 现今所急者川省军务，尤莫急于各省吏治。吏治日见澄清，贼匪自然消灭。贼匪不过癣疥之疾，而吏治实为腹心之患也。以今日外省陋习相沿，几有积重难返之势。惟在亟宜剔刷，破格调剂，庶乎有益，似非徒仗雷霆诚谕所能耸其听也。臣以为除弊者不搜其作弊之由，则弊终不可除。治病者不治其受病之根，则病终无由治。伏查乾隆三十年以前，各省属员未尝不奉承上司，上司未尝不取资属员。第觉彼时州县俱有为官之乐，闾阎咸享乐利之福，良由风气淳朴，州县于廉俸之外，各有陋规，尽足敷公私应酬之用。近年以来，风气日趋浮华，人心习成狡诈。属员以夤缘为能，上司以逢迎为喜，踵事增华，夸多斗靡，百弊丛生，科敛竟溢陋规之外。上下通同一气，势不不容不交结权贵以作护身之符。[②]

乾嘉之际，百弊丛生，尤以吏治腐败最为严重，嘉庆皇帝初登皇位，欲有所兴革，遂召尹壮图入京，询问治政方略。尹壮图纵观天下形势，尖锐指出，"贼匪不过癣疥之疾，而吏治实为腹心之患也"，治外必先安内，

---

① 章学诚：《章学诚遗书》，文物出版社，1985，328 页。
② 姚元之：《竹叶亭杂记》卷 2，中华书局，1982，第 53 页。

其论至切至深。他还认为当前吏治已成积重难返之势，要整饬吏治，要严禁夤缘逢迎、交结权贵，重惩贪吏。然而，盛世之下掩盖着的危机因素和体制缺陷所带来的弊端，使这样的建议难以被采纳实行。

2. 人才选拔公平、公正

同样在嘉庆四年，尹壮图上疏，请肃清科场陋规，明定科条，公平、公正选拔真才：

> 保举未定处分，当下吏部严立科条；科场或通关节，当将房考落卷送主司搜阅。其尤要者，谓六部满洲司员稿案，文义多未晓畅，当严督令习经书通文理；乡会试加广名额，司员先尽科甲挑补。①

后嘉庆帝让军机大臣商议，军机大臣认为，搜落卷"事近可行，补入《科场条例》"②。尹壮图在选拔任用人才时审慎认真，在吏部主管考功司时曾说："余目力本钝，必逐字了然于心，然后画诺。有轻重失宜者，必与同寅按例研究，是以每日进署独早而公退较迟。不敢恃才见长，亦不敢因仍苟且。"③ 乾隆四十二年（1777），尹壮图在任顺天乡试副主考时，录取了章学诚等举人，章学诚后来成为清代著名学者。

3. 扩大决策基础

嘉庆八年（1803），尹壮图上疏：

> 天下万几，皆皇上独理。内外诸臣不过浮沉旅进旅退之中，无能匡扶弼亮。请于内之卿贰、翰詹、科道，外之藩、臬、道、府，慎选二十人，轮直内廷。每日奏章谕旨，尽心检校，有疏忽偏倚之处，许就近详辨可否。④

这个建议与黄宗羲《明夷待访录》中的见解如出一辙。尹壮图归乡后，在边疆地区，与百姓的接触多了，经过社会实践，思想日趋成熟，对

---

① 《清史稿》卷322，《尹壮图传》。
② 《清史稿》卷322，《尹壮图传》。
③ 尹壮图撰，尹佩玿等续撰书《楚珍自记年谱》。
④ 《清史稿》卷322，《尹壮图传》。

封建专制下的腐败政治机构有了一个新的认识,于是大胆提出了政治体制改革的建议,勇气惊人。而嘉庆帝则责之:"壮图言皆迂阔纰缪,断不可行。若如所奏,直于军机大臣外复设内军机,成何政体?"[1] 可以看出,在传统专制体制下,改革管理制度所面临的困境。

(作者单位:吉林财经大学马克思主义学院 中国社会科学院历史研究所)

---

[1] 《清史稿》卷三322,《尹壮图传》

图书在版编目（CIP）数据

清史论丛．二〇一六年．第一辑／中国社会科学院历史研究所清史研究室编．－－北京：社会科学文献出版社，2016.6
　　ISBN 978－7－5097－9052－6

　　Ⅰ.①清…　Ⅱ.①中…　Ⅲ.①中国历史－清代－文集　Ⅳ.①K249.07－53

中国版本图书馆 CIP 数据核字（2016）第 086426 号

清史论丛（二〇一六年第一辑）

编　　者／中国社会科学院历史研究所清史研究室

出 版 人／谢寿光
项目统筹／宋月华　张倩郢
责任编辑／范明礼

出　　版／社会科学文献出版社·人文分社（010）59367215
　　　　　地址：北京市北三环中路甲29号院华龙大厦　邮编：100029
　　　　　网址：www.ssap.com.cn
发　　行／市场营销中心（010）59367081　59367018
印　　装／三河市东方印刷有限公司
规　　格／开　本：787mm×1092mm　1/16
　　　　　印　张：22.25　字　数：356千字
版　　次／2016年6月第1版　2016年6月第1次印刷
书　　号／ISBN 978－7－5097－9052－6
定　　价／50.00元

本书如有印装质量问题，请与读者服务中心（010－59367028）联系

▲ 版权所有 翻印必究